D1697800

Lausitzer Seenland
Ein Wasserkunstwerk vor der Vollendung

Torsten Richter, Ringo Jünigk

ISBN 978-3-86037-462-7

2. überarbeitete und erweiterte Auflage

©2012 Edition Limosa GmbH
Lüchower Straße 13a, 29459 Clenze
Telefon (0 58 44) 97 11 63-0, Telefax (0 58 44) 97 11 63-9
mail@limosa.de, www.limosa.de

Redaktion:
Torsten Richter, Ringo Jünigk

Satz und Layout:
Zdenko Baticeli, Lena Hermann, Christin Stade

Korrektorat:
Beate Wörtmann

Unter Mitarbeit von:
Martina Bergmann, Doreen Rinke, Loredana Woldt

Medienberater:
Ringo Jünigk

Gedruckt in Deutschland.
Der Inhalt dieses Buches ist auf säurefreiem, alterungsbeständigem Papier gedruckt,
hergestellt aus chlorfrei gebleichtem Zellstoff aus FSC-zertifiziertem Holz.

Alle in diesem Buch enthaltenen Angaben, Daten, Ergebnisse usw. wurden nach bestem Wissen erstellt und mit größtmöglicher Sorgfalt überprüft. Dennoch sind inhaltliche Fehler nicht völlig auszuschließen. Daher erfolgen die Angaben und Hinweise ohne jegliche Verpflichtung oder Garantie des Verlages, des Herausgebers oder der Autoren. Diese übernehmen deshalb keinerlei Verantwortung für etwa vorhandene Unrichtigkeiten.

Das Werk einschließlich aller seiner Teile ist urheberrechtlich geschützt. Jede Verwertung außerhalb der engen Grenzen des Urheberrechtsgesetzes ist ohne Zustimmung des Verlages unzulässig und strafbar. Das gilt besonders für Vervielfältigungen, Übersetzungen, Mikroverfilmungen und Einspeicherung und Verarbeitung in elektronischen Systemen.

Torsten Richter
Ringo Jünigk

LAUSITZER SEENLAND

Ein Wasserkunstwerk vor der Vollendung

Sonnenuntergang am Sedlitzer See, dem flächenmäßig größten Gewässer des Lausitzer Seenlandes

Gruß aus Brandenburg

Das Lausitzer Seenland gehört zu den Schätzen Brandenburgs. Es ist eine alte Kulturlandschaft in unserem Land, eine Region, die über Ländergrenzen hinweg gewachsen ist. Der Mensch hat hier tiefe Spuren hinterlassen und das Gesicht der Landschaft geprägt. Gerade das unterscheidet das Lausitzer Seenland von anderen Gebieten unseres Landes.

Dieses Buch liegt nunmehr in zweiter Auflage vor. Es führt durch Geschichte und Gegenwart der Region. Die ehemaligen Tagebauflächen sind auf dem Weg, eine der interessantesten, von Menschen geschaffenen Wasserlandschaften Europas zu werden. Schon jetzt gibt es hier viele Möglichkeiten zur sportlichen Betätigung. Und nicht zu vergessen, dass hier das slawische Volk der Sorben seit Jahrhunderten beheimatet ist. Seine Kultur und sein Brauchtum zu schützen, ist in der Verfassung unseres Landes festgelegt.

Wenn dieses Buch Sie überzeugt, das Lausitzer Seenland zu besuchen, hat es seinen Zweck erfüllt. Noch ist es fast wie ein »Geheimtipp«, der aber Jahr für Jahr mehr Menschen erreicht. Ich bin sicher, dass in zehn Jahren eine vielbesuchte Urlaubsregion entstanden sein wird – und Sie können dann sagen, dass Sie schon da waren! Willkommen in der Lausitz!

Ihr

Matthias Platzeck

Ministerpräsident Matthias Platzeck

Die Ministerpräsidenten Matthias Platzeck und Stanislaw Tillich lassen sich auf dem »Aussichtsschiff« bei Großkoschen die neuesten Projekte im Seenland erklären.

Gruß aus Sachsen

Wenn die Natur eine Bank wäre, hätte die Menschheit ihr Konto schon längst überzogen. Es geht auch anders. Indem wir unsere Schulden bei Mutter Natur zurückzahlen und die Wunden heilen, die wir ihr zugefügt haben.

Das Lausitzer Seenland ist dafür ein gutes Beispiel. Vor allem ein besonders schönes. Aus Tagebaurestlöchern und Abraumhalden ist in jahrelanger Arbeit eine herrliche Seenlandschaft entstanden, der man auf den ersten Blick nicht mehr ansieht, dass sie von Menschenhand geschaffen worden ist. Und wo einst der Abbau der Braunkohle Tausenden Arbeit gab, ist es heute der sanfte, naturnahe Tourismus, Gastronomie, Hotelerie und Kultur.

Diese Wandlung einer ganzen Landschaft ist an sich schon eine große Attraktion. Was sie zu bieten hat, macht sie vollends zu einem Tourismusziel, das sich zu Recht wachsender Beliebtheit erfreut. Nicht zuletzt ist diese Metamorphose gut für die Einwohner der Region. Viele von ihnen haben dafür gekämpft, dass die Zerstörung dieser Landschaft, dass die Verschmutzung von Boden, Luft und Wasser ein Ende hat. Die Lausitz mit ihrer neuen Seenlandschaft ist ihnen heute eine bessere Heimat als jemals zuvor. Der vorliegende Band würdigt diese erstaunliche Entwicklung aus unterschiedlichen Perspektiven und macht neugierig auf einen Besuch. Ich war natürlich schon da und kann Ihnen nur empfehlen, das Lausitzer Seenland selbst einmal zu besuchen.

Eine spannende und unterhaltsame Lektüre wünscht Ihnen Ihr

Stanislaw Tillich

Ministerpräsident Stanislaw Tillich

Die beiden Ministerpräsidenten sowie die Landräte aus Brandenburg und Sachsen halten gemeinsam das Seenland auf Kurs.

Zu diesem Buch

Das Lausitzer Seenland ist etwas ganz Einmaliges in Deutschland. Es handelt sich um einen Landstrich tief im Osten der Bundesrepublik, der noch im Werden begriffen ist. Aus ehemaligen Braunkohlentagebauen entsteht die größte von Menschenhand geschaffene Wasserlandschaft Europas. Allein das Herzstück dieser Gegend umfasst eine Wasserfläche von über 5500 Hektar. Einen Höhepunkt bilden dabei die Kanäle, welche die einzelnen Gewässer zu einer Seenkette verbinden. Bereits in wenigen Jahren werden die ersten Fahrgastschiffe von See zu See unterwegs sein.

Das Lausitzer Seenland ist nichts Fertiges, sondern eine Landschaft im steten Wandel. Gerade deshalb erscheint dieses Buch bereits zum zweiten Mal. Nach dem großen Erfolg des Erstlingswerkes vom Mai 2008 halten Sie, verehrte Leser, das aktualisierte und erweiterte Lausitzer Seenlandbuch in den Händen. Die Grundstruktur wurde beibehalten. So lädt das Werk auf eine Reise durch das gesamte Lausitzer Seenland ein. Die virtuelle Tour führt von den Städten Finsterwalde und Lauchhammer im Nordwesten, wo vor über 200 Jahren der Lausitzer Bergbau seinen Anfang nahm, ins Herzstück des Seenlandes zwischen Senftenberg und Hoyerswerda bis zum Bärwalder See bei Boxberg im Südosten. So wird neben dem geografischen Faden auch eine historische Spur von alten Gruben zu neuen Seen verfolgt. Die Kennziffern zu den einzelnen Gewässern entsprechen dem Stand von Ende 2011. Sie werden sich in den kommenden Jahren weiter verändern, schließlich ist der Flutungsprozess der alten Tagebaugruben in vollem Gang.

Die neu entstehenden Gewässer sind jeweils in einem Kapitel mit der entsprechenden Anliegerkommune verknüpft. So können neben den touristischen Möglichkeiten am und im Wasser auch die attraktiven Angebote in den Ämtern, Städten und Gemeinden abgerufen werden. Und das lohnt sich auf jeden Fall. Gerade in den vergangenen Jahren hat sich die Angebotspalette für die Gäste erheblich erweitert. Fast alles ist inzwischen möglich: Radfahren, Inlineskaten, Wandern auf den Spuren der Wölfe, nach Kleinskandinavien und durch mondähnliche Gebiete, Baden, Reiten, Jetski-Fahren, Offroad-Touren, Rundflüge, Ausflüge in den Tagebau und ins Kraftwerk, fürstlich essen und trinken, Wohnen auf dem Wasser und vieles mehr. Und Besuche in den liebenswürdigen Städten und Dörfern mit ihrem unverwechselbaren Lausitzer

Autor Torsten Richter

Typisch für die Lausitz: kunstvolles Verzieren von Ostereiern

Das Seenland besitzt sogar seine eigene Miss.  *Bergbaufolgelandschaft bei Kostebrau*  *Blick zum Hoyerswerdaer Kirchturm*

Gewaltig: das Besucherbergwerk F60 am Bergheider See

Strandidylle am Geierswalder See

Charme sind sowieso ein Muss. Außerdem wollen die Schönheiten, Schätze, Sagen, Mystik und nicht zuletzt die Sprache der Sorben entdeckt werden. Kurzum, die mittlere Lausitz bietet alles, vom Gebirge und dem Meer einmal ausgenommen, was das Touristenherz begehrt.

Das Seenlandbuch blickt auch über die Grenzen der namensgebenden Kernregion hinaus. Es wäre nämlich zu schade, den Besuchern Höhepunkte wie Cottbus oder die weltberühmten Pücklerparke vorzuenthalten.

Dieses Werk will mit seiner Gesamtschau des Seenlandes Neugierde wecken und einladen. Wer einmal hier war, schwärmt davon und kommt gern wieder; garantiert! Deshalb ein herzliches Willkommen in diesem Buch und im Lausitzer Seenland!

Torsten Richter

Torsten Richter, Autor

Inhalt

Gruß aus Brandenburg 4
Gruß aus Sachsen... 5
Zu diesem Buch 6
Zur Karte 10

Die Lausitz – Heimat des Seenlandes
Die Lausitz – Heimat des Seenlandes................................ 12
Der Nationalfluss des Seenlandes 16
Mutter Sybille.. 17

Eine Landschaft entsteht – das Seenland
Landschaft im Wandel... 18
Von alten Gruben zu neuen Seen 24
»Solch ein Gewimmel möcht' ich sehn« 34
Völlig durchlöcherte Lausitz 36
Von Straßen, die im Nichts enden.................................... 38
Die doppelten Dörfer 39
Lausitzer träumen von weiteren Kanälen 40
Faszinierende Aus- und Einblicke ins Seenland 42
Ein Rostiger Nagel ist das Seenland-Wahrzeichen 46
Dichtwand soll das Lausitzer Seenland schützen 47

Lausitzer Schicksale – verschwundene Dörfer
Wenn Dörfer sterben müssen 50
Sogar die Kuh schien zu weinen 52
Die Heimat war's 53

Menschen der Lausitz – Deutsche und Sorben
Mehr als Trachten und Folklore – die Lausitzer Sorben 54
Die Sorben im Lausitzer Seenland 57
Frohe Feste in stiller Heide 58
Dem Johannis zu Ehren 61
Wo die Lausitz tanzt und feiert 62
Wo Pumphut in die Mühlenflügel pustet 63
Durchs Mittellausitzer Joahr... 64
Der »Goethe der Lausitz« und sein Laden 65

Finsterwalde – die Sängerstadt
Ein versunkenes Dorf gab dem See seinen Namen 66
Herbstabend in Grünhaus.. 68
Die »kleine Schwester« des Seenlandes........................... 70
Finsterwalde – das Nordwesttor zum Seenland 72
Wie die Finsterwalder zu ihrer Bürgerheide kamen.......... 73

Kleine Elster – Brandenburg im Kleinen
Crinitz – Das Dorf der Töpfer 79
Das Sallgaster Hochzeitsschloss....................................... 80
Unterwegs im früheren Geisterdorf 80
Ode an das Lausitzer Seenland 81

Lauchhammer – Industriegeschichte und Kultur
Erquickende Erholung in durchlauchter Atmosphäre 82
Lauchhammer besitzt eine trutzige Burg 86
Einst Stadt der Kohle und Brikettfabriken......................... 88
Ein uralter Wald voller Geheimnisse 91

Schwarzheide – Hier stimmt die Chemie
Ein Streifzug durch die Stadt Schwarzheide 94
Im nordwestlichsten Wald Schlesiens.............................. 94
Schwarzheide hat ein Teichdreieck 95
Brandenburgs schlösserreiche Oberlausitz 96

Großräschen – die SeeStadt
Die »Ilse« wird bis zum Rand (ab)gefüllt 100
Ausflug nach Nossedil 105
Adebar wird gefeiert.. 105
In Großräschen spielt die Orgelmusik 106
Der Kirchturm kehrt zurück 107

Visionäre – verdienstvolle Seenländer
Der Vater des Lausitzer Seenlandes................................. 108
Ein Bergmann boxt sich durch 110
Förster, Dichter, Heimatpatriot 112
Carlo Noack – der Maler aus dem Seenland.................... 113
Der Möwengucker vom Sedlitzer See 114
Vogelpaparazzo und Hobbymeteorologe 115

Altdöbern – Kultur am See
Kunstobjekt ehemaliger Tagebau..................................... 116
Eine Baggerschaufel für Altdöbern 119
Dem Tode knapp entronnen 120
Wo Sonnenuntergänge noch romantisch sind................. 121

Calau – Stadt der Kalauer
Die kerngesunde Kleinstadt mit Witz 122

Vetschau – vom Seenland zum Spreewald
Im Spreewalddorf Raddusch 126
Wie einst die alten Slawen wohnten................................ 127
Die Tauchschule direkt auf dem Wasser.......................... 128
Von den Teichen und einer weißen Frau 129
Im Spreewälder Seenland 130

Drebkau – Historie mit neuen Ufern
Kunst und Natur – Erholung pur...................................... 134
Ein Besuch in der »Sorbischen Webstube« 135

Senftenberg – die Badewanne vor der Haustür
Wenn ich diesen See seh' 136
Petri Heil im Seenland... 139
Senftenberg – die Stadt mit eigener »Badewanne« 140
Tierisch gut – der Senftenberger Tierpark 141
Rudolf Lehmann – Senftenbergs großer Sohn 143
Wenn die Bergarbeiter das Steigerlied anstimmen 144
Marga – Die Gartenstadt im Seenland............................. 145
Sport frei in der Mittellausitz 146
1:0 für Brieske... 148
Im Seenland meist sonnig 149
Lausitzer Landleben vor 100 Jahren 149

Aktivurlaub – das Seenland erkunden
Rollend und radelnd quer durchs Seenland 152
Von der Sänger- zur Parkstadt... 154

Vom Spreewald ins Moor	156
Die Paradestrecke durch die Mittellausitz	157
Radelnd zu Seen und Tagebauen	158
Immer »Mütterchen Spree« entlang	158
Zu »Quak« und Freunden	159
Auf den Spuren des grünen Fürsten	159

Wassersport – Wo alles möglich ist
Badespaß im Seenland	160
Wassersport für Jung und Alt, Groß und Klein	162

Elsterheide – die Mitte des Seenlandes
Wo das Herz der Lausitzer Seenkette schlägt	164
»Seenland-Kap« aus der Vogelperspektive	168
Häuser lernen schwimmen	170
Der Blunoer Schimmel	173
Wenn Glas und Porzellan zu leben beginnen	175
Der Schiefe Turm des Seenlandes	176
Bäume und Straßen werden eins	177

Lauta – Gartenstadt mit südlichem Flair
Den »Lugteich-Vogel« zieht es zur schönen »Erika«	178
Das Brandenburger Tor stand immer offen	179
Der Themenpfad von Torno bis Johannisthal	182
Der Pilzexperte vom Senftenberger See	183
Laubusch stand einst woanders	184
Der Berg des Grauens	185

Welzow – die Stadt am Tagebau
Vom Clara-See zum Zollhausteich	188
Vom Grubenrand ins Seenland	189
Sibirien gehört zu Welzow	192
In Welzow wohnt das Kohlenmännchen	193
Unterwegs im Dorf der Vierseithöfe	194

Spremberg – die Perle der Lausitz
Talsperre Spremberg – Wasserspeicher und Badespaß	196
Spremberg – Die Perle der Lausitz	198
Das Heimatfest ruft	199
Von einem Dorf, das komplett umgezogen ist	202
Im Hufeisen-Gebirge	203
Der Badesee im Faltenbogen	203

Cottbus – Metropole der Niederlausitz
»Wasser in Sicht« für den Cottbuser Ostsee	204
Zwei Parks von Weltruf	208
Kleiner Bruder ist der größte	208
Pücklers grüne Spuren	209

Spreetal – Wo sich zwei Schwestern küssen
»Seenhüpfen« zwischen Bluno und Spreetal	210
Die Spreewitzer Kirche	214
Wo sich zwei »Schwestern« wieder vereinen	215
Auf Lausitzreise mit Mütterchen Spree	216

Hoyerswerda – pulsierendes Herz im Seenland
Hoyerswerda – die Stadt der zwei Gesichter	220
Von einem alten jungen Kirchturm	221
Das Seenland bittet zur Messe	227
Wo Krabat das Zaubern lernte	228
Auf den Spuren des Zauberers	229

Wittichenau – Stadt der Deutschen und Sorben
Als ein Schloss im Moor versank	232
Dorfmuseum Zeißholz birgt schwarze Schätze	233

Naturschutz im Seenland – eine spannende Angelegenheit
Naturschutz wird im Lausitzer Seenland großgeschrieben	234
Lausitzer Heide voller Geheimnisse	236
Isegrim ist heimgekehrt	240
In der Heimat von Seeadler und Moorveilchen	244
Der Seenland-Wald unter der Lupe	245

Lohsa – Seen, Flüsse, weite Wälder
Gigantischer Wasserspeicher mit sanftem Tourismus	246
Klimakiller gegen saures Wasser	248

Boxberg (Oberlausitz) – Wo Gigantomanie einen Namen hat
Das nasse Juwel Sachsens – der Bärwalder See	250
Am größten »Ohr« der Welt	251
Das Holzkirchlein ohne Nagel	255
Zwischen Schöps und Wacholderheide	255
Wo eine Märchenburg auf Kraftwerksasche thront	256
An der Riviera Niederschlesiens	257

Wer Weißwasser kennt ...
Neue Heimat für bedrohte Wesen	261
Wo sich Weißwasser erholt	262
»Transnaturale«: Gänsehaut ist garantiert	262
Das verschwundene Jagdschloss	263

Schleife – zwei Sprachen, eine Gemeinde
Heimat von Deutschen und Sorben	264

Wer macht was und wo?	268
Bildquellennachweis	271
Orts-, Firmen-, Personen- und Sachregister	272
Gelesenes & Lesenswertes	274
Alle Jahre wieder	276
Wir sagen danke	277
Zwischen Sanssouci und Schneekoppe	278

Bei den Beiträgen mit **roten** Überschriften handelt es sich um (Selbst-)Darstellungen der Protagonisten dieses Buches. Die mit **blauen** Überschriften versehenen Beiträge sind redaktionelle Darstellungen zu verschiedenen Themen der Region Lausitzer Seenland.

Zur Karte

Diese Landkarte zeigt das Lausitzer Seenland sowie die angrenzenden Regionen. Die Namen der Städte sind in Versalien dargestellt. Darüber hinaus wurden aufgrund der Zweisprachigkeit des Gebietes die entsprechenden sorbischen/wendischen Bezeichnungen hinzugefügt.

Wichtigste Verkehrsadern sind die beiden Autobahnen A13 Berlin-Dresden sowie A15 Lübbenau-Forst. Zudem werden die Bundesstraßen farblich hervorgehoben. Auch fehlen die wichtigsten Bahntrassen nicht.

Das Buch nimmt die Leser mit auf eine Reise durch das gesamte Lausitzer Seenland. Die Tour beginnt im Westen am Bergheider See. Sie berührt sämtliche, im Werk präsentierten Kommunen, bevor in der Gemeinde Schleife das östliche Ziel erreicht wird. Die Karte soll auswärtigen Gästen die Orientierung im Lausitzer Seenland erleichtern.

Darüber hinaus enthält das Kartenwerk eine ganze Anzahl touristischer Informationen. Die meisten Attraktionen werden im Buch näher behandelt. Außerdem sind die schönsten Aussichtspunkte sowie wichtige Rad- und Skate-Wege verzeichnet.

Urlaubsflair im Lausitzer Seenland

Radlerpause am zukünftig schiffbaren Kanal

Schnappschuss am Geierswalder See mit seinen schwimmenden Häusern

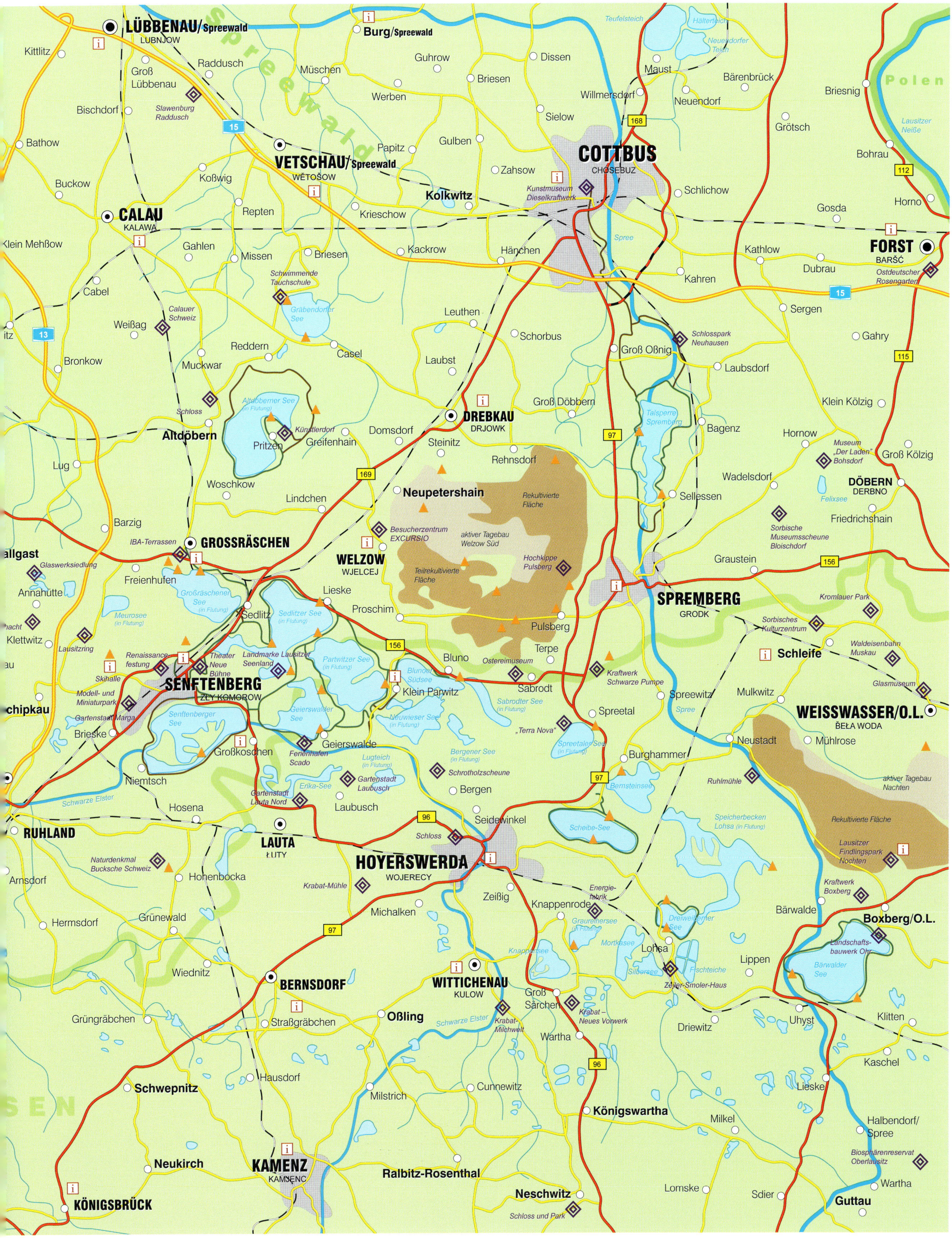

LÜBBENAU/Spreewald
LUBNJOW
Spreewald
Burg/Spreewald
Kittlitz
Groß Lübbenau
Raddusch
Müschen
Guhrow
Dissen
Teufelsteich
Hälterteich
Neuendorfer Teich
Maust
Bärenbrück
Polen
Briesen
Werben
Willmersdorf
Neuendorf
Briesnig
Bischdorf
Slawenburg Raddusch
Sielow
Grötsch
Lausitzer Neiße
Bathow
15
VETSCHAU/Spreewald
WĚTOŠOW
Papitz
Gulben
168
COTTBUS
CHÓŚEBUZ
Bohrau
Buckow
Koßwig
Zahsow
112
Kunstmuseum Dieselkraftwerk
Schlichow
Gosda
Horno
CALAU
KALAWA
Repten
Kolkwitz
Krieschow
Klein Mehßow
Gahlen
Missen
Briesen
Kackrow
Hänchen
Spree
Kathlow
FORST
BARŠĆ
Dubrau
Ostdeutscher Rosengarten
Schwimmende Tauchschule
Cabel
Kahren
15
Calauer Schweiz
Gräbendorfer See
Sergen
Weißag
Leuthen
13
Schorbus
Schlosspark Neuhausen
Gahry
Reddern
Casel
Groß Oßnig
Bronkow
Muckwar
Laubst
Laubsdorf
115
Altdöberner See
Schloss
Künstlerdorf
Groß Döbbern
Klein Kölzig
Talsperre Spremberg
DREBKAU
DRJOWK
Domsdorf
Bagenz
Altdöbern
Pritzen
Greifenhain
Steinitz
97
Hornow
Museum „Der Laden“ Bohsdorf
Groß Kölzig
Lug
Rehnsdorf
169
Neupetershain
Wadelsdorf
Woschkow
Rekultivierte Fläche
DÖBERN
DERBNO
Lindchen
Sellessen
Felixsee
Barzig
Besucherzentrum EXCURSIO
aktiver Tagebau Welzow Süd
Friedrichshain
Sorbische Museumsscheune Bloischdorf
IBA-Terrassen
GROSSRÄSCHEN
WELZOW
WJELCEJ
Hochkippe Pulsberg
Graustein
allgast
Glaswerksiedlung
Freienhufen
Teilrekultivierte Fläche
156
Annahütte
Großräschener See
Lieske
SPREMBERG
GRODK
Kromlauer Park
Meurosee
Sedlitz
Sedlitzer See
Proschim
Sorbisches Kulturzentrum
Klettwitz
Pulsberg
Lausitzring
Landmarke Lausitzer Seenland
Partwitzer See
156
Terpe
Waldeisenbahn Muskau
Renaissance-festung
Theater Neue Bühne
Bluno
Ostereimuseum
Schleife
Skihalle
SENFTENBERG
ZŁY KOMOROW
Blunoer Südsee
Klein Partwitz
Sabrodt
Kraftwerk Schwarze Pumpe
Glasmuseum
Modell- und Miniaturpark
Gartenstadt Marga
Geierswalder See
Sabrodter See
Spreewitz
Mulkwitz
WEISSWASSER/O.L.
BĚŁA WODA
chipkau
Senftenberger See
Neuwieser See
Spreetal
Spree
Brieske
Geierswalde
„Terra Nova“
Neustadt
Mühlrose
Großkoschen
Spreetaler See
Burghammer
Fenienhafen Scado
Bergener See
Lugteich
Niemtsch
Gartenstadt Laubusch
Schrotholzscheune
97
Ruhlmühle
aktiver Tagebau Nochten
Erika-See
Bergen
Bernsteinsee
Gartenstadt Lauta Nord
Schwarze Elster
Hosena
Laubusch
Seidewinkel
96
Speicherbecken Lohsa
Scheibe-See
Rekultivierte Fläche
RUHLAND
LAUTA
ŁUTY
Schloss
HOYERSWERDA
WOJERECY
Lausitzer Findlingspark Nochten
Naturdenkmal Bucksche Schweiz
Hohenbocka
Arnsdorf
Krabat-Mühle
Energiefabrik
Kraftwerk Boxberg
Zeißig
Knappenrode
Grünewald
Michalken
Dreiweiberner See
Bärwalde
Hermsdorf
Graureihersee
Boxberg/O.L.
97
Mortkasee
Lohsa
Landschaftsbauwerk Ohr
Knappensee
Silbersee
Fischteiche
Lippen
Bärwalder See
Wiednitz
WITTICHENAU
KULOW
Zeißig-Smoler-Haus
BERNSDORF
Groß Särchen
Krabat – Neues Vorwerk
Grüngräbchen
Straßgräbchen
Oßling
Schwarze Elster
Krabat-Mühlwelt
Driewitz
Uhyst
Klitten
Wartha
96
Kaschel
Hausdorf
SEN
Schwepnitz
Milstrich
Cunnewitz
Lieske
Königswartha
Milkel
Halbendorf/Spree
Neukirch
KAMENZ
KAMJENC
Ralbitz-Rosenthal
Biosphärenreservat Oberlausitz
Lomske
Sdier
Wartha
KÖNIGSBRÜCK
Neschwitz
Guttau
Schloss und Park

Die Lausitz – Heimat des Seenlandes

Ein Streifzug durch Nieder- und Oberlausitz

Der Name sagt es bereits, in welcher Region sich die im Werden begriffene Landschaft befindet: Lausitzer Seenland. Dabei ist die Lausitz weit größer, aber die entstehende Seenkette bildet ihren Kern. Dort schlägt das Herz der Lausitz.

Der Begriff stammt aus dem Slawischen und bedeutet so viel wie »Sumpfland«. Tatsächlich war die Region in früheren Jahrhunderten von größeren Feuchtgebieten geprägt. Teilweise sind heute noch entsprechende Flächen, insbesondere in den Flussauen sowie im Teichland, vorhanden.

Die Lausitz erstreckt sich ganz im Osten Deutschlands. Sie reicht von Norden nach Süden in etwa vom Schlaubetal bei Frankfurt (Oder) bis zum Kamm des Zittauer Gebirges sowie von den Flüssen Pulsnitz und Schwarze Elster im Westen bis an die Bober-Queis-Linie im Osten. Somit befindet sich diese Region in den deutschen Bundesländern Brandenburg und Sachsen sowie im Westen Polens. Das Gebiet nimmt ungefähr eine Fläche von 11 000 Quadratkilometern ein, in dem knapp anderthalb Millionen Menschen leben. Die Bevölkerung konzentriert sich insbesondere auf das Bergland sowie die Braunkohlenregionen um Senftenberg und Hoyerswerda. Andere Bereiche, beispielsweise die Muskauer Heide, haben eine extrem geringe Einwohnerdichte.

Die bedeutendsten Städte sind Cottbus, Görlitz, Bautzen, Zittau, Hoyerswerda, Senftenberg, Spremberg, Guben und Sorau (Zary). Darüber hinaus gibt es ausgeprägte, stadtähnliche Industriegemeinden, beispielsweise Schipkau, Hosena, Tschernitz, Eibau und Großschönau.

Typisches Dorf in der Niederlausitz

Die Lausitz ist auch Heimat der Sorben/Wenden, einer slawischen Volksgruppe, die bereits im 6. Jahrhundert in diese Gegend einwanderte. Ungefähr 60 000 Menschen bekennen sich zu diesem kleinsten slawischen Volk. Sie pflegen ihre besondere Kultur und vor allem die Sprache. In manchen Orten, besonders in der katholischen Oberlausitz um Kamenz und Bautzen, wird fast ausschließlich sorbisch gesprochen.

Die Lausitz wird historisch in die nördliche Nieder- und die südliche Oberlausitz unterteilt. Die Grenze zwischen den beiden »Lausitzen« markiert heute ungefähr die Landesgrenze zwischen Brandenburg (Nord) und Sachsen (Süd). Im westlichen Teil bildet die Schwarze Elster die Trennung.

Tatsächlich waren Nieder- und Oberlausitz ursprünglich zwei aneinander grenzende Länder. Dabei trug die Niederlausitz den Begriff wesentlich eher (Mark Lausitz) als ihr südlicher Nachbar. Große Teile der Region waren über Jahrhunderte von wechselnden Zugehörigkeiten geprägt. Bis heute sind böhmische, sächsische, schlesische und brandenburgische Einflüsse spürbar.

Sorbische/wendische Handwerkskunst im Burger Spreewald

Die Lausitz – Heimat des Seenlandes

Blick auf das Kraftwerk Jänschwalde und den Peitzer Festungsturm

Tagebauvorfeld im Winter

gen zum Ende des 20. Jahrhunderts für immer zu Ende gegangen.

Hin und wieder gab es Bestrebungen, die Lausitz zu einem einheitlichen Verwaltungsgebiet zusammenzuführen. Zuletzt war dies im Jahr 1990 im Zuge der Neubildung der Bundesländer in der früheren DDR der Fall. So wurde ein Bundesland Lausitz angestrebt, was jedoch misslang. So ist die insgesamt 6509 Quadratkilometer umfassende Oberlausitz bis heute dreigeteilt. Während der weitaus größte Teil der Fläche zum Freistaat Sachsen zählt, nämlich 4360 Quadratkilometer, ist das Land Brandenburg mit lediglich 210 Quadratkilometern dabei. In Polen befinden sich zwischen Lausitzer Neiße und Queis immerhin weitere 1904 Quadratkilometer. Ganz ähnlich verhält es sich mit der Niederlausitz. Allerdings befindet sich dort der größte Teil in Brandenburg, ein winziger Zipfel in Sachsen sowie ein Teil in Polen.

Die Niederlausitz

Beide Landschaften tragen zwar denselben Namen, sind aber ganz unterschiedliche Gegenden mit den verschiedensten touristischen Höhepunkten. Die Niederlausitz umfasst hauptsächlich flaches Land. Mehrere Urstromtäler, und zwar das Baruther und das Lausitzer, ziehen sich quer durch die Landschaft. Inmitten des Baruther Urstromtales liegt der Spreewald, eine in Mitteleuropa in dieser Dimension einzigartige Landschaft. Fast 1000 Kilometer Fließe und ein beeindruckendes Wald-, Wiesen- und Siedlungsnebeneinander beeindrucken Jahr für Jahr unzählige Besucher. Nicht zuletzt beheimatet der Spreewald rund 18 000 Tier- und Pflanzenarten. Seit dem Jahr 1990 ist diese Landschaft als Biosphärenreservat unter Schutz gestellt.

Südlich des Spreewaldes schließt sich von Nordwest nach Südost der Lausitzer Landrücken an, der sich im Sorauer Stadtwald östlich der Neiße bis auf eine Höhe von 226 Metern aufschwingt. Weitere markante Erhebungen sind der Hohe Berg bei Döbern (184 Meter), der Spitzberg bei Reuthen (175 Meter) sowie der Kesselberg bei Calau (161 Meter). Inzwischen befinden sich auf manchen Hügeln Aussichtstürme, die einen weiten Blick über die Niederlausitz erlauben. Dazu zählen unter anderem die Holzkonstruktion am Felixsee bei Bohsdorf sowie der Turm auf dem Spitzen Berg bei Weißag. Nicht zuletzt gibt es von der Bundesstraße 96 zwischen Sonnewalde und

Die Lausitz gilt als beliebtes Wanderland.

Am Burger Spreehafen

Bis zum Kriegsende 1918 befand sich in Spremberg übrigens der Mittelpunktstein des Deutschen Reiches. Heute ist die Spreestadt nur 25 Kilometer von der polnischen Grenze entfernt.

Zu DDR-Zeiten war die Lausitz das Kohle- und Energierevier der DDR. Zahlreiche Tagebaue, Kraftwerke, Kokereien und Brikettfabriken veredelten die Braunkohle. Dafür mussten 84 Dörfer und zahlreiche weitere Ortsteile weichen. Mehrere 10 000 Menschen galt es umzusiedeln. Darunter hat auch das sorbische/wendische Volkstum erheblich gelitten, da es in diesem Gebiet besonders viele Ortsabbrüche gab.

Kohlezentrum der DDR

Das Zentrum der Kohleförderung befand sich in einem von Nordwest nach Südost verlaufenden Streifen zwischen Finsterwalde, Lauchhammer, Senftenberg, Hoyerswerda und Boxberg. Heute liegt genau dort das Lausitzer Seenland mit den inzwischen zumeist gefluteten Kohlengruben. Zu Beginn des 21. Jahrhunderts wird in fünf Tagebauen das schwarze Gold abgebaut. Im Kerngebiet des Lausitzer Seenlandes ist diese Epoche dage-

Die Lausitz – Heimat des Seenlandes

Kamenzer Marktplatz mit Rathaus

Bornsdorf einen imposanten Ausblick über den Spreewald gen Norden. Sogar die gut 30 Kilometer entfernte riesige Halle des Ferienparadieses »Tropical Islands« ist bei guter Sicht erkennbar.

Der Süden der Niederlausitz ist wiederum von einem Urstromtal geprägt. Durch dieses fließt die Schwarze Elster, ein 188 Kilometer langer rechter Nebenfluss der Elbe. In diesem Gebiet befand sich einst das Zentrum des Lausitzer Braunkohlenbergbaus, nämlich das Senftenberger Revier. Anderthalb Jahrhunderte beförderten dort die Kumpel das schwarze Gold im Tief- und später im Tagebaubetrieb an die Erdoberfläche. Durch die Industrialisierung, die im letzten Drittel des 19. Jahrhunderts begann, erlebte die Niederlausitz ein massives Bevölkerungswachstum. Besonders aus Polen und der Tschechoslowakei kamen die dringend benötigten Arbeitskräfte. Aus Dörfern wurden Städte und aus Städten Großstädte. Inzwischen kehrt sich dieser Prozess längst wieder um. Durch den Zusammenbruch der Industrie nach der Wende 1989/1990 verließen tausende Menschen die Lausitz zumeist in westliche Richtung.

Dafür wurde die Rekultivierung und Wiedernutzbarmachung der gigantischen Tagebaue erheblich verstärkt. Heute sind große und kleine Seen anstelle der alten Gruben getreten, eben das Lausitzer Seenland.

Auch der polnische Teil der Niederlausitz hält viel Sehenswertes bereit. Manchmal, so könnte man meinen, sei dort die Zeit stehengeblieben. Trotz mancher noch nicht in Ordnung gebrachter Kriegsschäden hält die Gegend zwischen Neiße und Bober viele lohnende Ziele parat. Beispiele sind die Städte Guben (Gubin), Sorau (Zary), Sommerfeld (Lubsko) sowie Pförten (Brody) mit seinem großen Brühl-Schloss und Park.

Die Oberlausitz

Wesentlich bewegter als die Niederlausitz präsentiert sich die Landschaft der Oberlausitz. Deutschlandweit einzigartig ist der ständige Wechsel von flacher Ebene, Hügel- und Bergland sowie Gebirge auf engstem Raum.

Ganz im Norden liegt die große Heide, ausgedehnte Waldgebiete teils mit größeren Offenflächen, die sich zumeist auf armen und ärmsten Böden befinden. Besonders farbenfroh zeigt sich diese Gegend im Spätsommer zur Zeit der Heideblüte. Dann bedeckt die rosa-violett blühende Calluna-Heide große Flächen. In den vergangenen Jahrzehnten hat die Lausitzer Heide besonders stark unter dem Braunkohlenbergbau gelitten. Unzählige Hektar Wald verschwanden. Dennoch existieren bis heute ansehnliche Forsten, auch wenn diese aufgrund ihrer Lage in militärischen Sperrgebieten nur beschränkt bis gar nicht zugänglich sind. Dort gibt es auch so manches Juwel, das nicht nur die Herzen von Forstleuten höher schlagen lässt. So wächst zwischen Lohsa und Bärwalde ganz im Verborgenen einer der größten deutschen Lindenwälder.

Südlich an die Heide schließt sich das Oberlausitzer Teichland an. Unzählige Fischteiche, zumeist in Gruppen angeordnet, prägen diese Gegend. Die Gewässer wurden im Mittelalter künstlich

Blick auf die Bautzener Altstadt bis zu den Oberlausitzer Bergen

in feuchten Senken angelegt. Meist sind sie nicht tiefer als ein bis zwei Meter. Im Herbst ist dann die Zeit der großen Fischzüge gekommen. Die »Teichernte« gilt als beliebtes Volksfest. Dieses wasserreiche Land erstreckt sich in einem Streifen von Frauendorf und Kroppen im Westen über Schönteichen, Königswartha, Hermsdorf (Spree) und Mönau in der Mitte bis Kreba, Mücka und Niederspree im Osten.

Wer dann vom Teichland weiter nach Süden ins Oberlausitzer Gefilde, eine fruchtbare Landwirtschaftsregion fährt, verspürt zumeist eine Gänsehaut. Denn ganz plötzlich tauchen am Horizont die Berge auf. Aufgrund ihrer Farbe werden diese von den Einheimischen auch als »blaue Berge der Oberlausitz« bezeichnet. Doch bevor sie erreicht sind, wartet noch eine an Sehenswürdigkeit überaus reiche Gegend auf die Besucher. In einem ständigen Auf und Ab führt die Fahrt durch das Gefilde. In den großen Bauerndörfern wird hauptsächlich sorbisch gesprochen. Dort leben die katholischen Sorben. Wer durch Crostwitz, Rosenthal, Ralbitz oder das Kloster Sankt Marienstern spaziert, genießt die bisweilen pathetische Stimmung.

Blick vom Kottmar über das Oberlausitzer Bergland

Kreuzkirche Spremberg zur Weihnachtszeit

Sonnenuntergang in der »energiereichen« Heide

In der Lausitz wachsen auch uralte Eichen.

Den Mittelpunkt des Gefildelandes bildet freilich die Hauptstadt der Sorben und der Oberlausitz, nämlich Bautzen. Schon von weitem präsentiert sich das türmereiche Ensemble der über tausendjährigen Altstadt. Nicht umsonst wird Bautzen oft als »sächsisches Nürnberg« bezeichnet.

Noch weiter südlich wird das Relief merklich bewegter. Das Oberlausitzer Bergland ist dicht besiedelt. Es reiht sich Ort an Ort. Die Straße von Bautzen nach Zittau (B96) scheint durch eine einzige Gemeinde zu führen. Darüber hinaus gibt es in dieser Gegend sehr lohnende Aussichtsberge. Diese bieten eine beeindruckende Rundsicht bis weit nach Böhmen sowie zum Riesengebirge. Besonders empfehlenswert sind der Valtenberg bei Neukirch, der Schlechteberg bei Ebersbach, der Löbauer Berg bei Löbau sowie der Kottmar bei Kottmarsdorf.

Ganz im Süden wird die Oberlausitz von der mächtigen Mauer des Zittauer Gebirges begrenzt. Die beiden höchsten Gipfel sind die Lausche (793 Meter) und der Hochwald (749 Meter). Diese pittoresk wirkende Gegend gilt als landschaftliches Schatzkästchen, quasi als von der Natur gesegnete Krone der Oberlausitz.

Die Lausitz – Heimat des Seenlandes

Der Nationalfluss des Seenlandes

Unterwegs an der Schwarzen Elster

In der mittleren Lausitz gibt es nicht nur einen Reichtum an größeren und kleineren Seen, sondern auch an Fließgewässern. Als »Nationalfluss des Seenlandes« gilt dabei die Schwarze Elster. Mit dem gleichnamigen diebischen Vogel steht das Gewässer jedoch nicht in Verbindung. Der Name rührt wohl vom lateinischen »Al astra« her, dass so viel wie »fließen« oder »strömen« bedeutet. Die Zusatzbezeichnung »schwarz« erhielt der Strom zur Unterscheidung von der Weißen Elster im Leipziger und Ostthüringer Raum.

Zwei versteckte Quellen

Das anfangs fast unscheinbare Flüsschen entspringt auf einer Höhe von 313 Metern in einem Quelltopf am Nordosthang des Hochsteins, der mit 448,9 Metern höchsten Erhebung des Nordwestlausitzer Berglandes. Drei mächtige Fichten umrahmen den etwas versteckt gelegenen mauerumfassten Ursprung des Flüsschens (Wanderweg ab Kindisch ausgeschildert). Etwas weiter östlich befindet sich eine weitere Quelle direkt unterhalb der Autobahn. Beide Gewässer vereinen sich nach kurzer Strecke, nachdem sie das mächtige granitene Blockmeer an der Nordostabdachung des Hochsteins durcheilt haben. Von dort aus erreicht die Schwarze Elster mit schneller Fließgeschwindigkeit die Städte Elstra und Kamenz.

Hinter der Lessingstadt hat der Fluss das eiszeitlich geprägte Lausitzer Tiefland erreicht. Ab Hoyerswerda ändert die Schwarze Elster mit ihrem Eintritt ins Lausitzer Urstromtal die Fließrichtung von Nord auf West. Auf dem Abschnitt bis Senftenberg wird das Lausitzer Seenland durchquert. Mehrfach musste dort der Fluss aufgrund von Braunkohletagebauen verlegt werden. Bereits in den 1930er Jahren schufen über 400 Arbeiter dem Fluss zwischen Hoyerswerda und Neuwiese aufgrund der immer wiederkehrenden Hochwassergefahr ein neues Bett. Allein zwischen 1926 und 1930 war die Elster dreimal über ihre Ufer getreten. Rund 250 000 Kubikmeter Boden mussten dafür bewegt werden. Dass der Fluss auch heute noch über eine unbändige Kraft verfügt, bewies die Elster im Jahr 2010. Mehrfach trat der Strom über seine Ufer und überflutete besonders im Elbe-Elster-Kreis zahlreiche Flächen.

Zwischen Hoyerswerda und Senftenberg fließt die Elster teilweise in einer Entfernung von nur wenigen Metern an einigen neuen Seen vorbei. So wird beispielsweise das Nordufer des Senftenberger Sees mit einem Abstand von nur ungefähr 100 Metern fast tangiert.

Einst wie im Spreewald

Gemächlich fließt der Strom anschließend an Ruhland, Schwarzheide und Lauchhammer vorbei nach Elsterwerda. In diesem Abschnitt bildet das Gewässer die historische Grenze zwischen der nördlichen Nieder- und der südlichen Oberlausitz. Relativ fruchtbare Böden kennzeichnen in diesen

Der Quelltopf der Schwarzen Elster am Hochstein

Der Fluss unweit des Senftenberger Tierparks

Abendstimmung an der Schwarzen Elster

Bereichen die unmittelbaren Uferbereiche. In diesem Abschnitt wurde die Elster Mitte des 19. Jahrhunderts massiv begradigt. Damit sollte die Hochwassergefahr eingedämmt werden. Zuvor war die Landschaft alten Chroniken zufolge dem Spreewald sehr ähnlich. Nahe des Ruhlander Eichwaldes existieren noch die Ruinen der alten Waldbrücke. Das um 1880 errichtete Bauwerk wurde vor allem von den Bauern genutzt, die auf der gegenüberliegenden Flussseite ihre Felder bestellten. Um das Jahr 1958 brannte die erst 1949 generalüberholte Brücke durch einen »Dummer-Jungen-Streich« ab.

Die Lausitz – Heimat des Seenlandes

Nicht nur eine Elster in der Lausitz

Hinter Elsterwerda fließt der Strom, der allerdings kaum für die Schifffahrt genutzt wurde und wird, in nordwestlicher Richtung über Bad Liebenwerda, Herzberg, Schweinitz und Jessen der Elbe entgegen. Nach 188 Kilometern ist bei Elster an der Elbe der »Mutterfluss« erreicht.
Neben der Schwarzen Elster gibt es in der Lausitz noch weitere »Elstergewässer« als Nebenflüsse. Erwähnenswert sind beispielsweise die Sornoer Elster und die Storchenelster östlich von Senftenberg sowie die Kleine Elster bei Finsterwalde.
Heute trägt die Gemeinde Elsterheide als Herzstück des Lausitzer Seenlandes den Fluss in ihrem Namen. An einigen Stellen führen ausgebaute Radwege sowie gut befahrbare »Naturtrassen« direkt auf der Deichkrone entlang. Empfehlenswert ist hierbei besonders das rund zehn Kilometer lange Teilstück von Hoyerswerda über Bergen bis zum Geierswalder See. Der Rundweg um den Senftenberger See führt auf seinem Stadtabschnitt direkt auf dem schmalen Landstück zwischen dem See und dem Fluss entlang.

Obgleich die Schwarze Elster seit der politischen Wende wesentlich sauberer geworden ist, empfiehlt sie sich noch immer nicht als Badegewässer. Schilf- und krautreiche Ufer sowie Eisenoxidablagerungen im Flussbett stehen einer sommerlichen Abkühlung im Wege. Dennoch gibt es dann und wann, beispielsweise bei Lauchhammer-Süd, »Naturbadestellen«. Diese werden hauptsächlich von ortskundigen Einheimischen genutzt.

Im Herbst sind an der Elster unzählige Wildgänse anzutreffen.

Die Elster bei Spohla, im Hintergrund die Hoyerswerdaer Neustadt

Hochwasser der Schwarzen Elster in Herzberg im Winter 2011

Mutter Sybille

Sie wohnt tief im Hochstein – noch immer dort oben
Vom Zauber der rauschenden Wälder umwoben.
Drei Töchter entspringen den massigen Lenden
Und jede will sich gleich woandershin wenden:
Benetzt mit den Tränen von fichtenem Harze
Nach Norden die Elster – man nennt sie die Schwarze;
Nach Westen die Röder, die fleißige, kühne;
Nach Süden die Gruna, die liebliche, grüne –
Sie fädelt gar hurtig im eiligen Lauf
Zum Abschied noch schimmernde Teichperlen auf.

Doch keine mehr sendet den silbernen Blick
Zur moosigen Wiege am Hochstein zurück.
Verliebt zieh'n sie hin auf verschlungenen Wegen,
dem Elbstrom, dem ewigen Freier, entgegen.

Aus: »Erinnerungen an mein grünes Dorf« von Helmut Petzold

Die sagenumwobenen Gipfelklippen des Hoch- oder Sybillensteins

Eine Landschaft entsteht – das Seenland

Landschaft im Wandel

Aus der Geschichte des Lausitzer Seenlandes

Aus der Luft lässt sich die Dimension des Lausitzer Seenlandes am besten erahnen.

Die Förderbrücke F60 im Tagebau Welzow-Süd bei Nacht

Durch Blättertonfunde ist bekannt, wie die Wälder, aus denen später die Braunkohle entstand, aussahen. Im Ton blieben die Überbleibsel der Gehölze bis heute erhalten.

Das Lausitzer Seenland ist eine Landschaft im Werden. Nichts Fertiges und nichts Vollkommenes. Dafür jedoch äußerst spannend. Denn nur in ganz wenigen weiteren Gegenden Deutschlands lässt sich die Geburt einer gänzlich neuen Landschaft so hautnah miterleben. Die geografischen Eckpfeiler dieser im Wandel begriffenen Landschaft bilden die Stadt Finsterwalde im Nordwesten, die Talsperre Spremberg im Nordosten, der Bärwalder See im Südosten sowie der Grünewalder Lauch im Südwesten. Dieses Areal berührt die beiden Bundesländer Brandenburg und Sachsen sowie insgesamt fünf Landkreise.

Bislang gibt es 23 größere Seen mit einer Gesamtwasserfläche von fast 12 800 Hektar. Das Herz dieser neuen Landschaft bildet die sogenannte Restlochkette im Städtedreieck Senftenberg, Hoyerswerda und Spremberg, die allein mit einer Wasserfläche von ungefähr 7000 Hektar aufwartet. Diese drei Gewässer sind seit dem Jahr 2006 mittels Kanälen miteinander verbunden. Darüber hinaus existiert eine Vielzahl kleinerer Braunkohlengruben, die ebenfalls inzwischen mit Wasser gefüllt sind.

Der wohl größte Verdienst der »Macher« des Lausitzer Seenlandes besteht darin, diesem Gebiet ein völlig neues Image zu vermitteln, quasi von einer Kohle- zu einer Tourismusgegend. Dieser Prozess ist freilich noch lange nicht abgeschlossen. Heute kann niemand mit Bestimmtheit sagen, wie lange in der Lausitz noch Braunkohle gefördert wird und die dabei entstehenden Restlöcher geflutet werden. Doch man kann mit Fug und Recht feststellen, dass ein Großteil der Arbeit bereits getan ist.

Eine Landschaft entsteht – das Seenland

Millionen Jahre zurück

Um an den Ursprung des Lausitzer Seenlandes zu gelangen, gilt es, eine extrem weite Reise zurück in die Vergangenheit zu unternehmen. Denn vor ungefähr 15 bis 20 Millionen Jahren ist die Braunkohle entstanden, deren Förderung die heutigen Seen entstehen ließ. Abgestorbene Gehölze verwandelten sich unter Luftabschluss zu Torf. Durch den gewaltigen Druck der sich immer weiter darauf absetzenden Erdmassen entstand dann die Braunkohle.

Über Millionen Jahre ruhte sie mehr oder weniger tief im Boden. Erst im ausgehenden 18. Jahrhundert begannen sich die Menschen in der Niederlausitz für diesen Stoff zu interessieren. So berichten die Chroniken vom wahrscheinlich ersten Braunkohlenfund im Jahr 1789 am Butterberg zu Bockwitz, dem heutigen Lauchhammer-Mitte. Nur 14 Jahre später kam die nur einen Steinwurf entfernt bei Kostebrau gefundene Kohle für den Betrieb einer Dampfmaschine im nahen Lauchhammerwerk zum Einsatz.

Wurde das »schwarze Gold«, wie die Braunkohle in der Lausitz bezeichnet wird, zunächst per Hand im Kleintagebau gewonnen, zogen die Bergleute bald unter Tage. Im Laufe des 19. Jahrhunderts stieg der Kohlebedarf durch die Industrialisierung rasant. Immer neue Bergwerke und Gruben entstanden. Um das Jahr 1860 begann dann auch die Förderung des Bodenschatzes um Senftenberg. Das Senftenberger Revier war geboren. Zur Jahrhundertwende 1900/1901 bestimmten Braunkohlengruben und Brikettfabriken das Landschaftsbild rund um das Städtchen an der Schwarzen Elster. So glich beispielsweise die Raunoer Hochfläche nördlich Senftenbergs aufgrund der vielen Gruben einem Schweizer Käse. Die aufstrebende Wirtschaft zog zahlreiche Arbeitskräfte, insbesondere aus Polen und Böhmen, an. Dadurch stiegen die Einwohnerzahlen der Orte im Revier. Ganze Werkssiedlungen mit insgesamt rund 5000 Wohnungen, zum Beispiel Wilhelminenglück bei Klettwitz und der Grundhof in Lauchhammer, wurden im Lausitzer Revier aus dem Boden gestampft.

Da die abgebaute Kohle stets Massenverluste mit sich zieht, war die Entstehung von Restlöchern vorprogrammiert. Diese füllten sich, sofern sie nicht wieder zugekippt wurden, mit Wasser. Viele dieser relativ kleinen Gewässer blieben so liegen wie sie waren. Eine ganze Anzahl dieser Mini-Seen existierte zum Beispiel zwischen Senftenberg und Großräschen.

Frühe Visionäre

Doch bereits in der ersten Hälfte des 20. Jahrhunderts gab es visionär denkende Menschen, die die Bergbaufolgelandschaften als Chance begriffen. So erkannte der Landschaftsgestalter der Fürst-Pückler-Gesellschaft, Meyer-Jungclaussen, bereits in den 1920er Jahren Möglichkeiten, die wilde Nachbergbau-Gegend wieder einer sinnvollen Nutzung zu unterziehen. So schreibt er: »Abraumhalden sind in landschaftlicher Hinsicht keineswegs nur notwendiges Übel, die beseitigt oder verdeckt werden müssten, sondern in vielen Fällen landschaftlich wertvolle und erwünschte Gestaltungsteile des Gesamtbildes, die es zu seinen Gunsten sinnvoll zu nutzen gilt. Ganz besonders gilt das für sonst ebene, seen- und teicharme Landschaften, die durch den Grubenbetrieb mit seinen teils vertiefenden, teils erhöhenden Geländearbeiten gestaltungs- und bildmäßig bereichert werden können.«

Kraftwerk »Schwarze Pumpe« im Mondschein

Schon damals begann die forstliche Nutzung der Abraumkippen. Bepflanzt wurden sie mit teils abwechslungsreichen Mischwäldern. Wichtigste Baumarten waren Roteichen, Eichen, Kiefern, Lärchen, Pappeln und Birken. Als tüchtige »Kippenförster« gelten unter anderem Joachim Hans Copien, Rudolf Heuson und Ernst Kluge. Noch heute sind Reste ihres Lebenswerkes erhalten. Ein Beispiel sind die Wälder auf der Kippe zwischen Brieske und Schwarzheide.

Eine Zäsur bedeutete das Jahr 1945 im Lausitzer Braunkohlenrevier. Im Zuge des Kriegsendes wurden mehrere Gruben unkontrolliert geflutet. Auf diese Weise entstand beispielsweise der Knap-

Bizarre Landschaft im Seenland

Echte Kohle im Tagebau

Die Sanierungsarbeiten erfordern sogar die Sperrung von Bahntrassen. In diesem Fall handelt es sich um die Linie von Görlitz nach Hoyerswerda in Höhe Lohsa. Der Rütteldruckverdichter am Silbersee im Hintergrund sichert den Kippenboden.

Eindringlich warnen diese Schilder vor den Gefahren an bisher ungesicherten Tagebaurestlöchern. Das Gewässer im Hintergrund ist der Mortka-See bei Lohsa.

Als einer der geistigen Väter des Lausitzer Seenlandes gilt der Landschaftsarchitekt Otto Rindt. Er verfolgte bereits ab dem Ende der 1950er Jahre die Vision einer größeren künstlichen Gewässerkette in der Lausitz, deren einzelne Seen durch Kanäle miteinander verbunden sein würden. Auf Rindts Karten findet sich das heutige Seenland in erstaunlicher Detailtreue wieder. Allerdings erlebte der ursprünglich aus Schleswig-Holstein stammende Landschaftsarchitekt die Fertigstellung der ersten Kanäle nicht mehr.

Während der DDR-Zeit entstanden neben dem Knappensee und dem Senftenberger See weitere künstliche Gewässer. Dazu zählen der Erikasee bei Lauta, der Silbersee bei Lohsa sowie der Grünewalder Lauch unweit von Lauchhammer. Bis auf den naturbelassenen Erikasee wurden die weiteren Gewässer als Erholungsgebiete hergerichtet. Im Zuge der politischen Wende der Jahre 1989/1990 liefen die meisten Lausitzer Tagebaue aus. In den 1990er Jahren übernahm die damals neu gegründete Lausitzer und Mitteldeutsche Bergbau-Verwaltungsgesellschaft mbH (LMBV)

pensee bei Hoyerswerda. Jahre später wurde er zum Naherholungsgebiet der nur einen Steinwurf entfernten Stadt Hoyerswerda entwickelt. Andere im Frühjahr 1945 ungewollt mit Wasser gefüllte Gruben, so der Tagebau Niemtsch bei Senftenberg, wurden wieder leergepumpt. Als diese Grube ausgekohlt war, begann im Spätherbst 1967 die reguläre Flutung. Sie war Anfang der 1970er Jahre abgeschlossen. So durfte ab 1973 im Senftenberger See gebadet werden. Heute beläuft sich die dortige Gesamtstrandlänge auf sieben Kilometer. Da die Tagebaugrube mit Wasser aus der unmittelbar nördlich vorbeifließenden Schwarzen Elster geflutet worden war, pegelte sich der pH-Wert im neutralen Bereich ein. Ansonsten gelten Bergbaugewässer teilweise als extrem sauer. Längst hat sich der Senftenberger See zum beliebtesten Badegewässer der mittleren Lausitz etabliert. Schon seit Jahrzehnten kommen alljährlich im Sommer tausende Stammgäste aus dem nahen Sachsen.

Flug über das Lausitzer Seenland

Eine Landschaft entsteht – das Seenland

die Verantwortung für die Rekultivierung, Wiedernutzbarmachung und Vermarktung der ausgelaufenen Tagebaue. Grundlage dazu bildet das Bundesberggesetz. Die LMBV befindet sich vollständig in Bundeseigentum.

Gefährliche Rutschungen

Eine ganz wesentliche Rolle bei der Sanierung von Bergbauflächen bildet die Sicherheit. Eine Hauptgefahr besteht nämlich im Wiederanstieg des zuvor künstlich abgesenkten Grundwasserspiegels, der geschüttete Kippen durchaus ins Rutschen bringen kann.

Ein gewaltiger Grundbruch hat die mittlere Lausitz im Oktober 2010 in Atem gehalten. Damals sackte am Nordufer des Bergener Sees im Bereich des früheren Tagebaus Spreetal eine Fläche auf 1,1 Kilometer Länge und 600 Meter Breite ab. In dieses Areal hätten sage und schreibe weit mehr als 100 Fußballfelder hineingepasst. Die Fachleute von der Bergbausaniererin LMBV sperrten in Abstimmung mit dem Sächsischen Oberbergamt das Rutschungsgebiet weiträumig ab. Darüber hinaus wurde für zahlreiche weitere Flächen ein zeitweiliges Betretungsverbot erlassen.

Nur gut zwei Monate nach dem Unglück im früheren Tagebau Spreetal begann sich die Erde in der Lausitz erneut zu bewegen. Nordöstlich von Lohsa senkten sich knapp 30 Hektar Wald und Wiese. Die Abbruchkanten waren teilweise bis zu vier Meter hoch. Darüber hinaus hatten sich seltsame ovale Löcher im Boden aufgetan, über die sich der Porenwasserdruck in die Kippe entladen hatte. Gespenstisch wirkte eine halb im Schlamm versunkene Futterkrippe. Zum Glück waren auch bei diesem Grundbruch keine Menschen zu Schaden gekommen, obwohl zum Unglückszeitpunkt Waldarbeiter am Werk waren.

Rutschungen, die Fachleute sprechen zumeist von Grundbrüchen, treten in der Bergbaufolgelandschaft immer wieder auf. Deshalb hat die LMBV am Rande sämtlicher gefährdeter Gebiete, vor allem der Innenkippen, entsprechende Warnschilder aufgestellt. Diese dürfen keinesfalls missachtet werden, da hinter ihnen tatsächlich Gefahr für Leib und Leben droht.

Um Gefahren für zukünftige Nutzer auszuschließen, sind umfangreiche und anspruchsvolle Arbeiten erforderlich. Dabei gilt es unter anderem, die Böschungen fachmännisch zu sanieren.

»Die Seenmacher«

Darüber hinaus genießen die Mitarbeiter der Bergbausaniererin LMBV in der Lausitzer Bevölkerung den guten Ruf als »Seenmacher«. Fast alle ehemaligen Braunkohlengruben befinden sich in der Flutung beziehungsweise haben ihren Endwasserstand bereits erreicht. Mitte dieses Jahrzehnts werden nach aktuellen Planungen die meisten Ex-Tagebaue vollendete Seen sein. Lediglich am Altdöberner See soll sich die Befüllung aus sanierungstechnischen Gründen bis ins Jahr 2023 erstrecken.

Erfahrungsgemäß werden anfänglich in den meisten Tagebauseen extrem saure pH-Werte gemessen. Dieses Phänomen resultiert aus Verbindungen wie Pyrit und Markasit, die beim Fördern der Braunkohle nach oben befördert und belüftet wurden und sich mit dem ansteigenden Grundwasser vermischen. Neben dem Einlassen von neutralem Flusswasser kommen auch andere Technologien zum Einsatz. So gibt es Bekalkungsschiffe und Einspülungen, die den pH-Wert der Tagebaugruben anheben sollen.

Das Herz des Seenlandes

Das Herz des Lausitzer Seenlandes bildet die sogenannte Restlochkette, die sich im Städtedreieck Senftenberg, Hoyerswerda und Spremberg erstreckt. Der Sedlitzer, der Geierswalder und der Partwitzer See sind lediglich durch teils enge Landbrücken voneinander getrennt. Den besten Überblick über dieses neue Wasserparadies genießen Gäste vom Rostigen Nagel, einem 30 Meter hohen Aussichtsturm, der sich genau in dieser Landschaft befindet. Er ist durch einen gut ausgebauten Radwanderweg, der von Kleinkoschen nach Lieske führt, schnell erreicht.

Winter im Herzen des Seenlandes – rechts der Rostige Nagel

Eröffnung des Rostigen Nagels am 23. Oktober 2008

Das Seenland gilt als Möwenparadies.

Die erste touristische Nutzung dieser Gegend begann im Jahr 2003. Seitdem sind mit speziellen Genehmigungen erste wassersportliche Nutzungen in genau definierten Teilbereichen möglich. So existieren am Partwitzer und am Geierswalder See bereits Strandbereiche. Zudem rasen pfeilschnelle Jetskis über den Geierswalder See. Auf dem benachbarten Sedlitzer See erfreuen sich Floßtouren großer Beliebtheit.

Um zahlreiche Gewässer führen bereits Rundradwege, die von Einheimischen und Touristen begeistert angenommen werden. Mancherorts warten weitere Attraktionen auf die Besucher. So existieren im Geierswalder und im Partwitzer See sowie im Gräbendorfer See bereits schwimmende Häuser. Diese können für den Seenland-Urlaub gemietet werden.

Am eindrucksvollsten präsentiert sich das Lausitzer Seenland aus der Vogelperspektive. Aus großer Höhe wird jedem die Dimension dieses Gebietes so richtig bewusst. Markante Orientierungspunkte in der Landschaft sind unter anderem die lang gestreckte Halbinsel im Partwitzer See, die reich gebuchtete Insel im Senftenberger See sowie der markante Nordzipfel des Geierswalder Sees. Mehrere Anbieter bieten Rundflüge an. Flugplätze existieren unter anderem in Welzow, Schwarzheide und Nardt bei Hoyerswerda.

Inseln als Möwenparadies

Auch Naturforscher und Schützer kommen im Lausitzer Seenland voll auf ihre Kosten. Gerade die Erstbesiedlung bisher toten Landes besitzt einen besonderen Reiz. An manchen Stellen wird der Natur absoluter Vorrang eingeräumt. Sie kann sich dort ungestört entwickeln. Ein Beispiel ist das Naturparadies Grünhaus zwischen Finsterwalde und Lauchhammer. Zahlreiche seltene Arten haben sich dort inzwischen angesiedelt, etwa Heidelerchen, Wiedehopfe, Kraniche und viele mehr. Nirgendwo sonst lässt sich außerdem die Entstehung neuer Wälder so brillant nachvollziehen.

Seit wenigen Jahren besteht darüber hinaus das Naturschutzgebiet »Sorno-Rosendorfer Buchten« genau im Kernbereich der Restlochkette. Ein besonderer Höhepunkt auf den Inseln des Sedlitzer Sees sind die dortigen Möwenkolonien. Möwenarten aus ganz Europa leben und brüten dort gemeinsam. Einmal im Jahr werden Floßexkursionen zu den winzigen Eilanden angeboten. Dann sind auch beeindruckende Einblicke in die Kinderstuben dieser Vögel möglich. Allerdings werden die Möweninseln mittelfristig durch den steigenden Wasserstand überflutet. Pläne für künstliche Eilande existieren bereits.

Per Schiff von Senftenberg nach Großräschen

Den absoluten Höhepunkt des Lausitzer Seenlandes bilden seine Kanäle. Durch sie werden ab Mitte dieses Jahrzehnts größere und kleinere Schiffe verkehren. Somit können Touristen beispielsweise die Stadt Großräschen von Senftenberg aus auf dem Wasserweg erreichen. Dabei passieren sie vier Seen und drei Kanäle.

Zehn der insgesamt 23 größeren Gewässer werden dabei durch insgesamt 13 Kanäle miteinander verbunden. Bereits im Jahr 2003 wurde der erste Überleiter fertiggestellt. Er verbindet seitdem als Barbarakanal den Geierswalder und den Partwitzer See. Zahlreiche weitere Verbindungen befinden sich im Bau. Die beiden spektakulärsten sind dabei der Überleiter 11 zwischen dem Sedlitzer See und dem Großräschener See sowie der Überleiter 12 zwischen dem Senftenberger und dem Geierswalder See.

Kanal mit Tunnel

Der Überleiter 11 hat eine Länge von fast 1,2 Kilometern. Kernstück bildet ein rund 186 Meter langer Tunnel unter der Bundesstraße 169 und zwei Bahntrassen. Durch die Unterführung wird ein Radwanderweg verlaufen. Künstlerischer Höhepunkt ist eine Stelenreihe, die die gesamte

Infopunkte geben über die Entstehung und Entwicklung des Seenlandes Auskunft.

Baustellenbesichtigung im künftigen Kanal zwischen dem Ilse-See und dem Sedlitzer See

Ausflug unter fachkundiger Leitung an den Bergheider See – im Hintergrund das Besucherbergwerk F60

Eine Landschaft entsteht – das Seenland

Blick auf den Ilse-See mit zukünftiger Seebrücke unterhalb der IBA-Terrassen in Großräschen.

Blick vom Rostigen Nagel auf die Halbinsel im Sedlitzer See

Verbindung begleitet und nachts den Verlauf des Kanals optisch anzeigt. Darüber hinaus entstehen ein Pegelhaus, eine Fußgängerbrücke nahe der Einmündung in den Sedlitzer See sowie eine Wehranlage.

Mindestens genauso spektakulär ist der 1050 Meter lange Überleiter 12. Dort befindet sich nämlich ein »Wasserkreuz«. Die Schwarze Elster wird mittels einer 90 Meter langen Brücke über den Kanal geführt. Zudem wurde die Bundesstraße 96 umverlegt. Sie führt auf einer 64 Meter langen Brücke über den Überleiter. Darüber hinaus entsteht eine größere Schleusenanlage, um die verschiedenen Wasserstände im Senftenberger und im Geierswalder See zu überbrücken.

Ein- bis zweimal jährlich werden von der LMBV Führungen an den Kanalbaustellen angeboten. Und die Menschen nehmen diese Einladungen sehr zahlreich an. Denn in welcher anderen Landschaft Europas werden innerhalb weniger Jahre gleich mehrere dieser Großprojekte verwirklicht?

Eigenes Boot im Hafen

Natürlich werden in einem Seenland auch Häfen benötigt. Diese befinden sich bereits im Aufbau. Der Stadthafen Senftenberg soll bereits im Jahr 2012 vollendet werden. Er befindet sich unweit von Schloss und Tierpark am Nordufer des Senftenberger Sees. Markantes Wahrzeichen soll die Seebrücke bilden. Gut 100 Boote können im Stadthafen festmachen. Darüber hinaus entsteht eine elegante Hafenmeile mit zahlreichen Verweilmöglichkeiten.

Ein weiterer Hafen soll am Großräschener See entstehen. Fast direkt unterhalb des Seehotels und neben den IBA-Terrassen können nach Fertigstellung die Boote anlegen. Dort wurde bereits im Sanierungstagebaubetrieb die künftige Hohlform des Hafens ausgebaggert. Gebaut werden soll in den Jahren 2014/2015. Weitere Häfen wird es unter anderem in Partwitz und Geierswalde geben.

Der größte See fehlt noch

Das Lausitzer Seenland ist also eine Landschaft im Wandel. Und gerade diese ständige Veränderung macht diese Region für Touristen so interessant. Selbst wer nur ein Jahr nicht in der Gegend gewesen ist, kann sich zwölf Monate später mancherorts kaum mehr orientieren, so viel hat sich inzwischen verändert. Deshalb bietet das Seenland ein unglaublich großes touristisches Potenzial. »Von Null auf Hundert« könnte dabei die Devise lauten. Und die »Landschaft im Werden« wächst weiter. Der größte See fehlt sogar noch. Wenn das geplante Teilfeld II des Tagebaus Welzow-Süd nach dem Jahr 2032 ausgekohlt und perspektivisch geflutet ist, kann man davon ausgehen, dass das Lausitzer Seenland dann im Großen und Ganzen vollendet sein wird. Mit dem Welzower See wächst das Gebiet nochmals um ungefähr 1600 Hektar Wasserfläche. Das übertrifft das bis dato größte Gewässer, den Sedlitzer See, um sage und schreibe knapp 300 Hektar. Vielleicht wird auch der Welzower See per Kanal an die Restlochkette angeschlossen. Manche Visionäre träumen darüber hinaus von einer Fährverbindung über das riesige Gewässer, in das der Geierswalder See zweimal hineinpassen würde.

Kurzum, das Lausitzer Seenland gehört zu den dynamischsten und innovativsten Regionen Ostdeutschlands. In wenigen Jahren wird es ein »Muss« sein, diese Gegend zu bereisen. Zu gewaltig sind die Leistungen der einstigen Bergleute, um diese in den Reiseführern mit einer Randnotiz abzuhandeln. Wer es nicht glaubt, sollte unbedingt das Seenland besuchen. Doch Vorsicht scheint geboten: Es wartet nämlich ein Virus, das eine ganz tiefe Sehnsucht nach dieser Landschaft im Wandel auslöst.

Beim festlichen Baubeginn für den Senftenberger Stadthafen im Dezember 2010

Grundsteinlegung für den Senftenberger Stadthafen im August 2011

Eine Landschaft entsteht – das Seenland

Von alten Gruben zu neuen Seen

Zur Entwicklung des Lausitzer Seenlandes

Seit Mitte der 1990er Jahre trägt die Lausitzer und Mitteldeutsche Bergbau-Verwaltungsgesellschaft (LMBV) die Verantwortung für die Wiedernutzbarmachung und Sanierung der in dieser Region befindlichen Bergbaualtlasten. Neben der Revitalisierung von ehemaligen Industriestandorten wie Kraftwerken, Brikettfabriken und Kokereien sind es vor allen Dingen die Tagebauareale, die so herzurichten sind, dass eine gefährdungsfreie Nachnutzung möglich ist.

Das Lausitzer Seenland stellt dabei ein Meisterstück der durch die Bergbausanierer geschaffenen neuen Landschaften dar. Insgesamt 21 größere neue Seen mit einer Gesamtwasserfläche von 13 000 Hektar entstehen in den alten Gruben der Lausitz.

Davon werden seit dem Jahr 2003 zehn künstliche Seen an der Grenze von Sachsen und Brandenburg mit zusammen 7000 Hektar Wasserfläche in den kommenden Jahren durch schiffbare Kanäle miteinander verbunden. Die Errichtung von schiffbaren Verbindungen trägt dazu bei, eine stabile und hochwertige, vielfältig nutzbare Bergbaufolgelandschaft in der Lausitz zu schaffen. Die Bundesländer Brandenburg und Sachsen haben sich frühzeitig dazu bekannt, die dafür notwendigen Arbeiten zur Herstellung der Sicherheit und einer touristischen Folgenutzung zusätzlich zu finanzieren und bei der Sanierungsträgerin LMBV zu beauftragen. Umgestaltet wird die Bergbaufolgelandschaft unter Federführung der LMBV, einer Gesellschaft im Eigentum der Bundesrepublik Deutschland.

Vielfältige Hinterlassenschaften

In der Region zwischen Senftenberg, Spremberg und Hoyerswerda wurden seit Mitte des 19. Jahrhunderts über zwei Milliarden Tonnen Braunkohle aus bis zu 60 Metern Tiefe geholt. Der Abbau und die Veredlung der Kohle war seitdem eine wichtige Lebensgrundlage in der Lausitz. Dieser Prozess hatte in der Folge auch eine große wirtschaftliche und soziale Bedeutung für den Aufschwung und den späteren Umbruch der Region.

Der Abbau führte bereits seit den 20er Jahren des 20. Jahrhunderts auch zu unübersehbaren negativen Folgen für die Umwelt: Landschaften wurden

Die Region ist von riesigen Tagebaugruben – wie hier dem Partwitzer See – geprägt, die miteinander verbunden werden.

zerschnitten, Siedlungen überbaggert, die Luft verschmutzt und Lebensräume für Flora und Fauna zerstört. Die ehemals von Wald und Acker geprägte Kulturlandschaft sowie die strukturreiche Sumpf- und Teichlandschaft der Lausitz wurden durch den Abbau der Braunkohle fast gänzlich zu einer reinen Bergbaulandschaft verändert.

Nach 1990 setzte ein erneuter, weit reichender Wandel der Landschaft in der Folge der abrupten Einstellung von mehr als einem Dutzend Großtagebauen innerhalb weniger Jahre ein. Aus den offenen Gruben und den verbliebenen Restlöchern der Tagebaue entstehen seitdem überwiegend neue und zum Teil sehr große Gewässer. Deren Randbereiche bieten nach ihrer Wiedernutzbarmachung vielfältige Möglichkeiten für Tourismus und Wirtschaft. Kippen und weitere devastierte Areale werden durch Sicherungs- und Rekultivierungsmaßnahmen zu neuen Landwirtschafts- und Waldflächen oder Solaransiedlungen umgeformt. Andere Gebiete bleiben aus Naturschutzgründen sich weitgehend selbst überlassen. Dadurch können sich neue Lebensräume für die Tier- und Pflanzenwelt entwickeln.

Sicherheit geht vor

Eine der Hauptaufgaben der LMBV ist die Herstellung von sicheren Landschaften durch die Beseitigung von Gefährdungen, die in Folge des Braunkohlenbergbaus entstanden sind. So gibt es im Lausitzer Revier eine Vielzahl von Tagebaurestlöchern, deren Böschungen und böschungsnahe Bereiche teilweise aus gekipptem Abraum bestehen. Diese locker gelagerten Sande können sich durch das ansteigende Grundwasser verflüssigen und zu Setzungsfließrutschungen führen. Bevor mit der Flutung der offen gebliebenen Hohlräume begonnen werden kann, sind die Böschungen auf einer Gesamtlänge von 1100 Kilometern langzeitsicher zu stabilisieren.

Geschieht dies nicht, können diese durch den Auftrieb des Wassers in Bewegung geraten, es kommt zum gefährlichen Setzungsfließen. Dabei rutschen schon nach einem kleinen Initial mehrere Millionen Kubikmeter Massen innerhalb von Sekunden ab, mit verheerenden Auswirkungen bis weit in das Umfeld der Tagebaue hinein.

Die Stabilisierung der Böschungen erfolgt meist mittels der Rütteldruckverdichtung. Hierzu wird eine Lanze bis 70 Meter tief in den Boden bis auf das Liegende eingelassen. Durch die Vibration wird der Boden in Etappen von unten nach oben verdichtet und innenliegende Dämme hergestellt. Zur Stabilisierung solcher gekippter Böschungen müssen insgesamt circa 1,1 Milliarden Kubikmeter Bodenmassen verdichtet werden. Darüber hinaus gilt es vielerorts auch, die zu steilen Böschungen flacher zu stellen. Zunehmend rücken nicht nur die Uferböschungen in den Fokus der

Blick in den Tagebau Seese-Ost vor der Rekultivierung im Jahr 1994 ...

Rütteldruckverdichtung bei Schlabendorf unweit des Spreewaldes

... und Seese-Ost zwölf Jahre später.

Alte unrekultivierte Kippe südöstlich von Welzow

25

Eine Landschaft entsteht – das Seenland

Blick in den Tagebau Dreiweibern während der Flutung – inzwischen ist die Grube so gut wie voll.

Sanierer. Auch die in den 1960er und 1970er Jahren des vergangenen Jahrhunderts überkippten Tagebaubereiche können durch aufsteigendes Grundwasser, zusätzliche Durchfeuchtungen von oben durch Starkregen und Staunässe sowie sich einstellendes Grundhochwasser ihre Standfestigkeit verlieren. Bisherige Annahmen von Sachverständigen zur gefahrlosen Nutzung bei gegebener trockener Überdeckung der Innenkippen müssen nach verschiedenen Grundbrüchen Ende des ersten Jahrzehnts neu überdacht werden. Die Beseitigung dieser Gefährdungen bildet die Grundlage für eine gefahrlose Nachnutzung der ehemals bergbaulich beanspruchten Gebiete.

Eine Herausforderung!

Diese Lebensräume einerseits zu erhalten und andererseits die Landschaft für neue nachhaltige Nutzungen zu gestalten, ist die besondere Herausforderung in den Bergbaufolgelandschaften Ostdeutschlands. Die Bewältigung der Hinterlassenschaften des stillgelegten Braunkohlenbergbaus auf rund 60 000 Hektar in der Lausitz wurde von der Treuhandanstalt und später den Bundesministerien der Finanzen und Umwelt der LMBV übertragen. Die Hauptaufgaben dieses Unternehmens liegen in der zügigen und effektiven Sanierung der Flächen der stillgelegten Tagebaue und Veredlungsanlagen sowie deren Verkauf an neue Eigentümer. Dies ist jedoch eine langfristig angelegte Aufgabe, die noch Jahre andauern wird. Brandenburg und Sachsen verhandeln seit 2011 mit der Bundesregierung über die künftigen Sanierungsinhalte und deren Finanzierung bis 2017.

Diese Schilder müssen unbedingt beachtet werden.

Eine Landschaft entsteht – das Seenland

Rekultivierungsarbeiten am Lugteich nordwestlich von Hoyerswerda.

Ein neuer Wald wächst auf Kippenland heran. In diesem Fall: Schwarzerlen.

Gesetz fordert Wiedernutzbarmachung

Die Wiedernutzbarmachung der ehemaligen Flächen des Bergbaus erfolgt auf der Grundlage des Bundesberggesetzes. Diese Aufgabe wird von der LMBV als bergrechtlich verantwortliches Unternehmen für die ihr übertragenen Flächen in engem Zusammenwirken mit den Ländern, Regionen und Kommunen erfüllt. Die Firma ist als bergbautreibendes Unternehmen und Projektträger der Sanierung für die Planung, das Projektmanagement und die Kontrolle verantwortlich. Damit leistet die LMBV einen wichtigen Beitrag für die Zukunft der Lausitz. Die aufwändige Finanzierung der LMBV-Sanierungsprojekte stellen der Bund und die Bundesländer über Verwaltungsabkommen zur Braunkohlensanierung sicher.

Derzeit werden in der Lausitz mehrere größere und weitere mittlere Tagebauseen geflutet, einige sind bereits im Endfüllstadium. Der Gräbendorfer, der Dreiweiberner, der Bärwalder und der Geierswalder See haben ihre Zielwasserstände schon erreicht. Diese neuen Seenlandschaften bieten eine spannende Perspektive für den Tourismus. Einige Gewässer fungieren als reine Landschaftsseen, dienen der Wasserwirtschaft oder bleiben dem Naturschutz vorbehalten. In Abstimmung mit dem Bund und den Ländern wurde eine Vielzahl von Landschafts- und Naturschutzflächen sowie ökologisch wertvollen Gebieten ausgewiesen, die oftmals durch die Verbindung von Wasser- und Landflächen ihre Wirksamkeit entwickeln. Das breite Angebot der aus den ehemaligen Bergbauarealen geschaffenen Flächen richtet sich an viele öffentliche und private Akteure, die als neue Eigentümer die Bergbaufolgelandschaften in Besitz nehmen, entwickeln und wirtschaftlich nutzen.

Länder werden Seeneigentümer

Das Zusammenwirken von Ländern, Regionen und Kommunen mit privaten Investoren sowie der LMBV als bisherige Eigentümerin der Flächen wird letztlich über den Erfolg der Bergbausanierung entscheiden. Die entstehenden großen Seen sollen in Brandenburg und Sachsen vorrangig an die Bundesländer übertragen werden. Die Verhandlungen mit Sachsen zu den Rahmenbedingungen dieses Seenübergangs konnten Anfang 2008 vertraglich fixiert werden. Das betrifft vor allem die Gewässer des Lausitzer Seenlandes und die großen Seen im Südraum von Leipzig. Mit dem Land Brandenburg wurden die Verhandlungen zu den großen Bergbaufolgegewässern im Seenland ebenfalls erfolgreich geführt. Die LMBV wird danach schrittweise nach Erreichen bestimmter rechtlicher und qualitativer Kriterien die Seen in den kommenden Jahren auf die Länder übertragen. Parallel wird es noch ein Langzeitmonitoring und eine Nachsorge durch das Bundesunternehmen geben.

Gewaltige Dimensionen

Die Sicherung und Böschungsgestaltung der Tagebaue war im Jahr 2011 bereits an vielen Stellen abgeschlossen. In bestimmten Bereichen wird sie jedoch bis Mitte dieses Jahrzehnts andauern, beispielsweise in den Tagebaugebieten Schlabendorf, Meuro und Greifenhain. Die entstehenden Gewässer werden schon fast alle geflutet. Zwischen Berlin und Dresden entsteht so in der Lausitz eine künstlich geschaffene, länderübergreifende Seenlandschaft.

Die Entwicklungsbereiche an den ausgewählten LMBV-Flächen in der Lausitz haben inklusive der Seenflächen riesige Potentiale. Im Kernbereich des Lausitzer Seenlandes werden die Gewässer durch schiffbare Kanäle miteinander verbunden. Dazu gehören vor allem die drei früheren Tagebaue Sedlitz, Skado und Koschen. Die Landesgrenze erstreckt sich quer durch diese, auch »Restlochkette« genannten drei alten Gruben. Die ersten drei schiffbaren Kanäle sind dort bereits bauseitig fertig gestellt; weitere zwei wichtige Anbindungen befinden sich im Bau.

Eine erste wassertouristische Zwischennutzung dieser Bergbaufolgeseen hat schon im Jahr 2003 begonnen. Wassersportaktivitäten sind seitdem am Sedlitzer, Partwitzer und Geierswalder See in genau abgegrenzten Bereichen möglich. Die Wirtschaftswege der LMBV um die neuen Gewässer herum stehen als asphaltierte See-Rundwege Skatern, Radfahrern und Wanderern zur Verfügung. Das erste schwimmende Haus auf dem Partwitzer

Blick in die Flutungszentrale Senftenberg: Von dort aus wird der Weg des Wassers in die alten Tagebaugruben gesteuert.

Eine Landschaft entsteht – das Seenland

Gegen das extrem saure Wasser helfen derartige Bekalkungsaktionen wie hier im Bernsteinsee bei Hoyerswerda.

See ist ein sichtbares Zeichen für die Entwicklung der touristischen Infrastruktur. Mit den schon zwei schwimmenden Villen bei Geierswalde sind Übernachtungsangebote im Fünf-Sterne-Bereich dazugekommen, die noch see- und landseitig erweitert werden sollen.

»Blaue Augen der Lausitz«

»Costa del Lausitz«, »Märkische Riviera«: Europas größte künstliche Seenlandschaft entsteht mitten im ehemaligen Lausitzer Braunkohlenrevier und hat schon vielversprechende Kunstnamen bekommen. Die Bergbausanierer sprechen gern von den neuen »Blauen Augen der Lausitz«, denn so wirken die Bergbaufolgegewässer bereits heute aus der Vogelperspektive. Zukünftig sollen neun dieser Seen – mit dem bereits genutzten Senftenberger See sogar zehn Gewässer – durch bis zu 13 schiffbare Verbindungen miteinander verknüpft werden, die auch drei Schleusenbauwerke in Sachsen und eines in Brandenburg notwendig machen.

Obwohl touristische Nutzungen in der Seenlandschaft gegenwärtig noch besonderer Genehmigungen bedürfen, zeugt der Zustrom der Besucher- und Wassersportler zu den Veranstaltungen bereits heute von der Anziehungskraft des Gebietes. Die Organisatoren der jährlichen Besuchertage im Lausitzer Seenland und der Segelregatten auf dem Geierswalder See können sich über mehrere tausend Gäste freuen.

An anderen Stellen wird dem Naturschutz Vorrang eingeräumt. Im Rahmen des Naturschutzgroßprojektes »Lausitzer Seenland« werden wertvolle Flächen als Lebensräume für Pflanzen und Tiere erhalten und nach dem Bergbau entstandene Areale der natürlichen Dynamik überlassen.

Riesige Entwicklungspotenziale

Das Lausitzer Seenland wird sich langfristig zu einer überregional bedeutsamen Tourismusregion in Deutschland entwickeln, darüber sind sich die Fachleute schon heute sicher. Diese Region wird einen ganz unverwechselbaren Charakter erhalten, der sich durch Aktivität und Abenteuer rund ums Wasser auszeichnet. Aufgrund der außergewöhnlichen Bergbaufolgelandschaft unterscheidet sich das Seenland von anderen Wassersportregionen. Die vielfältigen Potenziale der Gewässer werden sich erst schrittweise ausprägen.

Doch bereits heute ist es gelungen, mit den von der LMBV ermöglichten Zwischennutzungen die Besucher frühzeitig an das Seenland zu binden. Auch erste Erfahrungen für die Realisierung touristischer Großprojekte liegen schon vor. Eine vollständige Nutzung der Seen und aller ihrer Randflächen wird unter Berücksichtigung noch anstehender Sicherungsarbeiten und dem Erreichen der Zielwasserstände voraussichtlich in Gänze um das Jahr 2015 möglich sein. Grundsätzlich besteht daher die Chance, bei noch ausstehenden Sanierungsarbeiten künftige Nutzungen zu berücksichtigen.

Das Haupteinzugsgebiet der künftigen Besucher und Nutzer des Seenlandes wird die Region zwischen Berlin, Dresden und Leipzig sein. Aber auch Touristen aus den Niederlanden, Polen und Tschechien kommen bereits heute an die Lausitzer Seen, um hier aktiven Wassersport zu treiben und sich zu erholen. Damit wird das Lausitzer Seenland mittelfristig zu einer interessanten kontinentaleuropäischen Urlaubsdestination heranwachsen.

Besonders interessant: Die neuen Kanäle

Besonderer Glanzpunkt des Lausitzer Seenlandes sind aber die zahlreichen Baustellen an den künf-

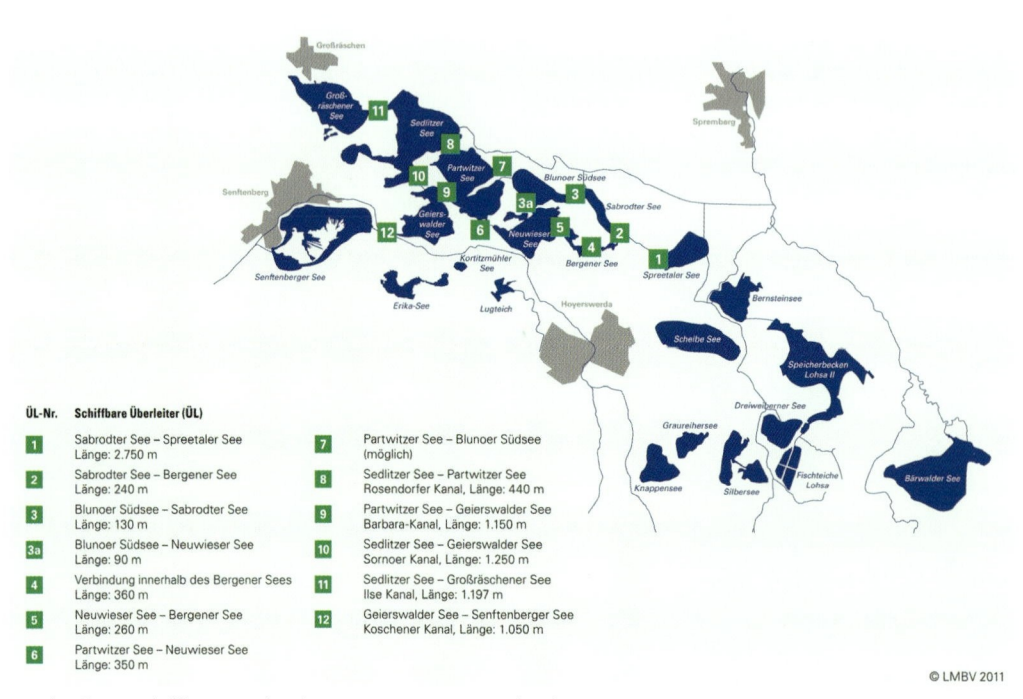

ÜL-Nr.	Schiffbare Überleiter (ÜL)		
1	Sabrodter See – Spreetaler See, Länge: 2.750 m	7	Partwitzer See – Blunoer Südsee (möglich)
2	Sabrodter See – Bergener See, Länge: 240 m	8	Sedlitzer See – Partwitzer See Rosendorfer Kanal, Länge: 440 m
3	Blunoer Südsee – Sabrodter See, Länge: 130 m	9	Partwitzer See – Geierswalder See Barbara-Kanal, Länge: 1.150 m
3a	Blunoer Südsee – Neuwieser See, Länge: 90 m	10	Sedlitzer See – Geierswalder See Sornoer Kanal, Länge: 1.250 m
4	Verbindung innerhalb des Bergener Sees, Länge: 360 m	11	Sedlitzer See – Großräschener See Ilse Kanal, Länge: 1.197 m
5	Neuwieser See – Bergener See, Länge: 260 m	12	Geierswalder See – Senftenberger See Koschener Kanal, Länge: 1.050 m
6	Partwitzer See – Neuwieser See, Länge: 350 m		

Die künftigen schiffbaren Verbindungen im Lausitzer Seenland

© LMBV 2011

Sehr beliebt: Radtouren entlang der neuen Seen.

Strandabschnitt im Senland

tig schiffbaren Kanälen (Überleiter), welche die einzelnen Gewässer einmal verbinden werden. Nachdem Ende 2003 bereits die erste Verbindung zwischen dem Geierswalder und dem Partwitzer See (Barbarakanal) fertig gestellt wurde, begannen ein Jahr später die Arbeiten für die Kanäle, Brücken und Wehre zwischen dem Sedlitzer und Geierswalder See (Sornoer Kanal) sowie zwischen dem Sedlitzer und Partwitzer See (Rosendorfer Kanal).

Zahlreiche weitere Kanäle sind in der Planung oder bereits im Bau. Kernstück einiger Überleiter in der Restlochkette sind teilautomatisierte Schleusenanlagen mit großzügigen Abmessungen. Weiterhin werden die Errichtung von Brücken, Vorhäfen mit Bootsschleppen und Löschwasserentnahmestellen sowie Verkehrwege zur Erschließung der Schleusenanlagen geplant. Die schiffbaren Seenverbindungen erhalten in ihrer Form von offenen Einschnitten Trapezprofile. Die Einschnitttiefe im vorhandenen Gelände schwankt zwischen acht und zwölf Metern.

Große und kleine Schiffe

Für eine ganzheitliche Entwicklung des Seenlandes und dem Bau der Überleiter waren frühzeitige Abstimmungen zu den Planungsgrundsätzen notwendig. Mit so genannten »Bemessungsschiffen« wurden von der LMBV sowie den Ländern Sachsen und Brandenburg Abmessungen für die Schleusen und Überleiterbauwerke vorgegeben: Segelboote können mit einer Länge von bis zu zehn Metern, einer Breite von bis zu 3,1 Metern und einem Tiefgang von bis zu 1,5 Metern die Kanäle nutzen. Künftige Fahrgastschiffe sollten eine Länge bis 29 Metern, eine Breite von bis zu 5,4 Metern sowie einen Tiefgang von bis zu 1,5 Metern nicht überschreiten. Die Wassertiefen im Überleiterkanal wurden mit 2,5 Metern beziehungsweise 3,5 Metern geplant. Für den Schiffsverkehr wird eine Brückendurchfahrtshöhe von mindestens vier Metern gewährleistet. Die Ein- und Ausfahrtbereiche der Überleiter werden trichterförmig ausgebildet sein.

Wasserstände und Schleusen

Nach Abschluss der Flutung werden für die Gewässer des Lausitzer Seenlandes drei Ebenen von Ost nach West mit folgenden Wasserständen prognostiziert: Spreetaler See 107 bis 108 Meter über Normalhöhennull (NHN), Sabrodter See/Blunoer Südsee 103 bis 104 Meter über NHN, Partwitzer See 100 bis 101 Meter über NHN.

Alle Schleusen sollen in einheitlichen Abmessungen als Kammerschleusen mit Stemmtoren ausgeführt werden. Die Länge der Schleusen ergibt sich zu 47,5 Metern bei 29,46 Metern Nutzlänge. Die lichte Kammerbreite beträgt sechs Meter, die Fallhöhe bis zu fünf Meter und der Freibord mindestens einen Meter. Die Schleusenbauwerke werden als biegesteife Stahlbetontröge in Hochleistungsbeton hergestellt.

Sowohl der Torantrieb als auch der Antrieb der Füllschützen in den Stemmtoren erfolgen mit Elektrohubzylindern. Die Schleusensteuerung wird über ein Steuerungssystem mit Bedienung über Funktionstasten und Fernüberwachung realisiert. Am Oberhaupt der Schleusen ist jeweils eine Löschwasserentnahmestelle angeordnet. Die Vorhäfen

Romantischer Sonnenuntergang am Sedlitzer See

Eine Landschaft entsteht – das Seenland

der Schleusenanlagen werden jeweils mit einer Bootsschleppe verbunden. Neben der Wasserersparnis ergibt sich auf diese Weise die Möglichkeit, kleinere Sport- und Freizeitboote außerhalb der Schleusungszeiten umsetzen zu können.

Wasser erwünscht

Die noch immer von der Braunkohlenwirtschaft geprägte Lausitz setzt heute und in der Zukunft auf eine attraktive Seenlandschaft. Diese kann umso früher beginnen, je mehr Niederschlag es gibt. Dr. Gert Gockel, lange Jahre Geotechnik-Chef der LMBV, wusste schon frühzeitig von den »natürlichen Grenzen« der Flutungsplanung. »Sagen Sie mir, wie viel es in den nächsten Jahren regnet, dann sage ich Ihnen, ob Sie 2018 vormittags oder nachmittags anbaden können«, scherzte der Wasserexperte im Jahr 2001. Dennoch war die LMBV bereits zu dieser Zeit optimistisch, erste Gewässer wie den Dreiweiberner und den Geierswalder See schon frühzeitig für die öffentliche Nutzung freigeben zu können. Bis dahin hatten die Bergbausanierer viel Arbeit.

Die Flutung ist ein komplizierter und inhaltlich sehr sensibler Prozess, erklärt die LMBV neugierigen Gästen immer wieder. Bestimmt werde dieser Prozess auf der Basis von langfristigen Rechenmodellen von den geologischen Möglichkeiten und Notwendigkeiten sowie vom Wasserangebot. Da das Wasser auch an Landesgrenzen kein Halt macht, ist für Willkür oder lokale Egoismen in diesem Prozess gar kein Platz.

Die bereits im Jahr 2000 eingerichtete Flutungszentrale – heute in Senftenberg – ist neben hoheitlichen Bewirtschaftungsgrundsätzen ein Garant dafür. Dort wird der Weg des Wassers von der Talsperre Bautzen bis vor die Tore Berlins aufwändig überwacht, berechnet und gesteuert. Kein See ist dabei als Einzelprojekt zu behandeln. Die Betrachtung des Wasserbedarfs erfolgt dort ausschließlich im Verbund. Auch die Elbe wurde als zusätzlicher Lieferant geprüft. Mitte der 1990er Jahre wurde immer deutlicher, dass zusätzliches Wasser vor allem aus der Neiße für die Flutung der Lausitzer Seen kostengünstig und hilfreich sein würde. Dass Wasser auch aus dem deutsch-polnischen Grenzfluss zusätzlich zur Schwarzen Elster und zur Spree in die Überlegungen zur Flutung einbezogen wurde, hat zwei Gründe: Zum einen kann der Flutungsprozess zwischen Senftenberg, Partwitz, Hoyerswerda und Koschen nach Abschluss der Auffüllung mit Neißewasser des in der Oberlausitz gelegenen Berzdorfer Sees ab 2012 beschleunigt werden. Zum anderen wird es der langfristigen Verbesserung der Wasserqualität im gesamten Seenland unterstützend dienen. Der Gewässerkörper ist in einigen Seebereichen und Schichten teilweise leicht sauer und für sämtliche touristische Nutzungen der Seen noch immer nicht gänzlich geeignet. Gegenwärtig wird dafür ein zusätzliches Konditionierungskonzept vorbereitet und geplant, das See für See gezielte, zum Teil mobile, Behandlungsmaßnahmen vorsieht, um bezahlbare und nutzbare Qualitäten in den Gewässern zu erreichen.

Auf der »Schaustelle« am Überleiter 12 in der Nähe von Großkoschen wird das Seenland erklärt.

Alte Gruben – Neue Seen

Bereits heute ist das Lausitzer Seenland von einem paradiesisch anmutenden grünblauen Gewässerverbund nicht mehr weit entfernt, auch wenn es noch Relikte der Braunkohlenära gibt. Dazu gehört die abgestellte Förderbrücke F60 bei Lichterfeld, die heute ein begehbares Besucherbergwerk ist. Nahe des Dorfes Meuro, nordwestlich von Senftenberg, steht ein letzter von der LMBV erhaltener, blau gestrichener Schaufelradbagger als Erinnerung an die Arbeit der Bergleute. Alle anderen Großgeräte wurden bis 2008 umgesetzt oder zurückgebaut sowie verschrottet. Auch die marsähnlichen Landschaften sind fast verschwunden. Nur noch wenige große kahle Flächen im Tagebau Meuro und im Bereich Bluno zeugen heute noch von den bizarren Zwischenlandschaften der Gruben der Lausitz. Dies sind nur noch wenige sichtbare Verritzungen an der Erdoberfläche, die die Braunkohletagebaue neben ihren wirtschaftlichen Vorteilen mit sich brachten.

Der Vergleich zwischen einer vorübergehenden Wüsten-, manche sprechen auch von Mondlandschaft, die der Tagebau zwischenzeitlich hinterlässt, auf der einen und dem idyllischen Seenland auf der anderen Seite, zeigt die Entwicklungschancen der neuen Lausitzer Seen. Spätestens Mitte des nächsten Jahrzehnts, wenn der Großräschener See als letztes großes Gewässer rund um Senftenberg fertig geflutet ist, wird sich auch das Gebiet um den ehemaligen Tagebau Meuro wesentlich gewandelt haben. Die Dimension der Projekte kann man den Besuchern meist erst aus der Vogelperspektive vollständig sichtbar machen. Mit einem begehbaren zehn mal vier Meter großen Luftbild der LMBV konnten sich bereits viele Besucher selbst einen Eindruck verschaffen.

Baustellenbesichtigung der LMBV am Überleiter 11 zwischen dem Großräschener und dem Sedlitzer See

Fachkundige Erklärungen auf der Überleiter-11-Baustelle

Zukunft wird wahr: Wohnen auf dem Wasser.

Im Wandel

Das Lausitzer Seenland befindet sich mitten im Wandel. Es bewegt sich weg von der reinen Industrieregion, hin zu einer Gegend, die neben Industrie und Gewerbe auch verstärkt auf den Tourismus setzen kann. Die »Tage der Sanierung«, wie die Tage der offenen Tür in den 1990er Jahren einst von der LMBV tituliert wurden, haben sich seit 2003 als »Besuchertage im Lausitzer Seenland« etabliert und ziehen jährlich im Sommer tausende Besucher an. Sie wurden von den Sanierern von Anfang an als Tage der Begegnung und Information für Anwohner und Gäste verstanden. Damit gewährt die LMBV bis heute gemeinsam mit vielen Partnern den Menschen der Region und ihren Gästen einen umfassenden Einblick in die neu geformte Landschaft, die zum Teil noch gestaltet wird.

Vor allem aber für Fahrradfahrer, Wanderer und Skater ist das Seenland schon jetzt interessant. Bis heute existieren bereits über 200 Kilometer asphaltierte Wirtschaftswege der LMBV, die auch als Radwege genutzt werden können. Die frühe Freigabe der Wege wurde von den Sanierern als eine symbolische Rückgabe der Landschaft an die Menschen betrachtet.

Bis das Seenland jedoch vollständig genutzt werden kann, müssen noch einige Jahre ins Land gehen. Doch reizvoll für persönliche Entdeckungen ist es schon heute. Die LMBV lädt bereits jetzt herzlich ein, sich selbst ein Bild von der künftigen »Costa del Lausitz« zu machen und sich von den Vorzügen des Lausitzer Seenlandes zu überzeugen.

Dr. Uwe Steinhuber, LMBV

Festliche Abendstimmung am Rosendorfer Kanal, der den Sedlitzer mit dem Partwitzer See verbindet.

Eine Landschaft entsteht – das Seenland

Umverlegung der Schwarzen Elster für den Überleiter 12

Südseefeeling im Sommer am Geierswalder See im Zentrum des Lausitzer Seenlandes

Sanieren, sichern, fluten

Das Lausitzer Seenland ist eine Perle – mit Sicherheit

Eine Landschaft verändert ihr Gesicht. Stück für Stück verschwindet die karge Landschaft, die der Braunkohlebergbau hinterlassen hat. Aus einstigen Braunkohletagebauen entsteht in der Lausitz eine Wasserlandschaft, die kaum noch an den jahrzehntelangen Abbau erinnert. In der Region zwischen Senftenberg, Spremberg und Hoyerswerda, nur eine gute Autostunde von Berlin entfernt, wurden seit Mitte des 19. Jahrhunderts über zwei Milliarden Tonnen Braunkohle aus der Erde geholt. Seit Mitte der 1990er Jahre trägt die Lausitzer und Mitteldeutsche Bergbau-Verwaltungsgesellschaft mbH (LMBV) die Verantwortung für die Sanierung und Wiedernutzbarmachung der Hinterlassenschaften des Bergbaus. Ehemalige Tagebauareale und Industriestandorte sind so zu sanieren und zu rekultivieren, dass eine spätere Nutzung gefahrlos möglich ist.

Das Lausitzer Seenland ist das Kernelement der Sanierer. Eine Vielzahl neuer Seen mit einer Gesamtwasserfläche von 14 000 Hektar bildet zusammen die größte künstliche Wasserlandschaft Europas. Neun dieser Seen werden mit dem bereits vorhandenen Senftenberger See durch schiffbare Kanäle miteinander verbunden. Die Bundesländer Brandenburg und Sachsen haben sich frühzeitig dazu bekannt, die Seeverbindungen so auszubauen, dass sie auch für Segelboote und Fahrgastschiffe nutzbar sind. Von den 13 geplanten Kanälen sind vier bereits fertiggestellt, sechs weitere im Bau und drei im Planungsstadium.

Seit vielen Jahren flutet die LMBV diese ehemaligen Kohlegruben, sodass die touristische Zwischennutzung der Seen schon 2003 beginnen konnte. Der Dreiweiberner See stand Besuchern, Touristen und Einwohnern als erster See des Lausitzer Seenlandes für die Naherholung in gekennzeichneten Bereichen offen. Viele Wassersportaktivitäten sind bereits auch auf anderen Seen möglich. Am Geierswalder See kann man

Flutung des Großräschener Sees

Eine Landschaft entsteht – das Seenland

Kitesurfen und Katamaran segeln, außerdem gibt es eine Jetski- und Wasserskischule. Auf dem Senftenberger See gibt es neben einem Ruder- und Tretbootverleih auch geführte Kanutouren. Schönstes Revier für Kanuten ist die Spree zwischen Bärwalde und Spreewitz und für Floßfahrer der Sedlitzer See. Der Bärwalder See wird zum Spaßsport-Areal entwickelt, in dem einmal Speedboot-Rennen stattfinden sollen.

Da einige Gebiete im Lausitzer Seenland noch nicht abschließend saniert sind, können nicht alle Seen uneingeschränkt genutzt werden. Doch auch drumherum gibt es vieles zu entdecken und zu erleben. Auf dem Fahrrad kann man das Entstehen der neuen Landschaft am besten erkunden. Rund um die Seen verlaufen mehrere Hundert Kilometer asphaltierte Wege, die auch für Skater perfekte Bedingungen bieten. Den besten Ausblick über die neu entstehende Seenlandschaft hat man von der 30 Meter hohen Landmarke am Sornoer Kanal. Von der offenen Aussichtsplattform des »Rostigen Nagels« lässt sich die rege Bautätigkeit gut erkennen. Einige der im technischen Sprachgebrauch noch als »Überleiter« bezeichneten Kanäle sind schon fertig, andere noch im Bau. Mit der

Sornoer Kanal mit dem Aussichtsturm »Rostiger Nagel« zwischen Sedlitzer See und Geierswalder See

Vieles ist möglich – Trendsport auf dem Geierswalder See

Ausblick über den Bernsteinsee

Fertigstellung des Überleiters 12 zwischen dem Geierswalder See und dem Senftenberger See, geplant für das Jahr 2013, ist ein wichtiger Meilenstein auf dem Weg zum Wasserwanderrevier geschafft. Mittlerweile ist das Brückenbauwerk für die Bundesstraße B96 komplett errichtet und die Straße darüber im Sommer 2011 für den Verkehr freigegeben worden. Die Schwarze Elster wurde verlegt, sodass die Schleuse fertiggestellt werden kann. Auch der Natur- und Artenschutz ist ein wichtiger Mosaikstein im entstehenden Seenland und Grundlage für einen ausgeglichenen Naturhaushalt.

LMBV

Lausitzer und Mitteldeutsche
Bergbau-Verwaltungsgesellschaft mbH

Beitrag von:
LMBV – Lausitzer und Mitteldeutsche Bergbau-Verwaltungsgesellschaft mbH
Knappenstraße 1 · 01968 Senftenberg
Tel. (0 35 73) 84 43 02 · Fax (0 35 73) 84 46 10
pressesprecher@lmbv.de · www.lmbv.de

Eine Landschaft entsteht – das Seenland

»Solch ein Gewimmel möcht' ich sehn«

Besuchertage im Seenland

An einem Wochenende im Frühsommer eines jeden Jahres scheint der Großteil des Lausitzer Seenlandes ausgestorben zu sein. Kaum ein Mensch ist weit und breit zu sehen. Denn die Masse konzentriert sich auf ein kleines, aber feines Gebiet. Denn wenn es wieder soweit ist und die »Besuchertage im Seenland« endlich gekommen sind, gibt es kaum noch ein Halten. Frei nach Goethes Faust, Teil II, »Solch ein Gewimmel möcht' ich sehn, auf neuem Grund ins Seenland gehn« strömen tausende Besucher zu dieser von der Lausitzer und Mitteldeutschen Bergbau-Verwaltungsgesellschaft mbH (LMBV) und der jeweiligen Anliegerkommune organisierten Veranstaltung an ein ausgewähltes Gewässer. Dort warten vielfältigste Veranstaltungen sowie ein attraktives kulturelles und kulinarisches Rahmenprogramm auf die Besucher.

Im Schatten der F60

Beispielsweise im Jahr 2011: Anlässlich der neunten Besuchertage am Besucherbergwerk F60 direkt am Nordufer des Bergheider Sees unweit von Finsterwalde traten vor der imposanten Kulisse des Stahlkolosses hochkarätige Künstler wie Semino Rossi und Mary Roos auf. Darüber hinaus wurden die zahlreichen Gäste zu späterer Stunde von einer atemberaubenden Multimedia-Schau begeistert. Zudem gab es mannigfaltige Informationen zu den Sanierungsarbeiten am Bergheider See. Nicht zuletzt wurden Exkursionen in das nahe gelegene Naturschutzgebiet Grünhaus, das sich inmitten der Bergbaufolgelandschaft befindet, gut angenommen.

Beispielsweise im Jahr 2010: Bei tropischen Temperaturen hatte die Energiefabrik Knappenrode bei Hoyerswerda zu den Besuchertagen eingeladen. Geboten wurden unter anderem ein echter »Bergmanns-Fünfkampf« sowie eine »Film-SeeNacht«. Sportlich ambitionierte Gäste konnten sich beim Knappenroder Treppenlauf messen.

Beispielsweise im Jahr 2009: Damals war die Gemeinde Altdöbern an ihren Altdöberner See Gastgeberin. Am Nordrand des einstigen Tagebaus Greifenhain soll mittelfristig das gewaltige Landschaftsbauwerk »Die Hand« entstehen. In die Festivitäten wurde neben dem in Flutung befindlichen See auch das berühmte Schloss samt Park einbezogen.

Beispielsweise im Jahr 2008: Die sechsten Besuchertage wurden am Strand in Großkoschen direkt am Senftenberger See ausgerichtet. Die Veranstalter hatten ein ganz besonders attraktives Programm vorbereitet: Schließlich galt es, neben den Besuchertagen auch zeitgleich das 35-jährige Bestehen des Senftenberger Sees zu feiern. Im Sommer 1973 wurden nämlich die ersten Badegäste am Großkoschener Ufer begrüßt.

Einst »Tag der Sanierung«

Bei den ersten Besuchertagen sprach man noch vom »Tag der Sanierung«. Vieles, was bei der Auftaktpremiere im Juni 2003 zwischen dem Partwitzer See im Südosten und dem Ilse-See im Nordwesten als Vision vorgestellt worden war, konnte mittlerweile praktisch umgesetzt werden. So sind die IBA-Terrassen in Großräschen, die auf die In-

Mannigfaltige Informationen der Bergbausanierer

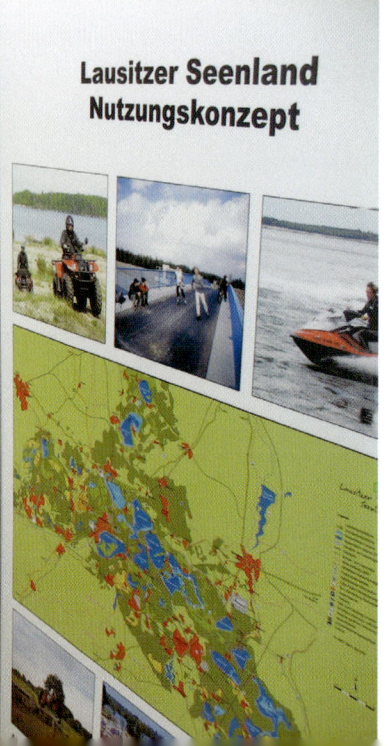

Imposante Technik hautnah erleben.

Eine Landschaft entsteht – das Seenland

wässer Sachsens war der Ausrichter der Besuchertage 2007. Besondere Aufmerksamkeit erregte die Baustelle des »Ohres«, des gewaltigen Amphitheaters am Nordufer des Bärwalder Sees. Drei Monate später wurde die neue Kult(ur)stätte eröffnet. Darüber hinaus wurde die besondere Sichtachse vom Uhyster Schloss quer über den See bis zu den Türmen des Boxberger Kraftwerkes präsentiert.

Besucher sogar aus Übersee

Die Besuchertage selbst haben ebenfalls Kultstatus. Längst sind es nicht nur Lausitzer, die sich über das Seenland informieren wollen und auch längst nicht nur Dresdner oder Berliner. Menschen aus ganz Deutschland, aus weiteren europäischen Ländern und sogar aus Übersee interessieren sich für die größte Landschaftsbaustelle des alten Kontinents. Denn es hat sich längst herumgesprochen: Mindestens ein Wochenende im Juni oder Juli gehört ganz allein dem Lausitzer Seenland!
Übrigens, wer das quirlige Treiben aus der Luft beobachtet, könnte meinen, in einen überaus lebendigen Ameisenhaufen geraten zu sein. Genauso wie das Leben der kleinen Insekten sind auch die Besuchertage professionell durchorganisiert. Ihre Einzigartigkeit besteht freilich in der gelungenen Verschmelzung von Naturgewalten, Visionen, Technik und Kunst.
Die konkreten Programme zu den jährlich stattfindenden Besuchertagen werden in der örtlichen Presse sowie im Internet, beispielsweise unter www.lausitzerseenland.de, rechtzeitig bekanntgegeben. Trotz der zahlreichen Besucher findet sich immer ein freier Parkplatz. Trotzdem ist die Anreise mit öffentlichen Verkehrsmitteln zu empfehlen. Oftmals sind Pendelbusse zwischen dem Veranstaltungsgelände und dem nächstgelegenen Bahnhof im Einsatz. Also: Nicht lange zögern, und auf geht es zu den Besuchertagen im Lausitzer Seenland!

Reizvolle Ausblicke auf den Altdöberner See

ternationale Bauausstellung »Fürst-Pückler-Land« (2000 – 2010) zurückgehen, vollendet. Ebenso entwickelten die Sanierer aus damals ungesicherten Böschungen reizvolle Strände. Während der zweiten Besuchertage im Jahr 2004 in Geierswalde standen die schiffbaren Kanäle zwischen den Seen im Mittelpunkt des Interesses. Zwölf Monate später wurde in Großräschen ein echtes »Seestraßenfest« gefeiert.
Interessantes zum geplanten Motorbootzentrum am Spreetaler See gab es im Jahr 2006. Damals durften die Besucher schon einmal die schnellen Speedboote bewundern. Das zukünftig größte Ge-

Die »Seenmacher« von der LMBV präsentieren die Ergebnisse ihrer Arbeit.

Bei den Besuchertagen wird sogar auf der Straße getanzt.

Manche wollen hoch hinaus.

Geführte Touren in die Bergbaufolgelandschaft wie hier am Bergheider See

35

Eine Landschaft entsteht – das Seenland

Völlig durchlöcherte Lausitz

Ohne die Wende wären die Tagebaue weitergelaufen

Ein fiktives Szenario: Die DDR einschließlich ihrer Energiepolitik gebe es noch heute. Pro Jahr würden, ebenso wie in den 1980er Jahren, rund 200 Millionen Tonnen Braunkohle in den Tagebauen der Lausitz gefördert. Etwa eine Milliarde Kubikmeter Abraum fiele dabei innerhalb von zwölf Monaten jeweils an. Seit dem Jahr 1990 wären über vier Milliarden Tonnen des schwarzen Goldes gewonnen worden. Da von den rund 14 Milliarden Tonnen Kohle, die in der Lausitz lagern, lediglich fünf bis sechs Milliarden wirtschaftlich abbaubar sind, hätten die Vorräte ganz erheblich abgenommen. »Eine tragfähige langfristig wirkende Alternative war nicht erkennbar«, weiß Walter Karge, Senftenberger Bergmann im Ruhestand.

Der Tagebau Meuro sollte DDR-Planungen zufolge ohnehin in den 1990er Jahren auslaufen. Allerdings wäre zuvor noch ein Feld mit 15 Millionen Tonnen Kohle in Höhe von Großräschen abgebaggert worden. Demnach hätte die Stadt bis hinter die Apotheke in der Seestraße zurückweichen müssen. Mit dem drastischen Einbruch der Braunkohlenproduktion nach der Wende aufgrund der Öffnung des Energiemarktes hatten sich die Bergleute jedoch entschlossen, diesen von einer Störungszone beeinflussten Teil des Abbaufeldes nicht zu gewinnen. Dazu galt es, den entsprechenden Abschlussbetriebs- sowie den Sanierungsplan anzupassen.

Auch der heute noch in Flutung befindliche Großräschener See als Überbleibsel des Tagebaus Meuro war von den Bergleuten zu DDR-Zeiten nicht in der heutigen Größe vorgesehen. Das gigantische, rund 3600 Hektar umfassende Loch wäre nämlich großteils mit dem Abraum aus dem benachbarten Tagebau Greifenhain verfüllt worden. Auf diese Weise sollten landwirtschaftlich nutzbare Flächen entstehen. Lediglich ein Randschlauch zwischen Senftenberg und Sedlitz wäre als kleiner See übrig geblieben.

Wäre noch heute die Grube bei Greifenhain in Betrieb, gebe es die Dörfer Woschkow und Lubochow längst nicht mehr. Die Kohlevorräte wären inzwischen beinahe erschöpft gewesen. Allerdings wurde dieser Tagebau nach der Wende aus wirtschaftlichen Gründen angehalten. So holen die Bergleute von den dort lagernden 600 Millionen Tonnen Kohle lediglich die Hälfte aus dem Erdreich.

Der Senftenberger See im Winter. Im früheren Tagebau Niemtsch mussten für einen Kubikmeter Kohle 2,5 Kubikmeter Abraum abgetragen werden, in Klettwitz-Nord dagegen acht Mal so viel.

Blick zur früheren Förderbrücke des Tagebaus Klettwitz-Nord, des jetzigen Besucherbergwerks F60 bei Lichterfeld

Blick auf den verschneiten Nordstrandbereich des Ilse-Sees mit den IBA-Terrassen. Ohne die Wende wäre der Tagebau Meuro noch einen halben Kilometer weiter nordwärts geschritten.

Proschim muss weiterzittern

Der Tagebau Meuro indes hätte längst einen würdigen Nachfolger gefunden, nämlich das Abbaufeld Proschim, etwa auf halber Strecke zwischen Senftenberg und Spremberg gelegen. Von den dort prognostizierten insgesamt 200 Millionen Tonnen Rohbraunkohle sollten laut DDR-Planungen pro Jahr zehn bis 15 Millionen gefördert werden. Das Abbaugebiet war bereits zwischen dem Welzower Flugplatz und der B156 eingegrenzt. Das Dorf Proschim einschließlich seines Ortsteils Karlsfeld hätte der Vergangenheit angehört. Bereits in der Wendezeit Ende der 1980er,

Anfang der 1990er Jahre siedelten die ersten Einwohner um. Zudem existierten schon die Tagebauleitung sowie die Entwässerungsanlagen.
Die entsprechenden Verhandlungen wurden bereits zum Auslauf des Tagebaus Sedlitz geführt. Das Kohleflöz der Sedlitzer Grube steht nämlich durchgehend bis Welzow an. Es wäre laut Walter Karge wirtschaftlich gesehen eine sehr sinnvolle Entscheidung gewesen, den Tagebau um dieses Baufeld zu erweitern. Allerdings befand sich damals auf einem Teil dieser Flächen der vom sowjetischen Militär genutzte Flugplatz Welzow. Die Armee lehnte die bergbauliche Inanspruchnahme ihres Übungsgeländes strikt ab.
Aufgrund der veränderten wirtschaftlichen Rahmenbedingungen im Zuge der deutschen Einheit kam der Tagebau vorerst nicht. Allerdings ist Proschim dennoch nicht gerettet. Denn dort, wo sich das rund 370 Einwohner zählende Dorf befindet, soll in rund anderthalb Jahrzehnten das Teilfeld II des bereits bestehenden Tagebaus Welzow-Süd aufgeschlossen werden. Werden diese Pläne durch das Land Brandenburg genehmigt, würde nicht nur der Ort, sondern auch der frühere Militärflugplatz weichen.

Neue Landkarte notwendig

Auch in der Gemeinde Schipkau hätte sich die Landkarte beträchtlich verändert, wäre nicht die politische Wende gekommen. Inzwischen hätte die Kohleförderung im Tagebau Klettwitz-Nord ihr Ende gefunden, da die Grube ab 1990 für 25 Jahre laufen sollte. Von den dort lagernden gut 400 Millionen Tonnen des schwarzen Goldes hätten immerhin 280 Millionen Tonnen mit der Abraumförderbrücke F60 gewonnen werden können. Dafür wären Orte wie Annahütte, Sallgast, Klingmühl und Klettwitz beziehungsweise entsprechende Ortsteile von der Landkarte verschwunden.
Die Förderbrücke F60 war allerdings nur von März 1991 bis Juni 1992 in Betrieb. Die Wirtschaftlichkeit konnte nicht mehr gewährleistet werden. Bedingt durch die Stilllegung der kostenaufwändigen und technisch veralteten Veredelungsbetriebe im Raum Lauchhammer und der hohen Kosten für die Förderung der Braunkohle wurde der Tagebau Klettwitz-Nord stillgelegt. Damalige Untersuchungen, die Kohlen im Raum Senftenberg abzusetzen, scheiterten an der nicht ausbaufähigen normalspurigen Bahnverbindung.
So wurde die aufgeschlossene Grube geflutet. Aus ihr entsteht gegenwärtig der Bergheider See. Die einstige, fast nagelneue Förderbrücke ist längst zum weithin bekannten Besucherbergwerk F60 bei Lichterfeld umfunktioniert worden.
Falls die Erdölpreise extrem ansteigen sollten, läge es nach Meinung von Bergmann Walter Karge technisch durchaus im Bereich des Machbaren, den Bergheider See leer zu pumpen und die Kohleförderung wieder aufzunehmen. »Aber dieses Szenario halte ich für absolut ausgeschlossen«, stellt Karge klar.

Unter den großen Wäldern der Calauer Schweiz lagert jede Menge Kohle. Ohne die Wende würde dort möglicherweise schon der Bagger graben.

Das Sallgaster Hochzeitsschloss einschließlich Park mit Teich und Entenhäuschen würde es heute nicht mehr geben, wäre der Tagebau Klettwitz-Nord noch in Betrieb.

Eine Landschaft entsteht – das Seenland

Von Straßen, die im Nichts enden

Tagebaue und Seen ändern Ortsverbindungen

Schluss. Das war's, Endstation! In Hörlitz, einem Ortsteil der Gemeinde Schipkau, ist die Straße zu Ende. Genauer gesagt, die Klettwitzer Straße. Bis in die 1960er Jahre führte dort die Fernverkehrsstraße 96 von Senftenberg nach Finsterwalde entlang. Dann unterbrach der fortschreitende Tagebau Meuro diese wichtige Verbindung. Heute ist die Klettwitzer Straße nur noch eine Sackgasse. Am westlichen Ende kann man einen Blick in die Tagebaulandschaft bis hinüber zum nahen Lausitzring werfen. Die B96 verläuft heute auf etwa doppelt so langer Strecke von Senftenberg über Sedlitz und Großräschen nach Finsterwalde.

Weiter westlich und viel südlicher

Viele derartige bergbaubedingte Straßenumverlegungen hat es vor allem in der mittleren Lausitz gegeben. Selbst einige der heutigen Bundesstraßen, zu damaliger Zeit Reichs- und Fernverkehrsstraßen, konnten sich diesem Schicksal nicht entziehen. Die B96, einst längste Fernstraße der DDR, musste ihren Verlauf zwischen Hoyerswerda, Senftenberg und Finsterwalde gleich mehrfach ändern. Noch vor Hoyerswerda zwang der jetzige Knappensee zu einer kleinen Westverlegung. Ab Hoyerswerda verläuft die heutige B96 gegenüber der alten Reichsstraße viel weiter südlich, nämlich über Nardt und Lauta, statt durch Tätzschwitz, wie einst.

Im weiteren Verlauf würde die frühere Magistrale heute ein kurzes Stück durch den Senftenberger See führen. Westlich der Kreisstadt wandte sich die Fernstraße über Hörlitz und Klettwitz nach Finsterwalde, später aufgrund der Tagebaue um Meuro und Klettwitz kurze Zeit über die Calauer Straße in Senftenberg nach Großräschen und Finsterwalde. Heute ist die Sängerstadt von Senftenberg aus erst nach knapp 40 statt einst circa 20 Kilometern erreicht. Reste der alten Trasse sind heute teilweise noch gut erkennbar, zum Beispiel in Hörlitz.

Laufend Kursänderungen

Eine mehrfache Umverlegung musste auch die heutige B156 in Kauf nehmen. Führte sie einst von Senftenberg über Sorno nach Spremberg, nimmt die Trasse aufgrund der Gruben von Sedlitz und Welzow-Süd jetzt einen nördlicheren, nach Osten hin jedoch südlicheren Verlauf über Bluno und Schwarze Pumpe in Kauf. Neben der alten Fernverkehrsstraße sind auch die Dörfer Sorno, Gosda sowie Jessen (NL) in den Kohlengruben verschwunden. Im weiteren Straßenverlauf zwingen die Tagebaue Nochten und Bärwalde seit Ende der 1980er, Anfang der 1990er Jahre zu einem abgewandelten Kurs.

Ein reizvolles Reichsstraßenrelikt vergangener Tage kann in Höhe des Forsthauses Schwarzlug bei Sabrodt besichtigt werden. Die alte Trasse mit der Nummer 97 war einst kaum breiter als ein Wald- oder Feldweg. Immer mehr holt sich das Grün links und rechts der Fahrbahn sein angestammtes Gebiet zurück. Irgendwann endet die Straße im Tagebau Spreetal-Nordost. Dort hat man dann übrigens einen herrlichen Blick auf die neue B97. Das Straßenrelikt ist über die B156, Abzweig nach Hoyerswerda zwischen Schwarze Pumpe und Bluno, schnell erreicht.

Auch bei Bergen führt die alte Straße ins Nichts.

Nach Kostebrau führt die Kostebrauer Straße in Schwarzheide schon lange nicht mehr.

Reste der alten Verbindung von Bluno nach Klein Partwitz

Reste der alten F 96 in Hörlitz

Die doppelten Dörfer

Viele Lausitzer Ortsnamen gibt es mehrfach

Wer das Lausitzer Land besucht, sollte vorher ganz genau fragen, in welches Dorf er möchte. Soll es beispielsweise in das Örtchen Lieske am Sedlitzer See gehen oder in das gleichnamige Dorf an der Spree? Oder sogar in das Lieske bei Bernsdorf?

Ganz und gar nicht wenige Orte in der Niederlausitz haben in der benachbarten Oberlausitz einen namentlichen »Doppelgänger«. Weitere Proben gefällig? Bitteschön: Frauendorf bei Cottbus (Niederlausitz) – Frauendorf bei Ruhland (Oberlausitz); Bergen bei Luckau (Niederlausitz) – Bergen bei Hoyerswerda (Oberlausitz). Oder wie wäre es mit Sabrodt an der Spree (Niederlausitz) – Sabrodt bei Spremberg (Oberlausitz) oder Spremberg (Niederlausitz) – Spremberg/Neusalza (Oberlausitz)? Schon einmal etwas von Reichwalde bei Lübben, Niederlausitz, gehört? Oder von dem Reichwalde bei Boxberg, Oberlausitz?

Diese Reihe ließe sich beliebig fortsetzen. Warum das so ist, haben Namensforscher bis heute nicht eindeutig klären können. Zur besseren Unterscheidung tragen viele Orte ein »OL« für »Oberlausitz« oder ein »NL« für »Niederlausitz« hinter ihrem eigentlichen Namen.

Lieske bei Bernsdorf

Ortseingangsschild von Lieske bei Bautzen

Und das Pendant im gleichnamigen Ort am Sedlitzer See

Gosda gleich fünffach

Manchmal wird es ganz verrückt, etwa beim Namen »Gosda«. »Gosda« kommt aus dem Sorbischen (gózd) und bedeutet so viel wie »Wald« oder »Heide«. In der Niederlausitz heißen beziehungsweise heißen insgesamt fünf Orte so. Ein »NL« als Namenszusatz wäre dabei kaum zweckdienlich gewesen. So entschied man sich, römische Ziffern zu vergeben. Das Gosda zwischen Forst und Cottbus nennt sich nämlich »Gosda I«, während das nur gut ein Dutzend Kilometer Luftlinie entfernte Dorf bei Döbern als »Gosda II« bezeichnet wird. Ein weiterer Ort gleichen Namens findet sich südlich von Calau. Das Gosda westlich von Spremberg wurde hingegen Mitte der 1960er Jahre des vorigen Jahrhunderts durch den Tagebau Welzow-Süd abgebaggert.

Auch die Stadt Schwarzheide trug die Bezeichnung bis zum Jahr 1936 in ihrem Namen, nämlich »Zschornegosda«. Das »Zschorne« stammt ebenfalls aus dem Sorbischen und bedeutet »finster« oder »schwarz«, also in der Zusammensetzung »Schwarzheide«. Allerdings wurde die damalige Industriegemeinde nach dem Zweiten Weltkrieg nicht mehr zurück benannt und trägt ihren eingedeutschten Namen noch heute. Übrigens gibt es auch, wie könnte es anders sein, auch den Namen »Schwarzheide« doppelt: Neben der Stadt unweit von Senftenberg in der Niederlausitz gibt es noch ein Forsthaus gleichen Namens tief in der Kiefernheide nördlich von Beeskow bei Frankfurt (Oder).

Eine Landschaft entsteht – das Seenland

Lausitzer träumen von weiteren Kanälen

Östliches Seenland möchte Wasserwanderer anziehen

Ein Blick auf die Landkarte zeigt es: 23 größere Gewässer bilden das Lausitzer Seenland. Zehn von ihnen, vornehmlich im mittleren Teil des Gebietes, sollen in wenigen Jahren durch schiffbare Kanäle miteinander verbunden sein. Somit sind durchaus Tagestouren vom Senftenberger See im Westen bis zum rund 30 Kilometer entfernten Spreetaler See im Osten möglich.

Allerdings kann das östliche Seenland, genauer gesagt die Gewässerlandschaft um Lohsa und Bärwalde, nicht vom Kerngebiet über den Wasserweg erreicht werden. Es fehlen nämlich die Kanäle. Selbst konkrete Planungen sind Zukunftsmusik. Das hat den Lohsaer Bürgermeister Udo Witschas mächtig geärgert. Denn warum sollten der Dreiweiberner, der Scheibe- oder der Bärwalder See, um nur drei Beispiele aufzuführen, nicht von entdeckungslustigen Wasserwanderern angesteuert werden können? An mangelnder At-

Der Überleiter 1 vom Spreetaler zum Sabrodter See ist derzeit der östlichste Kanal im Lausitzer Seenland.

Die Verbindung zwischen dem Bärwalder und dem Lohsaer See würde die mit Abstand längste werden.

Bauarbeiten an der schiffbaren Verbindung zwischen dem Spreetaler und dem Sabrodter See.

Ebenfalls vollendet ist der Rosendorfer Kanal, der den Partwitzer mit dem Sedlitzer See verbindet.

Eine Landschaft entsteht – das Seenland

Brücke über den Barbara-Kanal. Dieser Überleiter ist der älteste im Seenland. Er wurde bereits im Jahr 2003 fertiggestellt.

Ginge es nach Bürgermeister Witschas, würde der Scheibe-See mit zwei Kanälen mit den umliegenden Gewässern verbunden.

Der Scheibe-See könnte nicht nur für Radtouristen, sondern auch für Wasserwanderer interessant werden.

traktivität mangelt es diesen früheren Tagebaugruben jedenfalls keineswegs. Ganz im Gegenteil: Durch die etwas abgeschiedene Lage kommen insbesondere Naturtouristen voll auf ihre Kosten.

Visionen und praktische Grenzen

Deshalb ist Udo Witschas im Jahr 2009 mit einem kühnen Vorschlag an die Öffentlichkeit gegangen: Das östliche Seenland solle per Kanälen miteinander verbunden und an den mittleren Teil angeschlossen werden. Dieses ehrgeizige Vorhaben könnte mit sieben schiffbaren Verbindungen umgesetzt werden. Witschas hat dabei folgende Überleiter, so bezeichnen die Bergleute die Seenland-Kanäle, im Sinn: Es wäre eine Verbindung vom Knappensee zum Silbersee möglich, eine zweite vom Knappensee zum Scheibe-See. Diese ehemalige Tagebaugrube würde wiederum mit dem benachbarten Bernsteinsee verbunden.

Ein weiterer Kanal könnte dann vom Bernsteinsee zum Spreetaler See führen und somit das östliche mit dem mittleren Lausitzer Seenland aus wassertouristischer Sicht zusammenführen. Darüber hinaus seien schiffbare Verbindungen vom Lohsaer See (Speicherbecken Lohsa II) zum Bärwalder See, zum Bernsteinsee sowie zum Dreiweiberner See denkbar.

Doch die kühnen Pläne werden von gewaltigen technischen und finanziellen Problemen getrübt. So ist eine Kanalanbindung des Lohsaer Sees nicht möglich, da dieses Gewässer »nur« als Wasserspeicher dient. Zudem bewegt sich die vorgesehene Staulamelle bei sieben Metern. Ein erheblicher Höhenunterschied müsste bewerkstelligt werden. Eine weitere Schwierigkeit besteht im Boden. Denn einige der schiffbaren Verbindungen würden über Kippenland verlaufen, das vor Beginn der Arbeit erst aufwändig verdichtet werden müsste. Nicht zuletzt sind manche Kanäle extrem lang. So würde es beispielsweise die Verbindung zwischen dem Lohsaer und dem Bärwalder See auf eine Länge von sage und schreibe ungefähr fünf Kilometern bringen. Der bislang geplante längste Überleiter, nämlich vom Spreetaler zum Sabrodter See, misst gerade einmal die Hälfte dieser Distanz.

Unvorstellbar viel Geld erforderlich

Die Firma Eckardt Montanconsult und Planung (EMCP) hatte im Auftrag der Bergbausanierin LMBV eine Studie erstellt und darin die Machbarkeit beleuchtet. Nicht zuletzt bewegen sich die Kosten für die kühne Vision in utopischen Höhen. Würden alle sieben Kanäle im östlichen Seenland gebaut, müssten dafür ungefähr 140 Millionen Euro aufgewendet werden. Die bislang gebauten sowie in Bau und Planung befindlichen Überleiter werden auf eine Gesamtsumme von rund 100 Millionen Euro geschätzt.

EMCP rät, eine massiv abgespeckte Variante umzusetzen. Besonderer Wert solle dabei auf die Verbindungen von und zum Knappensee gelegt werden, da dort die touristische Infrastruktur gut entwickelt ist. Wann und ob überhaupt jemals einer dieser Kanäle gebaut wird, steht allerdings noch vollkommen in den Sternen.

Auf dem Wasser mit »Rückenwind«

Außerdem hat es Bestrebungen gegeben, das Lausitzer Seenland an den Spreewald anzuschließen. Damit könnten die Berliner über ihren Hausfluss direkt in die künstliche Landschaft paddeln. Auch dabei gibt es enorme technische und finanzielle Hürden. Würde beispielsweise ein Kanal vom Ilse-See bei Großräschen zum Altdöberner See gebaut, müsste der Lausitzer Landrücken, ein bis zu 160 Meter hohen Endmoränenzug, überwunden werden. Wer sollte zudem eine gut 15 Kilometer lange schiffbare Verbindung bezahlen? Und das wäre lediglich das erste Teilstück bis zum Spreewald. So müssten ebenso die nicht unerheblichen Distanzen vom Altdöberner zum benachbarten Gräbendorfer See sowie in den Spreewald selbst erst einmal überbrückt werden.

Doch einen gewissen Reiz hätte das kühne Ansinnen freilich doch: So bräuchten sich die Berliner und Potsdamer nicht mehr mit ihren Autos über die dichtbefahrene Autobahn 13 ins Lausitzer Seenland quälen, sondern könnten gemütlich mit dem Boot übers Wasser schippern. Und wöllten die Lausitzer zum Einkaufen in die Hauptstadt reisen, würden sie auf dem Wasserweg sogar mit der Strömung, quasi mit »Rückenwind«, unterwegs sein.

Blick auf den bereits vollendeten Sornoer Kanal, der den Sedlitzer mit dem Geierswalder See verbindet.

Kanalbaustelle Überleiter 11 zwischen dem Sedlitzer und dem Ilse-See

Eine Landschaft entsteht – das Seenland

Faszinierende Aus- und Einblicke ins Seenland

Unterwegs zu den schönsten Aussichtspunkten

Reizvoller Blick über die Insel im Senftenberger See zur namensgebenden Stadt

Wer einen Blick auf die Landkarte des Lausitzer Seenlandes wirft, wird dort kein stark bewegtes Relief oder gar ein Gebirge erkennen können. Und tatsächlich ist die Landschaft zwischen Bergheider und Bärwalder See recht flach bis wellig, nur manchmal leicht hügelig. Und dennoch gibt es mehrere Stellen, an denen dem Gast erhabene, faszinierende Ein- und Ausblicke in die im Entstehen begriffene Gegend ermöglicht werden. Die schönsten Aussichtspunkte haben Eingang in dieses Buch gefunden.

Aussichtsturm an der Südsee

Den Senftenberger See aus der Strandperspektive kennt in der Lausitz fast jeder. Auch aus der Sicht eines Vogels hat der frühere Tagebau Niemtsch durchaus seine Reize. Vom Aussichtsturm an der Südsee lässt sich dieses Ansinnen problemlos verwirklichen. Aus einer Höhe von genau 31,5 Metern bietet sich dem Betrachter ein faszinierendes Panorama aus Wasser, Wald und Stadt. Genau in der Blickmitte sticht die ungefähr 250 Hektar große Insel im Senftenberger See heraus. Nur vom Südseeturm sind Einblicke auf dieses Eiland erlaubt, da dort ein strenges Betretungsverbot besteht. Noch immer sind auf der einstigen Innenkippe des Tagebaus Niemtsch gefährliche Rutschungen möglich, die akute Lebensgefahr bedeuten können.

Darüber hinaus ermöglicht der Aussichtsturm Impressionen von den Häusern Senftenbergs, die sich nördlich des Sees befinden. Im Süden erstreckt sich dagegen das endlos scheinende Waldmeer der Ruhlander Heide. Während in westlicher Richtung die Kühltürme des BASF-Chemiewerkes Schwarzheide markant am Horizont hervorstechen, bildet der Koschenberg östlich des Sees eine gut sichtbare Landmarke.

Der Aussichtsturm ist am besten per Fahrrad über den insgesamt 18 Kilometer langen Seerundweg aus Richtung Großkoschen oder Niemtsch erreichbar. Die Stahlkonstruktion ist ausgeschildert.

Victoriahöhe in Großräschen

Wer sehen möchte, wie die zukünftige »Badewanne« der Großräschener langsam vollläuft, sollte den Aussichtspunkt Victoriahöhe am südlichen Stadtrand besuchen. Von dort hat man nämlich einen faszinierenden Panoramablick auf den noch in Flutung befindlichen Ilse-See. Seit März 2007 strömen fast täglich unzählige Liter Wasser in die ehemalige Grube Meuro, doch randvoll ist das Gewässer noch lange nicht. Immerhin zeigt sich bereits eine stattliche Wasserfläche. Auch die zukünftige Seebrücke, ein früherer Absetzerbagger, ist deutlich erkennbar. Darüber hinaus gibt es von der Victoriahöhe, die ihren Namen von einer Brikettfabrik erhalten hat, die an dieser Stelle einst stand, einen interessanten Blick über die IBA-Ter-

Blick auf den Friedrichsthaler See bei Kostebrau

Romantischer Sonnenuntergang an der Liesker Birke mit Blick auf den Sedlitzer See

diesen Titel. Niemand weiß, seit wann sie an jener exponierten Stelle wächst, wo das kleine Dörfchen Lieske endet und der große Sedlitzer See beginnt. Seit einigen Jahren befinden sich in ihrem Schatten ein kleiner Rastplatz sowie mehrere Schautafeln zur Bergbaugeschichte. Und das aus gutem Grund: Schließlich ermöglicht der Standort unter der Birke einen Panoramablick über den Sedlitzer See, das zukünftig größte Gewässer des Lausitzer Seenlandes. Deutlich ist die Brücke über den Rosendorfer Kanal erkennbar, der die schiffbare Verbindung zum Partwitzer See ermöglicht. Direkt dahinter tauchen an klaren Tagen die blauen Berge der Oberlausitz am Horizont auf. In westlicher Richtung bildet der »Sonne«-Schornstein bei Großräschen einen Blickfang.

Direkt neben der Birke befindet sich der Gedenkstein für die beiden Dörfer Sorno und Rosendorf. Sie mussten Anfang der 1970er Jahre dem damaligen Tagebau Sedlitz weichen. Die Ortsstellen rassen. Zwar ist die Internationale Bauausstellung »Fürst-Pückler-Land« im Jahr 2010 zu Ende gegangen, doch werden ihre visionären Projekte die Lausitz für lange Zeit prägen, beispielsweise eben die Terrassen unweit der einstigen Geschäftsstelle. Nicht zuletzt ist von der Viktoriahöhe über die sogenannte »Allee der Steine« ein reizvoller Blick zum Großräschener Zentrum möglich. Dort, wo der Kirchturm spitz emporragt, befindet sich der Marktplatz. Dort schlägt das Herz der rund 11 000 Einwohner zählenden Stadt.

Die Victoriahöhe ist über die Großräschener Seestraße schnell erreicht. Von den am Ende der Straße befindlichen IBA-Terrassen und dem Schlosshotel muss lediglich ein kurzer Fußweg in westliche Richtung zurückgelegt werden.

Im Schatten der Liesker Birke

Wenn es einen Baum als Wahrzeichen des Lausitzer Seenlandes geben würde, besäße sehr wahrscheinlich die Liesker Birke beste Chancen auf

Blick vom Aussichtspunkt Lieske in Richtung des Rosendorfer Kanals. Im Hintergrund die blauen Berge der Oberlausitz.

Eine Landschaft entsteht – das Seenland

befinden sich heute direkt auf dem Grund des Sedlitzer Sees.

Der Aussichtspunkt an der Liesker Birke ist über die B156 Senftenberg-Spremberg schnell erreicht. Aus Richtung Senftenberg fährt man unmittelbar hinter dem Ortseingangsschild nach rechts, und nach wenigen Metern ist die Birke erreicht. Einige Parkmöglichkeiten sind vorhanden. Die Aussichtsstelle liegt zudem unmittelbar am Radweg von Sedlitz nach Partwitz.

Geierswalder See- und Dorfpanorama

Wer auf dem Radweg von Kleinkoschen über den Sornoer Kanal und den Barbara-Kanal in Richtung Geierswalde unterwegs ist, dürfte ziemlich ins Schwitzen kommen. Denn etwa dort, wo die Landenge zwischen dem Geierswalder und dem Partwitzer See am schmalsten ist, schlängelt sich das Asphaltband recht steil hinauf. Doch die Mühe lohnt sich, wartet doch auf diesem Aussichtspunkt ein grandioses See- und Dorfpanorama. Nordöstlich präsentiert sich der Partwitzer See mit der scheinbar greifbar nahe liegenden Halbinsel. Und im Südwesten liegt der Geierswalder See mit seinen im Sommer so charakteristischen Segelbooten. Dahinter befindet sich das namensgebende Dorf mit dem schiefen Kirchturm als Wahrzeichen.

Mehrere Schautafeln informieren zur Bergbauhistorie in dieser Gegend im Herzen des Lausitzer Seenlandes. Und nach dem steilen Anstieg wartet anschließend eine rasante Abfahrt auf Radler und Skater.

Der Aussichtspunkt ist von Geierswalde aus über den Großparkplatz nahe des Seestrandes schnell erreicht. Von Kleinkoschen fährt man am Rostigen Turm unweit des Sornoer Kanals vorbei und biegt an der großen Weggabelung in Richtung Geierswalde ab. Die Strecke ist ausgeschildert.

Blick vom Klittener Ufer über den Bärwalder See hinüber zum Kraftwerk Boxberg

Nahe des Aussichtspunktes zwischen dem Partwitzer und dem Geierswalder See hat man einen reizvollen Blick hinüber nach Geierswalde.

Boxberger »Ohr« am Bärwalder See

Wer schon immer mal auf einem »Ohr« stehen und in die Landschaft schauen wollte, ist am Nordufer des Bärwalder Sees genau richtig. Dort hat nämlich der polnische Künstler Jaroslaw Kozakiewicz tatsächlich ein »Ohr« geschaffen. Und was für eines: 350 Meter lang, 250 Meter breit und 18 Meter hoch. Die Dimension ist so gewaltig, dass man das »Ohr« nur aus der Luft als solches erkennen kann. Doch seine Höhe erlaubt selbst einen imposanten Rundumblick. Zum Greifen nahe erscheint das Kraftwerk Boxberg. Zwar hat es mittlerweile seine einst rund 300 Meter hohen Schornsteine eingebüßt, doch wirken die modernisierten Anlagen noch immer gewaltig. In südlicher Richtung erstreckt sich der Bärwalder

Aussichtspunkt am Westufer des Altdöberner Sees

See, mit 1300 Hektar das größte Gewässer Sachsens. Früher wurde in dieser Grube die Kohle für das Kraftwerk Boxberg gefördert. Heute laden mehrere Strände zum Baden ein.

Das Boxberger »Ohr« ist übrigens nicht nur ein Aussichtspunkt, sondern in erster Linie eine Kulturstätte. So befindet sich im Inneren ein Amphitheater mit einer beeindruckenden Akustik. Kein Wunder, sitzen die Gäste in einem »Ohr«.

Dieses Landschaftskunstwerk ist über die B156 Bautzen – Weißwasser, Abzweig Boxberg, weiter in Richtung Niesky, problemlos erreichbar. Darüber hinaus befindet es sich am Rundradweg um den Bärwalder See.

Ferner Blick vom Schweren Berg

Wer wissen möchte, wie es im Lausitzer Seenland aussah, bevor die Seen entstanden, sollte unbedingt den Aussichtsturm auf dem Schweren Berg südlich von Weißwasser besuchen. Der erste Blick aus 30 Metern Höhe schockiert zumeist: Zu sehen ist lediglich die unendlich scheinende Mondlandschaft des Tagebaus Nochten, an deren Horizont sich das Kraftwerk Boxberg aufbaut. Doch wer darüber hinaus blickt, kann an klaren Tagen sogar die mächtigen Bergketten des Isar- und des Riesengebirges erblicken. Diese sind per Luftlinie immerhin gut 100 Kilometer entfernt. In der entgegengesetzten Richtung gibt es einen reizvollen Blick über den Ort Weißwasser, der sich erst seit gut sieben Jahrzehnten als Stadt bezeichnen darf. Außerdem lassen sich im Norden die bewaldeten Hügel des Muskauer Faltenbogens erahnen.

Einen Besuch wert ist darüber hinaus das Naturschutzzentrum am Turmfuß. Dort werden Flora und Fauna der Region anschaulich präsentiert.

Der Schwere Berg ist von Weißwasser über die B156, Abzweig Aussichtsturm, schnell erreicht. Zudem führt am Turm der Radweg in Richtung Nochten vorbei.

Impression vom Boxberger »Ohr«

Der Tagebau Nochten mit dem Kraftwerk Boxberg vom Aussichtsturm auf dem Schweren Berg gesehen

Wanderer vor dem Rostigen Nagel

Am Eröffnungstag herrschte ein dichtes Gedränge auf der Aussichtsplattform.

Ein Rostiger Nagel ist das Seenland-Wahrzeichen

Einmaliger Blick über drei Gewässer ist möglich

Feierlicher Banddurchschnitt am 23. Oktober 2008 durch den Senftenberger Bürgermeister Andreas Fredrich (l.) und den damaligen Infrastrukturminister Reinhold Dellmann

Plötzlich steht er vor einem. Einfach so. Wuchtig, massiv und rostig. Vor allem rostig. Dabei ist die imposante Konstruktion erst im Oktober 2008 eingeweiht worden. Ebenfalls rostig.
Das tatsächlich an Rost erinnernde Erscheinungsbild der Landmarke am Sedlitzer See ist durchaus gewollt. Denn der insgesamt knapp 30 Meter hohe Turm aus Corten-Stahl besitzt eine tiefe Symbolik. Zum einen erinnert er an die industrielle Vergangenheit der Lausitz, an große Werkhallen und Maschinen. Zum anderen repräsentiert die Aussichtsplattform einen Blick in die Zukunft, die Lausitzer Seenland heißt. Der »Rostige Nagel«, wie die Konstruktion von den Einheimischen liebevoll genannt wird, befindet sich nämlich genau im Herzen dieser im Werden begriffenen Landschaft. Aus genau 29,86 Metern Höhe sind drei Seen auszumachen, in deren Gruben vor wenigen Jahrzehnten noch emsig nach Braunkohle geschürft wurde. Der Sedlitzer See im Norden, der Partwitzer See im Osten sowie der Geierswalder See im Süden beherrschen die Szenerie.
Direkt zu Füßen des »Rostigen Nagels« erstreckt sich der Sornoer Kanal, durch den in wenigen Jahren Fahrgastschiffe vom Sedlitzer in den Geierswalder See und in umgekehrte Richtung verkehren werden. Ein wenig Wasser fließt bereits durch das geschotterte Bett.
Die Idee zu der markanten Landmarke entsprang der Internationalen Bauausstellung (IBA) »Fürst-Pückler-Land«. Aus insgesamt 145 Entwürfen konnte sich schließlich das Projekt des Münchener Landschaftsarchitekten Stefan Giers durchsetzen. Die Einzelteile des Turms wurden im Jahr 2008 per Schwertransporter aus Rheinland-Pfalz ins Seenland transportiert. Dort erfolgte der zügige Aufbau, sodass die Konstruktion am 23. Oktober 2008 feierlich eingeweiht wurde. Ein wunderschöner Sonnenuntergang krönte damals die beeindruckende Szenerie.
Längst hat sich der »Rostige Nagel« zu einem erstrangigen Tourismusmagneten entwickelt. Der Blick von ihm reicht weit über das Seenland hinaus bis zu den Bergen der Oberlausitz. Eingravierte geografische Begriffe erleichtern die Orientierung. Ob der Blick aber tatsächlich bis ins rund 60 Kilometer entfernte Tschechien reichen soll, wird bisweilen heiß diskutiert. Inzwischen lädt am Turmfuß die »Rostlaube« zu einer Rast ein. Auch Toiletten sind vorhanden. Mittelfristig soll eine kompakte Gastronomie entstehen.
Massentourismus wird es an der Landmarke aber keinen geben. Schließlich befindet sich der Turm im neuen Naturschutzgebiet »Sorno-Rosendorfer Buchten«. Zahlreiche, teils streng geschützte Tier- und Pflanzenarten sind in Sichtweite des »Rostigen Nagels« beheimatet.
Das Wahrzeichen des Lausitzer Seenlandes ist am besten über den Radweg von Kleinkoschen in Richtung Lieske erreichbar. Der Rostturm ist ganzjährig geöffnet. Eintritt wird für die Besteigung nicht erhoben. Allerdings bleibt die Konstruktion bei Schnee und Eis aus Sicherheitsgründen geschlossen.

Markanter Schattenwurf auf den Sornoer Kanal

Eine Landschaft entsteht – das Seenland

Dichtwand soll das Lausitzer Seenland schützen

Unterirdische Mauer verhindert Auslaufen der Gewässer

Ein Erinnerungsfoto muss sein. Acht Tieflader beförderten die Dichtwandtechnik auf die Baustelle bei Proschim.

Wer des Nachts auf der Bundesstraße 156 zwischen Senftenberg und Spremberg unterwegs ist oder durch Proschim fährt, erblickt mitten auf freier Fläche riesige Scheinwerfer auf einer Großbaustelle. Fast, so scheint es, würde fast direkt auf der Landesgrenze Brandenburg/Sachsen eine neue Stadt erwachsen. Tatsächlich entsteht eine gigantische Sperrschicht.

Diese sogenannte Dichtwand wird zukünftig bis in eine Tiefe von 120 Metern das Lausitzer Seenland vor dem näher rückenden Tagebau Welzow-Süd schützen. Denn um die begehrte Braunkohle fördern zu können, muss zuvor das Grundwasser massiv abgesenkt werden. Auftraggeber ist demnach der Bergbau- und Energiekonzern Vattenfall Europe, einer der bedeutendsten Arbeitgeber in der Lausitz. Damit das Wasser der neuen Gewässer des Seenlandes nicht in den entstehenden Absenkungstrichter strömt, muss eine extrem dichte Barriere her, eben eine Dichtwand. Würde diese nicht gebaut, müssten Filterbrunnen gesetzt und das Grundwasser großflächig abgesenkt werden.

Im Herbst 2010 traf das neue Dichtwand-Spezialgerät in der Lausitz ein.

Erdarbeiten für die zukünftige Dichtwand

Die Großbaustelle mitten im Wald

Schwertransporter aus Bayern

Im Herbst 2010 begannen die Bauarbeiten. Insgesamt acht riesige Tieflader mit der notwendigen Großtechnik rollten Ende Oktober über 500 Kilometer aus dem bayerischen Schrobenhausen auf die Baustelle südlich von Proschim. An das eigentliche Dichtwandgerät, das innerhalb von anderthalb Jahren hergestellt wurde, befestigten die Spezialkräfte einen weit über 100 Meter langen Pfahl, an dem sich wiederum das Fräsgerät befindet. Dieses arbeitet sich senkrecht in die Lausitzer Erde vor und stellt einen Schlitz her. In diesen wird eine Tonspülung eingebracht, die hundertprozentig wasserdicht ist. Das dafür notwendige Material stammt übrigens aus dem mecklenburgischen Städtchen Friedland.

Bis 2022 ist alles fertig

Das Gerät arbeitet sich Tag für Tag ungefähr sechs Meter voran. Bis zum Jahr 2022 soll die insgesamt 10 630 Meter lange Dichtwand fertiggestellt sein. Zwischen dem Tagebau Welzow-Süd und dem Partwitzer See befindet sich bereits heute lediglich eine Entfernung von wenigen Kilometern. Doch dank dieser modernen Technik gilt ein »Auslaufen« der früheren Kohlengrube und weiterer Seenland-Gewässer als ausgeschlossen. So ist schließlich beides möglich: Tourismus im Seenland und Kohlegewinnung im Tagebau.

Nicht zuletzt besitzt Vattenfall Europe mit der komplexen Dichtwandtechnik bereits eine jahrelange Erfahrung. Es handelt sich nämlich um das vierte derartige Bauwerk in der Lausitz. Ein weiteres Projekt am Nordwestrand des Tagebaus Nochten zwischen Spremberg und Weißwasser befindet sich schon in der Planung.

Eine Landschaft entsteht – das Seenland

Unterwegs im Lausitzer Revier

Wo aus Braunkohle Energie entsteht

Gut einhundert Meter tief unter der Rasensohle lagert im Osten Deutschlands zwischen Elbe und Neiße ein gewaltiges Energiepotenzial: Braunkohle. Seit mehr als 150 Jahren fördern die Menschen im Lausitzer Revier diesen Bodenschatz zu Tage. Anfangs per Hand aus kleinen Gruben und Schächten, später in Tagebauen, mit Gerätetechnik der Superlative. Um die meterdicken Schichten aus Sanden, Kiesen und Tonen über der Kohle abzutragen und damit das Flöz freizulegen, werden in der Lausitz Abraumförderbrücken (AFB) eingesetzt. Diese bis zu 650 Meter langen Konstruktionen gehören zu den größten beweglichen Technikanlagen der Welt. Zehntausende Besucher aus den unterschiedlichsten Ländern stehen ganzjährig staunend vor den Stahlgiganten – beeindruckt von der Dimension der Maschinen, von der Ingenieurskunst des 20. Jahrhunderts und von einer Technologie, die zu den effektivsten im Bergbau zählt. Die Braunkohlenlagerstätten der Lausitz befinden sich sowohl in den brandenburgischen Förderräumen um Cottbus und Spremberg als auch im Freistaat Sachsen, südwestlich von Weißwasser. Etwa 60 Millionen Tonnen gewinnt das Energieunternehmen Vattenfall hier jährlich subventionsfrei aus den Tagebauen Jänschwalde, Cottbus-Nord, Welzow-Süd und Nochten. Mit dieser Brennstoffmenge werden vorrangig die Kraftwerke Jänschwalde, Schwarze Pumpe und Boxberg versorgt. Darüber hinaus wird ein Teil der Fördermenge in einem unternehmenseigenen Veredlungsbereich zu Braunkohlenbriketts, Braunkohlenstaub und Wirbelschichtbraunkohle veredelt.

Zahlreiche Wegweiser führen Technikinteressierte zu den Betriebsstätten von Vattenfall Europe Mining & Generation. Sie laden ein, hinter die Kulissen der Rohstoffgewinnung, Veredlung und der Strom- und Wärmeerzeugung zu blicken.

»Energie erleben« im Braunkohlenkraftwerk Schwarze Pumpe

Das imposante Kesselhaus und vor allem die weißen Wolken aus den Kühltürmen sind fast überall in der Lausitz sichtbar. Doch noch beeindruckender ist die Perspektive direkt vor dem Kraftwerk Schwarze Pumpe, welches zwischen Spremberg und Hoyerswerda gelegen ist. Das Werk im gleichnamigen Ort ist eines der modernsten und leistungsfähigsten seiner Art in der Welt. Die erst im Jahr 1998 in Betrieb genommene Anlage umfasst zwei 800 Megawatt-Blöcke. Es handelt sich darüber hinaus um das erste Braunkohlenkraftwerk einer neuen Generation, das für eine zuverlässige, wirtschaftliche und umweltschonende Stromerzeugung in Ostdeutschland sorgt. Modernste Technik beschert einen Wirkungsgrad von rund 41 Prozent. Der abgegebene Prozessdampf wird in der benachbarten Brikettfabrik der Vattenfall Europe Mining & Generation zum Trocknen der Braunkohle bei der Herstellung zahlreicher Produkte weitergenutzt. Die technischen Anlagen sind längst zu einem Besuchermagneten geworden. Das Kommunikationszentrum im Foyer hält anschauliche Informationen über die Funktion des Kraftwerkes bereit. An jedem Samstag können Interessierte das überaus spannende Innenleben des Kraftwerkes erkunden. Darüber hinaus stehen alljährlich zu Christi Himmelfahrt – anlässlich des traditionellen Wanderwegefestes in Schwarze Pumpe – die Kraftwerkstore für Besucher offen. Mehr als 20 000 Besucher jährlich lassen sich zudem den Blick vom 161 Meter hohen Kesselhaus ins Lausitzer Seenland nicht entgehen.

Neuland für Landschaftsarchitekten

Schon jetzt finden sowohl Einheimische als auch Touristen des Lausitzer Seenlandes im Umkreis der Tagebaue neue nutzbare Kulturlandschaften sowohl für Forst- und Landwirtschaft als auch für Naturschutz, Freizeit und Erholung. Dabei soll das Bergbaufolgeland keine Kopie der ursprünglichen Landschaft sein, auch wenn mehr als die Hälfte der vom Bergbau in Anspruch genommenen Flächen aufgeforstet werden. Seit Jahren geben viele Erlebnisbereiche auf den rekultivierten Kippenarealen rund um Cottbus, Spremberg und Weißwasser wegweisende Ausblicke auf eine neu gestaltete Landschaft nach der Kohle.

Mit Abraumförderbrücken lässt sich gleichzeitig der Abraum gewinnen, fördern und verkippen. So werden die Braunkohlenflöze für den Abbau freigelegt.

Kraftwerk Schwarze Pumpe bei Nacht

Tagebau Nochten mit Kraftwerk Boxberg

Bei Vattenfall Europe kann man Energie erleben.

Beitrag von:
Vattenfall Europe AG
Lignite Mining & Generation
Vom-Stein-Straße 39 · 03050 Cottbus
Tel. (03 55) 28 87 30 50 · Fax (03 55) 28 87 30 66
info@vattenfall.de · www.vattenfall.de

Eine Landschaft entsteht – das Seenland

Erlebnis Energiefabrik

Ein Industriemuseum erzählt Braunkohle-Geschichte(n)

Wie eng Kunst, Kultur und Kohle verbunden sind, zeigt die Energiefabrik in Knappenrode. Vor fast 100 Jahren begann die Geschichte der Brikettierung der Lausitzer Braunkohle. Generationen von Eltern und Großeltern erinnern sich gut, wie es war, wenn die Kohlelieferung nach Hause kam und die Briketts noch warm in Keller, Schuppen, Lager aufgehäuft wurden.

Die Energiefabrik Knappenrode bewahrt diese Erinnerungen. In der ehemaligen Brikettfabrik, gegründet 1914 vom Industriellen Joseph Werminghoff, nahe Hoyerswerda, ist ein Stück sächsischer Industriegeschichte bewahrt, das nahezu lückenlos im backsteinroten Gründerzeitbau nacherlebbar wird. Maschinen von musealem Wert, Pressen, Turbinen, Kohletrockner ruhen hier so, als hielte die Zeit nur kurz den Atem an. Die Geschichten »Weg der Arbeit« und »Weg der Kohle« erzählen, wie Menschen den Lausitzer Bodenschatz in dem imposanten Fabrikgebäude verarbeiteten, welche Energie er lieferte und wie viel Energie es schließlich kostete, ihn zu pfundschweren Energiepaketen zu fertigen.

Historische Technik vom Feinsten

Das Museumsareal hält jedoch noch weit mehr Schätze bereit. Hier finden sich wertvolle Minerale und eine beeindruckende Auswahl der Tagebautechnik. Die Kunst des Markscheidewesens wird erklärt – ohne sie, die Messtechnik des Bergbaus, wäre es unmöglich, Kohleflöze gut auszuschöpfen. Auch die Geschichte der Sicherheit der Lausitzer Bergleute spielt eine Rolle. So finden sich in den großen Fabrikhallen Feuerwehren, Sicherheitsfahrzeuge und -anzüge, Beatmungsapparate und Grubenwehrgerät, ohne das sich der Bergmann nicht hätte sicher fühlen können.

Vor allem Familien mit Kindern können hier an einem Tag erleben, dass Geschichte überhaupt nicht langweilig ist. Eine Draisinenfahrt ins Gelände oder eine Kletterpartie auf der Findlingspyramide laden Alt und Jung gemeinsam ein, die Fabrik zu entdecken. Eine Tunnelrutsche ist nicht nur etwas für Mutige und die Sammlung wertvoller Grubenlampen begeistert nicht nur Technikfreunde. Sonderausstellungen erzählen den Besuchern von Unglücken und bösen Wettern, von Wasservisionen und dem neu entstehenden Seenland.

Nicht nur für ehemalige Bergleute oder Touristen der Lausitz hält die Energiefabrik Knappenrode ihre Schätze zum Entdecken bereit.

Spannende Technik von damals

Die Brikettfabrik Knappenrode

Beitrag von:
Sächsisches Industriemuseum
Energiefabrik Knappenrode
Ernst-Thälmann-Straße 8
02977 Hoyerswerda OT Knappenrode
Tel. (0 35 71) 60 42 67 · Fax (0 35 71) 60 42 75
knappenrode@saechsisches-industriemuseum.de
www.saechsisches-industriemuseum.de

Lausitzer Schicksale – verschwundene Dörfer

Wenn Dörfer sterben müssen

84 Orte in der Lausitz verschwanden in den Kohlengruben

»Gott schuf die Lausitz, und der Teufel hat die Kohle darunter vergraben«, besagt ein altes sorbisches Sprichwort. Daran ist durchaus etwas Wahres dran. Denn wer eine Lausitzer Landkarte etwa von 1920 mit der aus dem Jahr 2008 vergleicht, wird feststellen, dass auf dem neueren Blatt gar nicht wenige Orte fehlen. Insgesamt mussten bislang 84 Dörfer den Braunkohletagebauen weichen. Darüber hinaus wurden zahlreiche Ortsteile und unzählige Einzelgehöfte bergbaubedingt abgebrochen. Im Lausitzer Braunkohlenrevier erfolgte allein zwischen den Jahren 1924 und 1993 die Umsiedlung von insgesamt 25 481 Menschen. Das sind etwa so viele, wie Senftenberg oder Spremberg heute an Einwohnern zählen.

Eines der ersten Dörfer, das vollständig devastiert wurde, war Buchwalde südöstlich von Hoyerswerda. Bereits in den Jahren 1929 bis 1932 mussten 350 Personen ihre angestammte Heimat aufgrund des Fortschritts des damaligen Tagebaus Werminghoff I verlassen. Damit ging ein halbes Jahrtausend Dorfgeschichte zu Ende. Heute spie-

Am 1. November 1970 fand der letzte Gottesdienst in Sorno statt.

Erinnerung an der Dorfstelle Tzschelln bei Boxberg

gelt sich an der alten Ortsstelle das Wasser des Knappensees in der Sonne. Im nahen Ferienort Koblenz erinnert seit Juni 2007 eine Gedenkstätte an den früheren Ort.

Seenland besonders betroffen

88 Prozent der Umsiedlungen erfolgten während der DDR-Zeit. Einen besonderen Einschnitt gab es ab dem Jahr 1974. Aufgrund der damaligen Ölkrise wurde der Abbau von Braunkohle in der DDR massiv beschleunigt. 49 Ortsabbrüche, das sind 69 Prozent der Gesamtzahl, mit insgesamt 8215 Umgesiedelten (61 Prozent) wurden allein von 1974 bis zur politischen Wende 1989/1990 gezählt. Besonders schwer unter den Devastierungen hätte das Gebiet des heutigen Seenlandes zu leiden. Wo einst Dörfer standen, befinden sich heute oftmals die großen Gewässer. Beispielsweise lagen auf der Fläche des heutigen Bärwalder Sees einst die Orte Merzdorf (bis 1978/1979) und Schöpsdorf (bis 1981).

Weiter westlich befanden sich die Heidedörfer Kolpen, Geißlitz und Ratzen. Im Jahr 1960 hatte das letzte Stündlein für die drei Orte geschlagen. Aus dem damaligen Tagebau Glückauf III und später Lohsa, der die Orte in Anspruch nahm, ist heute das in Flutung befindliche Speicherbecken Lohsa II (Lohsaer See) entstanden. Ebenfalls in Tagebauen und späteren Seen verschwanden unter anderem Scheibe (Scheibesee), Groß Partwitz (Partwitzer See), Scado (Geieswalder See), Sorno-Rosendorf (Sedlitzer See), Bückgen und Rauno (Ilse-See), Gräbendorf (Gräbendorfer See) oder Groß und Klein Jauer (Altdöberner See).

Die sorbische Heimat geraubt

Besonders problematisch ist, das von den Ortsabbrüchen vor allem sorbische Dörfer betroffen waren und sogar noch heute sind (Beispiel Schleife bei Weißwasser). Etwa ein Drittel der abgebaggerten Dörfer befanden sich in den sorbischen sprachlichen und kulturellen Kerngebieten. Da-

50

Lausitzer Schicksale – verschwundene Dörfer

von besonders betroffen sind die Regionen östlich von Hoyerswerda, südwestlich und südlich von Weißwasser sowie nordöstlich von Cottbus. Durch den Wegzug der sorbischen Bevölkerung in alle Winde gingen zu DDR-Zeiten unwiederbringliche Sprach- und Kulturmonumente verloren. Anders nach dem Jahr 1990: So werden im umgesiedelten Dorf Horno, das sich einst bei Guben befand, auch am neuen Standort in Forst die sorbischen Traditionen weiter intensiv gepflegt. Nach 1990 bewirkten die Gesetze der Marktwirtschaft einen deutlichen Rückgang der Kohleförderung. Dennoch hörte die Abbaggerung von Dörfern nicht gänzlich auf. So verschwanden beispielsweise die Orte Kausche und Haidemühl in Tagebaukratern, aber nicht von den Landkarten. Denn erstmals wurden nach der Wende ganze Dörfer komplett umgesiedelt. So feierten die Kauscher beispielsweise im Jahr 2006 den zehnten Jahrestag ihres neuen Dorfes, das sich heute am Stadtrand von Drebkau befindet. Auch Haidemühl (bei Spremberg) entstand gänzlich neu.

Weitere Dörfer müssen weichen
Der Prozess der Ortsabbrüche wird auch in den kommenden Jahren nicht enden. Die Erweiterung bestehender und der Aufschluss neuer Tagebaue sind in Planung. Das betrifft zum Beispiel die drei Orte Atterwasch, Grabko und Kerkwitz bei Guben sowie Teile von Welzow und Proschim zwischen Spremberg und Senftenberg. Doch heute werden die Folgen einer Umsiedlung wesentlich besser für die Betroffenen abgemildert als vor 1990. Trotzdem ist der Verlust der abgestammten Heimat ein extremer Einschnitt im Leben der Menschen. Zwar war und ist der Abschied unwiderruflich, doch wird von Seiten des Bergbauunternehmens alles getan, um den Neubeginn so leicht wie möglich zu gestalten. Wurden zu DDR-Zeiten die Umsiedler zumeist in Neubaugebieten untergebracht, bestehen heute die Dorfgemeinschaften an den neuen Standorten fort. In 50 oder 100 Jahren werden die einstigen »Dörfer vom Reißbrett« dem Charme ihrer namensgleichen Vorgänger wohl in nichts mehr nachstehen.

Nur noch Ruine

Dorfansicht von Groß Buckow während des Abrisses im Zuge des fortschreitenden Tagebaus Welzow-Süd

Impressionen von der zerstörten Kirche Sorno bei Senftenberg. Wo sich dieses Dorf befand, liegt heute der Sedlitzer See.

Lausitzer Schicksale – verschwundene Dörfer

Sogar die Kuh schien zu weinen

Gosda gibt es nicht mehr

Wo sich einst das Dorf Gosda befand, erstreckt sich heute eine riesige Weite. Lediglich ein Steinhaufen inmitten der großen Wiese erinnert an jene Stelle, an der bis vor rund einem halben Jahrhundert das Gasthaus Kossack stand. Dort war der Mittelpunkt des Dorfes im ehemaligen Kreis Spremberg, das gut 300 Menschen ein Zuhause bot.

Dieses Zuhause ist für immer zerstört worden. Gewaltige Bagger, lärmendes technisches Großgerät und vor allem die immer näher rückende Kohlengrube verwandelten die Heimat in die Hölle. Mitte der 1960er Jahre mussten die Einwohner umsiedeln. Anschließend wurde aus den Häusern ein Ruinenmeer und aus dem Ruinenmeer ein Nichts mehr. Der Tagebau Welzow-Süd schluckte sein erstes Dorf. Bis zum heutigen Tage ereilte über ein Dutzend weiterer Orte dieses Schicksal. Und weitere Siedlungen sollen nach heutigen Planungen in den kommenden Jahren und Jahrzehnten noch folgen.

Einst Idylle pur

Wenn Elsbeth Schreier von Gosda spricht, beginnen ihre Augen zu leuchten. Die weit über 80-Jährige erzählt von der starken Dorfgemeinschaft, von uralten Bäumen, lauschigen Quellen, idyllischen Teichen und manchen Anhöhen, von denen man sogar die fernen Berge der Oberlausitz am Horizont ausmachen konnte. Im Schloss, einem massiven und schmucken Bauwerk aus der Zeit um 1700, war Elsbeth Schreier bis zum Umsturz 1945 als Dienstmädchen tätig. Der Gutsherr Bruno von Seydel galt bei den Gosdaern als einer von ihnen. Als nach dem Ende des Zweiten Weltkrieges die Russen ins Dorf einrückten, musste von Seydel mit Familie auf abenteuerlichen Wegen nach Westdeutschland fliehen.

Elsbeth Schreier, damals 18-jährig, aber blieb in ihrem Gosda. Mit bloßen Händen baute sie ihr Gehöft, das in den letzten Kriegstagen einen Volltreffer erlitten hatte, wieder auf. Trotz Mangelwirtschaft und Repressionen im Zuge der Gründung der Landwirtschaftlichen Produktionsgenossenschaften (LPG) ging es im Dorf allmählich wieder aufwärts. Bis zu jener verhängnisvollen Versammlung Ende der 1950er Jahre. Damals wurden die Gosdaer erstmals mit der Abbaggerung ihres Ortes im Zuge des neuen Großtagebaus Welzow-Süd konfrontiert. Es durfte nichts mehr gebaut werden, lediglich die notwendigsten Maßnahmen waren gestattet.

Leben wurde immer unerträglicher

Mehr und mehr wurde das Leben im einstmals so beschaulichen Dorf unerträglicher. Tag und Nacht hörten die »Gosdschen«, wie sie in den Nachbarorten genannt wurden, die Bagger quietschen und rattern. Als schließlich die ein wenig außerhalb gelegenen Vorwerke Alte und Neue Buden ausgesiedelt und abgerissen wurden, wussten die Einwohner; dass auch für das Kerndorf das letzte Stündlein geschlagen hatte.

Immer mehr Menschen zogen weg. Viele bekamen eine Neubauwohnung in der Kreisstadt Spremberg zugeteilt, andere kümmerten sich um ein neues Haus, eine neue Wirtschaft. Große Sprünge waren mit der vom Staat ausgezahlten Entschädigung ohnehin nicht möglich.

Als sich das Jahr 1965 seinem Ende neigte, war auch für Elsbeth Schreier und ihre Familie die Zeit des endgültigen Abschieds von Gosda gekommen. Eine Neubauwohnung kam für die inzwischen zweifache Mutter nicht in Frage. Zu sehr war sie mit der Landwirtschaft verwurzelt. Schweren Herzens musste die Familie ihre Milchkuh verkaufen. »Als das Tier von unserem Hof geführt wurde, schien es zu wissen, dass es kein Wiedersehen mehr geben würde. Mir war, als ob ich in den großen dunklen Augen Tränen gesehen habe«, erinnert sich Elsbeth Schreier.

In den 1960er Jahren erfolgte der Abriss des Ortes.

Elsbeth Schreier (l.) und Liesbeth Kietzmann erinnern sich am Gedenkstein an ihr früheres Heimatdorf.

Tränenreicher Abschied

Den 24. November 1965 wird die heute über 80-Jährige nie vergessen. An diesem eiskalten und verschneiten Mittwoch fuhr der Möbelwagen vor ihr Gehöft am Weg, der zum Mühlteich hinunter führte. Tränenreich war der Abschied von der jahrhundertealten Bindung an die heimische Scholle, die da Gosda hieß.

Die »Gosdschen« im Tagebau auf den Spuren ihrer früheren Heimat

Die Gosdaer pflegen noch heute ihren alten Brauch des Vogelschießens.

Immerhin blieb der Familie die enge Neubauwohnung unweit des Spremberger Marktplatzes erspart. Sie zog in ein älteres Haus am Ortsrand von Welzow, einer zu DDR-Zeiten aufstrebenden Industriestadt. Inzwischen hört Elsbeth Schreier die Bagger wieder. Keine zwei Kilometer vom Welzower Stadtrand entfernt graben sich die riesigen Gerätschaften noch immer durch die Lausitzer Erde, um ihr die wertvolle Braunkohle zu entreißen.

Noch in diesem Jahrzehnt werden mehrere hundert Welzower wegen des fortschreitenden Tagebaus umgesiedelt. Elsbeth Schreier gehört nicht zu ihnen. Allerdings wird sie in einigen Jahren, sofern ihr ein sehr langes Leben geschenkt wird, von ihrem kleinen Holzhäuschen auf die Kohlengrube schauen müssen. Noch befinden sich dort Felder, Wälder und der kleine Espenteich. Fast so wie im alten Gosda vor der Abbaggerung.

Der Steinhaufen markiert den einstigen Mittelpunkt des Ortes. Dort stand die Gaststätte Kossack.

Die Heimat war's

Dorf der Teiche, Dorf der Quellen,
die einst sprudelten an lausch´gen Stellen.
Dorf der Hügel, Dorf der Felder und uralter
Märchenwalder.
Dorf der Heimat tücht'ger Bauern,
die stetig schufen mit fleiß'ger Hand
das idyllisch Fleckchen Erde,
dessen Name für die Heide stand.

Dorf der Freude, Dorf der Trauer,
Dorf der Sonne, Dorf der Schauer.
Dorf der Liebe, Dorf lachender Kinder,
wohlige Heimat in Sommer und Winter.

Aber dieses Dorf gibt's heute nicht mehr,
die Erde trägt heut Trauer schwer.
Doch in den Herzen lebt das Dorf immer fort,
die Heimat war's und Gosda mehr als ein Wort.

Torsten Richter

Menschen der Lausitz – Deutsche und Sorben

Mehr als Trachten und Folklore – die Lausitzer Sorben

Um Hoyerswerda wird nicht nur deutsch gesprochen

Serbska hymna – Sorbische Hymne

*Rjana Łužica,
sprawna, přećelna,
mojich serbskich wótcow kraj,
mojich zbóžnych sonow raj,
swjate su mi twoje hona.*

*Časo přichodny
zakćěj radostny! –
Ow, zo bychu z twojeho
Klina wušli mužojo,
hódni wěčnoh wopomnjeća!*

*Lausitz, schönes Land,
wahrer Freundschaft Pfand!
Meiner Väter Glücksgefild,
meiner Träume holdes Bild,
heilig sind mir deine Fluren.*

*Blühst du, Zukunftszeit,
uns nach bittrem Leid?
Oh, entwüchsen deinem Schoß
Männer doch, an Taten groß,
würdig ewigen Gedenkens!*

*Text: Handrij Zejler
Melodie: Korla Awgust Kocor*

Straßenschild mit sorbischen Bezeichnungen

Sorbische Folkore beim Festival in Drachhausen (Niederlausitz)

Wer das erste Mal im Lausitzer Seenland zwischen Hoyerswerda, Boxberg, Spremberg und Senftenberg unterwegs ist, wird sich sicher über die zweisprachigen Ortsschilder wundern. Mancher Gast wähnt sich dabei bereits im nahen Polen. Doch die Beschriftungen wie »Wojerecy« auf dem Hoyerswerda-Schild oder »Gródk« auf der Tafel von Spremberg sind nicht in polnischer, sondern in sorbischer Sprache gehalten. Zugegeben, beide Sprachen ähneln sich erheblich, gehören sie doch zur westslawischen Familie.

In den Dörfern um Hoyerswerda wird oftmals sorbisch gesprochen. Besonders in den Gemeinden Elsterheide, Spreetal, Lohsa, um die Stadt Wittichenau sowie in den nach Hoyerswerda eingemeindeten Dörfern hört man öfter die Sprache mit ihren charakteristischen Zischlauten, Strichen und Häkchen.

Die Sorben der Gegend um Hoyerswerda besitzen ein eigenes Trachtengebiet. Sie sind die Nachfahren der ab dem 7. Jahrhundert hierher eingewanderten slawischen Stämme. Bis in das 20. Jahrhundert war auch die mittlere Lausitz fast vollkommen sorbisch geprägt. So stellte der sorbische Volkskundler Arnošt Muka im Jahr 1884 in den acht Dörfern der evangelischen Pfarrgemeinde Hoyerswerda unter den knapp 2200 Einwohnern lediglich 14 Deutsche fest. Selbst in der Stadt war ein Drittel der Menschen sorbisch.

Von der Mehr- zur Minderheit

Im Zuge des Braunkohlenbergbaus und der Industrialisierung wurden die Angehörigen des kleins-

Menschen der Lausitz – Deutsche und Sorben

ten slawischen Volkes aufgrund der enormen Zuwanderung deutscher Arbeitskräfte bald zur Minderheit. Trotzdem pflegten und pflegen sie bis heute die von den Altvorderen überlieferten Bräuche, Traditionen und insbesondere die Sprache. So existieren sorbische Zeitungen, Zeitschriften, Bücher, ein sorbischsprachiger Rundfunk und sogar ein sorbisches Fernsehmagazin.

Hoyerswerda besitzt seit einem Jahrhundert für die Sorben eine herausragende Bedeutung. In der Stadt an der Schwarzen Elster wurde nämlich am 13. Oktober 1912 die »Domowina« als Dachverband sorbischer Vereine ins Leben gerufen. Diese Organisation gilt als Interessenvertreterin des sorbischen Volkes schlechthin. Besonders dem Erhalt und der Pflege der Sprache wird eine gewichtige Bedeutung beigemessen.

Der sorbische Dachverband betreibt in Hoyerswerda im Domowina-Haus ein Regionalbüro. Dort können weitergehende Informationen eingeholt werden.

Übrigens, die Elsterstadt ist nicht nur das Herzstück des Lausitzer Seenlandes, sondern auch des sorbischen Siedlungsgebietes. Dieses besitzt heute auf einer Lausitzkarte die Form einer »8« mit den sorbischen Schwerpunkten in den Dörfern nördlich von Cottbus, in der Schleifer Gegend, um Hoyerswerda und Lohsa sowie zwischen Kamenz und Bautzen.

Wo sich drei Sprachen vermischen

Wer von Hoyerswerda aus südwärts fährt, kommt alsbald in das Gebiet der katholischen Sorben. Unzählige Betsäulen und Kruzifixe stehen am Straßen- und Wegesrand. In diesem Gebiet ist auch das berühmte Osterreiten beheimatet.

Reizvoll ist aber auch ein Ausflug in die Dörfer zwischen Hoyerswerda und Spremberg. Dort verschmelzen nämlich die ober- und die niedersorbische Sprache, und es gibt die verschiedensten Dialekte. Einheimische können anhand der Sprache und Aussprache bestimmter Wörter sogar heraushören, wer aus welchem Ort kommt. Manchmal vermischen sich auch sorbische und deutsche Wörter in einem Satz.

Seit einigen Jahren wird im Rahmen des sogenannten »Witaj-Projektes« die Revitalisierung der sorbischen Sprache sowohl in der Nieder- als auch in der Oberlausitz betrieben. Zahlreiche Kinder lernen dabei spielerisch die ersten Wörter und Sätze. Im Hoyerswerdaer Stadtteil Dörgenhausen existiert sogar ein Witaj-Kindergarten namens »Pumpot«. Dort wird mit den Kindern ausschließlich sorbisch gesprochen.

Ja, und nicht zuletzt sind die Sorben für ihre Gastfreundschaft und die herzliche Art bekannt. Besucher werden oftmals nach traditionellem Brauch mit Brot und Salz begrüßt. Darüber hinaus erzählen viele Lieder und Tänze von der herben Schönheit der melancholischen Lausitzer Heide, deren größter Schatz die Sorben sind.

Sorbische Osterreiter in Crostwitz

Typische Spreewaldtracht

Menschen der Lausitz – Deutsche und Sorben

Serbja we Łužiskej jězorinje
Pućowanje po stawiznach słowjanskeho luda

Serbja (delnjoserbsce: Serby), kiž noša w Delnjej Łužicy tež dźensa hišće w němskej rěči pomjenowanje romskich stawiznarjow „Wenden", su přežiwjeny zbytk cyłeje skupiny we wobłuku pućowanja ludow w pozdźišej wuchodnej a srjedźnej Němskej so zasydlacych zapadnosłowjanskich kmjenowych zjednoćenstwow.

Wot w lěće 631 prěni raz naspomnjenych něšak 20 serbskich kmjenow běchu Milčenjo w Hornjej Łužicy a Łužičenjo w Delnjej Łužicy předchadnicy dźensnišich Hornich a Delnich Serbow. Woni wuwiwachu swójskej samostatnej pisomnej rěči. Woni so dźensa hromadźe jako najmjeńši słowjanski lud w Němskej rozumja. Kmjen Łužičenjow spožči tež mjeno za wotležanu, wodatu a lěsatu Łužicu (delnjoserbsce: Łužyca), štož woznamjenja kraj łužow.

Dźensa zakónsce sfiksowany serbski sydlenski teritorij Braniborskeje a Sakskeje je zbytk něhdyšeje, wo wjele wjetšeho sydlenskeho teritorija Serbow. Tule stej so na zboža hač do dźensnišeho zdźeržałoj serbska rěč a kultura, byrnjež w rozdźělnej měrje, tak tola na kóncu njedźiwajcy wšitkich ćežow a zadźěwkow stawiznow.

Po tym, zo bě přesydlenje Łužicy zhromadny kulturny skutk Němcow a Serbow, počachu Serbja so wuwić w běhu prěnjeje połojcy 19. lětstotka w přiběracej měrje k mjeńšinje wobydlerstwa. Tutón proces so wehementnje wotmě hač do srjedź 20. lětstotka we všech sydlišćach srjedźneje a Delnjeje Łužicy. Z tym pohubjeńšichu so wuměnjenja předewšěm za zdźerženje serbskeje rěče rapidnje. K tutomu wuwiću hłowne přinošowa industrializacija, wosebje tež wudobywanje a předźěłanje brunicy.

Serbske wsy so zhubichu

Z toho časa sem, hdyž wuwi so wudobywanje brunicy kónc 19. a spočatk 20. lětstotka k wulkoindustriji, so zahaji w potrjechenych kónčinach Łužicy, hdźež přewažnje Serbja sydlichu, masiwna změna. Něhdyši burja dźěłachu nětko we wuhlu. Wulka ličba němskich kolegow połěkowa masiwnje wutłóčowanju serbskeje rěče ze zjawneho a samo tež ze swójbneho žiwjenja. Serbska substanca wosebje na teritoriju nětčišeje Łužiskeje jězoriny zesłabi so w sylnej měrje wot lěta 1924 sem tež z wotbagrowanjom 82 kompletnych sydlišćow, wosebje tež hladajo na to, zo so rozpušćichu při tym wjesne zromadźenstwa hač do lětow 1989/90.

Tak ma so ze serbskeho wida zwěsćić, zo přinjese brunica drje mzdu a chlěb, ćopłotu a swěcu, runoćasnje pak tež tomu serbskemu ćežko škodowa.

Ćim wjetše nadźije spušći słowjanski lud saněrowanju zawostajenstwow wudobywanja brunicy.

Z nastaćom Łužiskeje jězoriny njebudźe jenož krajina po dołhim času wusušenja wotklumpanja dnowneje wody dla serbskemu woznamjej słowa Łužica zaso wotpowědować. Wotkrywaja so tež nowe šansy za čas po brunicy.

Serbja chcedźa so tule do procesa strukturneje změny zakótwić z tym, zo bilingualny a bikulturny charakter tutoho regiona jako přiznamjo wurjadneje pozicije wobchowaja a aktiwnje pěstuja. Serbska rěč a kultura njesmětaj so w masowym turizmje zhubić. Na dožiwjenje přirody wusměrjeny dožiwjenski turizm žada sebi wudospołnjenje z kulturnym turizmom, kiž Serbam tyje.

Tutomu zaměrej wěnuje so tež Domowina-Zwjazk Łužiskich Serbow z.t., kotraž woswjeći jako zastupjerka zajimow serbskeho luda a třěšny zwjazk Serbow a serbskich towarstwow dnja 13.10.2012 we Wojerecach 100. róčnicu swojeho załoženja.

Sorbische Folklore in Schleife

Tracht der Sorben/Wenden im Spreewald

Wernera Sroki

Menschen der Lausitz – Deutsche und Sorben

Die Sorben im Lausitzer Seenland

Ein Streifzug durch die Geschichte des slawischen Volkes

Die Sorben (obersorbisch Serbja, niedersorbisch Serby genannt), die in der Niederlausitz auch als Wenden bezeichnet werden, sind der überlebende »Rest« im späteren Ost- und Mitteldeutschland ansässig gewordener westslawischer Stammesverbände. Von den erstmals im Jahr 631 erwähnten 20 sorbischen Stämmen waren die Milzener in der Ober- und die Lusizer in der Niederlausitz die Vorfahren der heutigen Ober- und Niedersorben/Wenden. Sie entwickelten zwei eigenständige Schriftsprachen. Heute begreifen sich die Sorben als das kleinste slawische Volk. Der Stamm der Lusizer war übrigens auch Namensgeber für die abgelegene, wald- und wasserreiche Lausitz (sorbisch Luzica, zu deutsch Sumpfland).

Das heute gesetzlich fixierte sorbische Siedlungsgebiet in Brandenburg und Sachsen ist der Rest des einstmals weitaus größeren Lebensraums der Sorben/Wenden. Dort haben sich die sorbisch/wendische Sprache und Kultur trotz aller Widrigkeiten der Geschichte bis heute erhalten.

Nachdem die gemeinsame Besiedlung der Lausitz durch Deutsche und Sorben eine Kulturtat ersten Ranges war, wurden die Sorben während der ersten Hälfte des 19. Jahrhunderts zunehmend zur Bevölkerungsminderheit. Dieser Prozess lief bis zur Mitte des 20. Jahrhunderts in allen Orten der mittleren und Niederlausitz nachhaltig ab. Dadurch verschlechterten sich auch die Bedingungen zur Erhaltung der sorbischen Sprache. Hauptverantwortlich war die zunehmende Industrialisierung, insbesondere durch die Gewinnung und Verarbeitung von Braunkohle.

Sorbische Dörfer verschwanden

Seit der Braunkohlenbergbau ab 1900 zur Großindustrie geworden war, setzte in den betroffenen Gebieten der Lausitz, wo meist Sorben siedelten, ein massiver Wandel ein. Ehemalige Landwirte arbeiteten fortan in der Kohle. Aufgrund der vielen deutschen Kollegen wurde die Zurückdrängung der sorbischen Sprache massiv begünstigt. Die sorbische Substanz, besonders im Gebiet des heutigen Seenlandes, wurde seit dem Jahr 1924 auch durch die Abbaggerung von insgesamt 82 Orten in starkem Maße geschwächt, zumal sich bis 1989/1990 die Dorfgemeinschaften dabei auflösten. So ist aus sorbischer Sicht festzuhalten, dass die Kohle zwar Lohn und Brot, Wärme und Licht brachte, zugleich aber auch dem westslawischen Volk schweren Schaden zufügte.

Umso größere Hoffnungen setzen die Sorben/Wenden auf die Sanierung der Hinterlassenschaften des Braunkohlenbergbaus. Mit der Entstehung des Lausitzer Seenlandes wird nicht nur die Landschaft nach langer Zeit der Austrocknung durch Grundwasserentzug wieder der sorbischen Bedeutung des Wortes Lausitz gerecht, sondern eröffnen sich auch neue Chancen für die Periode nach der Kohle.

Die Sorben wollen sich dabei in den Prozess dieses Landschafts- und Strukturwandels einbringen, indem sie den bilingualen und bikulturellen Charakter dieser Region bewahren und aktiv pflegen. Die sorbische Sprache und Kultur sollen dabei keineswegs im Massentourismus untergehen. Der naturorientierte Erlebnistourismus bedarf der Ergänzung durch einen den Sorben dienlichen Kulturtourismus. Diesem Anliegen widmet sich auch die Domowina welche als Dachverband der Sorben und sorbischer Vereine am 13. Oktober 2012 den 100. Jahrestag ihrer Gründung begeht.

Werner Sroka

Die Haube muss bei den Sorben/Wenden im Spreewald richtig sitzen.

Blick über den Schillerplatz zum Wendischen Haus in Cottbus

Menschen der Lausitz – Deutsche und Sorben

Frohe Feste in stiller Heide

Mittellausitzer Brauchtum im Jahreslauf

Manchmal pathetisch, dann und wann mystisch, hin und wieder auch melancholisch, aber immer farbenfroh und an den Traditionen der Altvorderen festhaltend – so lässt sich das Lausitzer Brauchtum in einem Satz charakterisieren. Um es allerdings detailliert zu beschreiben, müsste man ganze Bände verfassen. Jeder Monat des Jahres hält ein kleines oder großes Fest oder traditionelle Handlungen bereit. Die meisten von ihnen sind sorbischen Ursprungs. Manche Bräuche gingen im Zeitenlauf verloren, andere entstanden erst in den vergangenen Jahrzehnten, wiederum andere konnten nach der politischen Wende neu belebt werden. Bemerkenswert ist, dass in vielen Dörfern der Lausitz das gleiche Brauchtum existiert, dieses jedoch in fast jedem Ort in etwas abgewandelter Form zelebriert wird.

Kenner wissen, das besonders im Gebiet der Lausitzer Heide, dem entstehenden Seenland, die Feste und Traditionen noch intensiver und farbenprächtiger gelebt werden. Das mag vielleicht an

Osterreiter auf der Bautzener Friedensbrücke

der sonst recht eintönigen Kiefernheide liegen, die einen ganz besonderen Menschenschlag hervorgebracht hat: nämlich zu Fremden still und verschwiegen, doch in heimischen Kreisen froh und herzensgut. Wer einmal Gast sein durfte, wird es sein Lebtag nicht mehr vergessen!

Winterbräuche

Das Lausitzer Jahr beginnt mit dem »Neujährchen« (Nowoletka). Dabei handelt es sich um Tierfiguren aus Gebäck, die aus Mehl, Wasser und Salz hergestellt werden. Diese werden zu Neujahr den Familienmitgliedern und den Tieren im Stall gereicht. Mit dem Verzehren von »Neujährchen« verbindet sich der Wunsch nach einem gesunden und segensreichen neuen Jahr.

Traditionell am 25. Januar wird in den Dörfern und manchen Städten die Vogelhochzeit begangen. Die Vögel bedanken sich bei den Kindern, dass sie die gefiederten Freunde im harten Winter füttern. Sie laden die Kinder ein, an einer Vogelhochzeit teilzunehmen. Dem Glauben zufolge bringen die Vögel Süßigkeiten von der Hochzeit mit, die

Zum Osterfest in der Lausitz gehören neben verzierten Ostereiern ebenso die schmucken sorbischen Trachten sowie Osterlämmchen.

Zapust-Detail

Menschen der Lausitz – Deutsche und Sorben

in am Fenster aufgehängten Strümpfen versteckt werden. In den Kindergärten, beispielsweise in Bluno bei Spremberg, verkleiden sich die Jüngsten als Braut (Frau Elster) und Bräutigam (Herr Rabe) sowie als gefiederte Gäste und feiern diesen Tag. Große Bedeutung besaß in früheren Zeiten die Spinte (pseza). Vom Spätherbst bis in den Winter hinein versammelten sich besonders in der Niederlausitz fast an jedem Abend die unverheirateten Mädchen, um aus Garn Leinwände zu spinnen. Dabei wurde unentwegt gesprochen, gesungen und gelacht. Die Vorsingerin, sorbisch Kantorka, musste bis zu 50 Lieder auswendig kennen. Noch heute treffen sich in manchen Dörfern die jungen Damen zur Spinte.

Den Abschluss der Pseza bildet die sorbische Fastnacht (Zapust). Von Ende Januar bis Anfang März wird dieser Brauch noch heute von tausenden Jugendlichen in Dörfern und Städten begangen. Dem Zapust geht das Zampern voraus. Die verkleidete Jugend zieht dabei von Gehöft zu Gehöft und bittet die Eigentümer um Eier, Speck und Geld. Als Dank tanzen die »Zamparakis« mit der Hausfrau und schenken dem Hausherren ein Schnäpschen ein. Etwa ein bis zwei Wochen später formieren sich die Jugendlichen zu einem festlichen Umzug. Teilweise über 100 Paare nehmen daran teil. Die Mädchen tragen dabei ihre sorbische Festtagstracht, die Jungen einen schmucken Anzug. »Angesteuert« werden verdienstvolle Persönlichkeiten des jeweiligen Ortes, die eine Gabe leisten. Abends wird zum Fastnachtstanz eingeladen. Dabei gilt das Gebot: Je höher man springt, desto besser wächst im neuen Jahr der Flachs für die Leinherstellung. Übrigens: In gar nicht wenigen Dörfern ist der Zapust erst in den Jahren nach der politischen Wende 1989/1990 wieder zu neuem Leben erwacht.

Lausitz ist Osterland

Das schönste Fest in der Lausitz ist traditionell Ostern. So wie das Erzgebirge als Weihnachtsland gilt, stellt die Lausitz das Osterland schlechthin dar. Wer kennt nicht die wunderschön verzierten sorbischen Ostereier als Sinnbild des wieder erwachenden Lebens? Jahr für Jahr werden sie in aufwändigen Ätz-, Kratz- und Wachstechniken hergestellt. Auf Ostereiermärkten, so in Hoyerswerda und Neuwiese, können diese Kunstwerke erworben werden. Wer im zeitigen Frühjahr durch das Lausitzer Land fährt, erblickt auf fast jedem Gehöft bunte Eier an Bäumen und Sträuchern. Mancherorts, zum Beispiel in Terpe bei Spremberg, werden ganze Dorfanger österlich geschmückt.

Der erste Höhepunkt des Festes in der Niederlausitz ist das Osterfeuer. Große Polter aus Reisig, Brettern oder Bohlen werden vor der Osternacht aufgestapelt. An der Spitze wird eine Hexe befestigt, die den zu Ende gehenden Winter symbolisiert. Gegen Mitternacht beginnen die Flammen zu lodern.

Früher weit verbreitet, heute selten geworden, ist das Osterwasserholen. Noch vor Sonnenaufgang gehen dabei junge Mädchen mit ihren Krügen zu einem aus Osten kommenden Gewässer. Osterwasser im Haus verspricht nämlich ein ganzes Jahr lang Schön- und Gesundheit. Die Burschen allerdings versuchen, die Fräuleins beim Wasserholen zu necken. Wer sich davon verleiten lässt, bringt »Plapperwasser« in seinem Krug nach Hause. Früher war zu Ostern auch das Ostersingen verbreitet. Vielerorts ist dieser Brauch allerdings eingeschlafen.

Bei den katholischen Sorben bildet das Osterreiten den Festhöhepunkt. Mehrere Prozessionen gibt es in der Oberlausitz. Die längste erstreckt sich von Wittichenau nach Ralbitz. Die Reiter umrunden auf ihren geschmückten Pferden Felder und Fluren und verkünden singend die Auferstehung Jesu. Jeweils zwei Kirchgemeinden tauschen

Sorbisches Mädchen in Schleifer Tracht (Gemälde im Schloss Spremberg)

Die Fachfrauen zeigen, hier in Sabrodt, wie die Ostereier korrekt verziert werden.

Pathetisch reiten und singen die Osterreiter auf ihren Rössern.

Menschen der Lausitz – Deutsche und Sorben

sich so die Botschaft aus. Beide Reitergruppen begegnen sich unterwegs niemals.

Osterlieder sollen heute klingen
Durch die Klosterpflege voller Freude!
Kräftig hört man Männerstimmen singen
Von den Höhen Ostros bis zur Heide.

Jakub Bart-Cisinski
(deutsch: Martin Salowski)

Ein Geheimtipp: Am Ostersonntag sollte man schon vor Sonnenaufgang in Wittichenau sein. Pathetisch, ergreifend, ja geradezu rührend ist die Atmosphäre der Kreuzreitermesse, die bereits fünf Uhr morgens beginnt. Die Reiter feiern gemeinsam mit der Gemeinde. Wunderschön ist es anzuschauen, wenn die ersten Sonnenstrahlen die Kirche zu erleuchten beginnen. Nach der Messe geht es auf die Gehöfte, um die Pferde zu satteln. Schließlich gilt es, die elf Kilometer bis nach Ralbitz und wieder zurück zu reiten. Schon seit dem Jahr 1541 ist diese Tradition belegt.

Die Heide ist Ausgangspunkt für Lausitzer Bräuche.

Weitere Lausitzer Osterbräuche sind unter anderem das Waleien (Eierschieben) an vielen Hängen (großes Spektakel alljährlich am Bautzener Protschenberg) sowie das Backen und Verschenken von Ostersemmeln.

Vom Frühjahr zum Spätsommer

Auch die Walpurgisnacht als endgültiger Abschied des Winters wird in der Lausitz gefeiert. Am eindrucksvollsten kann man diesen Brauch am 30. April bei einer spätabendlichen Fahrt auf der Autobahn von Dresden nach Bautzen (A4) erleben. Links und rechts der Trasse sind unzählige kleinere und größere Feuer, das sogenannte Hexenbrennen, erkennbar.

Ebenfalls am Vorabend des 1. Mai wird in vielen Dörfern der Maibaum aufgestellt. An der Spitze eines Stammes ist eine grüne Birke befestigt, die symbolisch den Sieg des Sommers über den Winter darstellt. Allerdings muss der Maibaum bewacht werden. Denn wenn es die Bewohner von Nachbarorten schaffen, ihn vor dem 1. Mai abzusägen, ist es für das betroffene Dorf eine gewaltige Blamage. Früher durfte dann sieben Jahre lang kein neuer Baum aufgestellt werden.

Das Ende des Sommers kündigt sich in der Niederlausitz mit dem »Kokot«, zu deutsch Hahnrupfen, an. Wilde Reiter jagen dabei über abgeerntete Felder. Sie versuchen, einem toten Hahn, der an einer Pforte befestigt ist, den Kopf abzureißen. Wer dieses nicht ganz ungefährliche Werk vollbracht hat, ist neuer Erntekönig. Seit einigen Jahren wird unter diesen Siegern im Rahmen des »Superkokots« der Erntekönig der Niederlausitz ermittelt. Hintergrund dieses wilden Treibens ist der Glaube der Vorfahren an die Fruchtbarkeit in Form des Hahnes. Ihm wurde zugetraut, die Ernte zu beeinflussen. War das Getreide eingefahren, versteckte sich der Hahn unter der letzten Garbe, um Kraft für die Ernte des nächsten Jahres zu sammeln, glaubten die Altvorderen. Neben dem Hahnrupfen werden

Das sorbische Bescherkind schaut auf dem Bröthener Weihnachtsmarkt bei Hoyerswerda vorbei.

Das Streicheln über die Wange bringt Glück und Gesundheit.

im Spätsommer auch Hahnschlagen sowie Stollenreiten ausgetragen.

Geheimnisvolles Bescherkind

Das Lausitzer Brauchtumsjahr endet mit dem Advent und Weihnachten. Stumm und geheimnisvoll geht es zu dieser Zeit bei den Sorben zu. Geradezu mystisch schreitet eine junge Frau in wunderschöner Tracht und weißen Handschuhen über Weihnachtsmärkte, durch Kindergärten und Schulen. Ihr Gesicht wird von einem weißen hauchdünnen Schleier verdeckt. In den Händen hält sie eine Lebensrute aus Birke und Ginster. Das Bescherkind kündigt sich mit Glöckchenläuten an. Jedes Kind erhält ein kleines Geschenk. Anschließend streicht die geheimnisumwitterte Frau mit dem Handrücken dem Kind dreimal über die Wangen. Das bedeutet Gesundheit, Glück und Segen für das neue Jahr. Das Bescherkind ist heute nur noch in der Schleifer, Hoyerswerdaer und Jänschwalder Gegend, seit neuestem auch im Spremberger Raum, zwischen dem ersten Advent und dem 23. Dezember unterwegs. Anschließend verschwindet es genauso stumm wie es gekommen ist bis zur nächsten Vorweihnachtszeit. Überhaupt ist die Zeit der zwölf Rauhnächte (24. Dezember bis 6. Januar) sehr geheimnisumwittert. Das alte Jahr ist vorüber und das neue noch nicht über die Schwelle getreten. Vielerorts wird Bilanz gezogen und zugleich neue Pläne geschmiedet. In der Neujahrsnacht wurden früher in abgelegenen Dörfern der Heide die Obstbäume von ihren Besitzern umarmt und ein ertragreiches neues Jahr gewünscht. Wenn in der Neujahrsnacht Punkt Mitternacht die Kirchenglocken das neue Jahr einläuten, beginnt der umfangreiche Jahreskreis des Lausitzer Brauchtums von vorn.

Längst können in diesem Buch nicht alle traditionellen Elemente des kulturellen Lebens ausgiebig dargestellt werden. Zu reichhaltig ist das Ganze in dieser vermeintlich kargen Gegend. Das Schönste aber ist, sich unter die Lausitzer zu mischen und dann stolz zu sagen: Ich bin dabei gewesen und habe es wahrhaftig miterlebt.

Charakteristisch für den Spreewald sind die sommerlichen Kahnkorsos.

Dem Johannis zu Ehren

Einmal im Jahr kehrt im Dörfchen Casel bei Drebkau jene mystische Stimmung zurück, die sonst in den »Es-war-einmal-Märchen« beheimatet ist. Genau dann, wenn die Sonne am höchsten steht, nämlich um den Johannistag (24. Juni), ist es Zeit für das sagenumwobene Johannisreiten. Casel ist der einzige Ort in der Lausitz, in welchem dieser Brauch noch heute praktiziert wird.
Schon in den frühen Morgenstunden geht es zwischen dem Dorf und den Altdöberner Fluren geheimnisvoll zu. Früher glaubten die Menschen, dass von denen in der Johannisnacht geernteten Kräutern eine heilende Wirkung ausginge. Daher werden bereits in aller Herrgottsfrühe am Johannismorgen Kornblumen und Seerosen gepflückt. Aus ihnen flechten die Dorfmädchen lange Ranken und die Krone für den Johann. Das Anziehprozeder an der alten Caseler Feuerwehr kann bis zu mehreren Stunden dauern. Darunter steckt immer ein junger Bursche aus dem Dorf.
Mit Blasmusik reitet er, ebenso wie weitere Männer, vom Gasthof die Dorfstraße entlang zum Festplatz. Vorneweg gehen die geschmückten Mädchen mit ihren roten und blauen Bändern. Auf dem Reitplatz angekommen, beginnt die wilde Jagd. Nach und nach verlassen die Begleiter den Johann, bis er allein auf der Bahn ist. Mutige versuchen, ihn zu stoppen und einen Teil von seiner Pracht zu erhaschen. Die Krone ist dabei das kostbarste. Die Beute, zu Hause aufgehangen, soll Glück und Gesundheit bringen.

Mit seinen Begleitern reitet der Johannis zunächst durch das Dorf.

Bei der wilden Jagd auf dem Festplatz

61

Menschen der Lausitz – Deutsche und Sorben

Wo die Lausitz tanzt und feiert

Alle zwei Jahre wird zum Folklorefestival eingeladen

Immer wenn der Sommer in den ungeraden Jahren beginnt, verwandelt sich die Lausitz zur Tanzbühne. Zahlreiche namhafte Ensembles aus allen Teilen der Erde begeben sich Ende Juni oder Anfang Juli nach Bautzen, Crostwitz und Drachhausen. Denn in diesen Orten wird das Internationale Folklorefestival »Lausitz« gefeiert.

Im Jahr 2011 waren bei der neunten Auflage insgesamt zehn Künstlergruppen zu Gast. Sogar ein chinesisches Folkloreteam begeisterte die zahlreichen Zuschauer. Bei den Festivals in den Jahren zuvor sorgten Künstler, die unter anderem aus Spanien, Russland und Südamerika angereist waren, für Furore. Sogar ein Ensemble aus dem fernen Kaukasusstaat Georgien hatte sich auf die mehrere Tausend Kilometer weite Reise in die Lausitz begeben, mit dem Bus wohlgemerkt, und begeisterte insbesondere mit seinem heißblütigen Säbeltanz.

Das Internationale Folklorefestival, das ein Vorbereitungskomitee der sorbischen Dachorganisation »Domowina« organisiert, wird über vier Tage, und zwar zumeist von Donnerstag bis Sonntag, gefeiert. Die Eröffnung findet traditionell in Bautzen, der Hauptstadt der Sorben, statt. Dort steigt ein großer Festumzug durch die historische Altstadt. Darüber hinaus gibt es eine festliche Eröffnungsgala vor der Kulisse des Bautzener Sommertheaters.

Der Freitag gehört der Niederlausitz. Dann wird auf drei bis vier Bauernhöfen in Drachhausen nördlich von Cottbus Folklore vom Feinsten geboten. Die Gäste genießen trotz der internationalen Künstler eine einzigartige familiäre, fast schon heimelige Atmosphäre. Sehr ähnlich geht es am darauffolgenden Abend in Crostwitz, einem sorbischen Dorf auf halber Strecke zwischen Kamenz und Bautzen, zu. Auch dort laden mehrere große Bauernhöfe ein. Liebevoll haben die Eigentümer ihre Heimstätten hergerichtet. Neben dem Folkloreprogramm werden oft Lausitzer Hausmannskost und weitere Delikatessen angeboten. Nach dem offiziellen Programm wird im Rahmen einer internationalen Party bis in die frühen Morgenstunden weitergefeiert.

Der Sonntag steht dann ganz im Zeichen des Festumzuges in Crostwitz. Alle Teilnehmer, das sind etwa 500 bis 700 Künstler, nehmen daran teil. Es wird musiziert, gesungen, getanzt und gelacht – für jeden ist etwas dabei. Anschließend beginnt auf der Freilichtbühne am Ortsrand, von der man einen reizvollen Blick hinüber zur Rosenthaler Wallfahrtskirche genießen kann, das große Finale. Alle Ensembles präsentieren sich dort nochmals dem begeisterten Publikum.

Auch das Rahmenprogramm kann sich sehen lassen. So lädt am Festsonnabend in Crostwitz ein großer Handwerkermarkt mit den verschiedensten lausitztypischen Handwerken wie Stickereien, Porzellanmalen oder Keramik, ein. Zudem können Ausstellungen besichtigt werden.

Die nächsten Internationalen Folklorefestivals finden voraussichtlich in den Jahren 2013 und 2015 in der Lausitz statt. Weitere Informationen gibt es im Internet unter www.folkorefestival-lausitz.de.

Festumzug in Crostwitz

Selbst vor der Drachhausener Kirche ist eine Bühne aufgebaut.

Gleich auf der Straße wird ein Tänzchen vorgeführt.

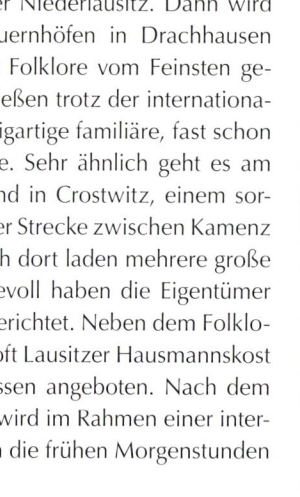

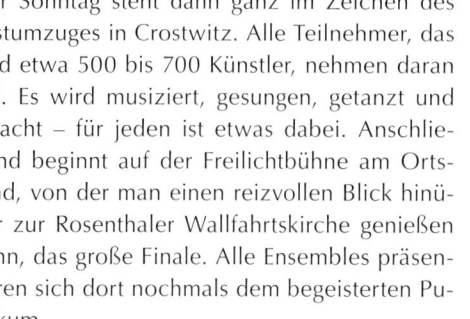

Auch exotische Klänge aus fernen Ländern fehlen nicht.

Auch in Drachhausen wird gesungen und musiziert.

Wo Pumphut in die Mühlenflügel pustet

Die Lausitz gilt als Land der Sagen

Wer mit offenen Augen und Ohren durch die mittlere Lausitz reist, wird sich einer gewissen Mystik der Landschaft nicht verschließen können. Insbesondere die abgelegenen Heidedörfer sowie das Teichland wirken gar nicht so selten wie aus einer anderen Zeit. Fast, so könnte man meinen, trete hinter der mächtigen Eiche am Teich eine märchenhafte Gestalt hervor oder an sturmbewegten Abenden fliege ein unheimlicher Nachtjäger über die Gegend.

Und tatsächlich, die Lausitz gilt als Land der Sagen. Fast aus jedem Ort gibt es unglaubliche Geschichten, Erlebnisse und Begebenheiten zu berichten. In früheren Zeiten gaben die Alten diese Sagen zumeist mündlich an die jüngere Generation weiter. Später wurden die Geschichten in Heften und Büchern festgehalten. So hat beispielsweise der Autor Karl Haupt (1829 –bis 1882) in den Jahren 1862 und 1863 das Lausitzer Sagenbuch in zwei Teilen herausgegeben. Dieses Werk erfreute sich in der Bevölkerung großer Beliebtheit. So kamen 1977 und 1991 entsprechende Neuauflagen auf den Markt.

Die Sagenwelt der Lausitz ist unglaublich vielfältig. So gibt es unter anderem gute und böse Wassermänner, Irrlichter, Zauberer, verwunschene Berge, geheimnisvolle Blumen, Zaubertiere, die Mittagsfrau und viele weitere Wesen. Hinter fast jeder Geschichte steht eine wahre Begebenheit, die freilich später mit der entsprechenden Phantasie ausgeschmückt wurde. Noch heute erinnern in der Lausitzer Landschaft so manche Berge, Steine oder Teiche an merkwürdige Vorkommnisse längst vergangener Zeiten. Eine Sage soll etwas näher vorgestellt werden:

Pumphut macht Mühlenwind

Martin Pumphut erblickte im kleinen Dörfchen Spohla südlich von Hoyerswerda das Licht der Welt. Wann das genau war, kann heute kein Mensch mehr sagen. Der Müllerbursche erhielt seinen originellen Namen durch den großen spitzen Hut, welchen er zumeist trug.

Schon als Baby geschahen mit Pumphut seltsame Dinge. So soll eines Tages anstelle des Kindes eine Schlange in dem Körbchen gelegen haben. Die Eltern glaubten, jemand habe ihren Sprössling gestohlen, doch wenig später fanden sie ihren Pumphut wieder seelenruhig schlafend vor.

Das Kind wuchs heran, und die Mystik wurde stärker. So sollen, wenn es schlief, sonderbare Gestalten aus Rauch über seinem Kopf geschwebt sein. War Pumphut des Nachts auf Achse, sprangen kleine Flammen um ihn herum.

Nach seiner Müllerlehre ging er schließlich auf Wanderschaft. Martin Pumphut zog von einer Mühle zur nächsten. Wurde er gut behandelt, erfreute er die Leute mit seinen Späßen. War dagegen das Essen schlecht, spielte Pumphut gern mal einen derben Streich.

Einmal kam er in die Nähe von Dresden. Es war schon seit Wochen windstill, und die Müller konnten kein Korn mahlen. Sie baten den Fremden, ihnen zu helfen. Gesagt, getan, Pumphut begab sich auf einen Berg, hielt ein Nasenloch zu und begann durch das zweite kräftig zu pusten. Und siehe da: Es kam ein schöner Wind auf, der alle Windmühlen in Gang setzte.

Im Lausitzer Teichland ist der Wassermann beheimatet.

Im Dörfchen Spohla bei Hoyerswerda gibt es sogar einen Pumphut-Spielplatz.

Wenn es Abend wird, sollen viele Sagenwesen zum Leben erwecken.

63

Durchs Mittellausitzer Joahr

Eene Geschichte aus Seenland und Heede

Unse Mittellausitz is schunn ne scheene Gegnd. Das goanze Joahr iba gibbts imma was zu sehn. In Janoar, wenn die Seen alle feschte gefroarn sinn, kann man hier und doa Schlittschuhloofen

Das is keen Raps, sondan gelba Sempf vor Dörrwalda Mihle.

Kalta Winteroabnd an Bärwalda See

Fliegenpilze gibbts ooch in Seenland reichlich.

gehn. Off Senftnberger See kannste een Gewimmel beoabachten, fast wie in Großstadt. Zwar gibbts bei uns keene großen Berge, aber een Higel zum Rodln find sich fast imma. Wem das nie reicht, der muss in Obalausitzer Berge foahrn, zum Beispiel off Schwarzenberg bei Elstra. Dorte kannste sogoar mit Schilift hoch foahrn. Das moacht Spaß, heidewitzka! Manchma wird an Rodlhängn ooch Glihwein vakooft. Am besten is Heedelbeere, der geht richtig in Glieda. Ooch unse Kippenhänge sinn zum Schlitten fahrn nich zu vaachten! Doch am scheensten sinn die Oabnde, wenn Sonne hintern See vaschwindit. Dann prickelts richtich vor Romantik. Balde geht Mond off und besonders um Boxberg, Nochten oder Lohsa heerste in kalten Wintanächten die Welfe heulen. Das is gor nich ohne, manchma ganz scheen gruslich!

Scheen ists imma, wenn's Frihjoahr kimmt. In Wald und Gärten bliehn die erschtn Anemonen (Buschwindröschen) und dann und wann siehste oabends von Sidwesten her de Lerchen heeme komm. Manchma komm ehn sogar die Trän vor Riehrung, wenn de erschte Schwalbe um Scheune fliegt. Is das een Geszwitscha!

Um Fingstn sollte man unbedingt in Kamenz oder Griingräbchn sein, dann stehn dorte nämlich in die zwee Parks die Rhododendren und Azaleen

Menschen der Lausitz – Deutsche und Sorben

in vollsta Bliehtenpracht. Man weeß dann goar nie, wo man zuerschte hingucken soll, so scheen is das! Ooch de gelbn Rapsfelda sinn ne wahre Oogenwejde. Manchma is frieh, besonders wenn geregnt hoat, das Auto gelb iberdeckt. Doch keene Angst, dass is keen beeser Streich, sondern nur de Bliehtenpollen von unse Heedekiefan. Een Wisch, und schunn is Auto wieda sauba.

Die meeste Sonne

Wenns dann warm genuck is, so Ende Mai oder Anfang Juni, wird's erschte Bad in Lausitzer Seen genomm. Das Scheene is ja, dass unse Heemte die sonnenscheinreichste Gegend in Deutschland is. In manchn Joahrn werdn sogar iber 40 Groad gemessen, in Schatten, wohlgemerkt! An viele neue Seen kannste schunn badn gehen. In Senftnberger sowieso, ooch in Grünewalda Lauch, erscht seit paar Joahrn in Geierswalda und Partwitza oder in Dreiweiberna. Da muss man aba offpassen, denn nich jeda vaträgt das saure Wassa. Duschen nach Bad wird emfohln. Ab Mitte Juni gibbts ooch de erschtn Pilze in Kiefanheede. Fifferlinge wachsn besonders gut bei de Heedel- oder Preiselbeern. Steenpilze ooch. Späta komm dann unter Espen die leckren Rotkappn hinzu.

Am scheensten ists rund um unse Seenplatte, wenn ab August die Heede blieht. Man is das ne Pracht! Bei Nochten oder Neustadt, ooch um Lohsa oda Spreetal is alles lila. Jeda waschechte Lausitza vaspiehrt bei dem Anblick imma een leichtes Kribbeln, so riehrnd is das.

Von die Vogels

Nu zieht balde de Herbst ins Land. Scheen is es, wenn sich off Kippn de Roteechen vafärbn. Doch ooch an ne Stroaße von Lohsa nach Weißkollm gibbts ne prächtje Allee von diese aus USA kommende Bäume. An de Seen wird's trotzdem nich so sehr ruhiga. Zwar sinn kaum noch Menschen an Ufa zu sehen, dafier aber jede Menge Wildgänsä. Imma oabnds komm de Voglketten angeflogn. Ihr lautes Geschnatta is das Geräusch des Herbstes schlechthin. Iberhaupt hoam de Vogels in Lausitz große Bedeitung. In abgelegne Heederfer wie Bärwalde oder Sprey soagt man nämlich, dass, wenn de Käuzchen direkt ibern eignen Hause ruft, bald jemand sterbn würde. Stimmt natierlich längst nich imma!
Wenn dann de Adventszejt ran is, geht in Lausitzer Stuben das große Bastln und de Heemlichkeeten los. Manchma is man aba ooch zu neigierig

De blaun Berge der Obalausitz sinn ooch aus de Ferne so scheen.

und muss durch Schlisslloch kucken. Hin und wieda is an Dezemba-Oabndn de Himml ganz glutrot gefärbt. Dann soagn de Eltern zu ihrn Kindan: »Kuckt ma dorte, de Weihnachtsmann bäckt Feffakuchn. De Himml is sein Ofn.« Ooch wenn ich heite nich mehr kleen bin, gloob ich doch manchma imma noch gerne dran!

Der »Goethe der Lausitz« und sein Laden

Was den Frankfurtern und Weimaranern ihr Goethe ist, ist für die Lausitzer Erwin Strittmatter. Besonders mit seiner Romantrilogie »Der Laden« hat der Autor der Landschaft und besonders der Stadt Spremberg ein literarisches Denkmal erbaut. Das Werk beschreibt das dörfliche Leben der mittleren Lausitz mit seinem ganz charakteristischen Dialekt. Unverkennbar sind darin Strittmatters autobiografische Züge.

»Der Laden« ist heute ein kleines Museum in Bohsdorf, einem Dorf 15 Kilometer nordöstlich von Spremberg. Diese »Einrichtung in Bossdom«, wie der Ort im Werk genannt wird, spielt freilich die Hauptrolle. Die Eltern von Esau Matt, dem Haupthelden, erwerben und führen das Bäckerei- und Kolonialwarengeschäft durch schwierige Zeiten. Erwin Strittmatter wird heute in Person des Esau Matt gesehen. Tatsächlich wuchs der im August 1912 in Spremberg geborene Schriftsteller in Bohsdorf auf. Seine Eltern besaßen dort einen Krämerladen. Er wurde im Jahr 1999 als Museum wiedereröffnet. In den Jahren 1924 bis 1930 besuchte Erwin Strittmatter das Gymnasium in Spremberg. Anschließend absolvierte er eine Bäckerlehre, arbeitete aber nach dem Zweiten Weltkrieg als Journalist bei der »Märkischen Volksstimme« in Senftenberg. Von 1954 bis zu seinem Tode im Januar 1994 lebte Strittmatter auf dem Schulzenhof in Nordbrandenburg, wo er mit seiner Frau Eva Strittmatter (geboren 1930) als Dichter und Schriftsteller arbeitete.

Vor Strittmatters Laden in Bohsdorf

Erwin Strittmatter, Porträt im Heidemuseum Spremberg

65

Ein versunkenes Dorf gab dem See seinen Namen

Besucherbergwerk und Naturschutz am Bergheider See

Der Bergheider See befindet sich ganz im Westen des Lausitzer Seenlandes zwischen den Städten Finsterwalde und Lauchhammer. Mit 320 Hektar Wasserfläche gehört er zu den kleineren Gewässern der Region. Das Restloch ging aus dem im Jahr 1992 stillgelegten Tagebau Klettwitz-Nord hervor.

Noch sind seine Uferbereiche kaum betretbar. Doch mittelfristig wird sich das Gewässer zu einem touristischen Zentrum entwickeln. Neben dem nördlich des Sees gelegenen Besucherbergwerkes F60 werden Teile des Areals einer wassertouristischen Nutzung zugänglich gemacht. Am Nordufer des Sees, das schon heute durch einen Steg von Seiten des Besucherbergwerkes zugänglich ist, sollen gastronomische Einrichtungen, Ferienwohnungen, ein Campingplatz sowie eine Hafenanlage gebaut werden.

Die ehemalige Abraumförderbrücke F60 hat sich längst zu einer touristischen Attraktion ersten Ranges in der Lausitz entwickelt. Dieses Projekt der Internationalen Bauausstellung (IBA) »Fürst-Pückler-Land« (2000 bis 2010) schlägt sinnbildlich eine Brücke zwischen der traditionsreichen industriellen Vergangenheit der Lausitz und einer neu zu gestaltenden Zukunft.

Blick aus der Vogelperspektive auf den Bergheider See und das Besucherbergwerk F60. Deutlich sind im Wasser noch die Kippenrippen erkennbar.

Lichterfeld mit der F60

Aufgehende Sonne auf dem See

Diesem Gedanken soll auch das in Form einer aufgehenden Sonne geplante, auf dem Bergheider See schwimmende Restaurant Rechnung tragen. Das architektonisch und funktional visionäre Bauwerk kann in einen spannenden Dialog mit der postindustriellen Landschaft treten. Schon heute wird der Standort an der F60 mit zahlreichen Veranstaltungen zwischengenutzt. Damit hat das Gebiet die Möglichkeit, sich als touristisches Aushängeschild zu vermarkten. Darüber hinaus bieten sich die weitläufigen Landschaften des Umlandes für Rad- und Wandertouristen regelrecht an.

Grüner Wald statt grünes Haus – Naturschutz in Grünhaus

Südlich und westlich des Bergheider Sees befindet sich ein rund 1600 Hektar großes Areal, das auf Dauer der Natur vorbehalten bleiben soll. Wo sich heute das Naturschutzgebiet Grünhaus erstreckt, befand sich einst das kleine Dörfchen gleichen Namens. Eigentlich war es »nur« eine Oberförsterei mit ein paar Gehöften drum herum. Doch die Forstwirtschaft und die Jagd bestimmten über viele Jahre den Lauf der Dinge im Ort. Bereits um das Jahr 1740 berichten alte Akten von einem »Grünen Palais«, das für Auerhahnjagden vom sächsischen Kurfürsten Friedrich August II. genutzt wurde. 60 Jahre später entstand die Oberförsterei Grünhaus, um die herum so manches Anwesen gebaut wurde. Legendär sind die großen Auerhahnjagden, vor allem in der zwei-

Finsterwalde – die Sängerstadt

Bisweilen gibt es sogar echte Sandstürme.

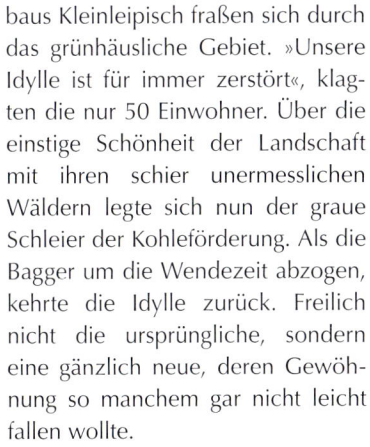

Das Besucherbergwerk F60 am Nordende des Bergheider Sees

ten Hälfte des 19. Jahrhunderts. Bis weit nach dem Zweiten Weltkrieg war Grünhaus zudem ein äußerst beliebtes Ausflugsziel nicht nur der Finsterwalder.
In den 70er Jahren des 20. Jahrhunderts änderte sich jedoch das Bild. Die Kohlebagger des nahen Tagebaus Kleinleipisch fraßen sich durch das grünhäusliche Gebiet. »Unsere Idylle ist für immer zerstört«, klagten die nur 50 Einwohner. Über die einstige Schönheit der Landschaft mit ihren schier unermesslichen Wäldern legte sich nun der graue Schleier der Kohleförderung. Als die Bagger um die Wendezeit abzogen, kehrte die Idylle zurück. Freilich nicht die ursprüngliche, sondern eine gänzlich neue, deren Gewöhnung so manchem gar nicht leicht fallen wollte.

Über 1000 Arten an einem Tag

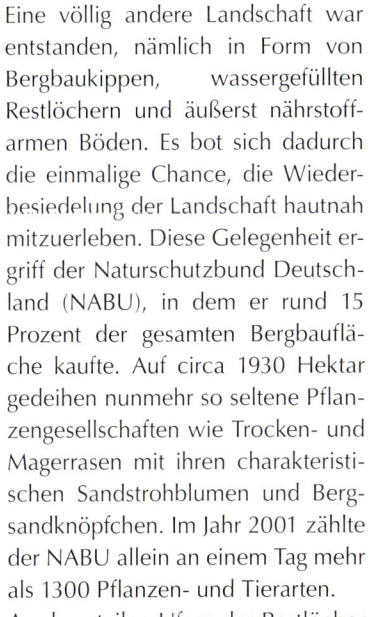

Eine völlig andere Landschaft war entstanden, nämlich in Form von Bergbaukippen, wassergefüllten Restlöchern und äußerst nährstoffarmen Böden. Es bot sich dadurch die einmalige Chance, die Wiederbesiedelung der Landschaft hautnah mitzuerleben. Diese Gelegenheit ergriff der Naturschutzbund Deutschland (NABU), in dem er rund 15 Prozent der gesamten Bergbaufläche kaufte. Auf circa 1930 Hektar gedeihen nunmehr so seltene Pflanzengesellschaften wie Trocken- und Magerrasen mit ihren charakteristischen Sandstrohblumen und Bergsandknöpfchen. Im Jahr 2001 zählte der NABU allein an einem Tag mehr als 1300 Pflanzen- und Tierarten.
An den steilen Ufern der Restlöcher finden Eisvögel, Uferschwalben oder Hautflügler ideale Lebensbedingungen. Darüber hinaus können sich neue Wälder ohne menschliches Zutun entwickeln. Wo einst Grünhaus stand, ist ein mächtiger Wald im Werden begriffen. Oder wie es beim NABU heißt: »Hier kann Natur wieder Natur sein, so weit das Auge reicht.«
In die Bergbaufolgelandschaft werden regelmäßig Exkursionen angeboten. Besonders empfehlenswert ist ein Besuch im Herbst. Dann rasten nämlich unzählige Kraniche auf den wassergefüllten Restlöchern. Das Naturschauspiel wird darüber hinaus durch viele wilde Gänse mit ihren charakteristischen Rufen ausgeschmückt. Termine und weitere Informationen gibt es beim NABU-Projektbüro Grünhaus sowie im Internet unter www.naturerbe.de.

Wüstenstimmung am vereisten Bergheider See

Bergbaufolgelandschaft am Bergheider See

Schwarze Kohle – Tagebau Klettwitz-Nord	
Wo gelegen	südöstlich von Finsterwalde
Wann gefördert	1988 bis 1992
Wie viel Fläche	436 Hektar
Wie viel Abraum	75 Millionen Kubikmeter
Wie viel Kohle	13,2 Millionen Tonnen
Welcher devastierte Ort	Bergheide (170 Einwohner, ehemals 478)
Blaue Wellen – Bergheider See	
Wann befüllt	2001 bis 2013
Welche Fläche	320 Hektar
Welche Wassermenge	36 Millionen Kubikmeter
Welche Höhe über NHN	108,0 Meter
Welcher pH-Wert	3,3
Füllstand Dezember 2011	81 Prozent

Finsterwalde – die Sängerstadt

Herbstabend in Grünhaus

Bergbaufolgelandschaft ist Gänse- und Kranichparadies

Wenn die Tage kürzer werden und die Nächte länger, die Temperaturen sinken und die Blätter fallen, ist die Zeit der sommerlichen Ruhe im Naturparadies Grünhaus vorüber. Unzählige Wildgänse aus den Weiten des Baltikums und Russlands verwandeln die bizarre Bergbaufolgelandschaft mit ihren Kippen, Trockenstandorten, Sukzessionsflächen und jungen Wäldern sowie zahlreichen größeren und kleineren Gewässern in eine Symphonie der Töne. Das unverwechselbare »Ga Ga Ga« gilt als Ruf des Lausitzer Herbstes schlechthin. Unter lautem Schnattern kehren die Vögel Abend für Abend von den Feldern auf ihre Schlafgewässer, ehemalige Tagebaugruben, zurück. Ihre Zahl geht bisweilen in die Tausende. Ganz charakteristisch sind dabei die langen Tierketten am Himmel. Eine Gans führt den Trupp an. Regelmäßig wird gewechselt. Eine Gans für alle, alle Gänse für eine, ergo eine echte »Solidargemeinschaft«.

Zu dieser Zeit sind öfter Exkursionsgruppen in Grünhaus unterwegs, beispielsweise am Heidesee, einer früheren Tagebaugruppe südwestlich des Besucherbergwerks F60 unweit der Sängerstadt Finsterwalde. Der Blick in die Weite des glutrot gefärbten Himmels der untergehenden Sonne beeindruckt schon an sich. Doch wenn dann kleine dunkle Punkte am Horizont auftauchen, die immer zahlreicher und unüberhörbarer werden, gibt es für die Naturfreunde kein Halten mehr. Fernrohre und Feldstecher werden gezückt, bisweilen auch Stift und Notizblock. Wenn die wilden Gänse dann den Exkursionstrupp überqueren, dürfte sich wohl bei jedem ein unvergleichliches Gänsehautgefühl einstellen. Diese Anmut, diese Eleganz der Vogelketten lässt niemanden kalt.

Trompetenrufe aus der Ferne

Die Bergbaufolgelandschaft Grünhaus bietet den gefiederten Freunden beste Bedingungen. Insbesondere schätzen die Tiere die Ruhe und das reichhaltige Wasserangebot. Darüber hinaus bieten die Felder der näheren und weiteren Umgebung ausreichend Futter.

Mindestens genauso beeindruckend sind die großen Vögel mit den S-förmigen Hälsen. Schon aus der Ferne ertönen die trompetenartigen Rufe der Kraniche. In den vergangenen Jahren haben sich die Lebensbedingungen dieser Tiere in der Grünhauser Bergbaufolgelandschaft erheblich

Naturfreunde beobachten im Mondesschein Wildgänse und Kraniche an der Seeteichsenke im Naturparadies Grünhaus.

Unzählige Wildgänse rasten jeden Herbst in der Lausitz, hier beispielsweise an der Schwarzen Elster.

Auf Exkursion durch die Bergbaufolgelandschaft Grünhaus

verbessert. Daran hat insbesondere das vermehrte Wasserangebot seinen Anteil. Vor allem Flachwasserbereiche, beispielsweise die sogenannte Seeteichsenke, werden von den Kranichen geschätzt. Dort können sie sicher nächtigen, kein Fuchs kommt ihnen zu nahe.

In den Fernrohren und Feldstechern werden deutlich die S-Hälse, die schwarz-weiße Kopf- und Halszeichnung sowie die rote Kopfplatte sichtbar. Die Schönheit dieser eleganten Vögel hat die Menschen schon in frühen Zeiten beeindruckt. In der Literatur finden sind zahlreiche Belege, dass Kraniche häufig als »Vögel des Glücks« bezeichnet werden. Allerdings sich die Tiere zumeist recht scheu. Sie sind wesentlich häufiger zu hören als zu sehen.

Tricks helfen beobachten

Kraniche begeistern immer wieder Naturfilmer und Fotografen. Da die Vögel als besonders wachsam gelten, müssen sich die Beobachter so manchen Trick einfallen lassen. Daher geht es meistens zu zweit an den jeweiligen Beobachtungsstandort. Eine Person nimmt dort Stellung, die andere verlässt das Gebiet zügig. So denken die Kraniche, es sei wieder alles ruhig und in Ordnung. Dass sich allerdings ein Fotograf oder Filmer in ihrer unmittelbaren Umgebung verborgen hält, ahnen sie nicht.

Allerdings wissen auch Kraniche ihre zweibeinigen Beobachter zu »ärgern«. Etwa damit, dass sie an eigentlich geeigneten Abenden partout nicht erscheinen wollen. So stehen sich die Naturschützer die Beine in den Bauch, doch das Glück mit den »Vögeln des Glücks« bleibt ihnen an diesem Tag verwehrt.

Allmählich kehrt Ruhe an der Seeteichsenke im Naturparadies Grünhaus ein. Inzwischen ist der Mond aufgegangen. Nur selten noch sind die Gänse und Kraniche zu vernehmen. Eine friedvolle Stille liegt über dem Land.

Die prächtigsten Jahreszeiten

Der Herbst gilt in der Bergbaufolgelandschaft als prächtigste Jahreszeit. Neben den durchziehenden Vögeln faszinieren die wunderschön gefärbten Pionierwälder. Die Birken haben ihr festliches gelbes Kleid angelegt, das in manchen Jahren bis weit in den November erhalten bleibt. Hier und dort finden sich auch die ursprünglich aus Nordamerika stammenden Roteichen. Mit ihren feurig erstrahlenden großen Blättern erinnern sie an den »Indian Summer« im Osten Nordamerikas. Besonders reizvoll ist dieses Schauspiel, wenn sich der Himmel weiß-blau zeigt.

Darüber hinaus ist im Herbst die Zeit der Hirsche in Grünhaus gekommen. Insbesondere an klaren Abenden röhren sie, sodass dieses Spektakel kilometerweit zu hören ist. Schließlich gilt es ja, die Nebenbuhler abzuschrecken. Am meisten Erfolg auf dieses regelmäßig für Gänsehaut sorgende Phänomen haben Naturfreunde bei klarem Wetter etwa von Mitte September bis Anfang Oktober. Wenn es dann noch eine Frostnacht gibt, sind die Hirsche kaum zu bremsen. In manchen Jahren, so erzählt man sich in den angrenzenden Dörfern, können die Einwohner aufgrund der Lautstärke der »Könige der Wälder« des Nachts kaum ein Auge schließen.

In der Bergbaufolgelandschaft Grünhaus wird derjenige am intensivsten den Zauber der Natur spüren, der sich den von absoluten Fachleuten angebotenen Exkursionen anschließt. Denn es wäre wirklich schade, wenn an unscheinbaren Pflanzen und Tieren, die so viel Interessantes bereithalten, einfach so vorbeigegangen würde.

Kippenlandschaft in Grünhaus

Finsterwalde – die Sängerstadt

Nur wenig bekannt:
die Restlochkette bei Lauchhammer

Die »kleine Schwester« des Seenlandes

Eigentlich gibt es zwei Lausitzer Seenländer: das große um Senftenberg und Hoyerswerda im Osten und das kleine zwischen Lauchhammer und Finsterwalde im Westen. Inzwischen gehören beide Gebiete zur gemeinsamen Region Lausitzer Seenland. Die »kleine Schwester«, eine nicht minder reizvolle Aneinanderreihung kleinerer früherer und inzwischen miteinander verbundener Tagebaugruben, kennen selbst viele Einheimische nur vom Hörensagen.

Die Landschaft, die teilweise zum »Naturparadies Grünhaus« zählt, ist touristisch bislang noch wenig bis gar nicht erschlossen. Und dennoch lohnt sich ein Besuch auf jeden Fall. Ausgangspunkt des »West-Seenlandes« ist der Bergheider See, der aus dem einstigen Tagebau Klettwitz-Nord hervorging. Markantes Wahrzeichen an seinem Nordufer bildet das Besucherbergwerk F60, eine umgebaute Förderbrücke. Den wohl besten Blick auf das Gewässer und die F60 gibt es vom sogenannten »Feldherrenhügel«, einer aufgeschobenen Erhebung östlich der Straße von Lauchhammer nach Lichterfeld. Der blaue See wirkt wie ein Farbspritzer in der ansonsten noch recht öden Kippenlandschaft. Doch die Natur erobert sich den einst verloren geglaubten Lebensraum zurück. Deshalb sind große Flächen unter Schutz gestellt worden, damit sich das neue Leben ungehindert entfalten kann.

Kippengegend ist nicht tot

Vom Bergheider See führt ein künstlicher Kanal in westliche Richtung zur benachbarten Seeteichsenke. In den vergangenen Jahren hat sich dort eine imposante Flachwasserzone herausgebildet. Vor allem Kraniche wissen diesen Lebensraum zu schätzen. Unweit dieses Vogelparadieses befand sich früher der sogenannte »Gliech«, eine Braunkohlengrube, in der seit dem Jahr 1875 das »schwarze Gold« gewonnen wurde. Noch bis vor 40 Jahren genossen zahlreiche Ausflügler dieses Kleinod, da sich das Förderloch in einen attraktiven Teich mit einer reichen Flora und Fauna verwandelt hatte.

Heute ist davon nichts mehr übrig geblieben. Dennoch erscheint die Gegend keinesfalls als »tot«. Neue Arten sind eingewandert. Öfter ist beispielsweise der Wiedehopf zu erblicken, der dank seiner markanten Federhaube unverwechselbar ist. Eher zu hören als zu sehen ist dagegen

Vermoorungsprozesse am Seewaldsee

Blick vom Feldherrenhügel auf den Bergheider See und die F60

Kippenlandschaft in der kleinen Restlochkette

Finsterwalde – die Sängerstadt

Der Grünewalder Naturschützer Klaus Uhl engagiert sich schon seit Jahren für das »West-Seenland«. Er gilt insbesondere als Kranichspezialist.

Wirken unheimlich: abgestorbene Baumstümpfe an den Plessaer Restlöchern.

die Heidelerche, welche in der Luft ihr melodisches Liedchen trällert.

Südwestlich der Seeteichsenke schließt sich über eine weitere Verbindung der Heidesee an. Die Bergleute bezeichneten die Grube ganz unromantisch als »Restloch 131«. Im Nordteil des künstlichen Gewässers wurde bis heute nichts rekultiviert, um die Sukzessionsprozesse in aller Ruhe verfolgen und dokumentieren zu können. »Tot« ist selbst der trockenste Kippensand nicht. In dem Erdgemisch leben immerhin Arten wie Sandohrwürmer, die sich in erster Linie von Insekten ernähren.

Dem Heidesee folgen weitere Gewässer, so unter anderem die beiden Grünhauser Seen, der Kleinleipischer See und das wasserreiche Gebiet um das Dorf Grünewalde. Zwischen den Jahren 1911 und 1978 wurden in diesem Areal im Grünewalde, Kleinleipisch und Koyne weit über 4200 Hektar Land durch den Bergbau beansprucht. Hinzu kommen 12 000 Hektar, die der ursprünglichen Landschaft in und um Lauchhammer entrissen wurden. Über 900 Millionen Tonnen Kohle betrug die Gesamtfördermenge. Heute erinnert die großflächige Bergbaufolgelandschaft und insbesondere ihre Gewässer an diese Zeit.

Mit Insel: die Grünewalder Linse

Ein Dutzend Gruben

Mit Wasser ist der Lauchhammeraner Stadtteil Grünewalde reich gesegnet. Etwa im Mittelteil des »West-Seenlandes« gelegen, befinden sich um den Ort etwa ein Dutzend wassergefüllte alte Braunkohlengruben. Die bekannteste ist freilich der Grünewalder Lauch, da dieser sich seit dem Jahr 1977 als beliebtes Naherholungsgebiet entwickelt hat. Aus dem ehemaligen Tagebau Grünewalde gingen der Große und der Kleine Wobergsee hervor. Das schmale Gebiet zwischen beiden Gewässern bezeichnen Geologen als Wobergstörung, eine gänzlich kohlefreie Erhebung. Nur einen Steinwurf entfernt liegt idyllisch im Wald die Grünewalder Linse, ein etwa zwölf Hektar großes Gewässer.

Westlich des Badesees Grünewalder Lauch setzt sich das »West-Seenland« im Seewaldsee fort. Er wirkt auf viele Besucher etwas unheimlich. Grund sind die vielen abgestorbenen Bäume, vor allem Birken, an seinen Ufern. Diesem Gewässer folgt wiederum der Grüne See, der seinen Namen von den umliegenden Wäldern erhielt. An dessen Ufern fanden Naturschützer Bestände des seltenen Keulen-Bärlapps. Durch Rücksichtnahme der Bergbausanierer konnte diese Pflanze im Gebiet erhalten werden.

Nach Südwesten hin läuft die kleine Restlochkette in den Tagebaugruben um Plessa aus. Diese sind aufgrund ihrer Abgeschiedenheit oftmals nur mit guten Karten zu finden. Längst gefunden haben sie dagegen die Kraniche, die diese Gewässer wegen ihrer Ungestörtheit gern als Schlafplätze nutzen.

Die »kleine Schwester« des Lausitzer Seenlandes ist insbesondere für naturbegeisterte Touristen ein wahres Eldorado. Entsprechende Führungen werden von der Nabu-Stiftung »Nationales Naturerbe« sowie vom Naturpark Niederlausitzer Heidelandschaft angeboten.

Finsterwalde – das Nordwesttor zum Seenland

Zu Besuch in der traditionsreichen Sängerstadt

*Wo man singt, da lass dich nieder
und komm' nach Finsterwalde wieder,
in die Stadt der Sänger, Chöre und Kapellen,
nicht weit vom Bergheider See mit seinen Wellen.
Auch das Nordwesttor zum Lausitzer Seenland
wird Finsterwalde gern genannt.*

Durch finstere Wälder muss man noch heute reisen, um nach Finsterwalde zu gelangen: von Norden her durch die Münchhausener Heide, von Osten durch die Lieskauer Bauernheide, von Süden durch die Nehesdorfer und die Schacksdorfer Heide sowie von Westen durch die Lugauer und Eichholzer Heide. Das war schon immer so, schließlich bezeichnet der Name der Stadt die »Siedlung im dunklen Walde«.

Längst gibt es aber keine Spitzbuben und Raubritter mehr, die im dunklen Wald Reisende erschrecken oder überfallen. Die großen Forsten zeigen sich viel mehr von ihrer idyllischen Seite. Sie behüten die Stadt Finsterwalde wie ihren Schatz und beschützen diesen gegen das Übel der Welt.

In der Tat ist Finsterwalde ein »Schatz«. Insbesondere das Stadtzentrum mit Rathaus, Trinitatiskirche und Schloss gilt als »harmonisches Trio« das besondere »Schmuckkästchen«. Die Stadt zeigt Einheimischen wie Gästen stets ihr freundliches Gesicht. Es handelt sich nämlich um einen liebenswerten Ort, in dem man sich stets willkommen fühlt und gern zurückkehrt.

Besonders die berühmten »Sänger von Finsterwalde« haben zur Berühmtheit der Stadt mit ihren rund 21 000 Einwohnern beigetragen. Aller zwei Jahre wird Ende August das große Sängerfest rund um den liebevoll restaurierten Marktplatz gefeiert.

Auf dem Finsterwalder Marktplatz

Ackerbürger und Raubritter

Aber Finsterwalde ist weitaus älter als ihr Ruf als Sängerstadt. Bereits im Jahr 1282 erfolgt die erstmalige Erwähnung des Ortes. 54 Jahre später wird Finsterwalde als Stadt bezeichnet. Die damaligen Siedler haben ihren Lebensunterhalt in erster Linie als Ackerbürger verdient. Vom Spätmittelalter bis weit in die Mitte des 19. Jahrhunderts dominierte in der Stadt jedoch das Tuchmachergewerbe. Seine Ursprünge sind wahrscheinlich auf flämische Kolonisten zurückzuführen.

Im ausgehenden Mittelalter verbreitete der Name Finsterwalde dagegen Angst und Schrecken in der Gegend. Schließlich trieben von dort aus Raubritter ihr Unwesen. Im Jahr 1413 wurde jedoch diesem Schrecken ein Ende bereitet.

Eine erste Blütezeit der Stadt gab es unter der Herrschaft der Adelsfamilie von Dieskau (1533 bis 1625). In dieser Epoche wurde unter anderem das Schloss zur heute noch bestehenden Renaissance-Anlage umgestaltet. Später warfen verschiedene Katastrophen die Entwicklung Finsterwaldes zurück. So wurde der Ort im Zuge des Dreißigjährigen Krieges 1642 geplündert, und 1675 gab es einen großen Stadtbrand.

Im 19. Jahrhundert setzte in Finsterwalde der allgemeine industrielle Aufschwung ein. Es war wiederum die Tuchproduktion, die die wirtschaftliche

Blick vom Markt in die Berliner Straße

Entwicklung der Stadt nachhaltig beeinflusste. Dadurch siedelten sich weitere Branchen an. Ende des 19. Jahrhunderts bezeichnete sich der Ort selbstbewusst als »Fabrikstadt Finsterwalde«.

Die Einwohnerzahl stieg vom Jahr 1800 mit 1600 Menschen auf 10 726 im Jahr 1900 sprunghaft an. Die Stadt wurde um neue Wohn- und Gewerbegebiete außerhalb der historischen Altstadt erweitert. Darüber hinaus entstanden stadtbildprägende Gebäude wie das Amtsgericht (1885), die katholische Kirche (1906) und das Krankenhaus (1908).

Zentrum der Westniederlausitz

Heute ist Finsterwalde die mit Abstand größte und bedeutendste Stadt im Elbe-Elster-Kreis und der gesamten westlichen Niederlausitz. Ungefähr 1400 Unternehmen aus unterschiedlichsten Branchen kennzeichnen die gut funktionierende Mittelstandsstruktur. Darüber hinaus gilt der Ort als beliebte Einkaufsstadt für ihr Umland. Immerhin kann Finsterwalde über drei Autobahnabfahrten, die Bundesstraße 96, zahlreiche Landstraßen und die wichtige Bahntrasse Cottbus – Leipzig schnell erreicht werden. Selbst ein Flugplatz vor den Toren der Stadt steht zur Verfügung.

Darüber hinaus gilt die Sängerstadt seit einigen Jahren als nordwestliches Tor zum Lausitzer Seenland. Keine zehn Kilometer von Finsterwalde befindet sich schließlich der Bergheider See mit seinem berühmten Besucherbergwerk F60 am Nordufer. Ebenfalls nur einen »Katzensprung« entfernt, lädt die ehemalige Braunkohlengrube und der jetzige Badesee Grünewalder Lauch mit herrlichen Strandbereichen ein.

Blick über den Markt zum Rathaus

Fachwerkhaus in der Schlossstraße

Wie die Finsterwalder zu ihrer Bürgerheide kamen

Finsterwaldes beliebteste Sage ist sicherlich die um den trinkfesten Bürgermeister Koswig. Als Abraham Koswig Stadtoberhaupt war, erschienen oft Jagdgäste des hiesigen Schlossherren auch in der Innenstadt. Darunter soll sich mal ein Herr von Stein befunden haben, der in Bayern als gewaltiger Zecher bekannt war. Auch Finsterwalde wurde damals für seine Braukünste geschätzt.

Da der Bayer mit seinem riesigen »Fassungsvermögen« prahlte, wollte ihm der Herzog von Sachsen-Merseburg eine Lehre erteilen und lud zum Wetttrinken mit dem Finsterwalder Bürgermeister ein. Als Lohn versprach man dem Stadtchef im Falle des Sieges die Rittersporen. Doch dieser erbat sich lieber ein am westlichen Stadtrand gelegenes Waldstück, welches nach seinem Triumph allen Bürgern gehören sollte.

Nach sicherlich nicht wenigen geleerten Humpen zeigte sich, dass der Finsterwalder über ein größeres »Fassungsvermögen« verfügte. Auch eine hinterlistig in den Krug geworfene tote Maus konnte seinen Sieg nicht mehr verhindern. Mit der Bemerkung »wohl ein Hopfenblatt« ergriff er sie und warf sie hinter sich. Damit war die Landesehre gerettet, und da der Fürst sein Wort hielt, besitzt die Stadt seit diesen Tagen die sogenannte »Bürgerheide«.

Das Denkmal für den tapferen Finsterwalder Bürgermeister steht am Rand der Bürgerheide, direkt an der Zufahrt zum Tierpark.

Finsterwalde – die Sängerstadt

Ein Rundgang durch die Stadt der Sänger

Finsterwalde lockt mit Charme, Lebensfreude, Kunst & Kultur

Der Marktplatz historisch

Die »Sängerstadt Finsterwalde« ist längst ein Begriff in Deutschland – das »Lausitzer Seenland« befindet sich auf dem besten Weg, einer zu werden, der weit über die Landesgrenzen hinaus reichen wird. Dabei liegt Finsterwalde gar nicht an einem der künftigen Gewässer, die der Landschaft ihren Namen geben, wird oft behauptet. Doch das stimmt nicht ganz! In die Gemarkung der Stadt ragt zumindest ein Zipfel des »Bergheider Sees« hinein, das westlichste Gewässer des größten künstlich geschaffenen Landschaftsgebietes Europas.

Die Sängerstadt Finsterwalde versteht sich daher als nordwestliches Eingangstor zum »Lausitzer Seenland«. Das liebenswerte Zentrum der westlichen Niederlausitz bietet sich auch den Urlaubern als lohnenswertes Tagesziel an. Die meisten Sehenswürdigkeiten sind schnell per Fuß erreicht.

Singende Stadtführer in Frack und Zylinder

Ausgangspunkt des Stadtrundgangs ist der Bahnhof. Der Fußweg von hier bis ins historische Zentrum beträgt nicht mehr als einen Kilometer. Bevor der Marktplatz erreicht wird, passiert man zunächst die Berliner Straße, die quirligste Einkaufsmeile der Stadt. Bald fällt eine Bronzeskulp-

Die berühmten Sänger von Finsterwalde

Eingang zum Hinterschloss

tur ins Auge, nämlich das »Sängerlied-Denkmal«. Die Bronzetafeln am Sockel weisen auf die Entstehungsgeschichte des allseits bekannten Liedes »Wir sind die Sänger von Finsterwalde« hin, sozusagen die hiesige Lokalhymne.

Nicht weit entfernt befindet sich der Markt. Dieser ist fußgängerfreundlich saniert. Die »gute Stube« der Stadt wird dominiert vom historischen Rathaus, außerdem umrahmt von Geschäften, Restaurants und Cafés. Der Marktplatz und die angrenzenden Straßen sind übrigens traditioneller Rahmen für das Sängerfest, das größte Volksfest Brandenburgs. Es findet immer am letzten Augustwochenende gerader Jahre statt.

Im Rathaus befindet sich auch die Tourismusinformation für Finsterwalde und Umgebung. Zu

Finsterwalde – die Sängerstadt

Der Marktplatz verwandelt sich während des Sängerfestes zur Bühne.

Auch Finsterwalde-Nehesdorf ist ein schmucker Ort, dessen herrliches Gebäudeensemble mehr als einen Besuch lohnt.

Obwohl zu Fuß und per Rad alles in Finsterwalde gut erreichbar ist, kann man es noch bequemer haben. An der Kirchhainer Chaussee betreibt nämlich der Flugsportverein »Otto Lilienthal« einen Sportflugplatz. Hier werden Rundflüge mit Segel- und Motorflugzeugen angeboten. So können sich Mutige von ganz oben einen Überblick über Finsterwalde oder das Lausitzer Seenland verschaffen!

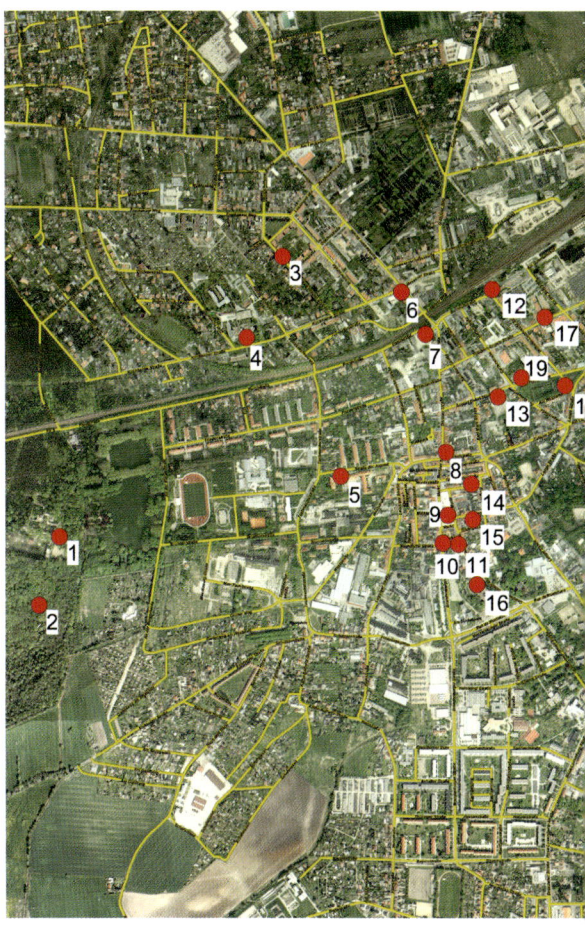

Stadtführungen kann auf Wunsch ein kundiger Stadtführer vermittelt werden, und zwar in Gestalt eines Sängers in Frack und Zylinder.

Lediglich 50 Meter östlich lädt das Kreismuseum in der Langen Straße ein. Dort können interessante Ausstellungen zur Entwicklung Finsterwaldes und seines Umlandes besichtigt werden. Außerdem werden hochwertige Veranstaltungen angeboten. »Junge Kunst« wird auch in der Langen Straße gezeigt – Künstler haben seit zehn Jahren die Kunstszene der Stadt mit Ausstellungen, Kunstprojekten und einer eigenen Galerie bereichert und geprägt. Etwa 200 Meter südlich des Rathauses ist das Schloss erreicht, eine der größten Burganlagen Brandenburgs. Die Anfänge dieser früheren Ritterburg liegen im 12. Jahrhundert. Der Umbau zu einem Renaissanceschloss begann rund 400 Jahre später. Diese Stilepoche bestimmt auch die gegenwärtige Rekonstruktion des imposanten Gebäudekomplexes. Spätestens 2015 soll das Schloss nach umfassender Rekonstruktion wieder im alten Glanz erstrahlen. Auch der benachbarte Schlosspark ist ein sehenswertes Ziel.

Die Stadt im Wasser, im Tierpark oder aus der Luft erleben

Bei einem längeren Aufenthalt in Finsterwalde bieten sich weitere Möglichkeiten. Am westlichen Stadtrand, ungefähr 15 Minuten Fußweg vom Markt, befindet sich der Sportpark mit der Schwimmhalle »fiwave«. Hier gibt es ein Schwimmerbecken mit Sprungturm, Kinder- und Wellness-Becken, Sauna, Solarium sowie eine Cafeteria.

Nach weiteren zehn Gehminuten ist der Tierpark erreicht. Unmittelbar im weiträumigen Landschaftsschutzgebiet »Bürgerheide« mit den Sieben Brunnen und dem Eierpieler, eines der seltensten Moore in Brandenburg, gelegen, bildet er ganzjährig ein lohnendes stadtnahes Ausflugsziel. Weiter gibt es noch ein Freibad im Norden der Stadt, welches in den Sommermonaten einige Highlights, wie Filmnächte – Kino-Open-Air oder Beach-Partys zu bieten hat.

Darüber hinaus gehören zu Finsterwalde zwei Ortsteile, Pechhütte und Sorno, beide südlich der Kernstadt gelegen. Sie sind auch durch einen befestigten Radweg gut erreichbar. Besonders Sorno hat sich seinen ursprünglichen Charakter als landschaftstypisches Dorf erhalten können und entfaltet ein sehr aktives eigenständiges Dorfleben. Jede Menge gibt es um den Dorfanger zu sehen: die ehrwürdige Kirche (vermutlich aus der Schule Schinkels), die Feuerwehr, den Dorfladen sowie einen Gesundheitshof.

Die Trinitatiskirche in unmittelbarer Nähe des Marktplatzes

Stadtplan Finsterwalde

1. Tierpark
2. Bürgerheide
3. Märchenhaus
4. Krankenhaus
5. Janusz-Korczak-Gymnasium
6. Gutenberghaus
7. Gaswerk
8. Sparkasse & Sängerlied-Denkmal
9. Markt & Rathaus
10. Trinitatiskirche
11. Brunnen
12. Bahnhof
13. Doppelturnhalle
14. Ad. Bauers Wwe
15. Kreismuseum
16. Schloss
17. Realschule
18. Wasserturm
19. Katholische Kirche

Beitrag von:
Touristinformation Stadt Finsterwalde
Markt 1 (Rathaus) · 03238 Finsterwalde
Tel. (0 35 31) 71 78 30
touristinformation@finsterwalde.de
www.finsterwalde.de

Kleine Elster – Brandenburg im Kleinen

Das Besucherbergwerk F60

Ein gigantischer Zeuge aus dem Tagebau

Der »liegende Eiffelturm der Lausitz« wird die Abraumförderbrücke F60 in Lichterfeld bei Finsterwalde gern genannt. Fast scheint es wirklich, als läge da das Pariser Wahrzeichen am Westrand des Lausitzer Seenlandes. Mit 502 Metern ist das riesige Tagebaugerät allerdings 182 Meter länger als der Touristenmagnet in Frankreich. Ebenso wie der berühmte Turm an der Seine lässt sich der Stahlgigant in der Niederlausitz besteigen. Seit das monumentale Besucherbergwerk als ein Projekt der Internationalen Bauausstellung (IBA) »Fürst-Pückler-Land« im Mai 2002 eröffnet wurde, hat es mehr und mehr Besucher angelockt.

Faszination Stahl und Technik: Die F60 kann erwandert werden.

Macht Spaß: Eine Kutschfahrt zur F60

Die F60 ist eine der größten beweglichen Arbeitsmaschinen der Welt. Sie überspannte einst den Tagebau, legte das Kohleflöz frei und transportierte den abgetragenen Abraum über eingebaute Bandanlagen zur Kippe auf der anderen Seite. Bis zu 29 000 Kubikmeter konnten die Baggereimer pro Stunde beiseiteschaffen. Zur eigentlichen Kohleförderung wurden Schaufelradbagger eingesetzt, die unter dem Stahlkoloss das freigelegte Flöz abtrugen.

Umbau statt Verschrottung

Als die Förderbrücke 1992 außer Dienst gestellt wurde, war sie nur 15 Monate in Betrieb. Die Verschrottung hätte Millionen gekostet. Die Gemeinde Lichterfeld-Schacksdorf entschied sich für einen anderen Weg und erwarb den letzten Zeugen meisterhafter Bergbautechnik von der Lausitzer und Mitteldeutschen Bergbau-Verwaltungsgesellschaft (LMBV), um ihn für die Nachwelt zu erhalten. Durch Umrüstung, Ölentsorgung und Ausbau von Baugruppen erleichtert, wiegt die Förderbrücke immerhin noch 11 000 Tonnen.
Besucher können die Konstruktion auf einem etwa 1,3 Kilometer langen Rundweg ganz aus der Nähe begutachten und gelangen dabei zu einer Aussichtskabine 74 Meter hoch über dem Boden. Von dort öffnet sich ein schöner Ausblick auf die sich verändernde Landschaft, die einst vom Koh-

Kleine Elster – Brandenburg im Kleinen

se Oper, Operette, Kino oder Rock und Pop in zahlreichen Veranstaltungen zu erleben. Im gastronomischen Bereich können die Gäste sowohl typische Lausitzer Gerichte als auch den Blick auf die F60 genießen!

Seit einiger Zeit ist das Besucherbergwerk auch an das überregionale Radwegenetz angebunden. Ein 600 Meter langer Abschnitt schließt die F60 an den Fernradweg 6 an. Die größte Förderbrücke der Welt bildet darüber hinaus auch einen der bedeutendsten Ankerpunkte der »Europäischen Route der Industriekultur«.

Illuminierte Führungen

Besonders zu später Stunde ist der Besuch der F60 zu empfehlen. Die stählerne Schönheit des einzigartigen Stahlkolosses wirkt durch die Lichterflut noch beeindruckender. Die Besucher durchströmt während den Führungen oft das Gefühl, sich auf einem Raumschiff im Orbit zu befinden. Die F60 ist zu folgenden Zeiten geöffnet: von März bis Oktober von 10 bis 18 Uhr sowie zusätzlich an Freitagen und Sonnabenden von 18 bis 20 Uhr – von Mai bis August sogar bis 22 Uhr. Von November bis Februar kann die Brücke von 11 bis 16 Uhr besichtigt werden. In diesen Monaten bleibt sie jedoch montags und dienstags geschlossen. Nachtlichtführungen sind auf Bestellung auch außerhalb der normalen Öffnungszeiten möglich (Änderungen vorbehalten).

Die F60 in der Dämmerung

lebergbau geprägt war. Der Stahlriese kann auch im Rahmen eines geführten Brückenrundganges (circa 1,5 Stunden) bezwungen werden. Zu Füßen des Besucherbergwerks liegt übrigens der künftige Bergheider See, das nordwestlichste künstliche Gewässer im Lausitzer Seenland.

Lichtspektakel in der Nacht

Der See wird bereits seit dem Jahr 2001 geflutet. Bis zum Jahr 2014 soll sich die einstige Grube in ein etwa 330 Hektar großes Gewässer verwandeln. Am Ufer sind ein Feriendorf mit schwimmenden Häusern, ein Campingplatz, mehrere Badestrände und vieles mehr geplant. Das Gewässer ist übrigens auch durch einen Wanderweg von der F60 aus erreichbar.

Ein Besuch in Lichterfeld ist an Wochenenden besonders eindrucksvoll, wenn die F60 des Nachts durch die Licht- und Klanginstallation des Künstlers Hans Peter Kuhn in Szene gesetzt wird. Die Kunstwelt aus Licht und Bergbaugeräuschen durchqueren – ein unvergesslicher Eindruck. Open Air sind vor dieser imposanten Kulis-

Beitrag von:
Besucherbergwerk F60
Bergheider Straße 4 · 03238 Lichterfeld
Tel. (0 35 31) 6 08 00 · Fax (0 35 31) 60 80 12
info@f60.de · www.f60.de

Mit zwei PS durch den Wilden Westen des Lausitzer Seenlands

Susis Schimmelexpress hat den Wagen immer vollgeladen. Direkt vor der Förderbrücke F60 heißt es »Hüja« für Magda und Elsa. Mit Kutsche oder Planwagen traben die beiden Pferde dann gemütlich durch Wald, Flur oder Tagebaulandschaft. Susanne Tausche kennt die Region um den Bergheider See wie ihre Westentasche und hält als authentische Fremdenführerin leidenschaftlich die Zügel in der Hand und alle Infos parat. Ob Halt an einer Gaststätte oder Picknick im Grünen, die Pferde rasten bei jedem »Brrr«. Legendär sind die Verkostungen selbsthergestellter Marmeladen auf dem Kremser oder die Glühweintouren, wenn es kälter wird. Und Kinder kommen bei einer Schatzsuche oder dem Wald-Quiz per Schimmelexpress voll auf ihre Kosten.

Das Seenland erkunden macht hungrig: Imbiss muss sein.

Tagebau und Förderbrücke aus einer völlig anderen Perspektive

Beitrag von:
Susis Schimmelexpress
Susanne Tausche
Dorfstraße 30 · 03238 Lichterfeld
Mobil (01 76) 21 15 75 13
Tel. (0 35 31) 6 39 20
susisschimmelexpress@web.de
www.susisschimmelexpress.de

Kleine Elster – Brandenburg im Kleinen

Amt Kleine Elster – Brandenburg im Kleinformat

Wo sich Landschaftsreize und Wirtschaftsstärke treffen

*Die Kleine Elster, ein Land im Kleinen,
Hügel, Seen, Wälder gar mit Eichenhainen,
Töpferkunst und Schlösserglück,
der Eiffelturm in einem Stück,
und liebe Menschen mit fleiß' gen Händen,
an der Kleinen Elster grünen Stränden.*

Das Amt Kleine Elster (Niederlausitz) befindet sich im westlichen Teil des Seenlandes, ganz im Südosten des Elbe-Elster-Kreises in unmittelbarer Nähe zur Sängerstadt Finsterwalde. Es setzt sich aus vier Gemeinden mit insgesamt 20 kleineren und größeren Orten zusammen.
Auf ungefähr 172 Quadratkilometern leben rund 6200 Einwohner. Das Amtsgebiet stellt im übertragenen Sinne Brandenburg im Kleinen dar, da sich alle charakteristischen Elemente des Landes dort widerspiegeln. Gerade deshalb ist das Amt für Touristen so attraktiv. Auf der einen Seite gibt es große Wälder und Felder, die von Tagebaurestlöchern, Industriegebieten und dem ehemaligen Militärflugplatz Schacksdorf unterbrochen werden. Andererseits sind alle Orte im Amtsgebiet mindestens eine Reise wert. Egal, ob Lichterfeld mit seinem Besucherbergwerk F60, Sallgast mit dem berühmten »Hochzeitsschloss« oder Crinitz mit seinen Töpfereien – jedes Dorf hat seinen eigenen Charme. Die Menschen der Kleinen Elster sind für ihre Gastfreundschaft bekannt. Gern berichten sie den Besuchern über die Schönheiten der Region und geben manchmal sogar Tipps zu Sehenswürdigkeiten, die in keinem Reiseführer verzeichnet sind.
Das deutschland- und sogar europaweit bekannte Wahrzeichen der Kleinen Elster ist freilich das Besucherbergwerk. Die ehemalige Förderbrücke

Dorfstraße in Lieskau

Schloss Sallgast aus der Vogelperspektive

Kleine Elster – Brandenburg im Kleinen

zieht jährlich über 100 000 Besucher an. Doch auch, wer Stille sucht, kommt im Amt auf seine Kosten. Die pilzreichen Waldgebiete um Lindthal und Göllnitz sowie der Babbener Ursulagrund mit seinen Wanderwegen werden für ihre landschaftliche Schönheit und Ursprünglichkeit geschätzt.

Wirtschaftlicher Motor

Das Amt Kleine Elster gilt darüber hinaus als ein wirtschaftlicher Motor in der westlichen Niederlausitz. Bereits im Jahr 1990 entstand in der Gemeinde Massen eines der größten Gewerbegebiete des Landes Brandenburg außerhalb der Ballungszentren. Auf insgesamt 115 Hektar siedelten sich bis heute 70 Unternehmen an, die zusammen genommen über 2000 Mitarbeiter beschäftigen. Branchenschwerpunkte sind die Metall- und Elektroindustrie sowie Firmen im Bereich der Automobilzulieferer.

Im Jahr 2005 errichtete der kanadische Weltkonzern Magna eine Produktionsstätte in Massen, in der heute mehr als 300 Menschen in Lohn und Brot stehen. Der Gewerbepark hat sich längst als gute Adresse etabliert und wird weit über die Brandenburger Grenzen hinaus angenommen. Nur noch wenige Flächen stehen für Neuansiedlungen zur Verfügung.

Die Kleine Elster hebt ab

Das Amt verfügt sogar über einen eigenen Flugplatz in Schacksdorf. Dessen Ursprünge liegen in den 30er Jahren des vergangenen Jahrhunderts. Nach dem Zweiten Weltkrieg wurde der ehemalige Fliegerhorst bis 1992 durch das sowjetische, danach russische Militär genutzt. Im Jahr 1999 erfolgte die Wiedereröffnung als Landeplatz für den zivilen Luftverkehr. Die dazugehörigen Gebäude bilden ein einmaliges militärhistorisches Ensemble. Der sanierte Tower beherbergt heute die Flugleitung, ein Fliegercafé sowie diverse Büros. Darüber hinaus existieren fünf riesige Flugzeughallen mit bis zu 3000 Quadratmeter Stellfläche,

Der Flugplatz-Tower

Die F60 mit dem Bergheider See in Lichterfeld

die im Stil der 1930er Jahre saniert wurden. In den Hallen der am Standort angesiedelten Flugzeugwerft findet jährlich eine der größten Verbrauchermessen der Niederlausitz statt. Aktive Flieger können den Landeplatz als Ausgangspunkt für einen Ausflug in das Lausitzer Seenland nutzen.

Die F60, hier über den Dächern von Lichterfeld, ist das Wahrzeichen des Amtes Kleine Elster.

Beitrag von:
Amt Kleine Elster (Niederlausitz)
Turmstraße 5
03238 Massen (Niederlausitz)
Tel. (0 35 31) 78 20
Fax (0 35 31) 70 22 27
info@amt-kleine-elster.de
www.amt-kleine-elster.de

Crinitz – Das Dorf der Töpfer

Inmitten herrlicher Wälder gelegen, präsentieren heute fünf Crinitzer Töpfereien den Besuchern ihr Handwerk. Infolge einer geologischen Verwerfung liegt der Ton dicht unter der Erdoberfläche. Diesen Vorteil nutzend, wurden Landwirtschaft, Handwerk und Töpferei nebeneinander betrieben. Neben unzähligen, für den Haushalt getöpferten Unikaten und Kleinserien waren es Bierflaschen, Senftöpfe sowie Einlege- und Pökeltöpfe, die in großer Stückzahl produziert wurden.

Im Jahr 1996 fand erstmals der Crinitzer Töpfermarkt statt. Bis zu 100 Stände bieten den Besuchern meist am ersten April-Wochenende Töpferwaren an.

Kleine Elster – Brandenburg im Kleinen

Das Sallgaster Hochzeitsschloss

Einst Raubritternest, heute Haus der Liebe

Schloss Sallgast

Eine Stunde lang haben an einem Tag in der Wendezeit 1989 in Sallgast die Glocken geläutet. Alle Einwohner, die es hörten, wussten fortan, dass das Dorf bleiben würde. Seit Jahren schon lebten die Leute mit der Angst, dass sich die Kohle auch ihr Dorf holen würde. Doch Sallgast und sein Wahrzeichen, das herrliche Schloss, hatten großes Glück. Heute gehört das Dorf zu den schönsten in der gesamten Lausitz.

Im Jahr 2008 jährte es sich zum 800. Mal, dass die Burg als Vorgängerin des Schlosses erstmals urkundlich erwähnt wurde. Das Geschlecht derer von Sallgast war bis 1378 Besitzer der Burg. Um das Jahr 1400 schuf sich hier Ritter Heinz von Waldau ein Raubritternest, das in der gesamten Lausitz gefürchtet wurde. Seinem Treiben wurde 13 Jahre später ein Ende gesetzt.

Christoph von Kottwitz und seine Nachkommen gestalteten das Areal zwischen 1487 und 1652 zur heute noch bestehenden Vierflügelanlage um.

Hochherrschaftlich ausgestattet

1878 kaufte Robert von Loebenstein den Besitz. Er richtete ein Waldgut ein und legte den Schlosspark in seiner jetzigen Gestalt an. Im Jahr 1911 gab der Berliner Bankier Max Abel dem Schloss seine jetzige äußere Gestalt. Wenige Jahre später richtete sich dort der Berliner Johannes Schwartz eine Sommerresidenz ein, die er hochherrschaftlich ausstatten ließ.

Ab 1939 wurde das Schloss als Mütter- und Kindererholungsheim und während des Krieges als Lazarett genutzt. Seit 1966 beherbergt das Ensemble auch eine Gastwirtschaft.

Im Jahr 1994 erwarb die Gemeinde das Schloss. Seitdem erfolgten in dessen Räumlichkeiten sowie im angrenzenden Park umfangreiche Sanierungsarbeiten. Neben der Gaststätte gibt es hinter den historischen Mauern den berühmten Trauungssaal. So bietet das Haus als »Hochzeitsschloss« ein wunderschönes romantisches Ambiente. Im Park blühen jeden Sommer unzählige Rosenstöcke, die von den frisch Vermählten gepflanzt worden sind. Darüber hinaus bietet das herrlich schattige Ensemble mit seinem wunderschönen Altbaumbestand so manche lauschige Ecke für Verliebte.

Informationen zur Geschichte von Schloss und Dorf gibt es im Heimatmuseum, das ebenfalls im Schloss beheimatet ist. Das Gebäude ist von der Ortsdurchfahrt gut ausgeschildert.

Von Wolfgang Bauer und Torsten Richter

Festumzug zur 800-Jahr-Feier im Sommer 2008

Unterwegs im früheren Geisterdorf

Das Gruseln erfasste jeden, der zwischen den Jahren 1987 und 1992 Klingmühl besuchte. Der Wind pfiff die Dorfstraße entlang, an welcher leer gezogene Häuser standen mit offenen Türen und Fenstern. Die Klingmühler hatten fortziehen müssen, da der Kohlebagger näher rückte.

Bereits 1983 hieß es: »Wir kommen weg!« Ende der 1980er-Jahre war der Ort, dessen Geschichte fünf Jahrhunderte zuvor begann, fast komplett leer gezogen. Doch mit der Wende 1989/1990 nahm nicht nur das große Wunder Deutsche Einheit an Fahrt auf, sondern ebenso das kleine Wunder der Rettung von Klingmühl. »Wir bleiben«, lautete die frohe Kunde. Viele frühere Einwohner kehrten zurück. Inzwischen hat sich wieder ein schmucker Ort entwickelt, der einer frohen Zukunft am zukünftigen Bergheider See entgegengeht.

Mancherorts prägen noch Ruinen das Dorf.

Doch der Ort hat sich längst wieder herausgeputzt.

Kleine Elster – Brandenburg im Kleinen

Ode an das Lausitzer Seenland

Wo belebte Erde schwand dem Mondenreich,
Wälder starben, Dörfer gleich,
Wo einst große Bagger gruben,
für Licht und Wärme in den Stuben,
und sorgten so für Tat und Geld,
Lausitz nannte sich ein Land von Welt.

Wo Löcher wuchsen, groß wie Länder,
Landschaften wechseln ihre Gewänder,
wo Wasser verdrängt trocknen Wüstensand,
da entsteht das Lausitzer Seenland.

Große Gruben und kleiner Teich
Macher staubge Erde reich,
lassen nach unendlich Mühen
endlich wieder Leben blühen,
laden ein zu Spaß und Spiel,
unendlicher Chancen viel.

Durch Kanäle oft verbunden
Ziehen Schiffe ihre Runden,
von Brandenburg nach Sachsen
und wieder zurück,
denn Seenland ist Seemannsglück.

Ganz im Westen das Bergheider Becken,
vor der Brücke, dem kühnen Recken,
weiter östlich, wo einst Bückgen stand,
lädt jetzt ein der Ilse-Strand.
Schon seit Jahrzehnten sprechen Bände
die weiß-feinen Senftenberger Strände.

Noch jung an Jahren voller Elan und Kraft
Schlägt das Seenland-Herz Tag und Nacht,
wo drei Gruben sich aneinander schmiegen
und die Wellen im Gleichklang wiegen,
weit sichtbar der Rostturm grüßt ins Land
hinüber zum Sedlitz-Partwitz-Geierswalder Strand.

Auch Bluno, Neuwiese und Sabrodt nicht zu vergessen,
sie können sich aber kaum mit dem Spreetaler messen,
denn so tief wie dieser ist schließlich keiner,
auch wenn er ist ein wenig kleiner.

Bernsteinküste, Silbersee,
Dreiweibernstrand an Kleiner Spree,
Grube Lohsa mit steil-wilder Küste,
sich mit Rügen messen müsste.

Ganz im Osten lauscht die Bärwalder Grube,
die sich mausert zu Boxbergs guter Stube,
mit eignem Ohr, in dem Musike tönt
und Lausitzer Gehör verwöhnt.

Die Seen vereinen sich zum blauen Kettenband,
verschönern und bereichern unser Lausitzland,
strahlen in die Welt hinaus
und laden ein ins neue Haus,
funkeln im Sonnen- und im Mondesschein:
Das ist die werdende Heimat mein.

Torsten Richter

Lauchhammer – Industriegeschichte und Kultur

Erquickende Erholung in durchlauchter Atmosphäre

Massentourismus ist am Grünewalder Lauch ein Fremdwort

Der Grünewalder Lauch ist nicht etwa eine Gemüsesorte, sondern ein Gewässer. Und nicht irgendein Gewässer, sondern ein beliebter Badesee. Das Wort »Lauch« wird in der Lausitz auch für Gewässer benutzt. So existiert beispielsweise nördlich von Schwarzheide der sogenannte Laugkteich. Zu ihm führt der Laugkweg.

Der Grünewalder Lauch ist für Ortsfremde gar nicht so einfach zu finden. Für Autos gibt es nur eine schmale Zufahrtsstraße zum Grünewalder Strand. Radfahrer haben es da leichter: Zahlreiche Wege führen fast direkt bis ans Ufer.

Ein Besuch lohnt sich zu jeder Jahreszeit: Im Frühjahr, wenn die erstaunlich reichhaltige Natur erwacht und herrliche Vogelkonzerte begeistern. Im Sommer sowieso, denn die Strände sowohl am Grünewalder Ost- wie auch am Gordener Nordwestufer laden zum Bade ein. Feiner Sand, eine nur leicht abfallende Uferlinie und sauberes Wasser garantieren puren Badespaß. Allerdings ist das kühle Nass noch recht sauer, Mehrere Duschen am Strand schaffen aber für Hautempfindliche Abhilfe. Manche Ärzte empfehlen sogar das Baden im sauren Wasser. Dieses soll nämlich sogar manchen Fußpilz den Garaus bereiten.

Darüber hinaus lädt ein gut ausgebautes Radwandernetz zu Ausflügen in die naturnahe Umgebung ein. Denn schließlich gehören das knapp 100 Hektar große Gewässer sowie das namensgebende Dorf zum Naturpark Niederlausitzer Heidelandschaft. Überhaupt bildet der Grünewalder Lauch das östliche Eingangstor zu einer wunderschönen Wald-, Heide-, Seen- und Moorlandschaft zwischen Lauchhammer und Elsterwerda, in welcher der Mensch zurücktritt und der Natur der Vortritt lässt.

Herbst ist, wenn die Gänse kommen

Auch im Herbst und Winter sind Ausflüge an den Lauch lohnend. So nächtigen jeden Oktober und

Sommertag am Grünewalder Strand

Romantischer Blick auf den Grünewalder Lauch

Lauchhammer – Industriegeschichte und Kultur

November unzählige Wildgänse auf dem Wasser. Die Rufe dieser Vögel gelten als das Geräusch des Lausitzer Herbstes schlechthin. Darüber hinaus stehen die zahlreichen Laubbäume rund um den See in ihren prächtigen Farbenkleidern.

Im Winter wird es still am Grünewalder Lauch. In manchen Jahren friert der See komplett zu. Dann wird in den Uferbereichen Schlittschuh gefahren und Eishockey gespielt.

Beliebtes Naherholungsgebiet

Im Sommer 1977 wurde das Naherholungsgebiet Grünewalder Lauch offiziell eröffnet. Seitdem haben viele tausend Menschen, insbesondere auch aus dem nahen Sachsen, ihren Urlaub dort verbracht. Ganz nahe am See befindet sich der Campingplatz »Grünewalder Lauch«. Über 200 Plätze stehen für Tourismus- und Dauercamper bereit. Idyllisch gelegen, in waldreicher Umgebung und den See gleich vor dem Zelt oder dem Wohnwagen, können an dem Gewässer erholsame Urlaubstage verlebt werden. Außerdem besteht die Möglichkeit, Bungalows zu mieten.

Es gibt saubere und behindertengerechte Sanitäranlagen. Ebenso stehen Waschmaschine und Trockner für die kleine Wäsche bereit. Die Stellflächen verfügen über einen Stromanschluss per Eco-Stecker (16 Ampere).

In unmittelbarer Nähe befinden sich eine Gaststätte, ein Café sowie ein Kiosk. Weitere Einkaufsmöglichkeiten gibt es in der näheren Umgebung. Neben dem gepflegten Badestrand mit separatem FKK-Bereich können eine Minigolfanlage, ein Bootsverleih sowie ein Riesentrampolin genutzt werden. Für die kleinen Gäste stehen mehrere Spielplätze bereit.

Des Weiteren gibt es einen Fahrradverleih. Mit den Rädern lässt sich die wasser- und waldreiche Umgebung am besten erkunden. Lohnend ist auch ein Ausflug zum Gordener Strand, der bereits im Elbe-Elster-Kreis gelegen ist. Die Kreisgrenze verläuft übrigens mitten durch den Grünewalder Lauch.

Als sehr angenehm wird von den Gästen die Tatsache empfunden, dass Massentourismus am Lauch ein Fremdwort ist. Selbst an den sonnigsten und heißesten Sommertagen finden Gäste immer ein freies Plätzchen, egal, ob auf dem Parkplatz, in der Gaststätte oder am Strand, garantiert!

Spätherbstabend am Grünewalder Lauch

Hier können sogar Fahrräder »anlegen«.

Schwarze Kohle – Tagebau Plessa-Lauch	
Wo gelegen	nordwestlich von Lauchhammer
Wann gefördert	1956 bis 1966
Wie viel Fläche	345 Hektar
Wie viel Abraum	17,25 Millionen Kubikmeter
Wie viel Kohle	10,4 Millionen Tonnen
Welcher devastierte Ort	keiner
Blaue Wellen – Grünewalder Lauch	
Wann befüllt	1971 bis 1973
Welche Fläche	94,5 Hektar
Welche Wassermenge	5,6 Millionen Kubikmeter
Welche Höhe über NHN	92,3 Meter
Welcher pH-Wert	3,4
Füllstand Dezember 2011	100 Prozent

Lauchhammer – Industriegeschichte und Kultur

Lauchhammer – gewachsene Vielfalt

Überraschend vielseitige Stadt mit grünem Herzen

Die Stadt wirbt für sich mit dem Slogan: Lauchhammer ... überraschend vielseitig. Um das Abwechslungsreiche wahrzunehmen, benötigt der Besucher ein wenig Zeit. Wer sich diese Zeit nimmt, in die städtischen Strukturen eintaucht und ganz nebenbei dem einen oder anderen Einwohner lauscht, wird die Vielseitigkeit des jungen Brandenburger Städtchens sehen und erleben.
Lauchhammer besitzt ein grünes Herz – Teiche, Wiesen, Felder und Wäldchen bilden das Zentrum. Um diese grüne Mitte gruppieren sich insgesamt sieben Stadt- und Ortsteile. Die ungewöhnliche Struktur ist der Stadtentstehung zuzuschreiben. Aus vier Dörfern entstand erst in den 1950er Jahren eine Stadt. Später wurden drei weitere Siedlungen eingegliedert. Durch das Verschmelzen der verschiedenen Dorfcharaktere wurde Lauchhammer immer abwechslungsreicher. Jeder der fünf Stadt- und Ortsteile hat etwas ganz Eigenes, ja Unverwechselbares zu bieten. Naturfreunden sei der Besuch des Grünewalder Lauchs und der Kostebrauer Höhe zu jeder Jahreszeit empfohlen.

Am besten mit dem Fahrrad

Die Möglichkeit einer klassischen Stadttour zwischen Stein und Beton sucht der Besucher in Lauchhammer vergebens. Immer wieder liegen zwischen den urban geprägten Vierteln weite Flächen mit Wald, Wiesen und Seen. Um die Stadt und alle Sehenswürdigkeiten zu erkunden, empfehlen sich Radtouren.
Auf einer Route lässt sich zum Beispiel die Schlosskirche im einstigen Mückenberg (Lauchhammer-West) mit dem Schlosspark entdecken. Ansprechend sind die ungewöhnliche Form des Gebäudes und das helle, freundliche Innere der Kirche.

Die kleine, aber sehr sehenswerte Barockkirche hat eine prominente Geschichte: Im Jahr 1746 ordnete Freifrau von Löwendal die Errichtung des Gotteshauses an. Als Baumeister verpflichtete sie Julius Heinrich Schwarze, der auch das berühmte Coselpalais in Dresden errichtete. Zu besonderen Festtagen wird die Kreuzigungsgruppe, die aus Meißner Porzellan gefertigt und im Jahr 1747 von Johann Joachim Kändler modelliert worden ist, auf dem Altar der Schlosskirche errichtet. Neben der Nutzung für Gottesdienste hat sich das Haus für vielfältig kulturelle Veranstaltungen der besonderen Art geöffnet, wodurch sich ein eingelegter Stopp gleich doppelt lohnt.

Kunst aus Guss

Die idyllisch gelegene Schlosskirche in Lauchhammer-West

Im Zentrum von Lauchhammer

Die historische Gebläsemaschine in Lauchhammer-Ost

Das Stadtzentrum Lauchhammer-Mitte mit dem Dietrich-Heßmer-Platz. Im Vordergrund ist das Denkmal der Germania zu sehen, das in der Kunstgießerei Lauchhammer gegossen wurde.

Von der Freifrau, Bergleuten und historischem Handwerk

In Lauchhammer kommt der Besucher nicht am Erbe der Freifrau von Löwendal vorbei. Die Adlige legte vor 300 Jahren den Grundstein für die industrielle Entwicklung der Region. Nicht nur im Kunstgussmuseum, sondern auch in der Kunstgießerei trifft man auf die Gründungen der Freifrau. Im Stadtbild künden zahlreiche Skulpturen und Denkmäler von der Kunstgusstradition aus Lauchhammer.

Industriegeschichte zum Anfassen und einen wunderbaren Ausblick in das Umland bieten die Biotürme. Dieses Relikt der langen Kohleindustrie-Geschichte erinnert in seiner ungewöhnlichen Architektur an Burgen und Kastelle. Bei den Führungen, die ehemalige Kumpel leiten, erfahren Gäste jede Menge Wissenswertes über das harte, aber solidarische Leben der Bergleute im Lausitzer Revier.

Heute sind die ehemaligen Kohlegruben um die Stadt zu wunderschönen Seen geworden. Übrigens: Wem der Blick auf die Seen der Umgebung und in Lauchhammer selbst nicht ausreicht, kann mit der ganzen Familie ins kühle Nass des Grünewalder Lauchs oder ins angenehm warme Wasser des Hallen-Freizeitbades »Am Weinberg« springen. Und wer es noch eine Nummer heißer mag, durchläuft ein paar Saunagänge. Für Bewegungshungrige, denen das alles zu nah am Wasser gebaut ist, stehen eine moderne Zweifeld-Sporthalle sowie gut ausgestattete Sportstätten in allen Stadt- und Ortsteilen zur Verfügung. Vom Judo über Geräteturnen bis hin zum Fußball ist das Angebot in der sportlichen Stadt überdurchschnittlich breit aufgestellt.

Von Lauchhammer aus geht's ins Mittelalter: Auf dem Gelände des Lausitzer Wege e.V. am Schmalen See wird ein Projekt der »Lausitzer Zeitreisen« verwirklicht. Historisches Handwerk in einem ökologisch errichteten Handwerkerdorf ist hier zum Anschauen, Anfassen und Mitmachen erlebbar.

STADT LAUCHHAMMER
...überraschend vielseitig

Beitrag von:
Stadt Lauchhammer
Liebenwerdaer Straße 69 · 01979 Lauchhammer
Tel. (0 35 74) 48 80 · www.lauchhammer.de

Lauchhammer hat auch ein modernes Hallenfreizeitbad zu bieten. Dieses befindet sich im Stadtteil Mitte.

Lauchhammer – Industriegeschichte und Kultur

Lauchhammer besitzt eine trutzige Burg

Biotürme vermitteln Industriegeschichte hautnah

Als »Castel del Monte der Lausitz« hat der frühere Chef der Internationalen Bauausstellung (IBA) »Fürst-Pückler-Land«, Prof. Rolf Kuhn, die Biotürme in Lauchhammer-West bezeichnet. Zwar sind die imposanten Bauwerke auf dem ehemaligen Kokereigelände rund 700 Jahre jünger als ihr Pendant im Südosten Italiens, doch mindestens genauso attraktiv.

Durchaus schaurig

Tatsächlich wirken die Biotürme wie eine trutzige Burg. Von weitem ehrfurchteinflößend, im Inneren durchaus etwas schaurig. Seit dem 17. Juli 2008 sind die eigenartigen Türme für Gäste zugänglich. Und ein Besuch lohnt sich auf jeden Fall. Durch aufwändige Sanierungsmaßnahmen sind zwei gläserne Aussichtskanzeln an den Bauwerken angebracht worden, die einen weiten Blick von den Biotürmen hinüber zu einer riesigen Freifläche gestatten.
Dort stand bis zum Beginn der 1990er Jahre die Großkokerei Lauchhammer. Dieser Betrieb bildete nämlich in der Mitte des 20. Jahrhunderts die Geburtsstunde der Biotürme. Diese Anlage ging in den Jahren 1958/1959 in Betrieb. Hauptaufgabe war die Klärung des aus der Kokerei stammenden Abwassers. In diesem befand sich nämlich Phenol, eine stark giftige Substanz. In den Biotürmen erfolgte durch hungrige Bakterien die Abscheidung dieses Substrates. Der bei diesem Prozess anfallende Bioschlamm kam unter anderem als Dünger zur Rekultivierung von Tagebauflächen zum Einsatz. Noch heute ist beim Aufstieg zu den Aussichtskanzeln durch das Turminnere der typische Geruch wahrzunehmen. Vor der politischen Wende roch es so öfter in größeren Teilen von Lauchhammer-West.

Ein IBA-Projekt

Nach der Stilllegung der Biotürme entbrannte ein heftiger Streit um die Zukunft dieser Bauwerke. Die einen wollten sie als »Schandflecke« aus dem Stadtbild beseitigen lassen, die anderen sprachen sich für einen »unbedingten Erhalt« aus. Letzt-

Auf dem Turmgelände ist jede Menge alter Technik ausgestellt.

Für Besucher gibt es sogar zwei Aussichtskanzeln. Diese wurden im Juli 2008 eingeweiht.

endlich konnten sich die »Bioturm-Fans« durchsetzen. Daran hatte die Internationale Bauausstellung einen maßgeblichen Anteil. So gehört das industrielle Wahrzeichen des Lauchhammeraner Westens zur Gruppe der 30 IBA-Projekte in der Lausitz.
2005 übernahm die Stiftung Kunstgussmuseum die Biotürme, die sie unter anderem mit Mitteln der EU für 1,3 Millionen Euro sanierte und besuchergerecht ergänzte. Heute führen ehemalige Mitarbeiter der Kokerei, die im Traditionsverein Braunkohle organisiert sind, über das Gelände und berichten über die ereignisreiche Zeit des Kokereibetriebs. Nicht zuletzt werden die Biotürme als atemberaubende Kulisse für verschiedenartigste Veranstaltungen genutzt – vom klassischen Theater bis zum Rockkonzert, vom Mittelaltermarkt bis zur Lichtinszenierung. Weitere Informationen findet man unter www.bioturme.de.

Die Biotürme gehen auf ein Projekt der Internationalen Bauausstellung »Fürst-Pückler-Land« zurück.

Lauchhammer – Industriegeschichte und Kultur

Kunst aus einem Guss

Werkhof Kunstguss Lauchhammer ist mehr als ein Museum

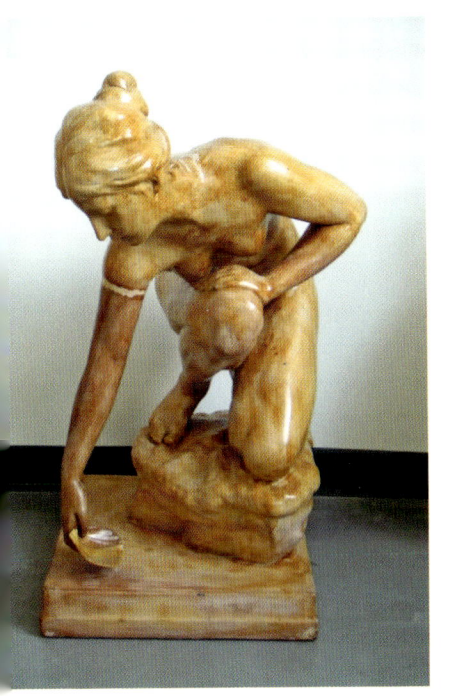

Ein für Lauchhammer hergestelltes Modell (Die Wasserschöpferin, Emil Cauer 1903)

In Lauchhammer hat die Industrialisierung der Lausitzer Region ihren Ausgang genommen. Diese begann mit der Entdeckung von Raseneisenerz, das seit dem Jahr 1725 am Ort verhüttet wurde – dies durch die Initiative einer bemerkenswerten Unternehmerin, der Margareta Benedicta Freifrau von Löwendal. Sie wurde beerbt von ihrem Patensohn Detlef Carl Graf von Einsiedel, der es verstand, frühindustrielle Technik mit der Schaffung von Kunstgegenständen zu verbinden. Unter seiner Leitung wurde der Eisenhohlguss entwickelt, der es erst ermöglicht, auch große Plastiken handhabbar zu machen. Dieses im Jahr 1784 begründete Verfahren wird auch heute noch – im Grunde unverändert – praktiziert.

Gießerei hautnah erleben

Unmittelbar neben der Kunstgießerei befindet sich das Kunstgussmuseum. Dieses denkmalgeschützte Ensemble verbindet sich zum »Werkhof Kunstguss« und bildet eine Attraktion von ganz besonderem Reiz. Während die Besucher in der Gießerei die aktuelle Arbeit im traditionellen Verfahren des Eisen- und Bronzegusses erleben können, lässt sich im Museum unter anderem die historische Modellsammlung bewundern, die in über 2800 Exponaten viele Aspekte der Kunst- und Kulturgeschichte seit dem Ende des 18. Jahrhunderts aufscheinen lässt.

Plaketten, Modelle, Öfen

Das Spektrum reicht von hunderten von Plaketten und Medaillen bis zum Modell des weit überlebensgroßen Lutherdenkmals von Ernst Rietschel. Ebenso sehenswert sind gusseiserne Öfen und Gebrauchsgegenstände, vielfältige Sonderausstellungen sowie Beispiele neuester bildhauerischer Schöpfungen in Eisen- und Bronzekunstguss.

Das Kunstgussmuseum in Lauchhammer-Ost

Blick in das Schaudepot des Museums

Auch Glocken werden in Lauchhammer gegossen.

Moderne Schöpfung aus Lauchhammer (Natalie Tekampe, 2011)

Beitrag von:
Kunstgießerei Lauchhammer
Kunstgussmuseum Lauchhammer
Freifrau-von-Löwendal-Straße
01979 Lauchhammer-Ost
Tel. (0 35 74) 8 85 10
Tel. (0 35 74) 86 01 66
www.kunstguss.de
www.kunstgussmuseum.de

87

Lauchhammer – Industriegeschichte und Kultur

Einst Stadt der Kohle und Brikettfabriken

Lauchhammer hatte früher ein ganz anderes Gesicht

Lauchhammer hat sich völlig verändert. Wer die Stadt vor 25 Jahren besucht hat und erst jetzt wiederkommt, dürfte erhebliche Probleme mit der Orientierung bekommen. Verschwunden sind nicht nur sämtliche Brikettfabriken und Kraftwerke mit ihren typischen Schornsteinen. Das Ferrowerk existiert längst nicht mehr, ebenso die Badewannengießerei. Von der berühmt-berüchtigten Kokerei »in West« sind nach langem Kampf immerhin die Biotürme stehen geblieben. Sie bilden heute ein Projekt der Internationalen Bauausstellung (IBA) »Fürst-Pückler-Land«. Sämtliche Tagebaue in der näheren und weiteren Umgebung der Stadt haben ihren Betrieb längst eingestellt. Geblieben sind nur wenige museale Relikte sowie die Erinnerung, als Lauchhammer zu den »Kohle-Hauptstädten« der DDR gehörte.

Die Brikettfabrik Emanuel im Jahr 1908

Blick in eine Netzbefehlsstelle im Jahr 1966

Kohle gleich unterm Rasen

Doch um in die Zeit, in der die Kohle ihren Siegeszug in dem erst 1953 entstandenen Städtchen und in der Niederlausitz antrat, muss man ins späte 18. Jahrhundert zurückreisen. Im Jahr 1789 nämlich stießen Arbeiter auf dem Butterberg von Bockwitz, dem heutigen Lauchhammer-Mitte, auf etwas Hartes und Steinähnliches. Es war der erste Fund von Braunkohle in der Region. Bereits 1802 wurde die erste Kohle aus einer kleinen Grube unweit von Kostebrau, eines idyllischen Dorfes

Hier stand einst die Großkokerei Lauchhammer-West.

Lauchhammer – Industriegeschichte und Kultur

allem unter Radwanderern entwickelt. Einige Gewässer wie der Wolschinkateich bieten mit ihrem parkähnlichen Umfeld ein geradezu malerisches Ensemble. Lauchhammer wartet nur darauf, von Neugierigen entdeckt zu werden!

Die Großkokerei Lauchhammer-West in ihren besten Jahren

Von der Kokerei sind nur die Biotürme geblieben. Hier eine Aufnahme vor ihrer Rekonstruktion im Jahr 2008.

nordöstlich von Lauchhammer, genutzt. Rund 70 Jahre später gab es im Raum Lauchhammer bereits 22 Braunkohlengruben.
Im Jahr 1887 begann die Kohlenförderung in der Grube »Lauchhammer I« unweit von Kostebrau für den Eigenbedarf der Lauchhammer AG. Ende des 19. Jahrhunderts entstanden im heutigen Lauchhammer und der nächsten Umgebung die ersten Brikettfabriken, so 1893 die Fabrik »Ferdinand« in Zschornegosda (heute Schwarzheide-West) und 1897 das Werk »Milly« zwischen Bockwitz und Mückenberg (Lauchhammer Mitte und West). Damals wurden den Brikettfabriken zumeist die Vornamen von Eigentümern, Anteilseigner oder deren Angehörigen zugeteilt. In den darauf folgenden Jahren und Jahrzehnten gingen weitere Brikettfabriken und Kohlengruben in Betrieb. Manchmal kam es auch zu folgenschweren Unfällen. Bei einer Kohlenstaubexplosion im Dezember 1898 wurden beispielsweise große Teile der »Milly« in arge Mitleidenschaft gezogen.

Kokerei-Premiere im Westen

Einen Umbruch stellte das Jahr 1945 auch im Lauchhammeraner Revier dar. Aufgrund der Kampfhandlungen ruhte zeitweise die Produktion in den Brikettfabriken und Tagebauen. Nach dem Krieg wurden zwei komplette Fabriken mitsamt ihren Kraftwerken als »Wiedergutmachung« in die Sowjetunion transportiert. Im Juni 1952 konnte an der ersten Braunkohlenkokerei der Welt in Lauchhammer-West der erste industriell hergestellte Koks abgezogen werden. In den 1950er-Jahren nahmen weitere Kraftwerke und Brikettfabriken sowie Erweiterungsbauten ihren Betrieb auf.
Parallel dazu erfolgte ein massiver Ausbau der Stadt Lauchhammer. Zahlreiche neue Wohngebiete wie an der Grünewalder Straße in Lauchhammer-Mitte oder das »Friedenseck« in Lauchhammer-Ost entstanden. Im Jahr 1989 zählte Lauchhammer rund 24 000 Einwohner.
Im Laufe der Jahrzehnte nahm der Verschleiß der teilweise überholten Technik zu. Die Umweltbelastung erreichte immer neue, teils katastrophale Ausmaße. Wer durch Lauchhammer-West fuhr, musste oft die Scheinwerfer einschalten, da die Sicht so schlecht war. »Achtung – Technische Gase« warnten manche Verkehrsschilder. Im Winter blieb der Schnee nur wenige Stunden weiß.

Nur noch gähnende Leere

Im Zuge der Wende 1989/1990 wurden innerhalb von Monaten sämtliche Brikettfabriken und Kraftwerke abgeschaltet. Tausende tüchtiger Männer und Frauen verloren ihre Arbeit. Nicht wenige von ihnen sind bis heute nicht wieder in Lohn und Brot gekommen. Wo einst die Schlote rauchten, reicht heute der Blick über gähnende Leere. Teilweise gelang es jedoch, neue Industrien anzusiedeln. Beispielsweise ist der Windanlagenbauer »Vestas« auf dem Gelände der früheren Brikettfabrik Lauchhammer-Süd zu einem neuen Aushängeschild für die Stadt geworden.
Mit dem Schwinden der Industrie wuchsen jedoch die touristischen Chancen. Längst hat sich Lauchhammer zu mehr als einem Geheimtipp vor

Das »Friedenseck« in Lauchhammer-Ost besticht durch seine Architektur der 1950er-Jahre.

Noch herrscht Leere auf den einstigen Industrieflächen.

Lauchhammer – Industriegeschichte und Kultur

Windfänger des Seenlands

Vestas-Rotorblattfertigung in Lauchhammer

Die Windenergie hat sich weiterentwickelt – von der alternativen Energieform zu einer in großem Maßstab nutzbaren, verlässlichen Energiequelle, die neben Öl und Gas fester Bestandteil des Energie-Mixes ist. Vestas geht davon aus, dass die Windenergiebranche bis zum Jahr 2020 mindestens zehn Prozent der weltweiten Energieerzeugung übernimmt.

Die sauberste und beste Möglichkeit, Kohlendioxid-Emissionen zu reduzieren, ist derzeit die Windenergie. 2011 waren in Deutschland insgesamt 22 297 Windenergieanlagen (29 088 Megawatt) installiert. Im Jahr 2011 lag der potentielle Jahresenergieertrag aus Windenergieanlagen am Nettostromverbrauch in Deutschland bei 9,9 Prozent. Die EU-Richtlinien sehen bis 2020 einen Mindestanteil der erneuerbaren Energien von 20 Prozent an der Energieerzeugung in Europa vor. Da Deutschland dieses Ziel mit einem Anteil von 14 Prozent regenerativer Energiegewinnung bereits im Jahr 2007 erreicht hat, wurde die Zielvorgabe für 2020 von bisher 20 auf 25 bis 30 Prozent angehoben.

Regional kräftig gewachsen

Das Land Brandenburg ist ein windreiches Binnenland. Es deckt mittlerweile 48 Prozent seines Nettostromverbrauchs mit dem potentiellen Jahresertrag aus Windkraft und steht damit hinter Niedersachsen an zweiter Stelle bundesweit. Das Engagement von Vestas in der Region hat dazu wesentlich beigetragen. 2002 siedelte sich der Weltmarktführer in Lauchhammer auf dem Gelände einer ehemaligen Brikettfabrik an und führte damit die Tradition als Standort der Energiewirtschaft fort. Vor dem Fall der Berliner Mauer war Lauchhammer für den Kohlebergbau und die Energiegewinnung bekannt. Nach der Wende brach dieser Markt komplett zusammen. Mit der Ansiedlung von Vestas und anderen Unternehmen aus dem Bereich der erneuerbaren Energien hat die alte Energieregion eine neue Perspektive gewonnen. Die Vestas Rotorblattfabrik zählt heute zu den modernsten und effizientesten Werken des Konzernverbundes. Das Gelände umfasst eine 46 000 Quadratmeter große Produktionsstätte mit vier Fertigungslinien und vollautomatischer Lackieranlage. Mit inzwischen rund 660 Mitarbeitern produziert das Werk Rotorblätter für Turbinen im Megawatt-Bereich und liefert sie weltweit an Projekte der Unternehmensgruppe im On- und Offshore-Sektor. Bei der Fertigung kommen hauptsächlich Carbonfasern und Prepreg-Material, ein vorimprägniertes Glasfasergewebe, zum Einsatz. Seit 2002 hat das Werk mehrere Produktumstellungen durchlaufen und fertigt heute Rotorblätter mit einer Länge von 55 Metern für die neueste Vestas-Innovation, die V112-3.0 MW-Turbine.

Für ein gutes Klima

Vestas hat ein bewusstes Interesse an der weiteren positiven Entwicklung des energiewirtschaftlich und energietechnologisch geprägten Standortes. Das schließt auch die Ausbildung und Förderung junger Menschen ein. In den vergangenen Jahren haben insgesamt 48 Auszubildende eine Ausbildung im Werk durchlaufen und wurden zu 80 Prozent übernommen. Derzeit erlernen insgesamt 26 Auszubildende einen gewerblichen beziehungsweise kaufmännischen Beruf.

Impression vom Vestas-Firmengelände in Lauchhammer-Süd

Ein Rotorblatt aus Lauchhammer wurde 2011 in Berlin als Wahrzeichen neben dem Deutschen Technikmuseum installiert.

Bei der Herstellung von Rotorblättern kommen vorimprägniertes Glasfasergewebe und Carbonfasern zum Einsatz.

Große Dimensionen: Vestas in Lauchhammer fertigt Flügel mit einer Blattlänge von 55 Metern für die V112-3.0 MW-Anlage. Eine Windenergieanlage erzeugt während ihres Betriebes gut 40 bis 70 Mal so viel Energie wie für ihre Herstellung, Nutzung und Entsorgung eingesetzt wird.

Beitrag von:
Vestas Blades Deutschland GmbH
John-Schehr-Straße 7 · 01979 Lauchhammer
Tel. (0 35 74) 4 65 40 · Fax (0 35 74) 4 65 41 01
lauchhammer@vestas.com
www.vestas-lauchhammer.de

Ein uralter Wald voller Geheimnisse

Trauriges Schicksal der mächtigen Schradeneiche

Erhaben wirkte sie, ehrfurchtseinflößend. Wer zum ersten Mal die Schradeneiche erblickte, den überkam sogleich ein Gänsehautgefühl. Ein bemooster Stammumfang von mehreren Metern, alte knorrige Äste, teilweise bereits abgebrochen, und doch noch immer eine dichtbelaubte Krone perfektionierten das Bild von einer echten Märcheneiche. Und Märchen könnte der uralte Baum mit Sicherheit erzählen.

Fast alle Zeitenstürme überstanden

Was mag die Schraden-Eiche, die in der ausgedehnten Niederungslandschaft südwestlich von Lauchhammer beheimatet ist, nicht schon alles erlebt haben? Wissenschaftler schätzen ihr Alter auf 450 bis 800 Jahre. Der Baum wuchs der Sonne entgegen, als der mittelalterliche Landesausbau in der Region begann, als Martin Luther seine Thesen an die Schlosstür im gar nicht weit entfernten Wittenberg anschlug, als der Dreißigjährige Krieg große Gebiete verwüstete, als Goethe und Schiller das Land der Dichter und Denker begründeten, als die Napoleonischen Truppen von Sieg zu Sieg eilten und sich wenig später in den Befreiungskriegen geschlagen geben mussten, als die Schwarze Elster begradigt wurde, als Deutschland zwei Weltkriege verlor und zwei Diktaturen kamen und gingen. Die wackere Eiche überstand fast alle Unglücke der Zeiten. Vielleicht auch ihr dramatischstes. Denn im Mai 2011 brannte das mächtige Gehölz aus. Übrig blieb eine Ruine. Trotz dieser Katastrophe keimt Hoffnung: Denn ein Ast auf der Ostseite scheint das Feuer überstanden zu haben. Er grünt noch immer.

Als der Baum aus einer winzigen Eichel keimte, wurde der ihn umgebende Wald erstmals in einer Urkunde erwähnt. Im Jahr 1210 teilten sich Bischof Engelhard von Naumburg und Markgraf Dietrich von Meißen den Schraden untereinander auf. Angsteinflößend muss der Wald im Mittelalter und der frühen Neuzeit auf die Menschen gewirkt haben. Denn sein Inneres blieb unbesiedelt. Dafür wurde der Jagd eine immense Bedeutung geschenkt. So sollen im Jahr 1616 an nur einem Tag 70 Rothirsche erlegt worden sein.

Winziger Rest blieb übrig

Durch Meliorationsmaßnahmen in der sumpfigen Niederung rangen die Menschen dem Wald immer mehr Flächen ab. Diese dienten fortan als Grün- und Weideland. Durch die Begradigung der Schwarzen Elster zwischen 1855 und 1865 fiel der Grundwasserstand im Gebiet, und weitere Freiflächen entstanden. Die großen Meliorationen in den 1970er Jahren verwandelten die Niederung in eine monotone Agrarlandschaft. Lediglich ein gut 200 Hektar großes Areal blieb von dem einst so mächtigen Schradenwald übrig.

In diesem Gebiet unweit der Straße von Schraden-Kaupen nach Plessa steht noch heute die imposante Schraden-Eiche. Der Weg zum Baum ist lückenhaft ausgeschildert. Wer den Methusalem sehen möchte, fährt am besten die besagte Asphaltstraße bis zu einem Firmengelände entlang. Dort führt der Weg nach Süden über eine Wiese in den Wald. An der ersten Kreuzung geht es geradeaus. Bald taucht die Schraden-Eiche mit ihrer markanten Silhouette linkerhand aus dem Wald auf und zieht die Besucher trotz ihrer gewaltigen Brandschäden unweigerlich in ihren märchenhaften Bann.

Weg im geheimnisumwitterten Schradenwald

Die Schradeneiche ist bereits acht Jahrhunderte alt.

Die Landschaft gab auch einem Dorf ihren Namen.

Schwarzheide – Hier stimmt die Chemie

SeeCampus Niederlausitz – Leuchtturm der Region

Wirtschaft unterstützt Bildung

Wer auf der Ortsstraße von Schwarzheide nach Lauchhammer fährt, kann den SeeCampus unmöglich übersehen. Von der Straße aus beeindruckt vor allem die klar gegliederte Form und die warme Fassade. Der große Parkplatz sowie die anliegenden Sportplätze weisen darauf hin, dass hier eine neue Schule gebaut wurde. »Lernen zwischen Wald und See« hieß das Motto, welches sich auf der Rückseite des Gebäudes durch den Seeblick mit Leben erfüllt. Im Inneren wirkt das Foyer hell und großzügig. Die Klassenräume sind freundlich, zweckmäßig von der Größe und modern von der Ausstattung. Das Überraschende ist jedoch, der SeeCampus Niederlausitz ist mehr als eine Schule.

Blick in die moderne Sporthalle auf dem Campus-Gelände

Panoramaansicht der Bildungseinrichtung

Auf den Gängen und Treppen herrscht junges Leben.

Zwei Schulen in einem Gebäude

Am 17. Februar 2011 weihten der Ministerpräsident des Landes Brandenburg, Matthias Platzeck, und der Landrat des OSL-Kreises, Siegurd Heinze, den SeeCampus ein. Heute sind hier das Emil-Fischer-Gymnasium und ein Teil des Oberstufenzentrums Lausitz zu Hause. Beide Schulen passen mit ihrer vorwiegend naturwissenschaftlichen Ausrichtung gut zueinander. In den Experimentierräumen gibt es hochwertige und multifunktionale Ausstattungen. Die daraus entstandenen Synergien und Vorteile wissen Lehrer und Schüler beider Schulen zu schätzen.

Nachhaltigkeit bestimmt das Projekt

Bildung unter modernen Bedingungen zu vermitteln, ist ein wichtiger Nachhaltigkeitsfaktor. Der sorgsame Umgang mit Ressourcen ein anderer. Beide Faktoren sind im SeeCampus Niederlausitz verwirklicht, denn das Gebäude wurde im Passivhausstandard errichtet. Das heißt, ein Energieverbrauch von 15 Kilowattstunden pro Quadratmeter und Jahr wird nicht überschritten. Das entspricht etwa einem Zehntel des Energieverbrauchs eines normalen Gebäudes. Erreicht

Schwarzheide – Hier stimmt die Chemie

wird dies durch eine kontrollierte Raumlüftung mit hocheffizienter Wärmerückgewinnung sowie durch ein hochwertiges Wärmedämmverbundsystem, das einen Wärmeaustausch an den Außenwänden und am Dach weitgehend verhindert.

Qualitätsgerechte Türen, Fenster und das Fassadensystem sind so miteinander verbunden, dass keine Wärmebrücken entstehen. Parallel zur Energieeffizienz wurde die sozio-ökologische Bauweise umgesetzt. Alle Klassenräume besitzen eine Steuerung der Kohlendioxid-Konzentration. Das stellt eine Innovation an deutschen Schulen dar. Aber auch die Steuerung der Lichtverhältnisse sowie die Werte für Schall und Emissionen erfüllen hohe Erwartungen und sind ein Ergebnis der Verwendung hochwertiger Materialien. Der SeeCampus Niederlausitz gehört zu den ersten Passivhausschulen Deutschlands.

Die regionale Wirtschaft unterstützt das Projekt

In der Industrieregion Lauchhammer/Schwarzheide ist der SeeCampus auch für und mit der Wirtschaft entstanden. Ohne die Unterstützung der BASF Schwarzheide GmbH würde dieses Bauwerk nicht existieren. Bereits bei der Projektentwicklung hat das Unternehmen maßgeblich mitgewirkt. Besonders effektiv war die Bereitstellung hochwertiger Baumaterialien und -systeme. Über den Förderverein und die MINT-Initiative unterstützten zudem weitere wichtige regionale Unternehmen das Projekt wie die Takraf GmbH oder die Vestas Blades Deutschland GmbH. Der SeeCampus hilft, den Wirtschaftsraum durch die Ausbildung von Fachkräften nachhaltig zu stärken.

Schwarzheide und Lauchhammer als Träger der Mehrfachnutzung

Die Auslastung eines Gebäudes senkt die Betriebskosten enorm. Deshalb wurde nach Möglichkeiten gesucht, die Finanzierung durch Mehrfachnutzung zu ermöglichen. Die Städte Lauchhammer und Schwarzheide erkannten die Chancen dieses Projektes und unterstützten die Idee intensiv. So werden die Sporthalle sowie die Außensportanlagen außerhalb der Schulnutzungszeiten durch Vereine genutzt. Gleiches gilt auch für die Aula und das Foyer. Die SeeCampus-Bibliothek wird sowohl schulisch als auch öffentlich genutzt.

Der Standort verbindet Vergangenheit und Zukunft

Der SeeCampus befindet sich in unmittelbarer Nähe eines früheren Braunkohlentagebaus. Das ehemalige Restloch 29 ist heute der Südteich hinter dem Gebäude. Um den Bau zu errichten, waren aufwändige Bodenverfestigungen erforderlich, die von der Lausitzer und Mitteldeutschen Bergbau-Verwaltungsgesellschaft (LMBV) vorgenommen wurden. Die Lage sowie der Prozess verbinden den SeeCampus mit der Geschichte der Region und weisen den Weg in die Zukunft. Moderne Bildung als Fundament sowie Energieeffizienz und Mehrfachnutzung im Zeichen von Nachhaltigkeit lassen den SeeCampus als Leuchtturm der Region erscheinen. Seine Lage verbindet aber auch die Städte Lauchhammer und Schwarzheide.

Das Engagement des Fördervereins

Der Förderverein SeeCampus Schwarzheide-Lauchhammer e.V. wurde von den Initiatoren des Projektes gegründet. Inzwischen ist die Mitgliederzahl auf nahezu 50 gewachsen – darunter sind zahlreiche Unternehmen. Ziele des Fördervereins sind die Besonderheiten des SeeCampus in die Öffentlichkeit zu tragen, den SeeCampus zu einem geistig-kulturellen und sportlichen Zentrum der Region zu entwickeln und die Qualität der Bildung in den Schulen des SeeCampus zu fördern. Wer diese Ziele unterstützen möchte, ist im Förderverein herzlich willkommen.

Eingangsbereich des SeeCampus

Daten:
- Grundstückgröße: 58 500 m²
- Nutzfläche: 8412 m²
- Geschossfläche: 14 236 m²

Schulträger:
- Landkreis Oberspreewald-Lausitz

Projektbeteiligte:
- Städte Schwarzheide und Lauchhammer
- Landesregierung Brandenburg
- BASF Schwarzheide GmbH

Bestandteile:
- Emil-Fischer-Gymnasium
- Teile des Oberstufenzentrums Lausitz und den Bereichen berufliches Gymnasium, Fachschule, Fachoberschule und Ausbildung in den Berufsfeldern Chemie, Physik und Biologie
- Dreifeld-Sporthalle
- Mensa, Cafeteria, Aula
- Campus-Bibliothek
- Schulische Außensportanlagen, Pausenflächen, Parkplätze, Grünanlagen
- Fußball- und Trainingsplatz der Stadt Schwarzheide

Nutzer:
- Ca. 880 Schüler und 100 Lehrer
- Einwohner der Seenland-Region: Bibliotheksbesucher, Mitglieder der Sportvereine, Veranstaltungsteilnehmer

Preis und Zertifizierung:
- Innovationspreis PPP 2010, Kategorie Schulen
- Zertifikat der Deutschen Gesellschaft für nachhaltiges Bauen (DGNB)
- Zertifikat »Qualitätsgeprüftes Passivhaus«, verliehen durch Passivhaus Dienstleistung GmbH Darmstadt

---

Beitrag von:
Förderverein SeeCampus
Schwarzheide-Lauchhammer e.V.
Gefluderstraße 50 · 01987 Schwarzheide
Tel. (03 57 52) 8 02 25 · Fax (03 57 52) 8 02 26
info@seecampus-ev.de · www.seecampus-ev.de

Schwarzheide – Hier stimmt die Chemie

Ein Streifzug durch die Stadt Schwarzheide

Schwarze Heide, tiefe Wälder, kleine Teiche, bunte Felder, große Werke, tücht'ge Leute: als Schmuckkästchen gilt sie heute, mit ihrem Wasserturm weit bekannt, die kleine Stadt am Elsterstrand.

Wer Schwarzheide in ganzer Länge von West nach Ost durchqueren will, braucht Zeit. Denn über rund zehn Kilometer erstreckt sich die Stadt von der Lauchhammeraner Grenze im Westen bis an die Senftenberger Fluren im Osten.

Das heutige Schwarzheide setzt sich aus den zwei alten Dörfern Zschornegosda und Naundorf sowie der Siedlung Wandelhof zusammen. Im Jahr 1449 wurde Zschornegosda, die Keimzelle des heutigen Schwarzheide-West, erstmals erwähnt. Der sorbische Name »Zschornegosda« bedeutet »schwarze Heide«. Im Jahr 1936 wurde der ursprüngliche Name »eingedeutscht«. Fortan hieß der Ort »Schwarzheide«.

Glaubt man den alteingesessenen Einwohnern, so ist es im »alten Dorfe« am schönsten. In der Tat bietet das Ensemble aus Bauerngehöften, dem dreiteiligen Schulkomplex mit der Heimatstube und vor allem der Lutherkirche aus den Jahren 1754/1755 ein beschauliches Bild. Im August 1935 wurde der Grundstein für die industrielle Entwicklung des Ortes gelegt. Damals erfolgte der Baubeginn für das Werk Schwarzheide der Braunkohle-Benzin-Aktiengesellschaft (Brabag). Seit dem Jahr 1990 gehört der Betrieb dem BASF-Konzern.

Im alten Zschornegosda

Der Wasserturm ist das Schwarzheider Wahrzeichen.

Seltenes Naturereignis: Partielle Sonnenfinsternis im Winter 2011 über der Kapelle Schwarzheide-Ost

Im nordwestlichsten Wald Schlesiens

Einen Hauch von mystischer Melancholie soll er versprühen, erzählen sich die alten Leutchen. Manches Grimm'sche Märchen könnte sich im Ruhlander Eichwald zugetragen haben. Uralte Eichen, Linden und Eschen mit knorrigen Ästen; dazu der Grätschruf des Eichelhähers lassen der Fantasie freien Lauf. Im Frühjahr strömt aus den Maiglöckchen eine Sinfonie der Düfte; im Herbst erfreuen die roten Früchte das Auge.

Nur ein Weg von der B169 bei Lauchhammer ermöglicht den Zugang zum Eichenhain. Das dieses 32 Hektar große Waldgebiet erst vor 100 Jahren begründet wurde, ist kaum zu merken. Eher fühlt man sich um mehrere hundert Jahre zurückversetzt.

Direkt hinter dem Deich an der Schwarzen Elster gelegen, kann der Ruhlander Eichwald mit mehreren Rekorden aufwarten: Er bildet die größte Eichenfläche der brandenburgischen Oberlausitz, war bis 1945 der nordwestlichste Wald Niederschlesiens und das einzige Gebiet der Oberlausitz nördlich der Schwarzen Elster.

Noch heute wird der Eichwald von der Revierförsterei Ruhland bewirtschaftet. Die Holzbrücke, die einst die Kleinstadt mit ihren Eichen verband, gibt es nicht mehr. Die Forstleute arbeiten behutsam in dem wertvollen Areal. Stets kommen und gehen mehrere Generationen der »Grünröcke«, bis die Eichen hiebsreif sind.

Geblieben ist die Ruhe, besonders, wenn es Abend werden will. Wenn schließlich »Gevatter Mond« aus dem Wolkenmeer austritt und den Eichwald mit seinem fahlen silbrigen Licht verzaubert, erscheint das »Es war einmal vor langer Zeit« auf einmal zum Greifen nahe.

Abendstimmung im Ruhlander Eichwald

Auch Pilze gibt es im Eichwald reichlich.

Der Ruhlander Eichwald im abendlichen Herbstglanz

Winter im Eichenhain

Schwarzheide – Hier stimmt die Chemie

Schwarzheide hat ein Teichdreieck

Reizvolle Gewässer laden westlich der Stadt zum Besuch

Die Stadt Schwarzheide hat nicht nur jede Menge »schwarze Heide« zu bieten, sondern auch viel Wasser. Denn besonders westlich und nördlich des Ortes fraßen sich vor Jahrzehnten die Bagger durch die Landschaft und hinterließen dabei mehrere Restlöcher. Aus diesen entwickelten sich im Laufe der Zeit reizvolle Wasserflächen, die zur Naherholung einladen.

Zwischen Schwarzheide und Lauchhammer ist sogar ein »Teichdreieck« entstanden. Dazu gehören der Ferdinands-, der Süd- und der Laugkteich. Der Ferdinandsteich erhielt seinen Namen durch die Grube Ferdinand Ostfeld, die bereits in der 1930er- und 1940er Jahren ausgekohlt worden war. Ab 1982 wurde das Gewässer bis zur Wende zur Einleitung von Kohletrübe genutzt. Später erfolgte eine teilweise Sanierung. Doch noch heute gibt es wilde Uferabschnitte, die nicht betreten werden dürfen. Mittels eines Kanals ist der Ferdinandsteich mit seinem nordwestlichen Nachbarn, dem Südteich, verbunden. Dieses Gewässer hat seinen Ursprung in den beiden Kohlengruben Zschornegosda-Süd und Ferdinand-Westfeld.

Wahrzeichen »Landzunge«

Charakteristisch für den Südteich ist darüber hinaus seine Halbinsel im Südteil. Diese wird von den Einheimischen als Landzunge bezeichnet und dient als (illegale) Badestelle. Die Landzunge markiert übrigens den Verlauf des einstigen Damms zwischen den Tagebaufeldern Zschornegosda-Süd und Ferdinand-Westfeld.

Am Nordufer des Südteiches befindet sich seit Anfang 2011 das Bildungszentrum »SeeCampus«. So können die Schüler selbst und gerade während ihres Unterrichts einen reizvollen Blick auf das Gewässer genießen. Vielleicht hilft dieses Phänomen bei mancher Klausur.

Das Baden ist derzeit sowohl im Ferndinands- wie auch im Südteich aus Sicherheitsgründen und wegen der noch unzureichenden Wasserqualität nicht gestattet. Mittelfristig soll es aber nach Plänen der Stadt Schwarzheide am Ostufer des Südteiches einen Strandbereich geben. Darüber hinaus ist vorgesehen, dass man zukünftig auf zwei Wanderwegen beide Gewässer umrunden kann. Als Ausgangspunkte eignen sich sowohl die Heimatstube auf der Dorfaue wie auch der Sportplatz in der Mückenberger Straße.

Früher Mülldeponie

Das dritte Gewässer im Schwarzheider »Teichdreieck« ist der Laugkteich. Er befindet sich etwas versteckt nördlich des Forstweges. Wer ihn besichtigen will, biegt zunächst von der Ruhlander Straße in den Forstweg ab und fährt diesen bis zu Ende. Hinter dem Bahnübergang und dem Garagenkomplex existiert ein kleiner Parkplatz. Der dort sichtbare Hügel war früher eine der größten Schwarzheider Mülldeponien. Von dieser ist heute aber nichts mehr zu sehen und schon gar nicht zu riechen. Vielmehr ermöglichen kleine Aussichtspunkte reizvolle Blicke auf den schon recht stark verlandeten Laugkteich.

Spätherbstimpressionen vom Laugkteich

An der »Landzunge« am Südteich

Manche Stellen sind noch ungesichert und dürfen deshalb nicht betreten werden.

Blick über den Ferdinandsteich zum Feuerwehrturm Schwarzheide-West

Schwarzheide – Hier stimmt die Chemie

Brandenburgs schlösserreiche Oberlausitz

Am Seenland-Rand gibt es wunderschöne Ensembles

Zugegebenermaßen führt der Landstrich zwischen Ruhland und Ortrand südwestlich des Lausitzer Seenlandes trotz seiner verkehrsmäßig zentralen Lage ein recht abgeschiedenes Dasein. Nur wenigen Gästen sind bislang die versteckten Sehenswürdigkeiten dieser Region bekannt. Dabei gibt es davon gar nicht wenige. Denn dieser ungefähr 210 Quadratkilometer umfassende Zipfel der brandenburgischen Oberlausitz gilt nicht nur als wald- und wasserreich, sondern ebenso reich an Schlössern und Parkensembles.

Warum in diesem relativ kleinen Gebiet so viele Schlossanlagen existieren, können heute selbst die Historiker nicht mit hundertprozentiger Sicherheit sagen. Es wird angenommen, dass die Grenzlage dieses Landstriches zwischen der alten Mark Meißen im Westen und der Oberlausitz im Osten die Ursache sei.

Einige der Schlösser stehen allerdings nicht mehr. Sie wurden nach dem Ende des Zweiten Weltkrieges auf Befehl der damals stationierten Roten Armee abgerissen oder gesprengt. Ideologische Gründe bildeten den Anlass. Die meisten alteingesessenen Einwohner waren über diese schändlichen Taten zeit ihres Lebens verbittert. Beispielsweise wurden die Schlösser in Guteborn, Kroppen und Hermsdorf bei Ruhland auf teils brutale Art und Weise zerstört und dem Erdboden gleichgemacht. Immerhin blieben die dazugehörigen Parkanlagen weitgehend erhalten.

Türmereiches Ensemble Lindenau

Als Ausgangspunkt für eine Reise zu den Schlössern und Parks der brandenburgischen Oberlausitz eignet sich das Dorf Lindenau. Der Ort ist am günstigsten über die Autobahn 13 (Berlin – Dresden), Abfahrt Ortrand, zu erreichen. Lindenau besticht durch sein Ensemble von Schloss, Kirche und Torhaus. Wer über die Hauptstraße auf diesen Komplex zufährt, dürfte sich wegen des türmereichen Anblicks eher an eine größere Stadt erinnert fühlen.

Das Schloss wurde Ende des 16. Jahrhunderts von Loth Gotthard von Minckwitz erbaut. Während sich die Vorderfront im Renaissancestil präsentiert, ist dem Park eine dreiflügelige Barockanlage zugewandt. Der große Landschaftspark, der sich durch seine vielen Rhododendrensträucher und Azaleen auszeichnet, entstand ab dem Jahr 1736 durch die Familie von Gersdorff. Später erwarb die Fürstenfamilie Lynar das Anwesen. Zu DDR-Zeiten diente das Schloss als Kinderheim. Heute befindet es sich in Privatbesitz.

Alljährlich zu Pfingsten findet im angrenzenden, insgesamt 23 Hektar großen Park das Lindenauer Parkfest statt. Dabei handelt es sich um eine der größten Veranstaltungen im Oberspreewald-Lausitz-Kreis.

Wasserschloss Großkmehlen

Nur drei Kilometer von Lindenau entfernt befindet sich das nächste Schloss, nämlich in Großkmehlen. Streng genommen zählt dieser Ort nicht mehr zur Oberlausitz, da er sich bereits auf der westlichen Seite des Grenzflüsschens Pulsnitz befindet. In Großkmehlen gibt es im Ortsmittelpunkt ein reizvolles Gebäudeensembles, das aus dem Wasserschloss, der Kirche und dem Pfarrhaus besteht. Schon im Jahr 1391 ist in der Chronik ein Rittersitz erwähnt. Das heutige Erscheinungsbild des Schlosses im Renaissancestil stammt aus dem 16. Jahrhundert.

Der trutzig wirkende Bau ist in den vergangenen Jahren aufwändig rekonstruiert worden. Heute steht er zu verschiedenen Veranstaltungen wie dem Schloss- und Hopfenfest im September und dem Weihnachtsmarkt im Advent für Besucher offen. Zudem lohnt sich ein Besuch im angren-

In einem überaus bedauernswerten Zustand befand sich längere Zeit das Niemtscher Herrenhaus. Inzwischen wurde es abgerissen.

Das Schloss in Lipsa von der Parkseite aus gesehen

Schloss Großkmehlen in winterlicher Ruhe

Der ehemalige Standort des im Jahr 1948 gesprengten Kroppener Schlosses im Winter

Erklärungen vor der Schlosskapelle im Guteborner Park

zenden Park, dessen Mittelpunkt ein Pavillon bildet. Unbedingt sollte auch die Kirche mit der berühmten Silbermann-Orgel besichtigt werden.

Park ohne Schloss in Kroppen

Von Großkmehlen geht es an Ortrand vorbei nach Kroppen. Direkt an der Pulsnitz erstreckt sich dort der rund 17 Hektar große Landschaftspark, der vom Gartenarchitekten Eduard Petzold (1815 bis 1891) angelegt wurde. Nur das Schloss suchen Gäste vergebens. Es wurde nämlich im Jahr 1948 gesprengt. Bis zuletzt sollte das Ensemble als Ferienheim einer Dresdener Brauerei ausgebaut werden. Heute ist lediglich das Fachwerkhaus, das als Sitz der Gemeindeverwaltung dient, erhalten.

Hochzeitsschloss in Lipsa

Von Kroppen führt die Tour über Jannowitz nach Hermsdorf. Auch in diesem Ort befand sich einst ein ansehnliches Schloss. Es fiel jedoch im Mai 1945 nach dem Einzug der Roten Armee den Flammen zum Opfer. Heute erinnert fast nichts mehr an dieses Gebäude, dass sich an der Straße nach Lipsa befand.

Dagegen hat das Schlossensemble im nur einen Steinwurf entfernten Lipsa gut die Wirren der Zeit überstanden. Prächtig wirkt der beige-orangefarbene Gebäudekomplex, an den sich ein teichreicher Park anschließt. Das Schloss taucht im Jahr 1680 erstmals aus dem Dunkel der Geschichte auf. Zu Beginn des 18. Jahrhunderts erhielt es sein heutiges Aussehen. Zu DDR-Zeiten diente es als Altersheim. Legendär war die Vogelzucht neben dem Gebäude.

Zwar steht das Schloss derzeit leer, doch können sich Heiratswillige in den historischen Mauern das Ja-Wort geben. Nicht zuletzt befindet sich vor dem Eingang auf der Parkseite ein hoher Storchenhorst, der möglicherweise bei den frischgebackenen Eheleuten für Nachwuchs sorgen könnte.

Schwarzheide – Hier stimmt die Chemie

Buschwindröschen-Teppich im Biehlener Auwald

Frühling wird es im Biehlener »Park«, einem Auwaldrest an der Schwarzen Elster.

»Macht doch euren Dreck alleene« in Guteborn

Von Lipsa geht es über Hermsdorf nach Guteborn. Auch dort stand bis zum Sommer 1948 ein prächtiges Schloss, dessen Ersterwähnung auf das Jahr 1575 zurückgeht. Dann wurde es brutal gesprengt. Immerhin blieb die kleine Kapelle direkt daneben bis heute erhalten.

Das Guteborner Schloss brachte es zu deutschlandweiter Berühmtheit durch die Abdankung des Königs Friedrich August III. von Sachsen (1865 bis 1932) im November 1918. Der Monarch soll am Ende des Ersten Weltkrieges mit den Worten »Macht doch euren Dreck alleene« das Gebäude verlassen haben.

Reizvoll ist der wasser- und waldreiche Guteborner Park. Hinter der neuen Kindertagesstätte befindet sich tief im Wald der namensgebende Gute Born, eine winzige Quelle. Diese ist allerdings nur mit einem ortskundigen Führer zu erreichen.

Gesundheitsschloss in Hohenbocka

Von Guteborn wird die Schlösserreise über Grünewald nach Hohenbocka fortgesetzt. Das dortige Ensemble gehört zu den jüngeren seiner Art. Es wurde nämlich erst um die vorvorige Jahrhundertwende errichtet. Im Jahr 2011 öffnete das turmbekrönte Schloss seine Pforten als Gesundheitshotel. Bereits in den 1990er Jahren wurde der sich daran anschließende Park rekonstruiert.

Von Schloss und Park Hohenbocka ist es nur ein Katzensprung bis in die sogenannte »Bucksche Schweiz«. Dabei handelt es sich um das Elbsandsteingebirge im Miniaturformat. Das Areal entstand durch die Glassandgewinnung.

Biehlener Gutshaus im Anemonenzauber

Ein kleines Gutshaus darf auch das Dörfchen Biehlen, nordwestlich von Hohenbocka, sein Eigen nennen. Es befindet sich in einem kleinen Auwaldrest an der Schwarzen Elster und damit an der Grenze zur Niederlausitz. Das Gebäude dient heute als Wohnhaus. Besuchen kann man das umgebende Wäldchen. Besonders lohnt sich ein Ausflug im zeitigen Frühjahr. Denn dann blühen unter den noch kahlen Bäumen unzählige weißrosafarbene Buschwindröschen. Den Blütenteppich vervollkommnen darüber hinaus zahlreiche Schneeglöckchen.

Trauriges Schloss-Schicksal in Niemtsch

Von Biehlen ist Niemtsch über Brieske oder Peickwitz schnell erreicht. Sehenswert in dem Ort am Westufer des Senftenberger Sees ist der rund 17 Hektar große auwaldartige Park mit seinem uralten Baumbestand.

Vom einstigen Schloss, das zwischen den Jahren 1820 und 1840 im klassizistischen Stil errichtet wurde, war längere Zeit nur noch eine Ruine übriggeblieben. Durch Brände wurde das historische Ensemble weitestgehend zerstört. Die früheren Nebengebäude und Stallungen bilden aufgrund ihres erbärmlichen Zustandes einen regelrechten Schandfleck in dem ansonsten pittoresk wirkenden Urlauberort. Im Jahr 2011 erfolgte der Abriss des alten Rittergutes. Geplant ist eine Wohnbebauung.

Viel Wald, viel Wasser, viel Ruhe

Neben den Schlössern und Parkanlagen hat die brandenburgische Oberlausitz für Touristen noch weit mehr zu bieten. Die Ruhlander Heide, die große Teile dieses Gebietes einnimmt, beherbergt auch jede Menge Teiche und Fließgewässer. So beginnt in ihrem Westteil der sich komplett von West nach Ost hindurch ziehende Oberlausitzer Teichgürtel. Reizvolle Gewässergruppen existieren bei Frauendorf, Lindenau, Kroppen, Jannowitz und Guteborn.

In dem relativ dünn besiedelten Gebiet sind zahlreiche seltene Tier- und Pflanzenarten beheimatet. Beispielsweise leben Schwarzstörche und Eisvögel in der Region. Unter Botanikern gilt der Sorgenteich zwischen Ruhland und Guteborn aufgrund seiner transatlantischen Flora als wahres Juwel. Nicht zuletzt schätzen Gäste die fast schon himmlische Ruhe.

Ein Besuch im brandenburgischen Zipfel der Oberlausitz lohnt sich zu jeder Jahreszeit. Die Verkehrsanbindung ist dank Autobahn und zweier Bahntrassen gut, das gastronomische Angebot und Übernachtungsquartiere ebenso. Übrigens: Ein Urlaub im Lausitzer Seenland lässt sich wunderbar mit einem Besuch dieser völlig anders erscheinenden Gegend verbinden.

Fast zugewachsen ist der »Gute Born«, der dem Ort seinen Namen gab.

Abendliche Idylle im Kroppener Landschaftspark

Schloss Hohenbocka – aus alt wird gesund

Einfach mal abschalten und genießen

Einst wandelte Brandenburger Uradel durch das frühere Rittergut in Hohenbocka. Bis 1945 bewohnte Familie von Götz das riesige Anwesen mit fünf historischen Gebäuden und einem sieben Hektar großen Park. Nach der deutschen Einheit stand der denkmalgeschützte und zwischen 1898 und 1912 letztmalig neu gestaltete Altbau leer. Erst im Sommer 2008 erwarb die Firmengruppe Drochow das stark sanierungsbedürftige Besitztum. Ein Jahr später erlebte das Schloss seine zweite Renaissance und wird sich bis Mitte 2012 zu einem regional einmaligen Gesundheitshotel mit ungefähr 50 Betten entwickeln. Dabei werden die Gebäude sowie der Schlosspark in das vor über einhundert Jahren entworfene historische Antlitz zurückversetzt. Innerhalb der Mauern setzen die Architekten jedoch auf modernste Ausstattung, um den zukünftigen Gästen eine entspannende wie wohlfühlende Atmosphäre zu bieten.

Weder Klinikum noch Kurort

Das Gesundheitshotel Schloss Hohenbocka ist weder ein Klinikum noch ein Kurort. Auf Basis der Naturheilkunde lädt es all diejenigen Menschen ein, die sich von ihrem Alltag eine Auszeit gönnen möchten. Freiwilliges Engagement für persönliches Gesundheitsbewusstsein wird durch die vielfältigen und bedürfnisorientierten Angebote des Hotels belohnt. Jeder Gast erhält nach einem ausgiebigen Begrüßungsgespräch einen persönlichen wie ganzheitlichen Gesundheitsplan. Bei dieser Anamnese berücksichtigen therapeutische Berater mögliche Beschwerden und Vorerkrankungen. Ob Rückenschmerzen, Schlafstörung, Rauchen, Nervosität oder Verspannung, durch Bewegungsschulungen für den Alltag, tief entspannende Schlafkuren, Meditation durch Yoga und Thai Chi, Akkupunktur, Banja, vielfältige Massagetechniken und mehr, werden unter medizinischer Betreuung der Körper und der Geist des Gastes auf natürlichem Wege in Balance gebracht – gänzlich ohne medikamentöse Verfahren.

Ernährungs- und Kochschule

Darüber hinaus steht den Gästen des Gesundheitshotels Schloss Hohenbocka eine Ernährungs- und Kochschule mit Schauküche zur Verfügung. In ihr werden unter Anleitung eines Sterne-Kochs aus regionalen Produkten und der Ernte aus dem hauseigenen Obst- und Kräutergarten gesunde Gerichte zubereitet. Diese erfreuen im Anschluss natürlich den eigenen Gaumen. Der wundervolle Park und die Umgebung laden die Gäste vor und nach dem Mahl zu ausgiebigen Wanderungen zu Fuß, per Rad oder Pferd ein. Zudem stehen entspannende Ausflüge und Touren zu den Sehenswürdigkeiten des Lausitzer Seenlandes auf dem Programm, an denen auf Wunsch teilgenommen werden kann. Wer neben den gesundheitsförderlichen Angeboten auch feiern, arbeiten, tagen oder sich weiterbilden möchte, findet in den Räumlichkeiten ausreichend Platz, eine anregend kreative Atmosphäre sowie einen individuell zugeschnittenen Service vor. Ob Workshop, Hochzeit oder Geburtstag, das Gesundheitshotel Schloss Hohenbocka verwandelt für all seine Gäste stressige Alltage in entspannte Festtage.

Ein märchenhafter Anblick für den grünen Ausblick

Innen wie außen: Alle Sinne sind Feuer & Flamme.

Stilvoller Augenschmaus als Wohlfühl-Vorspeise

Das Schlosscafé als Sahnehäubchen

Beitrag von:
Firmengruppe Drochow
Hauptstraße 2 a · 01994 Drochow
Tel. (03 57 54) 74 90 · Fax (03 57 54) 7 49 99
info@ecom-parts.com · www.drochow-gruppe.de

Die »Ilse« wird bis zum Rand (ab)gefüllt

Flutung am Großräschener Haussee ist bis 2015 abgeschlossen

Dort, wo sich seit März 2007 der Großräschener See (bis Herbst 2011 Ilse-See) mehr und mehr ausbreitet, hat sich die Landschaft in den vergangenen Jahrzehnten gleich mehrfach gewandelt. Zunächst gab es im Gebiet zwischen Senftenberg und Großräschen mehrere Dörfer. Teilweise wurden dort Mühlen betrieben und sogar Wein angebaut. Später erfolgte nach vorangegangenem Bergbau unter Tage der Aufschluss des ersten Tagebaus in der Gemarkung Rauno. Damals schrieb man das Jahr 1896. Bereits 25 Jahre zuvor begann die Erfolgsgeschichte der Ilse-Bergbau-AG, die fortan das Leben der hiesigen Menschen und der Niederlausitzer Landschaft maßgeblich veränderte. Immer neue Gruben wurden aufgeschlossen und Brikettfabriken gebaut. Später wurden selbst diese wieder überbaggert. Erst Weihnachten 1999 endete endgültig der Tagebaubetrieb südlich von Großräschen.

Acht Jahre später begann die Flutung des vorerst nach der Ilse AG benannten Restloches. Es wird im Jahr 2015 als eines der letzten im Lausitzer Seenland vollständig gefüllt sein. Dann ist es auch möglich, den benachbarten Sedlitzer See mittels einer schiffbaren Verbindung einschließlich eines rund 200 Meter langen Tunnels per Wasserfahrzeug zu erreichen. Seit Juli 2010 ist der Kanal zwischen den Orten Sedlitz und Allmosen in Bau.

Blick auf den Großräschener See von Süden: Im Vordergrund befindet sich der Senftenberger Stadtteil Sedlitz.

See-Entstehung live verfolgen

Über ein Jahrzehnt, und zwar von 2000 bis 2010, war die Internationale Bauausstellung (IBA) »Fürst-Pückler-Land«, ein starker Motor des Lausitzer Seenlandes, direkt am Nordufer des Großräschener Sees beheimatet. Das Informationszentrum auf den IBA-Terrassen gibt es noch heute, wenn auch mit einem anderen Betreiber. Dort werden alle Fragen um die neu entstehende Landschaft beantwortet. Selbst die Seebrücke ist bereits seit 2005 vorhanden. Von dort aus lässt sich die immer weiter fortschreitende Flutung des Gewässers sehr gut verfolgen. Schon heute führt die Seestraße vom Marktplatz aus schnurgeradeaus auf den Großräschener See zu. Man kann ihn gar nicht verfehlen.

In unmittelbarer Nähe der IBA-Terrassen wird mittelfristig der Großräschener Hafen entstehen. Zudem ist gleich nebenan eine Sporthalle geplant. Im Spätherbst 2011 wurde eine Lichtinstallation am Großräschener See in Betrieb genommen. Das »Blaue Band« markiert den künftigen Endwasserstand.

Einen weiteren reizvollen Aussichtspunkt am See bildet die im August 2007 eröffnete Viktoria-Höhe, die über die »Allee der Steine« erreichbar ist. Im Südost- und im Westbereich des Areals um das Gewässer sind größere Flächen dem Naturschutz vorbehalten.

Energie vom Ilse-Ufer

Im Südwesten der Fläche wird mit dem Solarpark Senftenberg ein Projekt realisiert, das für den energetischen Wandel in der Region steht. Auf einer Fläche von 65 Hektar entsteht die Anlage. Der Großräschener See ist übrigens dasjenige Gewässer, welches verkehrstechnisch am besten erschlossen ist. Die Autobahn A13 ist keine fünf Kilometer entfernt, drei Bundesstraßen tangieren fast die Uferbereiche, ebenso zwei Bahntrassen mit drei Bahnhöfen.

Großräschen – die SeeStadt

Brandenburgs Ministerpräsident Matthias Platzeck auf der Viktoria-Höhe am Großräschener See

Hier wird in wenigen Jahren der Großräschener Stadthafen entstanden sein.

Erinnerung an die abgebaggerte Siedlung Anna-Mathilde am Sedlitzer Ufer

In der Bergbaufolgelandschaft am Großräschener See

Schwarze Kohle – Tagebau Meuro	
Wo gelegen	zwischen Großräschen und Senftenberg
Wann gefördert	1965 bis 1999
Wie viel Fläche	3583 Hektar
Wie viel Abraum	1840 Millionen Kubikmeter
Wie viel Kohle	330 Millionen Tonnen
Welche devastierten Orte	Bückgen/Großräschen-Süd (2510 Einwohner) Senftenberg-Nord (1700 Einwohner) Sauo (760 Einwohner) Sedlitz (685 Einwohner) Hörlitz (400 Einwohner) Reppist (170 Einwohner) Rauno (60 Einwohner) Meuro (20 Einwohner)
Blaue Wellen – Großräschener See	
Wann befüllt	2007 bis 2015
Welche Fläche	789 Hektar
Welche Wassermenge	101 Meter
Welche Höhe über NHN	135 Millionen Kubikmeter
Welcher pH-Wert	3,7
Füllstand Dezember 2011	53 Prozent
Überleiter 11 (Kanal) – vom Sedlitzer See zum Großräschener See	
Welche Länge	1197 Meter
Welche Sohlbreite	4,0 Meter
Wann Fertigstellung	2012
Tunnel	Länge 226 Meter Breite 9,2 Meter Lichte Profilbreite 9,2 Meter Lichte Profilhöhe 7,27 Meter
Wehranlage	Lichte Weite 6,5 Meter Stauhöhe 3,75 Meter Hubhöhe 7,27 Meter

Herzlich Willkommen in der SeeStadt Großräschen

Modern, kreativ, traditionsbewusst

Eine erste urkundliche Erwähnung Groß- und Klein-Räschens stammt aus dem Jahr 1370. Groß- und Klein-Räschen waren dem Amt Senftenberg lehn- und zinspflichtig. Von Mitteldeutschland kommend, über Dörrwalde – Spremberg – Sorau nach Polen und Russland führend, berührte die sogenannte Zuckerstraße beide Räschen. Hier war um 1540 der »Krug«, der heutige »Kurmärker«, wichtige Ausspannmöglichkeit für die Fuhrleute. Zugleich war der jeweilige Krugbesitzer staatlicher Beigeleits- und Accis-Einnehmer. Er hatte also Straßengebühren zu kassieren.

Unvergleichlich große Veränderungen für die hiesigen Dörfer und Flure begannen mit der Braunkohlegewinnung im letzten Drittel des 19. Jahrhunderts. So entstand das Senftenberger Bergbau- und Industriegebiet, zu dem auch Großräschen gehört. Im heutigen Stadtgebiet wurde die erste Kohle 1864 in der Grube »Victoria« gefördert, 1869 entstand die erste Glashütte und 1871 meldete die Firma Kuhnheim & Co. das Bergwerk »Ilse AG« bei der Bergwerksbehörde an. Die über der Kohle lagernden Tonschichten führten zur Entwicklung der Ziegelindustrie. Bis zur Jahrhundertwende entstanden zwei weitere Glaswerke, vor allem aber Brikettfabriken verschiedener Unternehmen auf Grube »Ilse« sowie südlich von Klein-Räschen, die die im Tief- und bald nur noch im Tagebau gewonnene Rohkohle zu Presskohlen verarbeiteten. Die rasante industrielle Entwicklung auf bisher nur landwirtschaftlich genutztem Raum erforderte den Zuzug zahlreicher Arbeitskräfte mit ihren Familien.

Rasantes Wachsen & herber Rückschlag

Hatte das heutige Stadtgebiet 1871 noch 1534 Einwohner, so waren es 1910 bereits 11 738. Das rasante Anwachsen der Bevölkerung brachte eine rege Bautätigkeit hervor. Das Zentrum von Groß-Räschen erhielt um die Jahrhundertwende durch die Errichtung von Geschäftshäusern stadtähnliches Aussehen. Die Werke errichteten in der Nähe ihrer Fabrikanlagen Arbeiterwohnhäuser und -siedlungen und die Ilse AG erbaute aus einheimischen Klinkern einmalige Villen und Familienhäuser. 1925 erfolgte der Zusammenschluss von Groß- und Klein-Räschen zur Gemeinde Großräschen. 1965 wurde Großräschen das Stadtrecht verliehen.

Wegen der Überbaggerung durch den Tagebau Meuro erfolgte 1988/1989 die Ortsteilverlegung von Großräschen-Süd (ehemals Bückgen), deren Umfang ohne Beispiel in den neuen Bundesländern war – eine Umsiedlung von circa 4000 Einwohnern wurde erforderlich. Die Entwicklung der Stadt erlitt damit einen herben Rückschlag – mehrere

Blick auf den Kurmärker, das Kulturzentrum der Stadt

Großräschen verfügt über ein modern ausgestattetes Freizeit- und Erholungszentrum. Dazu gehört auch diese Erlebnisrutsche.

Modell eines historischen Bergmanns der Ilse AG

Großräschen – die SeeStadt

Sommerliches Marktpanorama von Großräschen

Industriestandorte und -betriebe, Wohngebiete, wertvolle Einrichtungen und Gebäude gingen ohne Ersatz verloren.

Nach der politischen Wende sind auch die über Jahrzehnte hinweg strukturbestimmenden Wirtschafts- und Industriezweige in der Stadt und der Region wie das Klinker- und Ziegelwerk, das Glaswerk, die Betriebe für Mikroelektronik und Spielwaren sowie Zweigbereiche der Kohle- und Energiewirtschaft »weggebrochen«.

Gesunde Wirtschaftsstruktur

Heute ist Großräschen mit den Ortsteilen Allmosen, Barzig, Dörrwalde, Freienhufen, Saalhausen, Wormlage und Woschkow eine Kleinstadt mit 10 300 Einwohnern und direkt über die gleichnamige Anschlussstelle der A13, die B96 und die B169 zu erreichen. Bus und Bahn mit einer stündlichen Direktanbindung nach Berlin gibt es direkt vor Ort. Der nächstgelegene Flughafen ist in Dresden.

Großräschen gehört innerhalb der Regionalplanung des Landes Brandenburg dem »Regionalen Wachstumskern Westlausitz« an und ist »Gemeinsames Mittelzentrum in Funktionsteilung mit der Stadt Senftenberg«. Die städtische Wirtschaftsstruktur prägen vier Industrie- und Gewerbegebiete sowie verschiedene mittelständische Unternehmen, Handels- und Dienstleistungseinrichtungen. Die jährlich von der Stadt ausgerichtete Leistungsschau von Handwerk und Gewerbe bietet für örtliche und regionale Firmen und Unternehmen eine überregional ausstrahlende Präsentationsplattform.

Die Stadt bietet sofort verfügbare attraktive Kinderbetreuungsangebote. Für eine moderne Ausbildung sorgen zwei Grundschulen und eine Oberschule mit Ganztagsschulangebot und dem Schwerpunkt »Praxislernen«. Nach der Schulzeit oder innerhalb einer beruflichen Neuorientierung bietet der Lehrbauhof der Handwerkskammer Cottbus Um-, Aus- und Weiterbildungsmöglichkeiten.

Ausgangspunkt der IBA

Die Internationale Bauausstellung »Fürst-Pückler-Land« (IBA) nahm im Jahr 2000 hier ihren Ausgang.

Sie gestaltete bis 2010 gemeinsam mit vielen Partnern durch außergewöhnliche Projekte den Landschaftswandel in der vom Braunkohlebergbau geprägten Region.

Zentral am wunderschön sanierten Markt gelegen, locken der Kurmärker-Saal und das Kurmärker-Bürgerhaus mit der »Guten Stube« und der Stadtbibliothek mit einem vielfältigen Veranstaltungs- und Begegnungsprogramm für Jung und Alt. Hier bietet eine Webcam aktuelle Stadtansichten. Ein besonderes kulturelles Highlight bis weit über die Stadtgrenzen hinaus, sind die internationalen Orgelkonzertzyklen in den Kirchen der Stadt. Aktive Erholung in der Stadt bieten ein saisonbetriebenes Freizeit- und Erholungszentrum, großzügig gestaltete Sportanlagen mit Tennisplätzen, Sauna, Kegelbahn sowie Möglichkeiten zum Bowling. Besonders interessant für Radwanderfreunde ist das Radrundwegenetz – die Stadt selbst und ihre Ortsteile sind hier eingebunden. Ein Kleinod in dörflicher Idylle ist die restaurierte Mühle im Ortsteil Dörrwalde.

Über viele Jahrzehnte wurde bei Großräschen Kohle abgebaut. In den Anfangsjahren geschah dies durch die Ilse Bergbau AG.

Panorama von der Victoriahöhe

Beitrag von:
Stadt Großräschen
Seestraße 16
01983 Großräschen
Tel. (03 57 53) 2 70
Fax (03 57 53) 2 71 13
info@grossraeschen.de
www.grossraeschen.de

Großräschen – die SeeStadt

Panoramablick vom Großräschener See zu den IBA-Terrassen

Das Tor zum Lausitzer Seenland

Von den IBA-Terrassen das »SeePanorama« genießen

Konferenzraum mit Traumblick

Romantisch erleuchtete IBA-Terrassen bei Nacht

Jazz im Liegestuhl mit Seeblick

Am zukünftigen Strand des Großräschener Sees befinden sich die IBA-Terrassen, welche gleichzeitig das Besucherzentrum »Lausitzer Seenland« verkörpern. Nach der Eröffnung 2004 erhielten sie den Brandenburgischen Architekturpreis und viel Aufmerksamkeit sowohl in der Fachwelt als auch in der Bevölkerung. Die großen Architekturzeitschriften berichteten über das kühne Bauwerk am Tagebau und eine bekannte Tageszeitung nannte den Ort »die ungewöhnlichste Zivilisationskante der Welt«. Sehr schnell etablierten sich die IBA-Terrassen nicht nur als Besucher- und Ausstellungszentrum, sondern auch als Veranstaltungsort für Vereine, Firmen, Verbände und Familien. Neben der touristischen Information und den Ausstellungen finden hier Fachkongresse und Tagungen von Bundes- und Landesbehörden ebenso statt wie zahlreiche Kulturveranstaltungen und private Feiern. Zudem starten von hier die touristischen Touren des Reiseveranstalters »iba-tours«.

Fantastischer Blick

Direkt am Ufer lädt das »SeePanorama« auf der Victoriahöhe zu einem fantastischen Blick in die Bergbaufolgelandschaft des Niederlausitzer Braunkohlereviers ein und unterstreicht einmal mehr den Ruf Großräschens als »Tor zum Lausitzer Seenland« – live per Webcam unter www.grossraeschen.de zu betrachten. Mindestens genauso attraktiv sind die »Allee der Steine« und der »Mühlenkreisel«, eingebettet zwischen Pflanzenpyramiden und einem Baumensemble.

Einmalig ist die Großräschener See-Brücke unterhalb der IBA-Terrassen. Sie entstand aus einem umgebauten Abwurfausleger des letzten Abraum-Absetzers des Tagebau Meuro. Die Flutung des Großräschener Sees wird 2015 abgeschlossen sein. Bereits heute sichern sich Häuslebauer die Grundstücke mit Seeblick in der Alma Siedlung.

Stadthafen und SeeSporthalle

Des Weiteren entsteht gegenüber dem SeeHotel****, welches aus dem ehemaligen Ledigenheim der »Ilse AG« hervorging, ein Stadthafen. Die zukünftigen Bootsführer haben in Zukunft von hier aus die Möglichkeit, das gesamte »Lausitzer Seenland« zu erkunden. Ein schiffbarer Kanal ist im Bau und wird nach seiner Fertigstellung den Großräschener See mit dem Sedlitzer See verbinden. Neben Booten werden auch Radfahrer über diesen Kanal die Region entdecken können.

Optisch mit dem zukünftigen Hafen verknüpft, ist die SeeSporthalle im Entstehen. Verschiedenste sportliche Nutzungsmöglichkeiten durch Schulen, Vereine und Touristen sind hier in einem repräsentativen Ambiente möglich. Wer so lange nicht warten möchte, besucht derweil die hauseigene Gemäldegalerie im bereits erwähnten SeeHotel****. Das sogenannte Fälschermuseum zeigt über einhundert Bild-Reproduktionen alter und neuer Meister aus der Werkstatt der russischen Brüder und Meisterfälscher Posin.

Beitrag von:
IBA-Terrassen
Besucherzentrum Lausitzer Seenland
Seestraße 100
01983 Großräschen
Tel. (03 57 53) 2 61 14
www.iba-terrassen.de

Großräschen – die SeeStadt

Das Seenland mit allen Sinnen erleben
aktiv- und iba-tours präsentieren Landschaft im Wandel

Alljährlich um Ostern erwacht die Seeschlange aus ihrem Winterschlaf. Wenn alle müden Glieder geölt sind, geht das liebevoll gepflegte Gefährt mit Lok und zwei Wagen wieder auf große Fahrt. Schließlich will die weiß-blaue Bahn zahlreichen Besuchern ihre faszinierende Heimat zeigen – das Lausitzer Seenland.

Übrigens bietet Aktiv-Tours zudem Ausflüge per Bus, Fahrrad, Kremser, Floß und Fuß an – gern auch in einer Tour kombinierbar und barrierefrei. Für sportliche Seenland-Entdecker stehen jede Menge Zweiräder bereit. Meist führt Firmenchef Eckhard Hoika seine Gäste selbst durch das Seenland. Es gibt wohl keine Gegend zwischen Bergheider und Bärwalder See, zu der er keine Geschichte zu erzählen weiß.

Von spannenden Dingen kann auch Sören Hoika, Betriebsleiter bei IBA-Tours, berichten. Den Gästen werden dabei die Projekte der Internationalen Bauausstellung »Fürst-Pückler-Land« präsentiert, die zwischen 2000 und 2010 maßgeblich das Seenland zu dem formte, was es jetzt ist. Entdecken lassen sich diese Attraktionen auf geführten Wanderungen oder Rad- und Bustouren – gern auch über mehrere Tage. Dazu können Fahrräder ausgeliehen sowie Jeep-, Floß- und Kremserfahrten gebucht werden. Darüber hinaus werden Führungen durch die Ausstellung auf den IBA-Terrassen und Segwaytouren angeboten.

Unverwechselbar ist die weiß-blaue Seeschlange. Das Gefährt präsentiert den Gästen die Schönheiten des Lausitzer Seenlandes.

Die Firmenmitarbeiter füllen schon mal die Mini-Seen auf den IBA-Terrassen.

Beitrag von:
aktiv-tours
Straße zur Südsee 1
01968 Senftenberg
OT Großkoschen
Tel. (0 35 73) 81 03 33
info@aktiv-tours-lausitz.de
www.aktiv-tours-lausitz.de

iba-tours
Seestraße 100 b
01983 Großräschen
Tel. (03 57 53) 26 10
info@iba-tours.de

Ausflug nach Nossedil

An der Wald-Feld-Kante südlich von Saalhausen hat einmal ein Dorf gestanden: Nossedil. Heute erinnern ein Steinhaufen sowie ein alter Brunnen an die mittelalterliche Wüstung. Verbürgt ist, dass das Dorf am 20. Januar 1266 aus dem Dunkel der Geschichte auftaucht. Damals ist Nossedil erstmals urkundlich durch das Kloster Dobrilugk bei Finsterwalde erwähnt worden. Doch schon im Jahr 1492 ist von der »wusteney Nißzedyl« die Rede, Nossedil muss von seinen Bewohnern aufgegeben worden sein. Warum, weiß niemand so genau.
Die Wüstung ist heute über die Ortsverbindung von Saalhausen nach Drochow erreichbar. Hinter dem Abzweig nach Annahütte führt in einer Linkskurve ein Waldweg nach links in die Kiefernheide. Nach ein paar hundert Metern zweigt ein Pfad nach Nossedil ab.

Das ist von Nossedil noch heute erhalten.

Adebar wird gefeiert

Die Freienhufener sind stolz auf ihr lebendes Wahrzeichen. Hoch thront es über der Dorfmitte nahe des Teiches. Denn in einem großen Horst lebt seit vielen Jahren ein Storchenpaar. Ende März oder Anfang April, wenn die Rotstrümpfe von ihrer Tausende Kilometer langen Reise aus Afrika zurückgekehrt sind, beginnt für die Freienhufener der Frühling. Öfter wird in den nächsten Wochen im Ort diskutiert, ob und wie viele Eier gelegt worden sind oder ob schon ein Jungvogel geschlüpft ist.
Die Freienhufener mögen ihre Rotstrümpfe so sehr, dass sie ihnen ein eigenes Fest widmen. Bereits seit dem Jahr 2003 feiern sie deswegen im August ihr Storchenfest. Zwar wirken die Adebare dabei nicht direkt mit, da sie sich bereits auf ihren Afrika-Flug vorbereiten, doch wird mit einer Ausstellung und einem Kulturprogramm an sie erinnert.

Das Freienhufener Storchenpaar in seinem Horst

In Großräschen spielt die Orgelmusik

Königin der Instrumente besitzt eigene Konzertzyklen

Rudolf Bönisch ist ein gefragter Mann. Sehr häufig klingelt bei ihm das Telefon. Dann wollen nämlich Künstler aus dem In- und Ausland am anderen Ende der Leitung wissen, ob sie beim nächsten Konzertzyklus spielen dürfen. Denn Rudolf Bönisch gilt als anspruchsvoll. Schließlich ist der großgewachsene freundliche Mann nicht irgendwer, sondern der Hauptorganisator des Großräschener Orgelzyklus. Und diese überaus beliebte Veranstaltungsreihe gibt es bereits seit dem Jahr 1991.

Die Vorgeschichte reicht bis in das Jahr 1989 zurück. Damals hatte die Kirche am Großräschener Marktplatz eine neue Orgel erhalten. Da die Königin der Instrumente nicht nur bei den Gottesdiensten erklingen sollte, war die Idee einer regelmäßig wiederkehrenden Konzertreihe geboren. Am 2. Mai 1991 eröffnete der alte Kantor von Senftenberg auf der Räschener Orgel den musikalischen Zyklus. Ungefähr 40 Besucher lauschten damals den feierlich-pathetischen Klängen. Heute zählen die Organisatoren pro Konzert etwa 120 Besucher.

Auch in der Kirche zu Hornow bei Spremberg war die Großräschener Orgelfahrt bereits zu Gast.

Das Publikum in der Antoniuskirche applaudiert den Künstlern begeistert.

Internationale Künstler

Seit der Jahrtausendwende finden die Orgelkonzerte in der katholischen Antoniuskirche statt. In diesem Gotteshaus befindet sich ein größeres Instrument mit zahlreichen Klangfarben.

Längst geben sich namhafte internationale Künstler in Großräschen die Klinke in die Hand. Unvergessen ist beispielsweise der Auftritt des ehemaligen Organisten des Wiener Stefansdoms, Prof. Peter Planyavski. Der weltweit bekannte Schweizer Organist Guy Bovet präsentierte im Rahmen eines Benefizkonzertes seine »Kirchentangos«. Laut Rudolf Bönisch genossen rund 350 Menschen dieses Konzert. Dabei bietet die Kirche lediglich 220 Sitzplätze.

Ein besonderes Augenmerk wird auf Künstler aus den mittel- und osteuropäischen Ländern gelegt. Musiker aus Polen, Tschechien, Russland, Weißrussland und weiteren Staaten präsentierten in Großräschen bereits ihr Können. Anfang September finden die Osteuropäischen Orgelmusiktage statt.

Nicht zuletzt wird Jahr für Jahr eine Orgelfahrt angeboten. Dabei reisen die Teilnehmer zu verschiedenen Kirchen in der Lausitz, und bekannte Musiker spielen auf den jeweiligen Orgeln kleine Konzerte. Darüber hinaus gibt es mannigfaltige Informationen zu Land und Leuten. Wer mitfahren möchte, muss sich stets beeilen, denn die begehrten Busplätze sind oft schnell ausverkauft.

Die junge polnische Künstlerin Anna Firlus zu Gast beim Orgelzyklus

Auch das polnische Trompeter-Duo Tomasz Slusarczyk (l.) und Stanislaw Majerski gastierte bereits in Großräschen.

»Mixtur im Bass«

Neben dem Großräschener Orgelzyklus gibt es eine zweite Veranstaltungsreihe mit der Bezeichnung »Mixtur im Brass«. An zumeist fünf Wochenenden im Sommer können die Besucher Konzerten an verschiedenen Orgeln in verschiedenen Orten der Niederlausitz lauschen. Mancher Gast wundert sich dabei, welche Schätze von außen eher unscheinbare Dorfkirchen behüten. Darüber hinaus werden die jeweiligen Gotteshäuser mit ihren Orgeln vorgestellt.

Konkrete Programminformationen zu beiden Veranstaltungsreihen gibt es beim Verein Großräschener Orgelkonzerte unter www.orgelklang.de.

Turmbaustelle Ende 2010

Richtfest im Herbst 2011

Gottesdienst in der Dörrwalder Kirche mit Superintendent Michael Moogk

Der Kirchturm kehrt zurück

Dörrwalder Wahrzeichen wird wieder aufgebaut

Wer als Ortsfremder heute nach Dörrwalde reisen will, hat es nicht leicht. Erst kurz vor dem rund 175 Einwohner zählenden Ort taucht die Holländer-Windmühle mit ihren großen Flügeln auf. Bis weit in die 1970er Jahre hinein war das ganz anders. Damals zeigte der hohe Kirchturm den Reisenden den Weg ins Dorf. Mit seiner stolzen Höhe von ungefähr 36 Metern war er bereits kurz hinter Großräschen zu sehen.

Laut der Chronik ist das markante Bauwerk im Jahr 1767 errichtet worden. 30 Bauern des Ortes hatten es innerhalb weniger Monate aufgebaut. Der Turm wachte seitdem über das Dorf, überstand Gewitter und Winterstürme, den Ersten und Zweiten Weltkrieg. Allerdings nicht die DDR-Zeit.

Turm brach zusammen

Im Jahr 1974 befand sich das Bauwerk in einem furchtbaren Zustand. Aufgrund der Braunkohlentagebaue um den Ort und den damit verbundenen Grundwasserabsenkungen kamen immer mehr Risse und weitere Schäden zum Vorschein. Später brach sogar ein ganzer Teil des Turmes in sich zusammen. Schwingungen der Glocken hatten möglicherweise den letzten Impuls dafür gegeben.

Um die Jahreswende 1974/1975 wurde das Dörrwalder Wahrzeichen schließlich auf brachiale Art und Weise abgerissen. Mit Seilen und Raupen brachte man den Turm endgültig zum Einsturz. Immerhin konnten noch die Glocken unter den Trümmern geborgen werden.

Zur damaligen Zeit war es nicht nur um die Kirche, sondern um das gesamte Dorf schlecht bestellt. Dörrwalde befand sich nämlich auf der Liste der Abrissdörfer, die mittelfristig dem Braunkohlenbergbau weichen sollten. Dazu kam es glücklicherweise durch die politische Wende der Jahre 1989/1990 nicht mehr.

Traum wird verwirklicht

Ab 1994 richteten die Einwohner ihre ebenfalls in Mitleidenschaft gezogene Kirche wieder her. Aber die meisten Dörrwalder träumten von einem Wiederaufbau ihres Kirchturms. Auf den ersten Spatenstich mussten sie noch anderthalb Jahrzehnte warten. Am 31. Juli 2010, anlässlich der 600-Jahr-Feier des Ortes, ging es endlich los. Zwar gab es statische Probleme mit dem alten Mauerwerk, doch konnte auch diese Schwierigkeit die Dörrwalder in ihrem Enthusiasmus keinesfalls aufhalten.

In den Sommer 2012 soll nun der historische Tag fallen, an dem der wiederaufgebaute Kirchturm feierlich eingeweiht wird. Sogar eine behindertengerechte Toilette wird er in seinen Mauern beheimaten. Nicht zuletzt können Interessierte das Bauwerk bis in eine Höhe von 15 Metern besteigen und einen weiten Blick über Dörrwalde und das Niederlausitzer Land genießen.

Und wer aus der Ferne in das 175-Einwohner-Dorf kommt, wird dank des alten neuen Kirchturms den Weg nach Dörrwalde nicht mehr verfehlen. Die Einwohner hoffen nun, dass ihrem Wahrzeichen ein längeres Leben beschieden sein möge als seinem Vorgänger.

Erster Spatenstich für den Turm im Sommer 2010

Visionäre – verdienstvolle Seenländer

Der Vater des Lausitzer Seenlandes

Otto Rindts Visionen werden Wirklichkeit

Ohne Otto Rindt würde es das Lausitzer Seenland in seiner heutigen Form wahrscheinlich nicht geben. Frühzeitig entwickelte der Landschaftsgärtner die Visionen der heutigen Gewässer, die damals freilich noch durchweg Kohlengruben waren. Besonders der Gegend zwischen Senftenberg und Hoyerswerda hatte sich Rindt gewidmet.

Schon in den 1950er und 1960er Jahren warb er nach dem Ende der bergbaulichen Nutzung für die Seenplatte. Darüber hinaus besaß der »Vater des Seenlandes«, wie Otto Rindt heute oft genannt wird, eine Vorliebe für die Steine der Eiszeit. Diese sind in den Tagebauen häufig zu finden, in deren Erdreich sie über Tausende Jahre unter der Oberfläche ruhten. Diese Elemente, »vor allem die größeren unter ihnen, haben mich seit meiner Kindheit als natürliche Landschaftselemente fasziniert ...«, schreibt er in seiner Broschüre »Die Steine der Eiszeit«. Zeitlebens setzte sich der Landschaftsgärtner für »die Rettung und sinnvolle Verwendung dieser besonderen Steine«, die ursprünglich zumeist aus Skandinavien stammen, ein.

Eigentlich ein Norddeutscher

Kein Wunder, schließlich wuchs Otto Rindt im Norden, genauer gesagt, im heutigen Schleswig-Holstein, auf. In dieser durch und durch eiszeitlich geprägten Gegend wurde er am 16. Dezember 1906 in dem kleinen Dorf Apenrade, nahe der dänischen Grenze gelegen, geboren. Genau 20 Jahre später begann er eine Lehre als Landschaftsgärtner. Dort gewann der Norddeutsche wertvolle praktische Erfahrungen im gestalterischen Umgang mit Natursteinen.

Nach mehreren Wanderjahren, unter anderem durch die Alpen, nahm Rindt im Jahr 1932 ein Hochschulstudium in Berlin auf, das er vier Jahre später mit dem Diplom als Gartengestalter erfolgreich abschloss. Anschließend arbeitete Otto Rindt als Landschaftsanwalt bei Reichsautobahnstrecken in Sachsen-Anhalt sowie in Thüringen. Aus diesem Grund verlegte er seinen Wohnsitz nach Halle an die Saale. Nach der Entlassung aus der Kriegsgefangenschaft in der Sowjetunion war der Landschaftsgärtner als Berufsschullehrer tätig. Ab 1950 beschäftigte er sich mit der Anlage von Flurschutzpflanzungen in der Magdeburger Börde sowie im Vorharz.

Findlinge liebte Rindt über alles.

Der »Vater des Seenlandes«: Otto Rindt

Visionäre – verdienstvolle Seenländer

Chefplaner für die Bergbaufolge

Erstmals mit der Bergbaufolgelandschaft der Lausitz kam Otto Rindt Ende der 1950er Jahre in Berührung. Ab 1958 leitete er das Büro für Gebiets-, Stadt- und Dorfplanung des Bezirkes Cottbus. Dort entstand ein Großteil der Pläne und Konzeptionen für die Landschaftsgestaltung in den Braunkohlenabbaugebieten des Senftenberger Reviers als Folgelandschaften. Noch weit vor der Einstellung der Kohleförderung im Tagebau Niemtsch hatte Rindt die Pläne für die Nachnutzung als Erholungsgebiet ausgearbeitet. Im Sommer 1973 war es dann soweit: Der Senftenberger See wurde der Öffentlichkeit feierlich übergeben. An seinen Ufern sind noch heute vielfältige Gestaltungselemente mit den aus Skandinavien stammenden Findlingen zu finden.

Auf Karten mit der Vision des Jahres 2010, die Rindt zeichnete, sind erstaunlich genau schon die heute noch teilweise in der Flutung befindlichen Seen zu erkennen. Auch über manche Details dabei kann man staunen. So wusste der Landschaftsplaner beispielsweise schon vor etwa 35 Jahren von der Halbinsel im jetzigen Partwitzer See. Dieses lang gestreckte Naturschutzgebiet bildet heute auf Luftbildern eine erstklassige Orientierungsmöglichkeit.

Außerdem hatte Otto Rindt schon damals die Verbindung der einzelnen Seen durch Kanäle empfohlen. Längst sind heute die ersten schiffbaren Verbindungen vollendet und weitere im Bau beziehungsweise in der Planung.

Mehrfach geehrt

Darüber hinaus erwarb sich Otto Rindt als Naturschutzbeauftragter für den Bezirk Cottbus in den Jahren von 1960 bis 1980 aufgrund der Ausweisung von Naturschutzgebieten einen Namen. Von 1970 bis 1983 wirkte der Landschaftsgärtner im Büro für Territorialplanung der Bezirksplankommission. Im Jahr 1983 schied Otto Rindt aus dem Berufsleben aus und widmete sich publizistischen und ehrenamtlichen Tätigkeiten in verschiedenen Fachverbänden. Er verstarb am 3. Januar 1994 in Cottbus.

Für seine Verdienste erhielt der »Vater des Lausitzer Seenlandes« schon zu Lebzeiten bedeutende Ehrungen, beispielsweise im Jahr 1971 die Verdienstmedaille der DDR sowie die Verleihung der Ehrendoktorwürde der Hochschule für Bauwesen Weimar im Jahr 1988.

Seit dem 16. Dezember 2004 trägt eine Oberschule in Senftenberg seinen Namen. In ihr befindet sich auch eine kleine Ausstellung zum Leben und Wirken Otto Rindts, die auf Anfrage besichtigt werden kann.

Der Senftenberger See ist auch Rindts Werk.

Rindts Visionen sind zu großen Teilen Wirklichkeit geworden.

Visionäre – verdienstvolle Seenländer

Ein Bergmann boxt sich durch

Walter Karge – ein Lausitzer Original

Walter Karge half als Bergmann bei der Entstehung des Senftenberger Sees mit.

Gebe es ein Lehrbuch über die Geschichte des Lausitzer Braunkohlenbergbaus, dürfte Walter Karge darin nicht fehlen. Fast ein halbes Jahrhundert hat der Bergmann zunächst die intensive Entwicklung des Senftenberger Reviers mitgeprägt sowie später dessen Stilllegung und Sanierung mit allen damit verbundenen Vor- und Nachteilen in verantwortlichen Funktionen organisiert.

Mit tiefen Gruben, schwarzer Kohle und großen Baggern kennt sich Walter Karge bestens aus. Und natürlich mit dem Lausitzer Seenland. »Dazu gab es nie eine Alternative«, sagt der über 70-Jährige heute rückblickend. Schließlich hätte nirgends ausreichend Material für die grundwasserferne Schließung der Förderstätten, aus denen das »schwarze Gold« gewonnen wurde, zur Verfügung gestanden. So habe bereits früh festgestanden, dass aus den Tagebauen Seen entstehen. So wandelte sich die Grube Niemtsch zum Senftenberger See, der inzwischen seit vier Jahrzehnten eines der beliebtesten Naherholungsgebiete zwischen Berlin und Dresden ist.

Von der »Pike« auf gelernt

Ein halbes Jahr, nachdem Walter Karge als Sohn eines Friseurmeisters am 4. Dezember 1940 in Senftenberg das Licht der Welt erblickte, wurde in der Niemtscher Grube die erste Kohle gefördert. Bis zum Jahr 1966 entrissen die Bergleute der Erde über 132 Millionen Tonnen Kohle. Karge nahm nach seiner Schlosserlehre im Briesker Braunkohlenwerk (BKW) »Franz Mehring« im Jahr 1957 auf der Förderbrücke im Tagebau Niemtsch die Arbeit auf. »Schon ganz früh hat mich die faszinierende Großtechnik sehr interessiert«, erinnert er sich. Walter Karge fuhr oft in den Tagebau und bewunderte dort die wie von Geisterhand bewegten riesigen Ungetüme. In Niemtsch durfte er dann eben diese Stahlkolosse warten und reparieren.

Bereits als 19-Jähriger gehörte der Senftenberger zu denjenigen Kumpel, die im heißen Sommer 1959 Bagger und Förderbrücke vor den Flammen eines gewaltigen Grubenbrandes bewahrten. Ein außer Kontrolle geratener Waldbrand hatte damals die Technik massiv bedroht. Zum Glück war alles gut gegangen.

Nur wenige Tage nach diesen aufregenden Erlebnissen wechselte Walter Karge seinen Schlosseranzug gegen den Hörsaal der heutigen Westsächsischen Hochschule in Zwickau ein. Bis 1963 studierte der junge Mann Bergmaschinentechnik. Als frischgebackener Diplom-Ingenieur und Familienvater kehrte er anschließend in seine Lausitzer Geburtsstadt zurück.

Dort warteten anspruchsvolle Aufgaben. So war Walter Karge dabei, als der Tagebau Niemtsch geschlossen und mit der Flutung sowie Rekultivierung begonnen wurde. Ebenso begleitete er den Neuaufschluss des Großtagebaus Meuro nordwestlich von Senftenberg. Das bedeutete für ihn eine besondere Aufgabe, da fast alle Gerätschaften Neuausrüstungen waren. Deren Erprobung und Stabilisierung im Leistungsbetrieb waren eine große Herausforderung für den jungen Bergmann.

Dem Tagebau Meuro, in dem über dreieinhalb Jahrzehnte die sagenhafte Menge von 330 Millionen Tonnen Rohbraunkohle gefördert wurde, blieb Karge bis auf wenige Unterbrechungen bis zu seinem Auslaufen kurz vor der Jahrtausendwende treu.

Den Hut gezogen

Inzwischen war der Bergmann zum Betriebsdirektor Tagebaue bei der neugegründeten Lausitzer Braunkohle AG (Laubag), die 1990 aus dem Braunkohlenwerk Senftenberg hervorgegangen war, aufgestiegen. An jene bewegten Wendezeiten kann sich Walter Karge noch gut erinnern. Schließlich mussten unzählige Kumpels den bitteren Weg in die Arbeitslosigkeit antreten. Von knapp 2000 Beschäftigten im Jahr 1990 im Tagebau Meuro, insgesamt arbeiteten im Lausitzer Revier etwa 40 000, waren knapp zehn Jahre später nur noch 250 übrig geblieben. »Ich ziehe noch heute meinen Hut vor den ehemaligen Kollegen. Sie haben bis zu ihrem letzten Tag voller Disziplin und Verantwortung ihre Aufgaben erledigt«, resümiert Karge voller Bewunderung zwei Jahrzehnte später. Immerhin seien dank Vorruhestandsregelungen und neuen Aufgaben in der Bergbausanierung viele ehemalige Kollegen mit einem »blauen Auge« davongekommen.

Die imposante Tagebau-Großtechnik hat Walter Karge schon als Kind begeistert.

Blick auf die zukünftige Seebrücke am Nordufer des Großräschener Sees

Der Senftenberger wurde später selbst in der Sanierung der alten Tagebauflächen tätig, und zwar als Bereichsleiter Brandenburg der im Sommer 1994 gegründeten Lausitzer und Mitteldeutschen Bergbau-Verwaltungsgesellschaft mbH (LMBV). So wurden Mondlandschaften in neue Wälder, Felder und sogar Seen umgewandelt.

Wo Walter Karge und seine Bergleute einst nach Kohle gruben, erstreckt sich heute der Großräschener See. Dieses noch in Flutung befindliche Gewässer war nach ursprünglichen Planungen in dieser Größe gar nicht vorgesehen. Da nach der Wende auch der benachbarte Tagebau Greifenhain angehalten wurde, fehlten jedoch die Erdmassen, um die Meuroer Grube zu verfüllen. So war der Ilse-See geboren. »Nicht die schlechteste Idee«, wie Walter Karge befindet. Zwar lagern in seinem Tagebau Meuro noch immer 15 Millionen Tonnen Kohle, doch werden diese nicht mehr gefördert. Traurig ist der Senftenberger Bergmann darüber nicht: »Schließlich soll dort einmal der Großräschener Hafen entstehen. Darauf freue ich mich schon«.

Stolz auf die Radwege

Besonders stolz ist der Bergmann, dass es gelungen ist, die einstigen Wirtschaftswege der Sanierer in Radlertrassen umzuwandeln. Nicht zuletzt profitiert Karge davon auch selbst. Pro Jahr bringt es der ambitionierte Sportler auf immerhin fast 6000 Kilometer. Mit dem Fahrrad, versteht sich. »Nebenbei« ist Walter Karge als Vorsitzender des Sportvereins Senftenberg tätig, der zu den mitgliederstärksten in der Kreisstadt gehört. Kein Wunder, hat es Karge als junger Mann im Boxen bis zum Bezirksmeister im Halbschwergewicht gebracht. Noch heute trainiert er regelmäßig in seiner Altherrengruppe. »Egal, ob im Ring oder in der Grube, ich habe mich immer durchgeboxt und wohl nicht ganz erfolglos«, resümiert der Bergmann und Sportler.

Vom Aussichtspunkt Reppist bei Senftenberg hat man einen herrlichen Blick über den früheren Tagebau Meuro.

Infotafel am Westrand des Tagebaus

Visionäre – verdienstvolle Seenländer

Förster, Dichter, Heimatpatriot

Aus dem Leben Gottfried Unterdörfers

Wer den Namen Gottfried Unterdörfer hört, denkt fast automatisch an blühende Heidelandschaften, stille Teiche, beschauliche Dörfer und Wald, genauer gesagt, an sehr viel Wald. Wer seine Werke liest, kommt unweigerlich mit einer tiefen, kaum in Worte zu fassenden Heimatliebe zur mittleren Lausitz in Berührung. Kein Wunder, ist doch der Uhyster Förster, Dichter und Heimatforscher in einer Person gewesen. In seinem Buch »Wege und Wälder« schreibt er: »Seit meiner Kindheit ziehen mich Wege an, die in Wälder führen. Das elterliche Forsthaus stand an einem solchen Weg ...«. Gottfried Unterdörfer hatte das Glück, seinen Traum zum Beruf zu machen. So wuchs der im März 1921 Geborene als erstes Kind einer Försterfamilie in Zschornau bei Kamenz auf. Unvergesslich blieben dem jungen Unterdörfer die gemeinsamen Pirschgänge mit seinem Vater. Nach der Kamenzer Gymnasialzeit trat der Förstersohn seine Ausbildung bei der Sächsischen Landesforstverwaltung an. Sein erster Hirsch, den er geschossen hatte, blieb sein letzter. Statt der Waffe nahm Gottfried Unterdörfer lieber Papier und Bleistift mit in den Wald und verfasste dort Gedichte.

Auf die »sonnige Lebensinsel« gezogen

Den Zweiten Weltkrieg erlebte der junge Revierförster in seiner ganzen Grausamkeit mit. Darüber hinaus verbrachte er nach Kriegsende drei Jahre in einem russischen Internierungslager. Erst zu Weihnachten 1949 wurde Unterdörfer entlassen. Die unstillbare Sehnsucht nach der Lausitzer Heimat hatten ihn die Qualen überleben lassen. 1950 heiratete der Revierförster Christa Burghardt, die insgesamt neun Jahre auf seine Heimkehr gewartet hatte. Im gleichen Jahr zog das junge Ehepaar nach Uhyst an der Spree, den Ort, welchen Unterdörfer als »sonnige Insel unseres Lebens« bezeichnete. Fünf Jahre später wurde das Forsthaus an der Straße zwischen Uhyst und Mönau bezogen. Im Laufe der nächsten Jahrzehnte verfasste Gottfried Unterdörfer mannigfaltige literarische Werke, Gedichtbände, Erzählungen, Landschaftsbeschreibungen. Besonders zu Herzen ging ihm die fortschreitende bergbauliche Devastierung der Gegend nördlich von Uhyst. Dort, wo sich heute der Bärwalder See befindet, kämpfte Unterdörfer um jeden Baum, der vor der Kohle gerettet werden konnte. Das Werden des Lausitzer Seenlandes nördlich von

In der Unterdörfer-Ausstellung in der Uhyster Heimatstube

Förster, Dichter, Heimatkundler: Gottfried Unterdörfer

Uhyst in Form des größten Gewässers Sachsens, des Bärwalder Sees, war Gottfried Unterdörfer nicht mehr zu erleben vergönnt.
Im Spätsommer 1992 legte der Uhyster für immer den Stift aus der Hand. In seinem Abschiedswort an den Dichterförster schreibt sein Brieffreund Armin Stolper: »Unterdörfers letzter Brief«, erhalten an seinem Sterbetag, »ist mir ein dringlicher Appell, das eigene, die Heimat ... nicht gering zu schätzen«. Darin stehen die Zeilen: »Die Landschaft bringt für uns alles: Allgäu und Finnische Seenplatte, aber es ist die Oberlausitz.«

Eine eigene Ausstellung

Einige Jahre später richtete der Uhyster Heimatverein in seiner Heimatstube in der Ortsmitte einen Unterdörfer-Raum ein. Wer dort den Film über den wohl bekanntesten Uhyster anschaut, kann kaum Tränen der Rührung verbergen. Außerdem können seine Bücher, Anthologien, Fotos und Schriften bewundert werden, ebenso wie persönliche Gegenstände aus seiner über 50-jährigen Försterzeit.
In der Heimatstube ist auch die Biografie des Försters und Dichters »Ich möchte einen Kranich sehen« erhältlich. Das Werk erschien im Jahr 2001 anlässlich Unterdörfers 80. Geburtstag. Es handelt sich um die Krönung seiner literarischen Arbeit. Besonders ergreifend erscheint dabei diese Textstelle: »7. September. Endlich hoher Septemberhimmel. Ich ernte Holunder am Mönauer Teichdamm. Frühherbstliche Hermann-Löns-Stimmung ...« Es sind mit die letzten Zeilen aus der Feder des Dichterförsters. Nur zwei Tage später wird er heimgerufen.

Darüber hinaus existiert in der Heimatstube ein Sammelsurium unterschiedlichster Gegenstände, angefangen von Küchengeräten aus Omas Zeiten bis hin zu historischer landwirtschaftlicher Technik. Weit mehr als 1200 Gäste haben dieses kleine Museum bislang besucht. Oft war dabei der Satz »Das kenne ich noch aus meiner Kindheit« zu vernehmen.

Die Heimatstube Uhyst kann nach Absprache mit dem Heimatverein besichtigt werden.

Idyllisch liegt Unterdörfers Forsthaus an der Straße nach Mönau.

Sein Uhyst mit der Kirche im Mittelpunkt hat Unterdörfer über alles geliebt.

Sogar der originale Försterhut ist in der Ausstellung zu sehen.

Carlo Noack – der Maler aus dem Seenland

Wer in dem kleinen Dörfchen Lieske einen Blick von der Kirche auf das der Bundesstraße gegenüber liegende Haus wirft, entdeckt an dessen Mauern eine fast unscheinbare bronzene Tafel. Sie erinnert an den sorbischen Maler Carlo Noack, der am 28. November 1873 in dieser ehemaligen Dorfschule geboren wurde.

Noack wuchs im knapp 20 Kilometer entfernten Schwarzkollm auf. Der spätere Lehrer studierte in Kassel und Berlin Kunst, lehrte anschließend in Crossen (Oder) sowie am Friedrich-Wilhelm-Gymnasium Cottbus. Im Jahr 1959 legte Carlo Noack für immer die Mal-Utensilien aus den Händen. Einige seiner farbenprächtigen Niederlausitzer Landschaftsaquarelle sind heute im Wendischen Museum in Cottbus zu besichtigen.

In diesem Haus wurde Carlo Noack geboren.

Visionäre – verdienstvolle Seenländer

Der Möwengucker vom Sedlitzer See

Heiko Michaelis kümmert sich um die Vogelwelt

Sobald Heiko Michaelis einen Augenblick Freizeit hat, geht sein Blick zum Himmel. Sein Interesse gilt dort weniger der Sonne, den Wolken oder Flugzeugen, sondern den Vögeln. Taucht dann tatsächlich ein dunkler, langsam größer werdender Punkt am Himmel auf, weiß Michaelis meist sofort, um welche Art es sich handelt. Besonders im Herbst scheint das Lausitzer Firmament vor lebenden Punkten dunkel gefärbt. »Dann kommen nämlich die Gänse«, weiß der Hobby-Ornithologe. Und nicht etwa zu fünft oder zu zehnt, sondern zu Hunderten. In manchen Jahren hat der Mittvierziger allein auf dem Senftenberger See weit über 1000 wilde Gänse gezählt, die auf ihrer Reise von Nordosteuropa

Vogelkundler Heiko Michaelis (r.) und Floßkapitän Wolfgang Deger haben eine junge Silbermöwe gefangen, die anschließend beringt wurde.

Impressionen von den Seenland-Möwen

Fotoshooting vor der Sedlitzer Möweninsel

in wärmere Gefilde im Seenland rasten. »Das ist schon ein beeindruckendes Erlebnis, wenn die Vögel mit ihren so typischen Geräuschen in der Dämmerung im Wasser einfallen«, weiß Heiko Michaelis aus jahrzehntelanger Erfahrung.

Kolonie in der Tagebaugrube

Neben den Gänsen gilt sein Interesse vor allem den Möwen. In Michaelis' Hausgewässer, dem Sedlitzer See, existiert auf einer ehemaligen Schüttungsrippe des früheren Tagebaus Sedlitz, die sich längst in eine Insel verwandelt hat, eine große Kolonie mit ungefähr 250 Brutpaaren. Seit in den 1980er Jahren die ersten Vögel dieser Artengruppe in der mittleren Lausitz auftauchten, wurden es von Jahr zu Jahr stetig mehr. So leben im und am Sedlitzer See inzwischen Silber-, Mittelmeer- und Steppenmöwen. Hinzu kommen Fluss-Seeschwalben und Lachmöwen. Diese Artenkonzentration ist laut Heiko Michaelis im deutschen Binnenland einzigartig.
Im Juni 2010 lud der Sedlitzer Vogelkundler gemeinsam mit dem Ilse-Seesportverein zum ersten Mal Interessierte auf eine Floßfahrt zu den Möweninseln ein. Was die Mitreisenden zu sehen bekamen, war mehr als beeindruckend. Einblicke in die Kinderstube der Vögel, Beobachtungen der Tiere bei ihren ersten Schwimmversuchen und darüber hinaus die Sichtungen der winzigen Höhleneingänge der Uferschwalben, der kleinsten Schwalbenart Europas, bildeten nur einen Bruchteil der Höhepunkte auf dieser Exkursion. Michaelis sieht in diesen Vögeln auch ein nicht unerhebliches touristisches Potenzial. »Viele Naturliebhaber kommen gerade deswegen in unsere Gegend«, weiß er aus vielen Gesprächen.

Künstliche Insel geplant

Doch das Möwenparadies im Lausitzer Seenland ist in Gefahr. Durch den steigenden Wasserstand im Sedlitzer See werden die kleinen Inseln mittelfristig überflutet. Naturschützer und Behörden überlegen deshalb, ein künstliches Eiland im Wasser zu errichten. »Das sind wir unseren Möwen schuldig. Schließlich gehörten sie zu den ersten, die die unwirtliche Bergbaufolgelandschaft besiedelten. Warum sollen sie hier nicht eine dauerhafte Heimat finden?«, fragt sich nicht nur Heiko Michaelis.

Visionäre – verdienstvolle Seenländer

Vogelpaparazzo und Hobbymeteorologe
Klaus Hirsch geht außergewöhnlichen Hobbys nach

Klaus Hirsch vor dem Bildschirm mit dem bewohnten Starenkasten

Auch Schwalben sind Wetterboten. So fliegen sie vor Regen tief. Wenn sich die Vögel im Spätsommer auf den Stromleitungen sammeln, ist die warme Jahreszeit zumeist beendet.

Klaus Hirsch kennt in Großkoschen fast jeden. Und jeder kennt Klaus Hirsch. Kein Wunder, ist der Bergmann im Ruhestand doch für seine ungewöhnlichen Hobbys weithin bekannt.
So gilt der Mann als »Vogelpaparazzo«. Zu Beginn des Jahres 2010 baute Hirsch in einen Nistkasten eine winzige Kamera ein, um die Geschehnisse in der sonst für Menschenaugen verborgenen Vogelwohnung zu erkunden. Und tatsächlich, im Frühjahr zog eine Starenfamilie in den Kasten, der hoch in der Vorgartenfichte aufgehängt ist. Anfangs zeigten sich die schwarz gefiederten Gesellen gegenüber der Kamera recht skeptisch. Doch mit der Zeit gewöhnte sich Familie Star an den stets beobachtenden »Gast«.

Blümchen im Nistkasten

Von dem, was Klaus Hirsch mittels seiner Minikamera zu sehen bekam, ist er noch heute überwältigt. Besonders fasziniert hat den Großkoschener das am Kastenboden befindliche Stiefmütterchen. Dieses Blümchen brachte das Starenmännchen seiner Auserwählten mit, sozusagen als »Liebesbekundung«. Einige Tage danach waren die türkisfarbenen Eier gelegt, und ein paar Wochen später zeigten sich erstmals die Jungvögel am Einflugloch. Besonders turbulent ging es zu, als die Elternvögel mit den heiß ersehnten Käfern oder Würmern angeflogen kamen. Alle Schnäbel konnten gestopft werden, und die kleinen Geister gaben sich zufrieden.
Als Mitte Mai die jungen Stare ihren Nistkasten für immer verließen, war Klaus Hirsch schon ein wenig traurig. Doch es dauerte nicht lange, und ein neues Vogelpaar bezog den hölzernen Kasten. Die Aufnahmen sind inzwischen auf eine DVD gebannt worden. Ein kleiner Film wurde bereits im Brandenburg-Fernsehen gezeigt.

Ein Wetterfrosch

Direkt neben der Vogel- und Kamerafichte steht das Geburts- und Wohnhaus von Klaus Hirsch. Als er im Oktober 1939 das Licht der Welt erblickte, soll sich der Herbst von seiner sonnigen und warmen Seite gezeigt haben. Warum Klaus Hirsch das weiß? Schließlich ist er schon seit vielen Jahren im Kreise der Senftenberger Hobbymeteorologen aktiv. Der Mann im achten Lebensjahrzehnt kümmert sich nämlich ständig um seine Wetterstationen. Inzwischen kann Hirsch das Großkoschener Wetter für jeden Tag seit dem Jahr 2000 nachschlagen.

Beim Winterkampf dabei

Respekt hat der Großkoschener auch vor dem Winter. Als Bergmann war er schließlich bei jenen dramatischen Ereignissen zur Jahreswende 1978/1979 dabei, als innerhalb weniger Stunden die Temperaturen von plus zehn auf minus 20 Grad fielen und ein Schneesturm über den Tagebau fegte. »Wir haben damals gefroren wie die Schneider«, erinnert er sich. Hirsch gehörte zu denjenigen Bergleuten, die die Soldaten der Nationalen Volksarmee (NVA) betreuten.
Die Uniformierten waren mit ihrer schweren Technik den Kumpels zur Seite gestellt worden, um trotz widrigster Witterungsbedingungen die Kohleförderung weiter aufrecht erhalten zu können. Trotzdem, so war später in den Zeitungen zu lesen, gingen damals in der halben DDR die Lichter aus.

Romantischer Sonnenuntergang am Großkoschener Ufer des Senftenberger Sees in Richtung der namensgebenden Stadt

Klaus Hirsch an seiner Wetterstation im Garten

115

Kunstobjekt ehemaliger Tagebau

Eine kreative Visite am Altdöberner See

Das »Nordgewässer« des Lausitzer Seenlandes ist etwas ganz Besonderes. Nicht nur, dass auch dieser See durch einen Braunkohlentagebau künstlich entstanden ist, Kunst ist dort sogar das tragende Element zwischen Altdöbern und Pritzen geworden.

Beispiel 1999: Schützengräben durchziehen den kahlen Abhang. Am Fuß des Hügels stapeln sich Munitionskisten. Im ehemaligen Tagebau Greifenhain, dem heutigen Altdöberner See, wurden damals Szenen für den Film »Duell – Enemy at the gates«, Europas bis dahin teuersten Kinofilm, gedreht. Mit über 500 Darstellern erfolgte dort die Nachstellung eines Teiles der Schlacht um Stalingrad im Zweiten Weltkrieg. Der Tagebau bildete für Regisseur Arnnaud die ideale Kulisse. Das bereits teilweise mit Wasser gefüllte Restloch symbolisierte im Film die Wolga. Für den Streifen wurde die Tagebaukante mit der Silhouette von Stalingrad zusammen montiert.

Kaum jemand weiß heute noch, dass der Tagebau Greifenhain tatsächlich am 19. April 1945 durch Artilleriebeschuss in Brand gesetzt wurde.

Blick auf die Halbinsel Pritzen im Altdöberner See

Prähistorischer rekonstruierter Grabhügel am Seeradweg nach Altdöbern

Erst im September desselben Jahres konnte unter schwersten Bedingungen wieder Kohle gefördert werden.

Doch auch in späteren Jahren bildete die Tagebaukulisse ein faszinierendes Betätigungsfeld für Künstler. So wurden zwischen 1993 und 1995 mehrere Biennalen veranstaltet. Die entsprechenden Kunstwerke können noch heute im Dörfchen Pritzen sowie im Südbereich des benachbarten Gräbendorfer Sees besichtigt werden.

Die »Hand im See«

Ein kühnes Kunstprojekt befindet sich am Altdöberner See noch in der Planung. Dort soll mittelfristig eine rund einen halben Kilometer lange und bis zu 20 Metern hohe begehbare Erdskulptur entstehen, die an die Form einer Hand erinnert. Diese reicht symbolisch vom Altdöberner Ufer hinüber zur Halbinsel Pritzen. Im Zuge des Bergbaus war die einst nur drei Kilometer lange Verbindungsstraße gekappt worden. Heute müssen zwischen beiden Orten 17 Kilometer zurückgelegt werden. Ursprünglich sollte ein Steg Altdöbern und Pritzen miteinander verbinden. Von dieser Vision mussten die Bergbausanierer allerdings wegen der unsicheren geologischen Verhältnisse Abstand nehmen.

Darüber hinaus entwickelt sich der Altdöberner See zu einem touristischen Paradies mit einer zukünftigen Wasserfläche von fast 900 Hektar. Wenn die Grube voraussichtlich im Jahr 2021 vollständig geflutet ist, bildet sie den finalen Schlusspunkt unter den Gewässern des Lausitzer Seenlandes. Bis dato wird die im Werden begriffene Landschaft weitgehend vollendet sein.

Rütteldruck vor Ort erleben

Doch bereits heute ist ein Besuch am Altdöberner See überaus lohnend. Vom Aussichtspunkt »Randriegel« am Westufer lässt sich nämlich die Sanierung des alten Tagebaus hautnah miterleben. Von den rostfarbenen Utensilien der Bergleute ist ein Blick hinüber ans Nordufer möglich. Dort steht der imposante Rütteldruckverdichter. Er verschließt mittels einer tief in den Boden gerammten Lanze unterirdische Hohlräume. Dadurch wird die Geländeoberfläche stabilisiert.

Altdöbern – Kultur am See

Darüber hinaus können Radtouristen den See zwar noch nicht in Gänze durchgehend entlang der Uferbereiche umrunden, wohl aber existieren reizvolle Wege im West- und im Ostbereich. Die empfehlenswertesten Ausgangspunkte für Entdeckungen per Zweirad sind der Aussichtspunkt Randriegel im Westen sowie das Dörfchen Pritzen im Osten. Zum Randriegel zweigt von der Landstraße Großräschen-Altdöbern in Höhe des Friedhofes ein Fahrweg nach Osten ab. Pritzen ist am günstigsten über die B169 Senftenberg-Cottbus, Abzweig Lindchen, und dann über Leeskow und Lubochow zu erreichen.

Blick vom Altdöberner See auf Pritzen

Noch unsanierte Böschung am Altdöberner See

Schwarze Kohle – Tagebau Greifenhain	
Wo gelegen	östlich von Altdöbern
Wann gefördert	1937 bis 1994
Wie viel Fläche	3494 Hektar
Wie viel Abraum	1416 Millionen Kubikmeter
Wie viel Kohle	298,5 Millionen Tonnen
Welche devastierten Orte	Buchholz (261 Einwohner) Nebendorf (46 Einwohner) Neudorf (15 Einwohner) Groß Jauer (54 Einwohner) Klein Jauer (116 Einwohner)
Blaue Wellen – Altdöberner See	
Wann befüllt	1998 bis 2021
Welche Fläche	879 Hektar
Welche Wassermenge	294 Millionen Kubikmeter
Welche Höhe über NHN	82,4 Meter über Normalnull
Welcher pH-Wert	7,5
Füllstand Dezember 2011	62 Prozent

Blick über den Altdöberner See in Richtung Pritzen

Aussichtspunkt Randriegel am Westufer des Altdöberner Sees

Amt Altdöbern – eine beeindruckende Kulturlandschaft im Lausitzer Seenland

Se(h)en, Natur und Schlosspark erleben

Das Amt Altdöbern – südlich des Spreewaldes im Lausitzer Seenland gelegen – erstreckt sich mit seinen Gemeinden Altdöbern, Bronkow, Luckaitztal, Neupetershain und Neu-Seeland über eine Fläche von fast 200 Quadratkilometern. Geprägt durch die ehemaligen Tagebaue Gräbendorf, Greifenhain und Sedlitz befinden sich die Bergbaufolgelandschaften im Wandel zu abwechslungsreichen Kulturlandschaften. Ruhe und Idylle, ebenso die Möglichkeit zur aktiven Erholung, sind in den Gemeinden auf vielfältige Art zu finden.

Wandern und Radfahren in reizvoller Umgebung bietet die Calauer Schweiz mit ihren Quellen und Mooren, Teichen und Erhebungen. Naturliebhaber schätzen dieses landschaftliche Kleinod. Wer die Calauer Schweiz besucht, sollte sich einen Blick über das Seenland vom Aussichtspunkt bei Weißag oder bei einem Flug vom Segelflugplatz Bronkow gönnen. Kulinarischer Höhepunkt sind die Buchweizenplinze, ein Pfannengericht aus gemahlenem Buchweizen, welche in gemütlichen Gasthäusern der »Plinzdörfer« angeboten werden.

In der Mitte ein Schloss

Im Mittelpunkt der über 700-jährigen Gemeinde Altdöbern steht das Barockschloss aus dem 18. Jahrhundert, welches in eine fast 60 Hektar große außergewöhnliche Parkanlage eingebettet ist, die durch den Gartenarchitekten Petzold, einen Meisterschüler des Fürsten Pückler, gestaltet wurde. Schloss, Parkanlage mit Französischem Garten, alter Baumbestand, zahlreiche Wasserspiele und Plastiken, der Salzteich sowie die Orangerie und andere historische Bauten werden nach umfangreichen Rekonstruktionsarbeiten ein außergewöhnliches Ensemble bieten. So werden Pläne zum Umbau der Orangerie als Cafeteria mit Hofladen und Gärtnerei bereits in die Tat umgesetzt. Die Landschaftsinsel Pritzen ist beispielgebend dafür, wie Dörfer, die einst zum Sterben durch den Tagebau verurteilt waren, zu neuem Leben erwachen (Seite 120).

Drei neue Seen

Als Folge des Wandels vom Tagebau zum Seenland existieren im Amtsgebiet drei Gewässer: Der Altdöberner See, welcher voraussichtlich im Jahr 2021 vollständig geflutet sein wird und vor allem der Naherholung sowie dem Naturschutz dienen wird. Der Gräbendorfer See mit sehr guter Wasserqualität und rundum angelegtem Radweg wird von Radlern und Skatern sehr gut angenommen. Auch Badegäste, Segler, Angler und Taucher kommen auf ihre Kosten. Der kurz vor Vollendung der Flutung stehende Sedlitzer See bietet bereits schon heute Wasserflugzeugen die Möglichkeit zum Starten und Landen.

Wer eine aktive Braunkohlengrube erleben möchte, findet diese vor den Toren von Neupetershain – den Tagebau Welzow-Süd. Zeugnis von der einstigen Ortslage Geisendorf legt das ehemalige Gutshaus ab, welches zum Kulturzentrum »Gut Geisendorf« ausgebaut wurde. Direkt von dort, aber auch vom neuen Aussichtspunkt in Neupetershain eröffnet sich täglich ein anderer Blick in den Tagebau.

Das Gut Geisendorf bietet ganzjährig vielfältigste Kulturveranstaltungen.

Der Französische Garten gehört zum Schlossensemble.

Blick auf Lieske mit dem Sedlitzer See, links daneben der Partwitzer und dahinter der Geierswalder See.

Blick auf Schloss Altdöbern

Beitrag von:
Amt Altdöbern · Marktstraße 1 · 03229 Altdöbern
Tel. (03 54 34) 6 00 10 · Fax (03 54 34) 6 00 60
info@amt-altdoebern.de · www.amt-altdoebern.de

Altdöbern – Kultur am See

Eine Baggerschaufel für Altdöbern

Denkmal für eine vergangene Zeit

Mancher Besucher Lausitzer Orte hat sich bestimmt schon einmal über die gar nicht seltenen Baggerschaufeln, die sich zumeist an zentralen Stellen befinden, gewundert. Manchmal steht eine kohlebepackte Lore auf wenigen Metern Gleis daneben. Entsprechende Jahreszahlen reichen oftmals in die Zeit vor dem Zweiten Weltkrieg zurück. Die Ziffer »1935« ist auf der Baggerschaufel in Altdöbern zu lesen. In der früheren Bergarbeiter- und jetzigen Seegemeinde wurde im September 2007 ein Erinnerungsstück an mehrere Jahrzehnte Bergbaugeschichte aufgestellt.

Dieses »Symbol vergangener Energiepolitik im Raum Cottbus«, wie es der frühere Leiter des Tagebaus Greifenhain formulierte, soll an jene Zeiten erinnern, die Altdöbern und seine Umgebung für immer veränderten. Schließlich wagte vor über 75 Jahren niemand an den heutigen Altdöberner See zu denken, den einstigen Tagebau Greifenhain. Oder daran, dass Dörfer wie Groß und Klein Jauer, Nebendorf oder Buchholz von den Landkarten für immer verschwanden.

Neues Heim an der Gabelung

Immerhin brachten die ehemaligen »Tagebauer« die Baggerschaufel vom Typ SR 6300 als Geschenk nach Altdöbern mit. Übrigens war der Aufstellung des rund 2,3 Tonnen schweren Stahlkolosses ein jahrelanges Hin und Her um den besten Standort vorausgegangen. Schließlich entschied man sich für die Wegegabelung, an der sich früher die Wanderer zwischen der Tour nach Groß Jauer oder der Strecke nach Klein Jauer entscheiden mussten. Beide Dörfer wurden Mitte der 1980er Jahre Opfer der Kohle.

Trotz der Entbehrungen, welche das »schwarze Gold« für die Altdöberner mit sich brachte, bedeutete Kohle auch immer Arbeit. Unzählige Menschen aus der Gemeinde waren fast ein ganzes Leben lang im Tagebau Greifenhain, in einer der Brikettfabriken um Senftenberg oder in den Kraftwerken von Lübbenau und Vetschau beschäftigt. Als Zeichen der Versöhnung stiegen daher am Tag der Schaufeleinweihung mehrere Dutzend weißer Tauben in den Altdöberner Himmel. Jetzt freuen sich nicht nur die Dörfler auf »ihren« See, der neue Freizeitangebote mit sich bringen wird.

Die Baggerschaufel in Altdöbern befindet sich in der Jauerschen Straße. Diese ist schnell erreicht, indem man am Markt gen Osten in die Straße einbiegt. Die Schaufel kann jederzeit besichtigt werden, da sie frei zugänglich ist. Entsprechende Infotafeln erklären das Werden, Blühen und Vergehen der Kohleindustrie um Altdöbern.

Die ehemaligen Bergleute weihten »ihre« Schaufel ein.

Mit Blasmusik wurde die Baggerschaufel zum Standort begleitet.

Zur Einweihung stiegen dutzende Tauben in den Himmel.

Auch die Geschichte des Tagebaus liest sich interessant.

Altdöbern – Kultur am See

Dem Tode knapp entronnen

Nach Pritzen ist das Leben zurückgekehrt

Ewig erscheint die Allee nach Pritzen. Erst wenn man denkt, es käme außer Bäumen nichts mehr, grüßt das Ortseingangsschild herüber. Ungefähr 17 Kilometer weit war der Weg von Altdöbern. Dabei könnten sich die Einwohner eigentlich zuwinken. Sogar der Altdöberner Kirchturm ist von Pritzen klar erkennbar. Im Gegenzug schauen die Altdöberner vom Aussichtspunkt hinter ihrem Friedhof bis nach Pritzen hinüber. Und doch scheinen Welten zwischen beiden Dörfern zu liegen. »Die Grube ist schuld daran«, sagen die Leute. Die »Grube« ist in Pritzen allgegenwärtig.

Der Tagebau Greifenhain umschließt den Ort von drei Seiten mit seinem »Drachenmaul«. Fast hätte es zugeschnappt. Doch Pritzen hatte Glück. Genauer gesagt, großes Glück. Im Gegensatz zu seinen Nachbarorten Groß und Klein Jauer, Buchholz, Neudorf und Nebendorf blieb in Pricyn, wie das Dorf von den Sorben/Wenden genannt wird, die Lebensuhr nicht stehen. Zwar waren viele Gehöfte bereits verlassen, sogar die Kirche abgebaut und ins circa 25 Kilometer entfernte Spremberg geschafft, doch Pritzen starb nicht. Ganze 32 Einwohner hielten noch die Fahne hoch. Zum Ende des Jahres 2001 lebten bereits wieder 69 Menschen im Ort.

Der Name »Pritzen« steht übrigens für »Querdenker«. Zumindest »Quer« lautet immerhin die Übersetzung der sorbisch/wendischen Bezeichnung »prjecny«. Viele Dörfer der Umgebung sind nämlich in Ost-West-Richtung angelegt. Pritzen hingegen erstreckt sich von Nord nach Süd.

Biennale-Objekte zu besichtigen

Wenige Jahre nach der politischen Wende kehrte das Leben in den Ort, der im Jahr 2020 den 425. Jahrestag seiner urkundlichen Ersterwähnung beging, zurück. Zahlreiche Künstler erkoren Pritzen in seiner Gänze zum Kunstobjekt. Noch heute können die insgesamt 16 Objekte der hier in den Jahren 1993 bis 1995 stattgefundenen »Biennale«-Kunstausstellungen besichtigt werden. Sämtliche Objekte haben etwas mit dem Dorf und der Grube zu tun.

Geistiger Mittelpunkt Pritzens ist die Kunstscheune in der Ortsmitte. Alljährlich finden dort in der warmen Jahreszeit Ausstellungen statt. Alle befassen sich doch irgendwie mit Pritzen. Die Kunstscheune ist nach Absprache (Telefon 01 79/6 64 39 84) geöffnet. Während der Saison werden auch Führungen durch die Ausstellung und das Dorf angeboten.

Der einstige Tagebau, wenn auch längst stillgelegt, ist stets allgegenwärtig. Beeindruckend ist es, am Rande des riesigen Kraters zu stehen. Manchem läuft dabei ob der Dimensionen ein kalter Schauer den Rücken herunter.

In der Pritzener Ortsmitte zur Maienzeit

Gleich hinter Pritzen teilt sich der Weg.

Der Glockenturm zog von Wolkenberg hierher.

Die »Hand« reicht zum Dorfe

Die Verbundenheit zwischen Altdöbern und Pritzen könnte mittelfristig durch ein gigantisches Landschaftsbauwerk wieder sichtbar werden.

Altdöbern – Kultur am See

Blick über Pritzen

Am Nordrand des Altdöberner Sees soll nämlich eine ungefähr 20 Meter hohe und bis zu einem halben Kilometer lange Erdformation aufgeschüttet werden. Aus der Vogelperspektive sähe diese wie eine menschliche Hand aus, die in Richtung Pritzen ausgestreckt ist. Symbolisiert werde ein »Geben und Nehmen«.

Wo Kirchtürme hin- und herziehen

Ach ja, die Pritzener Kirche. Obwohl das Gotteshaus Anfang der 1990er Jahre nach Spremberg umzog, hat das heute rund 70 Seelen zählende Dorf immerhin wieder einen Glockenturm. Dieser musste ursprünglich genauso umziehen, nämlich vom abgebaggerten Ort Wolkenberg ins stehengebliebene Pritzen. Seit dem Jahr 1993 läuten dort wieder die Glocken. In Spremberg wurde das Pritzener Gotteshaus übrigens Auferstehungskirche genannt.

Pritzen ist am besten über die B169, Abzweig Lindchen, und weiter über Leeskow und Lubochow zu erreichen. Von Cottbus aus fährt man über Drebkau nach Casel, biegt gleich hinter dem Ortsausgang nach links ab, um über Göritz und die Buchholzer Höhe nach Pritzen zu gelangen.

Kunst am Rand der Grube und des Dorfes

Wo Sonnenuntergänge noch romantisch sind

Wer die Straße von Casel über Göritz nach Pritzen nimmt, hat den besten Blick. Wenige Meter unterhalb des höchsten Punktes der sich 40 Meter über dem sonst flachen Gelände erhebenden Buchholzer Höhe wird der Blick frei über das Lausitzer Land. In der Ferne grüßt der Kirchturm von Greifenhain herüber, noch etwas weiter weg die weißen Wolken des Kraftwerkes Schwarze Pumpe. Doch nach Westen bietet sich das großartigste Panorama: Abends, wenn die Sonne scheinbar in der unendlichen Weite der Lausitz versinkt. Wenn sich der Himmel glutrot färbt. Und wenn die Buchholzer Höhe in ein unendlich warmes Licht eintaucht. Besonders empfehlenswert ist das Spektakel im Herbst. Da sind nicht nur die Farben am intensivsten, sondern auch Ruf und Flug der wilden Gänse weithin zu vernehmen.

Auch der Besuch der auf der Höhe befindlichen Gedenkstätte Buchholz ist empfehlenswert. Ein kleines Schild weist von der Straße den Weg. Bereits in den Jahren 1964/1965 musste das Dorf dem nahen Tagebau Greifenhain weichen. Geblieben ist neben den Erinnerungen eine Interessengemeinschaft, die dann und wann Treffen der Buchholzer organisiert. Und beim romantischen Sonnenuntergang soll der alte Charme des Dorfes noch einmal aus der Vergangenheit zurückgrüßen, so wird erzählt.

Romantisch sind die Sonnenuntergänge auf der Buchholzer Höhe.

Ein Stein erinnert an das gewesene Dorf.

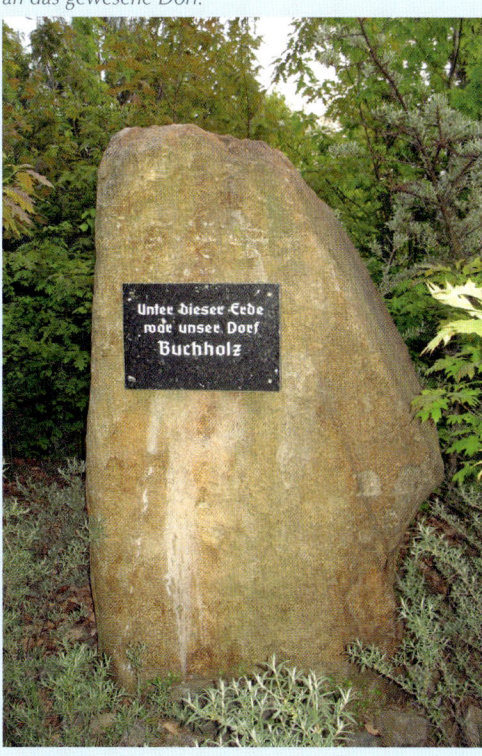

Calau – Die kerngesunde Kleinstadt mit Witz

Der Ort besitzt seine eigene »Schweiz«

Blick über den Calauer Markt

Weit über seine Grenzen hinaus ist Calau als Geburtsstätte der gleichnamigen Wortwitze bekannt, der Kalauer. Die im frühen Mittelalter entstandene Stadt zeigt sich heute als idyllische und gleichzeitig moderne Kleinstadt im Süden Brandenburgs – unmittelbar am Spreewald gelegen. Mit den bewaldeten Hügeln des Niederlausitzer Landrückens im Süden gilt Calau auch als das »Tor zur Calauer Schweiz«. Das Städtchen bietet Besuchern sehr vielfältige Möglichkeiten des Verweilens und für Ausflüge in die Umgebung. Darunter zählen vier Museen, dem Erlebnisbad und weitere Freizeiteinrichtungen, zahlreiche Kirchen aus der Reformationszeit in den einzelnen Ortsteilen, idyllischen Teichlandschaften und der Goldbornquelle. Ausgedehnte und gut beschilderte Wegenetze laden ein, die Region zu Fuß, zu Pferd oder mit dem Rad zu erkunden. Darüber hinaus sind die Verkehrsanbindungen nach Berlin, Cottbus und Dresden nahezu ideal.

Elf auf einen Streich

Und nicht zu vergessen: der Calauer »Witze-Rundweg«. Auch wenn die Schuster in der Stadt ziemlich rar geworden sind, wird beim Lesen der Tafeln an jedem Haltepunkt den Gästen und Bewohnern so manches Schmunzeln auf die Lippen gezaubert. Nebenbei erfährt der Kundschafter alles über den »Kalauer« und zur Stadtgeschichte. Zu Calau gehören elf Ortsteile. Jeder für sich ist ein einzigartiges Kleinod mit wissenswertem historischem Hintergrund: In Reuden strahlt die Gutskapelle schon von Weitem ihren Glanz aus, in Saßleben können Besucher in einem schönen Schlosspark mit Teich die Natur genießen, die Kalkwitzer Dorfkirche beherbergt wertvolle Wandmalereien, die Schlösser in Zinnitz, Mallenchen und Groß Mehßow verband einst der preußische Finanzminister von Patow miteinander und in Werchow sind Adler und Jagdfalken zu Hause.

Stabiles wirtschaftliches Fundament

Neben produzierendem Gewerbe stellen viele Handwerks- und Dienstleistungsbetriebe sowie

Blick auf die mächtige Stadtkirche

Calau – Stadt der Kalauer

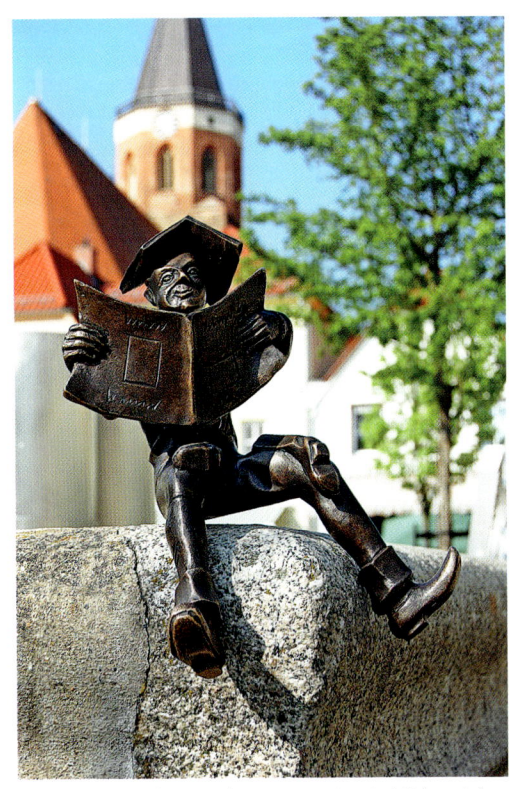

Der Calauer Schusterjunge ist ein Wahrzeichen des liebenswerten Städtchens.

Blick auf Gosda, eines der drei Plinzdörfer

Unmittelbar neben der Kirche befindet sich das Heimatmuseum.

Feldsteinarchitektur in der Calauer Schweiz

zahlreiche Landwirte die Stützen der Stadt dar. Calau steht für Lebens- und Wohnqualität. Sanierte Kindertagesstätten und Schulen, zahlreiche Vereine sowie die Kirchengemeinden sorgen für Bildung, Sport und Kultur. Auch die Seniorenarbeit ist vorbildlich und vielseitig.

In der Stadt vereinen sich kleinstädtische Vorteile mit großstädtischem Angebot in erreichbarer Nähe. Es lohnt sich demnach, Calau und seine »Kalauer« zu entdecken!

Die Plinzdörfer – Kulinarischer Genuss in der Calauer Schweiz

Wer die Plinzdörfer besucht, meint mitunter, am falschen Ort zu sein. Denn die Calauer Schweiz, in der die drei winzigen Örtchen Gosda, Zwietow und Weißag eingebettet sind, erinnert mehr an eine sanfte Mittelgebirgslandschaft als an die Niederlausitz. Mancher, der »mit's Rad«, wie die Lausitzer zu sagen pflegen, unterwegs ist, muss an manchen Hängen durchaus mal seinen Drahtesel hinaufschieben.

Dann wird der Blick auf die lieblich wirkende Landschaft frei. Im Sommer schweifen die Blicke gar nicht selten über die Felder mit ihren weiß-rosa Blütenteppichen. Dort wächst Buchweizen, der hierzulande gern als »Heedekorn« bezeichnet wird. Ursprünglich stammt das krautige Gewächs, das durchaus eine Höhe von gut einem halben Meter erreichen kann, aus Asien. In Mitteleuropa, und vor allem in der Lausitz, wurde Buchweizen in früheren Zeiten zur Mehlgewinnung angebaut. Selbst auf ärmsten Böden gedeiht diese Art. Nur Kälte bekommt ihr nicht besonders. Deshalb wird Buchweizen in der Regel erst im Mai/Juni ausgesät.

Die Pflanze galt als Grundlage für ein »Arme-Leute-Essen«. Später geriet das Gewächs fast in Vergessenheit. Aufgrund des wachsenden Bewusstseins für gesunde Ernährung erinnerte man sich wieder an den Buchweizen und baut ihn verstärkt an. Denn aus dem gewonnenen Mehl lassen sich sehr bekömmliche und vor allem schmackhafte Gerichte zaubern.

Besonders beliebt: Buchweizenplinze

Insbesondere Buchweizenplinze erfreuen sich in der Lausitz großer Beliebtheit. Sie können am ehesten mit platten Pfannkuchen verglichen werden. Von dieser Speise leitet sich die Bezeichnung »Plinzdörfer« ab. Damals wie heute gehören Buchweizenplinze in Gosda, Zwietow und Weißag zu den Standardgerichten. Neben dem Mehl werden zur Zubereitung unter anderem Eier, Milch, Hefe, Salz, Zucker, Butter und Zimt benötigt.

Wer sich sattgegessen hat, sollte sich unbedingt in den Plinzdörfern umsehen. Architektonisch wertvoll sind die Häuser und Mauern aus groben Feldsteinen, die in nächster Umgebung gesammelt wurden. Sie erwecken ein Gefühl der Urig- und Heimeligkeit.

Mit dem Auto sind die drei Plinzdörfer am schnellsten über die Autobahn 13, Abfahrt Bronkow, weiter in Richtung Calau bis zum Abzweig Gosda, zügig erreicht.

Beitrag von:
Stadt Calau
Platz des Friedens 10 · 03205 Calau
Tel. (0 35 41) 89 10 · Fax (0 35 41) 89 11 53
info@calau.de · www.calau.de

Vetschau – vom Seenland zum Spreewald

Vetschau – Brücke zwischen Seenland und Spreewald

Geschichte auf Hochglanz poliert

Die Stadt Vetschau/Spreewald ist etwas Einmaliges im Lausitzer Seenland. Denn sie bildet eine Brücke zwischen der künstlichen Gewässerlandschaft und dem weltbekannten Spreewald. Genau dazwischen liegt eine wunderschöne, liebevoll sanierte Altstadt mit zahlreichen Sehenswürdigkeiten auf engstem Raum. Die Besucher können sämtliche Höhepunkte in wenigen Minuten bequem zu Fuß erreichen.

Blick auf das Vetschauer Storchenzentrum

Das Stadtschloss mit dem Kavaliershaus

Vetschau – vom Seenland zum Spreewald

Eine doppelte Kirche

Vetschau wurde im Jahre 1302 erstmal urkundlich erwähnt und besitzt seit 1543 das Stadtrecht. Seit Ende 2001 gehören die Gemeinden Stradow, Naundorf, Repten, Göritz, seit 2002 auch Suschow und Ogrosen der Stadt Vetschau/Spreewald an. Später kamen noch Koßwig, Laasow, Missen und Raddusch hinzu. Als Ausgangspunkt für eine Wanderung durch die Altstadt eignet sich am besten die Wendisch-Deutsche-Doppelkirche. Sie ist als bauliches Ensemble eine Besonderheit und einmalig in Deutschland: Zwei separate Kirchen, zu unterschiedlichen Zeiten erbaut, Wand an Wand stehend, verbunden durch die Sakristei, unter einem Turm, der auf die Anfänge verweist.

Die vermutlich Ende des 13. oder Anfang des 14. Jahrhunderts entstandene Wendische Kirche bildet mit der Deutschen Kirche gleicher Konfession, deren Bau erst 1694 beendet wurde, eine Einheit. Ihr heutiges Aussehen erhielt das Gotteshaus nach dem neogotisch-neoklassizistischen Umbau nach 1850. Um 1300 waren das Dorf Vetschau und die eingepfarrten Orte der Umgebung sorbisch/wendisch geprägt. Mit der Entwicklung des Marktfleckens zur Stadt setzte sich jedoch die deutsche Lebensweise, Kultur und Sprache mehr und mehr durch. Das Bürgertum erstarkte und strebte eine Loslösung von der wendischen Landbevölkerung an. Die deutsche Kapelle, die an der Nordseite mit der Wendischen Kirche verbunden war, stieß räumlich an ihre Grenzen. Am 31. März 1690

Blick über die Vetschauer Altstadt

Die Wendisch-Deutsche Doppelkirche

wurde an gleicher Stelle der Grundstein zur neuen Kirche gelegt und diese vier Jahre später eingeweiht. Ab 1932 erfolgten die Predigten nur noch in Deutsch. Mit der Gründung des Fördervereins »Wendische Kirche« im Jahr 1995 kam es zu einer umfassenden Sanierung der gleichnamigen Kirche. Seitdem wird in ihr auch wieder in sorbischer/wendischer Sprache gepredigt.

Bei den Rotstrümpfen vorbeigeschaut

Nur wenige Gehminuten von der Doppelkirche entfernt, lädt das Storchenzentrum des Regionalverbandes Calau des Naturschutzbundes Deutschland (NABU) in der Drebkauer Straße ein. Dort sind auf einem Horst vor dem Eingangsgebäude die berühmten »Internet-Störche« beheimatet. Unter www.storchennest.de kann jederzeit ein neugieriger Blick in die »Kinderstube« der Rotstrümpfe geworfen werden.

In umfangreichen Ausstellungen und Schauanlagen wird Wissenswertes rund um den Storch und seinen Schutz erklärt. Die Besucher erfahren zum Beispiel, dass die Niederlausitz mit knapp 400 Brutpaaren die größte Storchendichte in Brandenburg hat. Immerhin neun Prozent des gesamtdeutschen Weißstorchbestandes brüten zwischen Schwarzer Elster und Neiße.

Spannend sind auch die weiteren Ausstellungen über Fischotter, Hornissen und anderen im Spreewald heimischen Tieren. Vom Weißstorchzentrum aus kann der Besucher radelnd zahlreiche Weißstorchnistplätze im Spreewald oder ein nahe gelegenes Naturschutzgebiet besuchen.

Das Stadtschloss hütet das Wappenprivileg

Wiederum nur wenige Schritte entfernt befindet sich das Vetschauer Schloss auf einer leichten Erhöhung, umgeben von einem Wassergraben. Das 1540 erbaute Stadtschloss ist seit 1920 der Sitz der Stadtverwaltung. Früher war es ausschließlich über eine Zugbrücke erreichbar, die jedoch mit dem Umbau des Schlosses verschwand. Heute erstrahlt das Ensemble aus Schloss, Kavaliershaus und Park nach umfangreichen Restaurierungsarbeiten in neuem Glanz.

Trotz verschiedenster Baumaßnahmen im Laufe der Jahrhunderte sind am Schloss noch Bauelemente der einstigen Renaissance-Burganlage sichtbar. Innerhalb des Stadtschlosses wurde der Rittersaal 1931 zu einem Fest- und Sitzungssaal umgestaltet und feierlich eingeweiht. Heute ist er ein beliebter Ort für Hochzeitsfeierlichkeiten. In den Zimmern des Erdgeschosses wurde das typische Kreuzgewölbe erhalten, welches zum Teil mit dekorativer Deckenbemalung versehen ist. Im Foyer erwarten den Besucher regelmäßig wechselnde Ausstellungen.

Was die Stadt im Schilde führt

Im Wappenzimmer in der zweiten Etage befindet sich eine Dauerausstellung. Unter dem Motto »Was Vetschau im Schilde führt« erfährt der Besucher alles über den spektakulären und in Brandenburg einmaligen Fund des Wappenprivilegs aus dem Jahr 1548. So gibt die Ausstel-

125

Vetschau – vom Seenland zum Spreewald

Im Wappenzimmer

lung Einblicke in die Entstehungsgeschichte und die geschichtlichen Hintergründe zur Verleihung des Privilegs auf dem »Geharnischten Reichstag« in Augsburg. Es wird die Rolle des Eustach von Schlieben und seiner Frau Katharina von Schapelow bei der Wappenauswahl aufgezeigt sowie die Frage versucht zu klären, warum das Wappen einen »vertauschten Windhund« zeigt.

Da das Privileg über Jahrhunderte hinweg als verschollen galt, bevor es 2005 bei Restaurierungsarbeiten unter Dielenbrettern auf dem Dachboden eines Hauses am Vetschauer Markt wiederentdeckt wurde, kann der Besucher die Geschichte vom Fund bis zur Restaurierung des Dokuments nachvollziehen. Durch Spenden vieler Einwohner konnte die Urkunde fachgerecht restauriert werden. Nach der Restauration wurde das Original im Brandenburgischen Landeshauptarchiv in Potsdam eingelagert. Herzstück der Ausstellung stellt die originalgetreue Reproduktion die Urkunde zur Wappenverleihung durch den deutschen König Ferdinand I. an »Rath und Gmaind des Marckths Vetzschew« dar. Ein Siegel der Stadt Vetschau, historische Fotos und eine früher erstmals veröffentlichte Ansicht der Stadt gehören ebenfalls zur Ausstellung. Eine Führung durch das Wappenzimmer ist zu den Öffnungszeiten der Stadtverwaltung möglich.

Beitrag von:
Stadt Vetschau/Spreewald
Schlossstraße 10
03226 Vetschau/Spreewald
Tel. (03 54 33) 77 70 · Fax (03 54 33) 7 77 90 10
stadtverwaltung@vetschau.com
www.vetschau.de

Touristinformation im
Niederlausitzer Storchenzentrum
Drebkauer Straße 2 a
03226 Vetschau/Spreewald
Tel./Fax (03 54 33) 41 00
storchenzentrum-nl@t-online.de

Im Spreewalddorf Raddusch

Unmittelbar am südwestlichen Rand des Spreewaldes gelegen, bietet Raddusch seinen Besuchern eine idyllische und ruhige Alternative zu den stark frequentierten Touristikzentren. Im neu gestalteten Naturkahnfährhafen kann der naturverbundene Besucher seinen Ausgangspunkt für eine Kahnfahrt in den Spreewald wählen.

Auch Erkundungen mit dem Paddelboot, Fahrrad und Kremser, die in Raddusch zur Verfügung stehen, sind empfehlenswert. Die Gastronomie und die Hotellerie des Ortes bieten ihre Leistungen in einer einzigartigen Umgebung an. Im »Haus des Tourismus«, am Ortseingang gelegen, können Gäste alles Wissenswerte über den Spreewald erfahren.

Vetschau – vom Seenland zum Spreewald

Wie einst die alten Slawen wohnten

Ein Besuch in der Slawenburg Raddusch

Die Slawenburg Raddusch befindet sich inmitten des ehemaligen Siedlungsgebietes des slawischen Stammes der Lusizi, in unmittelbarer Nähe zum Vetschauer Ortsteil Raddusch. Diesen Siedlern verdankt die Lausitz ihren Namen. Die dort noch heute als ethnische Minderheit lebenden Sorben/Wenden sind Nachfahren der Lusizi. Diese lebten einst in Burgen, um einen besseren Schutz gegenüber Feinden und Angreifern zu haben. Unweit von Raddusch, ganz nahe am ehemaligen Tagebau Seese-Ost, wurde vor mehreren Jahren ein derartiges Ensemble nachgebaut, um den Besuchern die Dimensionen zu verdeutlichen.

Die Eröffnung der Slawenburg erfolgte im Mai 2003. Die Konstruktionsdetails basieren auch auf Ergebnissen anderer archäologisch untersuchter Niederlausitzer Slawenburgen. Das Bauwerk entstand in Anlehnung an das Aussehen der slawischen Burganlage, die vor mehr als 1000 Jahren an diesem Ort stand. Die damalige Radduscher Burg existierte etwa 150 Jahre lang, etwa von der zweiten Hälfte des 9. Jahrhunderts bis zum Ende des 10. Jahrhunderts. Die erste Bauphase mit einer Wallfußbreite von durchschnittlich zehn Metern und einer ebensolchen Grabenbreite bei einer Tiefe von einem Meter wurde rekonstruiert.

Außen historisch, innen modern

Die heutige Slawenburg ist ein modern gestalteter Funktionsbau mit Ausstellungsbereich, Veranstaltungsräumen, Gastronomie und Burgladen. Die moderne Gestaltung im Inneren der Burg bildet einen interessanten Kontrast zur äußeren historischen und originalgetreuen Hülle des Bauwerkes.

Eine Mischung aus traditioneller Fundpräsentation, anschaulichen Inszenierungen und aktueller Multimediatechnik sorgt für einen interessanten Mix für Jung und Alt. Niederlausitzer Geschichte vom Ende der Altsteinzeit vor 12 000 Jahren bis ins Spätmittelalter wird so erlebbar. Ausstellungsschwerpunkte liegen in der Slawenzeit und in der über 1000 Jahre andauernden Besiedlung der Region durch die sogenannte Lausitzer Kultur der Bronze- und frühen Eisenzeit. Um die Burg herum führt ein »Zeitsteg« die Besucher an die zeitlichen Dimensionen der Menschheitsgeschichte heran.

Die Slawenburg Raddusch ist als gemeinsames Projekt des Brandenburgischen Landesamtes für Denkmalpflege und des Archäologischen Landesmuseums, der Stadt Vetschau, der Internationalen Bauausstellung (IBA) »Fürst-Pückler-Land« und der Lausitzer und Mitteldeutschen Bergbauverwaltungsgesellschaft mbH (LMBV) entstanden. Der Tourismusverband Spreewald unterstützt das Projekt seit Beginn der Planung im Jahr 1993. Träger der Gesamtanlage ist die Stadt Vetschau (Spreewald). Als Betreiber fungiert der Förderverein »Slawenburg Raddusch«.

Das historische Ensemble ist am besten über die Landstraße (L49) von Vetschau in Richtung Lübbenau über die Radduscher Kreuzung zu erreichen (in Richtung Autobahnbrücke abbiegen).

Die Slawenburg aus der Vogelperspektive

Auch im Winter ist die Slawenburg einen Besuch wert.

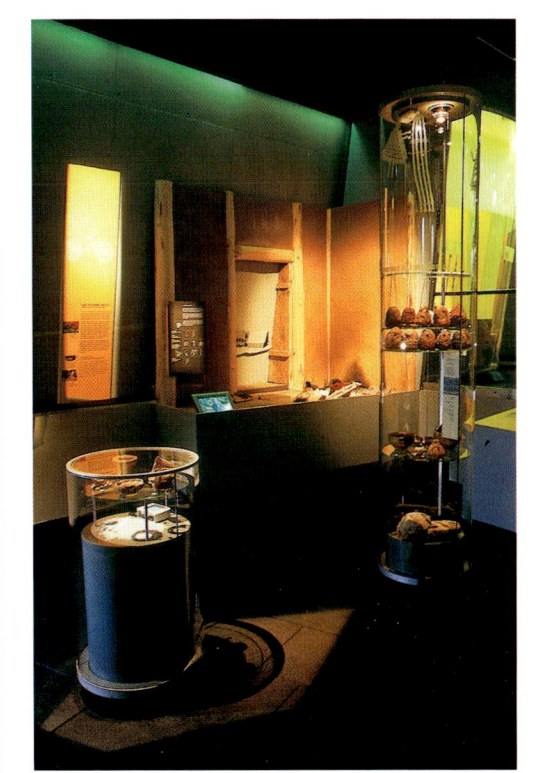

Romantischer Sonnenuntergang

In der Ausstellung

Vetschau – vom Seenland zum Spreewald

Die Tauchschule direkt auf dem Wasser

Eine schwimmende Attraktion auf dem Gräbendorfer See

An der Tauchschule

Der Gräbendorfer See, im Südosten der Stadt Vetschau gelegen, ist aus dem gleichnamigen Tagebau hervorgegangen. Seit Mai 2007 hat das 425 Hektar große Gewässer seinen Endwasserstand erreicht. Im Vergleich zu anderen Seen besitzt es einen ruhigeren Charakter sowie eine gute Badewasserqualität. Auch der feine Sandstrand, das eindrucksvolle Spiel der Wasserfarben und die vielfältigen Freizeitangebote zeichnen den Gräbendorfer See aus.

Schwimmend wohnen

Unmittelbar östlich des Dorfes Laasow hatte die Internationale Bauausstellung (IBA) »Fürst-Pückler-Land« begonnen, das Projekt »Schwimmende Häuser Gräbendorfer See« umzusetzen. Die Außenanlagen der geplanten schwimmenden Siedlung wurden bereits im Jahr 2006 fertig gestellt. Als erstes Haus entstand eine schwimmende Tauchschule auf einem Ponton. Diese ist über eine 64 Meter lange Steganlage vom Ufer aus zu erreichen. Dieses erste »See-Haus« bildet den Auftakt für eine geplante Siedlung von mehreren Häusern, die als Wohn- und Ferienhäuser genutzt werden sollen.

Die schwimmende Tauchschule besitzt zwei Stockwerke mit insgesamt 140 Quadratmetern, auf denen alle Funktionsbereiche der Einrichtung untergebracht sind. Ein Versorgungstrakt nimmt Haustechnik, Nasszellen und Küche auf. Ein durch großzügige Glasflächen offen gestalteter Geschäftsbereich bietet Fläche für Unterricht und Verkauf. Im Obergeschoss befinden sich Büroflächen und Lagerräume. Das Tauch- und Freizeitzentrum Laasow dient aber nicht nur als Basis für den Tauchsport, sondern auch für andere Freizeitaktivitäten wie Fahrradfahren, Skaten, Tret- und Segelboot fahren.

Bootsanlage am Südufer des Gräbendorfer Sees

Die Tauchschule auf dem Gräbendorfer See

Der Tauchplatz

Besucher können dort diverse Wassersportarten betreiben oder einfach nur mit einem Getränk von der Strandbar in der Sonne faulenzen. Es handelt sich um die weltweit erste schwimmende Tauchbasis auf einem Tagebausee. Das zweietagige Haus wird an einem Steg festgemacht, welcher dann idealerweise auch gleich als Einstiegsstelle dienen kann.

Der Gräbendorfer See bildet das geflutete Restloch des gleichnamigen Tagebaus. Das Gewässer ist heute maximal etwa 55 Meter tief. Unter Wasser sind ein versunkener Wald sowie zahlreiche Fischarten wie Barsche, Hechte und Karpfen zu finden.

Der See und die Tauchschule sind am besten über die Autobahn 15, Abfahrt Vetschau, zu erreichen. Von dort geht es zunächst in Richtung Cottbus. In Eichow wird rechterhand nach Laasow eingebogen. Die Tauchschule befindet sich südlich des idyllisch gelegenen Dorfes.

Von den Teichen und einer weißen Frau

Unterwegs an den Stradower Teichen

Auf dem Dorfanger

Morgenstimmung an den Stradower Teichen nordwestlich von Vetschau: Langsam erwacht im, auf und am Wasser das Leben. Die Vögel zwitschern vereint im Chor der aufgehenden Sonne zu, ein Karpfen springt, und in der Ferne schaut ein Reh nach dem Rechten. Edvard Grieg könnte genau hier, inmitten des Stradower Teichgebietes, seine Morgenstimmung komponiert haben.
Es ist eine Idylle, die sich dem Naturfreund am besten per Fahrrad oder noch besser, per pedes, erschließt. Das Teichgebiet wurde vermutlich um das Jahr 1900 angelegt. Früher kennzeichneten dort weite Sumpfwiesen das Landschaftsbild. Noch heute wird in Stradow Fischerei betrieben. Daneben ist das Gebiet Heimstätte für Tierarten, die man anderswo in Deutschland kaum noch zu Gesicht bekommt: See- und Fischadler, Graureiher, Kormorane und die beliebten Störche sind dort beheimatet, um nur einige zu nennen. Doch auch im Winter haben die Wasserflächen ihren besonderen Reiz. Wenn es kalt genug ist, feiern nämlich die Stradower auf einem der Teiche eine zünftige Eisparty, oftmals sogar mit heißen (Schlittschuh-) Kurven auf den gefrorenen Flächen.

Eine Burg vor ewigen Zeiten

Gleich neben dem Teichgebiet schließt sich der Stradower Park mit seinem teilweise uralten Baumbestand an. Er gehört zu dem benachbarten, im Jahr 1886 errichteten Gutshaus. Es ist zwar nicht öffentlich zugänglich, aber auch die Außenarchitektur kann sich durchaus sehen lassen.
Stradow wurde vor über 650 Jahren erstmals in einer alten Chronik erwähnt. Doch Wissenschaftler haben herausgefunden, dass sich schon viel früher an der Stelle des jetzigen Dorfes eine slawische Burgwallanlage aus dem 7. bis 10. Jahrhundert befunden haben muss.
Über die Jahrhunderte entwickelte sich der Ort zum heutigen Reihendorf mit seinen ungefähr 350 Einwohnern. Besonders sehenswert ist auch das weitläufige Ensemble des Dorfangers. Einen schönen Spielplatz gibt es dort, herrlich unter alten Bäumen gelegen.
Überhaupt die Stradower Bäume! Sie prägen überall im Dorf die Blicke. Am schönsten ist es an den Abenden von heißen Sommertagen, wenn der Ort nach getaner Arbeit langsam zur Ruhe kommt. Dann trifft man sich auf dem Anger unter den Bäumen und tauscht sich die Neuigkeiten des zu Ende gehenden Tages aus.

Das Geheimnis der weißen Frau

Doch auch schon zur Mittagszeit lohnt es sich durchaus, Augen und Ohren in und um Stradow offen zu halten. Denn dann soll nämlich der Sage nach die weiße Frau von Stradow erscheinen. In helle Gewänder gehüllt, so erzählt man, trug sie Flachsbündel auf dem Rücken und sang dabei herrliche Lieder. Doch woher sie kam und wohin sie ging, weiß niemand. Letztmalig im Jahr 1811 soll sie im Dorf erschienen sein.
Stradow ist von Vetschau aus über den Stradower Weg, der hinter den Bahnschienen (Richtung Burg) nach links von der Bahnhofstraße abzweigt, zu erreichen. Nach ungefähr zwei Kilometern ist der Dorfanger in Sichtweite. Ab der Ortsmitte sind die Wanderwege in den Park und um die Teiche sehr gut ausgeschildert. Parkmöglichkeiten gibt es reichlich.

Blick über einen der Stradower Teiche zum alten Vetschauer Kraftwerksblock

Schilfidylle

Spätsommer im Teichgebiet

Am früheren Gutshaus

129

Vetschau – vom Seenland zum Spreewald

Im Spreewälder Seenland

Ein Exkurs zu den Gewässern bei Lübbenau

Wer noch vor zwei Jahrzehnten über die Autobahn von Berlin in die Lausitz reiste, benötigte eigentlich keinen Atlas. Eine Orientierung konnte nämlich anhand der Schornsteine der Kraftwerke erfolgen. War Lübbenau erreicht, grüßten die sieben Essen des nahen Großkraftwerkes herüber. Wer am Autobahnabzweig in Richtung Dresden wollte, musste dann rechts abfahren. Fünf Schlote wiesen dagegen den Weg ins ungefähr zwölf Kilometer entfernte Vetschau. Dort verließen nicht nur die Einwohner des Städtchens am Rande des Spreewaldes die Fernstraße, sondern auch die Urlauber, die nach Burg und Straupitz unterwegs waren.

Längst sind diese Orientierungshilfen Geschichte. Weder die Schornsteine noch die Kraftwerke existieren heute noch. Geblieben sind hingegen großflächige Bergbaufolgelandschaften im Städteviereck Luckau, Lübbenau, Vetschau und Calau. Aus den früheren Kohlengruben hat sich inzwischen eine ganze Anzahl von Gewässern entwickelt. Die sieben bedeutendsten besitzen eine Gesamtwasserfläche von 1625 Hektar. Diese werden zwar nicht mehr zum Lausitzer Seenland gerechnet, bieten aber eine ganze Menge an Entdeckenswertem.

Marina existiert bereits

So erstreckt sich südlich der Ortschaft Schlabendorf der gleichnamige See. Die Marina existiert bereits am Nordufer. Die dortigen Hafenanlagen können Segelbootkapitäne nutzen. So gibt es bereits den Wassersportverein Schlabendorf. Er nutzt von der 556 Hektar großen Gesamtwasserfläche ein ungefähr 200 Hektar großes Gebiet unweit des Nordufers. Aufgrund der unbewaldeten flachen Küstenbereiche warten auf Segler vorteilhafte Windbedingungen.

Mittelfristig sollen am Schlabendorfer See, dessen Flutung voraussichtlich im Jahr 2012 zu Ende geht, eine Seebrücke mit Solartankstelle, ein Strandcafé sowie ein Campingplatz mit Surf- und Segelschule entstehen. Eine weitere Vision ist der Betrieb einer Solarfähre, die Schlabendorf mit dem Naturparkzentrum Wanninchen verbindet.

Das Gewässer geht auf den Tagebau Schlabendorf-Süd zurück. Zwischen den Jahren 1976 und 1991 wurden dort über 170 Millionen Tonnen Rohbraunkohle gefördert. Rund 3000 Hektar Land sind in Anspruch genommen worden. Dafür mussten die Orte Pademagk, Gliechow, Stiebsdorf, Wanninchen und Presenchen weichen. Heute wird das über Jahrzehnte vom Bergbau beeinträchtigte Schlabendorf durch den gleichnamigen See entschädigt. Auf den Ortseingangsschildern ist es bereits zu lesen: »Schlabendorf am See«.

Wanninchen ist ein »Muss«

Ein »Muss« für Gäste dieser Region ist ein Besuch in Sielmanns Naturlandschaft Wanninchen. Der bekannte Tierfilmer Prof. Heinz Sielmann (1917 bis 2006) begeisterte sich so für die Bergbaufolgelandschaft südlich des Spreewaldes, dass seine Stiftung im Jahr 2000 die ersten Flachen ankaufte. Heute befinden sich bereits über 3000 Hektar

Anlässlich der 800-Jahr-Feier von Schlabendorf gab es eine Ausstellung zur Bergbaugeschichte im Spreewälder Seenland.

Segelboote auf dem Schlabendorfer See

Vetschau – vom Seenland zum Spreewald

Sanierungsarbeiten am Stiebsdorfer See

tar umfassende Bischdorfer See nordöstlich des gleichnamigen Ortes als Zentrum für wassersportliche Aktivitäten entwickelt werden. Nördlich davon erstreckt sich der Kahnsdorfer See. In diesem Areal hat die natürliche Entwicklung die Oberhand.

Gleich nebenan befindet sich die wiederaufgebaute Slawenburg Raddusch, eine Sehenswürdigkeit ersten Ranges. Ebenfalls einen Besuch wert ist der langgestreckte Schönfelder See südlich von Lübbenau. Er ist zwar noch nicht zum Baden freigegeben, besitzt aber bereits eine sehr gute Wasserqualität.

Immer mehr Spreewaldurlauber sehen sich die frühere Bergbauregion südlich von Lübbenau an. Und es soll noch nicht einen einzigen gegeben haben, der seinen Besuch im Spreewälder Seenland bereut hat.

im Eigentum der Naturschützer. Diese Gebiete können sich ungestört von menschlichem Einfluss entwickeln.

Die Naturschützer haben ihre Heimstätte im letzten Bauernhof des einstigen Dorfes Wanninchen, das ebenfalls der Kohle weichen musste. Schon die Anfahrt durch die bizarre Kippen- und Seenlandschaft ist ein Erlebnis. Neben einer Dauerausstellung mit Einbeziehung des Außengeländes werden zahlreiche Exkursionen in die Tagebaulandschaft angeboten. Besonders lohnend sind Besuche im Frühjahr und im Herbst: Dann ziehen nämlich Tausende von Kranichen und Wildgänsen durch das Gebiet. Zentrum für dieses Naturphänomen ist das Naturschutzgebiet Borcheltsbusch südlich von Luckau. Dort befindet sich auch ein Aussichtsturm.

Neben dem Schlabendorfer See sind aus dem Tagebau Schlabendorf-Süd weitere Gewässer entstanden. Dazu gehören der Stiebsdorfer, der Drehnaer und der Beesdauer See. Unmittelbar an den Drehnaer See grenzt der Landschaftspark Fürstlich Drehna an. Er wurde durch Peter Joseph Lenné angelegt. Mittelpunkt im Park ist das schmucke Schloss aus dem 16. Jahrhundert.

1100 Kraniche an einem See

Nördlich von Schlabendorf erstrecken sich mehrere kleinere Gewässer, von denen der Lichtenauer See der größte ist. Er liegt parallel zur Autobahn Berlin–Dresden, ist von der Fernstraße jedoch nicht sichtbar. Im Bereich des Tagebaus Schlabendorf-Nord verschwanden die Orte Stoßdorf, Tornow und Teile von Lichtenau. Insgesamt 450 Einwohner wurden umgesiedelt. Dieser Bereich der Bergbaufolgelandschaft ist vorzugsweise der Natur vorbehalten. Die Flachseen dienen insbesondere Wasservögeln als Rast- und Brutgebiet. Allein am Tornower See werden im Herbst bis zu 1100 Kraniche gezählt.

Auch die ehemaligen Tagebaue Seese-West und Seese-Ost bieten inzwischen mehrere größere Gewässer. So soll beispielsweise der 260 Hek-

Auch bei Regen ist das Spreewälder Seenland einen Besuch wert.

Exkursion am Schlabendorfer See mit Blick zum Segelbootgelände

Drebkau – das Städtchen am »Hölzchen«

Zu Besuch im Land der hundert Sehenswürdigkeiten

*Wo das Bier in Strömen fließt,
sich in durst'ge Kehlen ergießt,
der Ort als »Saufdrauke« bekannt
überall im Lausitzland.
Doch gibt es viel mehr zu seh'n:
Schlösser, Parks und auch Museen.
Liebenswürdig das Städtchen ist,
gemeint ist Drebkau, wie ihr wisst!*

Drebkau versprüht Sympathie. Überall in dem kleinen früheren Ackerbürgerstädtchen fühlt man sich sofort willkommen und herzlich begrüßt, sei es auf dem prächtigen Marktplatz oder in einem der sehenswerten Ortsteile. Manchmal erschließen sich die Schönheiten zwar nicht auf den ersten Blick, dafür ist der zweite umso reizvoller. Der Gast wird regelrecht zum Wiederkommen aufgefordert.

Die 5. Drebkauer Brunnenfee Christin im Museum »Sorbische Webstube Drebkau«

6. Drebkauer Brunnenfee Sandrin – Am ersten Septemberwochenende findet alljährlich das Brunnenfest statt, zu dem die neue »Fee« gekürt wird.

In Drebkau-Raakow lädt ein Reiterhof ein.

Jedes Jahr im Mai wird der »Drebkauer Kreisel«, eine Radrundfahrt, ausgetragen.

Die Stadt Drebkau mit ihren zehn Ortsteilen befindet sich rund 15 Kilometer südwestlich von Cottbus. Ungefähr 5900 Menschen sind hier beheimatet. Das ursprünglich sorbische Gebiet konnte im Jahr 2005 im Rahmen einer Festwoche auf eine 725-jährige Geschichte seit der Ersterwähnung zurückblicken. Aus den damaligen Festivitäten ging das Drebkauer Brunnenfest hervor. Es findet seitdem alljährlich am ersten Wochenende im September rund um den rekonstruierten Marktbrunnen im historischen Stadtkern mit Kür einer Brunnenfee sowie dem Oldtimertreffen und vielem mehr statt. »Der Drebkauer Kreisel«, ein Wettstreit zwischen den einzelnen Ortsteilen der Stadt sowie deren Gästen, ist eine Radtour rund um die Region Drebkaus mit Stempelstellen. Er wurde 2005 ins Leben gerufen, findet einmal jährlich im Mai statt und erfreut sich großer Beliebtheit.

Drebkau – Historie mit neuen Ufern

Holz, Glas und Bier

Ackerbau und Viehzucht, darüber hinaus seit 600 Jahren Holzwirtschaft und seit einem Jahrhundert Glasindustrie, später auch Bergbau, bestimmten und bestimmen noch heute die Entwicklung von Drebkau. Der Name der Stadt rührt übrigens vom sorbischen »Drjowk« her, das soviel wie »Ort am Laubwald-Hölzchen« bedeutet.

Aus ehemaligen Schneidemühlen entstanden Sägewerke, so dass die Stadt ihrer Rolle als Holz verarbeitender Ort stets gerecht wurde. Im Glaswerk »ArdaghGroup« werden mittels neuester Technologie Getränkeflaschen, Konservengläser und weitere Glasbehälter hergestellt.

Tradition bereits seit Jahrhunderten besitzt in Drebkau auch das Braugewerbe. Im über 200 Jahre alten Gebäude der einstigen Schlossbrauerei entsteht Hopfensaft nach den altbewährten Rezepten der Familie Kircher. Darüber hinaus sorgen kleine Unternehmen und Handwerksbetriebe für Arbeitsplätze in der Region.

Blick auf das rekonstruierte Schloss im romantischen Park

Winterliche Idylle bei Greifenhain

Zehnmal liebenswerter Charme

Auch touristisch hat die Stadt jede Menge zu bieten. Jeder der zehn Ortsteile besitzt seinen eigenen unverwechselbaren Charme und seine Sehenswürdigkeiten, die allemal einen Besuch lohnen. Am besten lässt sich die reizvolle Gegend per Fahrrad oder auf »Schusters Rappen« entdecken. Jeder Geschmack dürfte hier auf seine Kosten kommen. Das in den vergangenen Jahren hervorragend ausgebaute Radwanderwegenetz bietet Radlern und Wanderern beste Voraussetzungen, die zahlreichen historischen Gemäuer und malerischen Biotope zu besichtigen, die geradezu zu einer Entdeckung herausfordern.

Außerdem laden die vielen neuen Attraktionen, beispielsweise das Finnische Saunadorf in Leuthen, die Kartbahn in Löschen, das »Schnabelparadies« in Schorbus, die Tagesbauaussichtspunkte in Papproth und Steinitz, der Reiterhof in Drebkau-Raakow oder die sich noch in Flutung befindlichen zukünftigen Erholungsgebiete Altdöberner und Gräbendorfer See, ein. Im romantischen Örtchen Steinitz am Fuße der gleichnamigen »Alpen« befindet sich das in der Entstehung befindliche nagelneue Tourismusgebiet »Steinitzhof«. Geführte Wanderungen können dort gebucht werden. Der traditionelle Bergmannstag und die Steinitzer Mountainbiker- und Radlertage sind Veranstaltungen, die auf dem Festplatz vor dem »Steinitzhof« stattfinden.

In fast allen Drebkauer Ortsteilen warten altehrwürdige Zeitzeugen auf ihre Entdeckung durch wissbegierige Besucher. So begingen beispielsweise die Gemeindeglieder der evangelischen Stadtkirche am Drebkauer Markt im Jahr 2009 das 200-jährige Bestehen ihres Gotteshauses. Außerdem locken das Museum »Sorbische Webstube« sowie das Brauhaus im Drebkauer Stadtzentrum, die Mumiengruft in Ilmersdorf, Schlösser, Gutshäuser, wie zum Beispiel das Schloss Greifenhain in Radensdorf und historische Mauern. Des Weiteren laden Jahr für Jahr alte Bräuche und Traditionen, wie zum Beispiel das Johannisreiten in Casel ein.

Sorbischer Brauch: Das Johannisreiten in Casel, einmalig in der Niederlausitz, findet stets um den 24. Juni statt.

Reges Vereinsleben

Über 40 Vereine sowie die örtlichen freiwilligen Feuerwehren präsentieren die rege Beteiligung der Bevölkerung am kulturellen Geschehen der Stadt. Sie organisieren mit viel ehrenamtlichem Engagement die jährlich stattfindenden Dorf- und Sportfeste, das Zampern, die Fastnacht, die Osterfeuer sowie das Osterhasentreffen, das Maibaumstellen, Führungen durch die Steinitzer Alpen, ein Drachenfest, den Silvesterlauf und vieles mehr. Darüber hinaus gibt es in Drebkau drei Karnevalsvereine, den DCC, KVK und SKC. Der DCC organisiert den einzigen Rosenmontagsumzug in der gesamten Niederlausitz.

Gaststätten, Hotels und Pensionen laden alle Besucher zu abwechslungsreicher Lausitzer Hausmannskost gern auch zu einem längeren Aufenthalt nach Drebkau ein.

Beitrag von:
Stadtverwaltung Drebkau
Spremberger Straße 61 · 03116 Drebkau
Tel. (03 56 02) 5 62 15 · Fax (03 56 02) 5 62 60
loewa@drebkau.de · www.drebkau.de
www.tag-welzow.de

Drebkau – Historie mit neuen Ufern

Kunst und Natur – Erholung pur

Sanfter Tourismus am Gräbendorfer See

Inmitten des Ortedreiecks Altdöbern, Vetschau und Drebkau erstreckt sich der Gräbendorfer See. Mit seinen 457 Hektar Wasserfläche gehört er zu den kleineren Gewässern des Lausitzer Seenlandes. Und zu den reizvollsten. Wer es eher ruhig mag, ist am Gräbendorfer See genau richtig. Das Gewässer besitzt dank seiner Flutung mit Spreewasser eine hervorragende Badequalität. Darüber hinaus existieren ein asphaltierter Rundweg sowie zwei Aussichtspunkte.

Eine im Seenland einmalige Angelegenheit gibt es am Westufer. Dort befindet sich nämlich die erste schwimmende Tauchschule. Die im Sommer 2006 eröffnete Einrichtung ist über einen Steg erreichbar. Es handelt sich um ein Projekt im Rahmen der Internationalen Bauausstellung »Fürst-Pückler-Land«, die in den Jahren von 2000 bis 2010 in der Lausitz wirkte.

Das gestrandete Schiff

Am gegenüberliegenden Ufer wartet bereits die nächste Attraktion. Dort ist bereits im Jahr 2001 ein Schiff »gestrandet«. Allerdings es war nie im See unterwegs, sondern entsprang einer Idee des Berliner Künstlers Ben Wagin. Der dortige Spruch »Die Wüste ist in uns« am Rumpf des so genannten »Klima-Bootes« soll zum Nachdenken anregen. Denn das Gefährt ist symbolisch im ehemaligen Ort Gräbendorf »gestrandet«. Für jedes abgerissene Haus wurde ein Baum gepflanzt.

Der Natur wird auch auf der 25 Hektar großen Insel im Gräbendorfer See Vorrang eingeräumt. Das Naturschutzgebiet »Insel und Ostufer Gräbendorfer See« soll als Brutgebiet für Großmöwen entwickelt werden. Darüber hinaus sind dort unter anderem Drossel- und Teichrohrsänger, Rohrammer und Rohrweihe heimisch. Eine Schafherde sorgt dafür, dass das Areal nicht zuwächst. Das Eiland bildet nur einen Teil der insgesamt 170 Hektar großen »Bergbaufolgelandschaft Gräbendorfer See«, die der NaturSchutzFonds Brandenburg erworben hat.

Spannende Pläne für die Zukunft

Mittelfristig soll der Gräbendorfer See zu einem attraktiven Ziel im Rahmen des sanften Tourismus entwickelt werden. Dafür stellt die Stadt Drebkau einen Bebauungsplan auf. In unmittelbarer Nähe des zu Drebkau gehörigen Dorfes Casel soll ein rund 24 Hektar großes Erholungsgebiet entstehen. Dafür sind unter anderem ein Campingplatz, eine Blockhausferiensiedlung, ein Segelclub sowie Versorgungseinrichtungen angedacht.

Das Erholungsgebiet ist durch die Landstraße von Drebkau nach Calau schnell erreicht. Selbst von Berlin brauchen nur rund anderthalb Stunden Fahrzeit zum Gräbendorfer See eingeplant zu werden. Und wer einmal dort war, kommt immer wieder, garantiert!

Das »gestrandete Schiff« von Ben Wagin

Regenbogen über dem Gräbendorfer See

Der Gräbendorfer See und das Dorf Casel aus der Vogelperspektive

Schwarze Kohle – Tagebau Gräbendorf	
Wo gelegen	nordwestlich von Drebkau
Wann gefördert	1984 bis 1992
Wie viel Fläche	525 Hektar
Wie viel Abraum	129 Millionen Kubikmeter
Wie viel Kohle	36,4 Millionen Tonnen
Welche devastierten Orte	Gräbendorf (40 Einwohner) Laasdorf (15 Einwohner)
Blaue Wellen – Gräbendorfer See	
Wann befüllt	1996 bis 2007
Welche Fläche	457 Hektar
Welche Wassermenge	92 Millionen Kubikmeter
Welche Höhe über NHN	67,5 Meter über Normalnull
Welcher pH-Wert	7,1
Füllstand im Dezember 2011	99 Prozent

Drebkau – Historie mit neuen Ufern

Ein Besuch in der »Sorbischen Webstube«

Im Herzen Drebkaus befindet sich die Sorbische Webstube Drebkau (sorbisch: Serbska tkajarska spa). Die Mitarbeiter des denkmalgeschützten Gebäudes am Markt 10 begingen im Jahr 2010 mit vielen Gästen den 200. Jahrestag seiner Erbauung. Seit 2000 beheimatet es die Sorbische Webstube, die es aber bereits seit 1982 gibt.

Die umfangreiche Sammlung umfasst über 3000 Objekte sowie 3200 sorbische Ostereier. Sie ist das Ergebnis der jahrzehntelangen Sammlungs- und Forschungstätigkeit des Drebkauer Ethnografen Dr. Lotar Balke.

Die weiteren Ausstellungsbereiche präsentieren historische Flachsbearbeitung, historische Möbel, sorbische Trachten und Trachtenteile, Alltagsgegenstände aus dem Leben der bäuerlich-kleinbürgerlichen Menschen sowie Materialien zur Drebkauer Stadtgeschichte mit einem Schwerpunkt auf dem einheimischen Handwerk.

Darüber hinaus werden pro Jahr zwei Sonderausstellungen sowie die traditionelle Sammlung sorbischer Ostereier (ungefähr vier Wochen vor und zwei Wochen nach den Osterfeiertagen) angeboten. Dort können über 2000 verzierte Eier aus über 40 Ländern der Welt bewundert werden. Wer Lust und Laune hat, kann sich in diversen Workshops ausprobieren.

Die Sorbische Webstube ist donnerstags und freitags sowie am ersten Sonntag im Monat von jeweils 13 bis 17 Uhr geöffnet. Während der Sonderausstellungen kann das kleine Museum dienstags bis sonntags von 13 bis 17 Uhr besichtigt werden. Museumsbesuche und Führungen sind aber auch außerhalb der Öffnungszeiten nach Voranmeldung möglich.

Trachten in Hülle und Fülle

Ostereier, soweit das Auge blickt

Steinitz – idyllischer Ort am Tagebaurand

Der frisch sanierte Steinitzhof soll sich als sozial-kulturelles Integrationsprojekt und Mittelpunkt des entstehenden Kulturparks Steinitz mit den touristischen Attraktionen Aussichtsplattform »Steinitzer Treppe«, Findlingslabyrinth, Görigker See, Feldsteinkirche und KultUrwald etablieren. Die weitestgehend barrierefreien Räumlichkeiten bieten mit modernster Veranstaltungstechnik auch Gruppen von Blinden- und Sehbehinderten wie Gehörlosen und Schwerhörigen die Teilhabe an Veranstaltungen aller Art. Touristische Programmschwerpunkte stellen dabei Themen wie Bergbau, Bergbaufolge sowie die Region um den Steinitzhof dar. Natürlich finden hier auch private Feiern, Ausstellungen, Symposien, Kleinkunstveranstaltungen, Public Viewing, Dorfkino, Tanzabende und vieles mehr statt. In Verbindung mit der Festwiese bietet das Terrain auch für Großveranstaltungen wie den Steinitzer Bergmannstag, das Hof- und Sportfest und die Mountainbiker- und Radlertage beste Voraussetzungen.

Die Fertigstellung der Aussichtsplattform »Steinitzer Treppe« Mitte 2012, von der Besucher die Entwicklung des Tagebau Welzow-Süd beobachten können und einen wunderbaren Rundblick über die Region vom Spreewald bis zum Oberlausitzer Bergland, von Cottbus bis zum Lausitzer Seenland haben werden, soll einen Impuls für die weitere Entfaltung eines sanften, barrierefreien Tourismus gewährleisten. Geführte Wanderungen in die Steinitzer Alpen und das Altbergbaugebiet Görigk werden regelmäßig angeboten. Individualisten nutzen die zwei gekennzeichneten Wanderwege. Eine besondere Sehenswürdigkeit in der 100-Seelen-Gemeinde ist die Steinitzer Feldsteinkirche in mitten einer wunderschönen Endmoränen-Landschaft.

Ab Sommer 2012 erlaubt die Aussichtsplattform »Steinitzer Treppe« – auch für Besucher mit Mobilitätseinschränkungen nutzbar – einen grandiosen Rundblick.

Im Steinitzhof ist die Rezeption des entstehenden Kulturparks untergebracht. Saisonal und zu Veranstaltungen gibt es hier eine gastronomische Versorgung. Parkmöglichkeiten – auch für Reisebusse – sind ausreichend vorhanden.

Beitrag von:
Sozial-kulturelles Integrationsprojekt Steinitzhof
Steinitzer Dorfstr. 1
03116 Drebkau/GT Steinitz
Tel. (03 56 02) 52 73 94
info@kulturpark-steinitz.de
www.kulturpark-steinitz.de

Senftenberg – die Badewanne vor der Haustür

Wenn ich diesen See seh' ...

Der Senftenberger See gilt als »Flaggschiff« des Seenlandes

»Wenn ich diesen See seh', brauche ich kein Meer mehr«, heißt es in einem geflügelten Wort. Genauso ergeht es demjenigen, der einmal den Senftenberger See in natura gesehen hat. Das auch dieser aus einem Braunkohlentagebau hervorging, ist nur noch auf den zweiten Blick erkennbar. Längst gehört dieses Gewässer, das mit seinen 1216 Hektar Wasserfläche zu den größten künstlich geschaffenen Seen Europas zählt, zu den touristischen »Flaggschiffen« im Lausitzer Seenland sowie in den östlichen Bundesländern überhaupt.

Besonders Urlauber aus dem nahen Sachsen, dessen Landesgrenze die »Badewanne der Senftenberger« im Südosten fast berührt, schätzen und lieben »ihren« See schon seit fast vier Jahrzehnten. Immerhin ist es an den Stränden von Senftenberg, Buchwalde, Großkoschen, Peickwitz und Niemtsch mindestens genauso schön wie an der Ostsee, nur ist diese rund 400 Kilometer weiter entfernt.

Als noch die Bagger wühlten

Am 1. Juni 1973 erfolgte die Eröffnung des Strandabschnittes Großkoschen am Ostufer des Sees. Somit zählt das Gewässer zu den ältesten, aus Tagebauen hervorgegangenen Erholungsgebieten.

Der heutige See ist das Ergebnis des Tagebaus Niemtsch. Dieser förderte von 1941 bis 1966 über 132 Millionen Tonnen Rohbraunkohle. Noch im Jahr 1965 wühlten dort, wo sich heute die Wellen kräuseln, Bagger das Erdreich um, rotierten noch dröhnend deren Räder und Schaufeln. Zudem ertönten die schrillen Pfiffe der E-Loks, die das »Schwarze Gold« zu den Bunkern der nahen Brikettfabriken beförderten.

Aber schon wenig später war es damit vorbei. Am 15. November 1967 wurde das erste Wasser aus der Schwarzen Elster, deren Flussbett für den Tagebau verlegt werden musste, in die Grube gepumpt.

Die Insel – ein unerreichbares Juwel

Besonders auffällig ist die von allen Stränden gut sichtbare Insel im See. Dieses rund 200 Hektar große Areal ist ein überaus wertvolles Naturschutzgebiet. Unzählige Vogelarten sind dort heimisch geworden oder nutzen die Gegebenheiten zur Rast. Die Insel entstand aus Kippenböden der Abraumförderbrücke des früheren Niemtscher Tagebaus. Bedingt durch den Grundwasseranstieg ist dieses Gelände jedoch äußerst fließrutschungsgefährdet. Daher und auch aus Naturschutzgründen darf das Areal keinesfalls betreten werden.

Von ihrer schönsten Seite zeigt sich die Insel übrigens im Herbst. Dann stehen die dort wachsen-

Baubeginn am Senftenberger Stadthafen im Dezember 2010

Die Ministerpräsidenten Brandenburgs und Sachsens, Matthias Platzeck (hinten, r.) und Stanislaw Tillich (hinten, l.), auf der Kanalbaustelle im Sommer 2010.

Blick auf Senftenberg und seinen See

Senftenberg – die Badewanne vor der Haustür

den Roteichen in voller Farbenpracht. Darüber hinaus ist der Senftenberger See etwa von Mitte Oktober bis zum Winterbeginn ein bevorzugtes Rastziel für die wilden Gänse auf ihrem Zug gen Süden und Südwesten. Als überaus beeindruckend erscheinen dann besonders an den Abenden die Rufe der Vögel, die sich langsam auf dem Wasser zur Nachtruhe einfinden.

Längst hat sich der Senftenberger See zu einem Erholungsgebiet ersten Ranges entwickelt. Die zahlreichen touristischen Angebote sind alle hervorragend miteinander verbunden. Darüber hinaus geben ausgedehnte Wanderwege und Radlertrassen rund um das Gewässer einen interessanten Einblick in die reichhaltige Flora und Fauna des Gebietes.

Hafen mit eleganter Seebrücke

Im Jahr 2012 geht der Senftenberger Stadthafen in Betrieb. Das moderne Ensemble mit seiner eleganten Seebrücke bietet ungefähr 100 Liegeplätze. Von dort aus werden zukünftig Schiffstouren ins Lausitzer Seenland starten. Denn ebenfalls im Jahr 2012 sind die ersten Wasserfahrzeuge auf dem Kanal zwischen Senftenberger und Geierswalder See unterwegs. Nicht zuletzt lädt die Uferpromenade zum Bummeln und Flanieren ein, fast so wie an der Côte d'Azur.

Hochsommer am Großkoschener Strand

Strandatmosphäre am Senftenberger See

Weg zum Senftenberger See

Schwarze Kohle – Tagebau Niemtsch	
Wo gelegen	südlich von Senftenberg
Wann gefördert	1941 bis 1966
Wie viel Fläche	1544 Hektar
Wie viel Abraum	311 Millionen Kubikmeter
Wie viel Kohle	132 Millionen Tonnen
Welche devastierten Orte	Hammermühle Großkoschen, Häuser am Dubinaweg Senftenberg
Blaue Wellen – Senftenberger See	
Wann befüllt	1967 bis 1972
Welche Fläche	1300 Hektar (Insel 250 Hektar)
Welche Wassermenge	80 Millionen Kubikmeter
Welche Höhe über NHN	98 bis 99 Meter
Welcher pH-Wert	neutral
Füllstand Dezember 2011	100 Prozent
Überleiter 12 (Kanal) – vom Senftenberger zum Geierswalder See	
Welche Länge	1050 Meter
davon offener Überleiter	848 Meter
Welche Sohlbreite	6 Meter
Niveau Kanalsohle	95,5 Meter über Normalnull
Welche Böschungsneigung	1:3
Tunnel Schwarze Elster, Länge	90 Meter
Tunnel B 96, Länge	64 Meter
Schleusenlänge	48 Meter
Baustart für den Überleiter 12 war am 16. Oktober 2007. Die Fertigstellung ist für das Jahr 2013 avisiert.	

Senftenberg – die Badewanne vor der Haustür

Senftenberger See – Der Familienbadesee im Lausitzer Seenland

Erholung und Entspannung für alle

Der Seestrand Buchwalde aus der Vogelperspektive

Der Senftenberger See gilt als das Badegewässer des Lausitzer Seenlandes schlechthin. Von den 18 Kilometern Uferlänge nehmen sieben Kilometer Strände ein. Und was für Strände: Feinster Sand, ein sanft allmählich ins Wasser abgleitendes Gelände, eine perfekte touristische Infrastruktur sowie eine hervorragende Wasserqualität lassen keine Urlauberwünsche offen.

Der Senftenberger See wird Jahr für Jahr einer strengen Wasserqualitätsprüfung unterzogen. Und stets dürfen die Mitarbeiter des Zweckverbandes Lausitzer Seenland Brandenburg (LSB) als Betreiber der touristischen Angebote die Blaue Flagge für eine hervorragende Wasserqualität hissen. Übrigens existieren an den Ufern nicht nur Textilbadestrände. Auch Nacktbader kommen voll auf ihre Kosten. Darüber hinaus werden sogar Hundebadestrände ausgewiesen.

»Unser Lieblingssee«

Der Zweckverband unternimmt alles, damit sich die Touristen wohlfühlen. Allein 700 000 Tagesgäste pro Jahr sprechen für sich. Unzählige Familien haben das Gewässer längst zu ihrem Lieblingssee auserkoren. Der Zweckverband LSB achtet sehr auf Sauberkeit und ein entsprechendes Umweltmanagement.

Doch nicht nur Baden ist am Senftenberger See angesagt. In unmittelbarer Seenähe laden verschiedene Gaststätten, Spielplätze und ein Aussichtsturm zur Rast ein.

Ein 18 Kilometer langer Rundweg lässt bei Radfahrern, Skatern und Wanderern keine Wünsche offen. Für Surfer ist der Seestrand in Buchwalde ein beliebter Treffpunkt. Ebenso finden dort Wohnmobilisten einen ruhigen Platz mit direktem Seeblick. An sämtlichen Strandabschnitten sind Restaurants oder Kioske, Toilettenhäuschen sowie eine ausreichende Anzahl an Parkplätzen vorhanden.

Attraktive Ferienunterkünfte

Der Senftenberger See eignet sich als idealer Ausgangspunkt für Entdeckungen an den neuen Gewässern des Lausitzer Seenlandes. Gut ausgebaute, landschaftlich attraktive Radwege führen zu den Nachbarseen. Urlauber sollten viel Zeit mitbringen. Wohnen können sie dabei in modernen Ferienanlagen. Davon bietet der Zweckverband LSB eine ganze Menge. So lädt in Großkoschen der Familienpark mit großer Ferienhaussiedlung,

Abfahrtsstelle der Santa Barbara. Das Fahrgastschiff verkehrt zwischen Großkoschen und Niemtsch.

Rastmöglichkeit am See unweit von Kleinkoschen

Campingplatz und verschiedenen Freizeiteinrichtungen ein. Ein Fünf-Sterne-Komfortcamping ist in Niemtsch möglich, ideal für die reifere Generation. Senftenberg lockt mit dem Strandhotel in ruhiger und exklusiver Lage direkt am Ufer. Das dortige Restaurant bietet eine anspruchsvolle Speisekarte sowie ein gehobenes Ambiente. Und dessen nicht genug: Gäste genießen von der Sonnenterrasse einen traumhaften Seeblick.

Das Wassersportzentrum befindet sich in Großkoschen. Auf die Gäste warten eine barrierefreie Hafenanlage sowie eine Bootsvermietung. Darüber hinaus sind einfache Unterkünfte auf der Zeltwiese und in Mehrbettzimmern, speziell für Alleinreisende und Radgruppen, vorhanden.

Tipps zur Freizeitgestaltung am Senftenberger See:
Amphitheater – Kino am See – Fahrgastschifffahrt – Tierpark – Festungsanlage mit Museum

An schönen Sommertagen am Strand

Beitrag von:
Zweckverband Lausitzer Seenland Brandenburg
Straße zur Südsee 1
01968 Senftenberg OT Großkoschen
www.zweckverband-lsb.de

Senftenberg – die Badewanne vor der Haustür

Petri Heil im Seenland

In der Lausitz gibt es leckeren Fisch

Das Lausitzer Seenland dürfte sich auch für Angelfreunde zu einer überaus interessanten Fangregion entwickeln. Zwar bieten die meisten der Seen aufgrund ihres extrem sauren Wassers und daraus resultierender fehlender Nahrungspflanzen sowie des bislang nicht vorhandenen Planktons für Fische noch keinen Lebensraum. Aber in einigen der »älteren« Gewässer wurde schon öfter ein kapitaler Fisch an Land gezogen. Beispielsweise am Senftenberger See: Im früheren Speicherbecken Niemtsch lebt nach Angaben von Fischern und Anglern eine nicht unerhebliche Anzahl an Süßwasserfischen. Karpfen, Bleie, Plötzen, Döbel sowie Kleine Maränen sind von den friedlichen Kiemenatmern zu erwähnen. Von den schuppigen Räubern existieren neben Hechten auch Barsche, Zander und Welse im See.

Keine Prüfung erforderlich

Am einfachsten ist das Angeln von Friedfischen. Dazu bedarf es lediglich eines Nachweises über die Bezahlung der Fischereiabgabe (beim Landratsamt des OSL-Kreises oder im Angelshop Buchwalde) sowie einer gültigen Angelkarte des Gewässereigentümers. Für Personen unter 18 Jahren gibt es Jugendangelkarten. Wer auch Hechte am Haken sehen möchte, muss zuvor die Prüfung auf Raubfische ablegen. Das Angeln am Senftenberger See ist nur vom Strandbereich aus zulässig.

Gunther Sell fischt frische Fische

Wem das zu anstrengend ist, kann sich seinen Fisch auch beim Seefischer Gunther Sell am Niemtscher Strand kaufen. Seit gut 20 Jahren betreibt er den gleichnamigen Betrieb. Gunther Sell kann sich noch gut an die ersten Fische im Senftenberger See erinnern: »Über die Flutung der Grube mit Wasser aus der Schwarzen Elster gelangten die ersten Fische in das Gewässer. Es waren Flussbarsche, Hechte und Moderlieschen. Doch erst ab den Jahren 1977/1978 stimmten die hydrochemischen Bedingungen im Wasser.« Übrigens, noch ein Geheimtipp: Die Karpfen beißen besonders gut im April und Mai. Vor der Badesaison herrscht dann noch eine wunderbare Ruhe am See. Dafür kann man das Zwitschern der Vögel und die ersten grünen Birken genießen, also neben dem Angelvergnügen gleich mehrfacher Naturgenuss!

Am Seeauslauf soll die Fangquote hoch sein.

Der Senftenberger See verspricht einen guten Fang.

Es klappert und schmeckt in der »Mühle«

In der »Niemtscher Mühle« klappern heute nur noch die Teller. Inhaberin Rosemarie Dobra bietet ihren Gästen ganzjährig ein gut sortiertes Speisenangebot. Besonders empfehlenswert sind die Fischgerichte. Da sich das traditionell beliebte Gasthaus direkt neben dem Fischer vom Senftenberger See befindet, wird frischer Fisch nicht nur an Freitagen serviert. Dienstags gelten für Familien besondere Preise und auch für jegliche Feierlichkeiten sind die liebevoll eingerichteten Räumlichkeiten der Niemtscher Mühle eine gern besuchte Adresse. Von Mai bis September laden zudem Biergarten und Terrasse täglich von 11.30 Uhr bis 22 Uhr ein und von Oktober bis April steht den Gästen das Mühlen-Team von 11.30 Uhr bis 20 Uhr zur Verfügung.

Beitrag von:
Gaststätte »Niemtscher Mühle« · Dorfstraße 12 b · 01968 Niemtsch
Tel. (0 35 73) 66 10 26 · www.niemtscher-muehle.com

Beliebtes Ausflugsrestaurant: die Niemtscher Mühle

Senftenberg – die Stadt mit eigener »Badewanne«

Von der Kohlehauptstadt zur Seemetropole

*»Mostrichhügel« auch genannt
wird Senftenberg im Lausitzland.
Doch Mostrich gibt's hier keinen,
einen Hügel schon, wenn auch kleinen,
den Koschenberg am Seenstrand
und manche Kippe am Bergbaurand.
Bislang keine andere Lausitzstadt
eine Badewanne vor ihrer Haustür hat,
in deren südlichen Räumen
man sogar von der Südsee kann träumen.*

Senftenberg ist schon etwas ganz Besonderes im Lausitzer Seenland. Schließlich handelt es sich um die einzige Stadt mit Kreissitz in der neu entstehenden Landschaft. Und wer vor dem Landratsamt steht, erblickt schon die zweite Besonderheit, nämlich den See, dem die Stadt ihren Namen gab. Keine andere größere Kommune im Seenland hat bislang einen eigenen Strandbereich direkt vor ihrer Haustür. Senftenberg schon, und nicht nur einen. Insgesamt fünf Abschnitte an der städtischen »Badewanne« laden zum Baden, Wassersport treiben und Erholen ein.

Darüber hinaus ist die rund 30 000-Einwohner-Stadt der einzige Ort im Seenland, der eine Festung vorweisen kann. Und eine Skihalle. Und ein Amphitheater. Allerdings wurde im Herbst 2007 ein zweites bei Boxberg am Bärwalder See im sogenannten »Ohr«, einer neu modellierten Landschaft, eröffnet.

Senftenberg zählt zu den ältesten Städten der Niederlausitz. Der Ort wurde bereits im Jahr 1279 erstmals in einer Urkunde des Klosters Dobrilugk erwähnt. Die Siedlung entstand im Schutze einer frühmittelalterlichen Turmwarte, die im Lauf der Zeit zu einer Wasserburg ausgebaut wurde.

Traditioneller Weihnachtsmarkt in Senftenberg

Mit »Senf« nichts zu tun

Der Name »Senftenberg« leitet sich übrigens nicht von »Senf« oder »Mostrich« her, sondern wohl eher von »sanft am Berg gelegen«. Schließlich befindet sich südöstlich der Stadt der Koschenberg, einst mit 176 Metern Höhe eine der bedeutendsten Erhebungen der Niederlausitz. Der Hügel ist allerdings im Laufe der vergangenen Jahrzehnte durch den intensiven Abbau von Grauwacke auf ungefähr 152 Meter Höhe »zusammengeschmolzen«.

Die im Zuge der deutschen Ostexpansion deutscher Ritterheere entstandene Stadt nahm eine planmäßige Entwicklung. Im Spätmittelalter lebten in Senftenberg lediglich etwa 300 bis 400 Einwohner. Die Siedler ernährten sich hauptsächlich von Acker-, Obst- und Weinanbau sowie handwerklicher Produktion.

Die Festungsanlage als »Keimzelle« Senftenbergs wurde in der Mitte des 16. Jahrhunderts im Auftrag der Wettiner ausgebaut und zu einem Renaissanceschloss umgestaltet. Bis zum Beginn des 19. Jahrhunderts war Senftenberg trotz allem nur ein kleines Ackerbauerstädtchen mit nicht einmal 1000 Einwohnern. Als ein Ergebnis des Wiener Kongresses ging das kursächsische Amt Senftenberg 1815 an Preußen über.

Die Kohle brachte Kohle

Um das Jahr 1860 fand man das »schwarze Gold« – die Braunkohle. Eine rasante Industrialisierung und ein wirtschaftlicher Aufschwung sind besonders typisch für diese Zeit. Senftenberg entwickelte sich stetig zum Verwaltungszentrum der ostdeutschen Braunkohlenindustrie. Dieser Wirtschaftszweig prägte die gesamte Region in und um die Stadt nachhaltig. In Folge der günstigen

Blick zu den Türmen von Senftenberg: Rathausturm, Kirchturm, Gerichtstürmchen

Blick von der Kreuzstraße auf den Senftenberger Marktplatz

Der neugestaltete Neumarkt

Am Großkoschener Strand

landes. Mit dem Anschluss des Senftenberger Sees per Kanal an die weiteren Gewässer der Restlochkette im Jahr 2012 und dem Bau des Stadthafens unweit des Landratsamtes ergeben sich auch touristisch völlig neue Möglichkeiten. Senftenberg liegt nämlich nicht mehr nur »sanft am Berge«, sondern ebenso »sanft eingebettet im Lausitzer Seenland«.

Rohstoffsituation entstanden Glaswerke und Ziegeleien. Handel und Gewerbe blühten auf. Durch den Bau der Bahnstrecke Cottbus-Großenhain im Jahr 1870 und Lübbenau-Kamenz vier Jahre später wurde die Stadt an das Eisenbahnnetz angeschlossen und erhielt einen Bahnhof.

Die Einwohnerzahl wuchs sprunghaft, vor allem durch die Eingemeindung der Vororte Thamm (1920) und Jüttendorf (1923). Nach dem Zweiten Weltkrieg lebte Senftenberg fast ausschließlich von der Braunkohlenindustrie. Im Jahr 1952 wurde der Ort Kreisstadt und gleichzeitig das Zentrum des Niederlausitzer Braunkohlenreviers. Tagebaue und die Brikettfabrik am Stadtrand prägten das Bild. Wo immer man den Namen Senftenberg erwähnte, dachte man an riesige Löcher und rauchende Fabrikschlote. Stets war die von einem grauen Schleier überzogene Stadt vor dem geistigen Auge präsent.

Trotz aller Unannehmlichkeiten verdienten die Menschen gut, waren stolz, Bergleute zu sein.

Nach dem Auslaufen des Tagebaus Niemtsch entstand ein bis an die südlichen Stadtteile heranreichender See. Fast symbolisch setzte er ein Zeichen für die Zeit nach dem Bergbau.

Grundlegende Veränderungen

Die politische Wende der Jahre 1989/1990 besiegelte das Ende des Senftenberger Kohlenreviers viel schneller, als alle Planungsentwürfe es vorsahen. Mit dem Kohlenstaub auf den Fensterbrettern verschwanden auch unzählige Arbeitsplätze. Ein zukunftsfähiges Konzept der Stadtentwicklung wurde neu erarbeitet.

Innerhalb weniger Jahre wandelte sich das Bild der Stadt in vielen Bereichen grundlegend. Der Markt wurde umfassend saniert, das »Schlossparkcenter« entstand, ebenso neue Wohn- und Gewerbegebiete.

Längst bildet Senftenberg neben Hoyerswerda eines der Zentren inmitten des Lausitzer Seen-

Tierisch gut – der Senftenberger Tierpark

Unmittelbar neben der historischen Festung befindet sich der Senftenberger Tierpark. Die Hauptattraktion bildet das Braunbärengehege. Seit dessen Bestehen ab dem Jahr 1957 wurden dort ungefähr 50 Braunbären geboren. Täglich kann man »Meister Petz« beim Herumtollen, Fressen, Baden oder beim »Nickerchen« beobachten.

Darüber hinaus leben unter anderem Damhirsche, Mufflons, Hausschafrassen, Hausschweine, Lamas, Ponys, Esel, Rhesusaffen, Meerkatzen, Stachelschweine, Polarfüchse sowie zahlreiche große und kleine Vögel im Tierpark. Insgesamt beherbergt die Anlage rund 350 Tiere in 60 verschiedenen Arten. Im Eingangsbereich des Tierparks hat seit dem Jahr 2011 das neue Empfangsgebäude geöffnet. Es beheimatet zudem das Umweltbildungszentrum mit weiteren Angeboten.

Im Bärengehege

Senftenberg – die Stadt im Lausitzer Seenland

Ein Stadtrundgang vom Markt zur Festung

Die Stadt Senftenberg stellt mit der Hochschule Lausitz, dem Theater NEUE BÜHNE, der Festung und dem Senftenberger See das Bildungs-, Kultur- und Wirtschaftszentrum im Lausitzer Seenland dar. Circa 26 000 Einwohner leben in der reizvollen Kreisstadt. Besonderer Anziehungspunkt ist die aufwändig und liebevoll restaurierte historische Innenstadt. Viele Sehenswürdigkeiten können Gäste in wenigen Minuten erreichen. Zeit sollten Besucher für den spannenden Stadtrundgang trotzdem ausreichend mitbringen.

Den kreisförmigen Umriss der historischen Innenstadt deuten noch heute die Bader-, die Burglehn-, die Ritter-, die Salzmarkt- und die Töpferstraße an. Kreuz-, Schloss-, Rathaus-, Bahnhof- und Schmiedestraße sowie die Kirchgasse führen zum Markt hin. Der Marktplatz bildet das Zentrum der Stadt Senftenberg. Hier finden zahlreiche Veranstaltungen, darunter der traditionelle Peter- und Paul-Markt statt. Das älteste Gebäude – es trägt die Zahl 1675 – befindet sich auf der Nordseite des Marktes.

Zwischen Postsäule und Kirche

Das moderne Rathaus – auf der Südseite des Marktes – wurde 1998 eingeweiht. Es verbindet sich mit dem Rathaus aus dem Jahr 1929 zu einem interessanten Gebäudeensemble. Die ersten Ratsleute werden bereits 1423 erwähnt. In früherer Zeit stand auf dem Marktplatz die kursächsische Postmeilensäule. Die heutige Postmeilensäule ist eine Nachbildung aus dem Jahr 2000.

Nordöstlich des Marktes befindet sich die Peter- und Paul-Kirche. Sie ist den Aposteln Petrus und Paulus geweiht. Das Fest dieser beiden Schutzpatrone fällt auf den 29. Juni. In diesem Zusammenhang entwickelte sich der Peter- und Paul-Markt. Die jetzige Kirche wurde im Stil der Gotik in der zweiten Hälfte des 13. Jahrhunderts gebaut. Beeindruckend ist das rippenlose, ohne jeden Bogen konstruierte, von zehn freistehenden, achtseitigen Pfeilern getragene Knickgratzellengewölbe. In dieser Form ist es in Deutschland kein zweites Mal zu finden.

Wenige Meter von der Peter- und Paul-Kirche entfernt befindet sich die Wendische Kirche. Erstmals

Die Innenstadt aus der Möwenperspektive

Der Markt mit Postsäule und Peter- und Paul-Kirche

Blick in die Kreuz- und in die Salzmarktstraße

Senftenberg – die Badewanne vor der Haustür

erbaut nach der Reformation, die in Senftenberg 1539 zum Tragen kam, wurde die hölzerne Kirche durch das Großfeuer im Jahr 1641 vernichtet. Neu erbaut wurde sie an der heutigen Stelle. An der Ostseite der Kirche befindet sich ein Sgraffito von Günther Wendt aus dem Jahre 1934.

Mächtige Festung mit Museum

Die Schlossstraße führt vom Markt direkt zur Festung. Diese wurde auf den Mauern einer mittelalterlichen Wasserburg zur Sicherung der Nordgrenze Sachsens im 16. Jahrhundert errichtet. Die Anlage wurde durch einen umschließenden Wall auf quadratischem Umriss mit Eckbastionen zur Stadt hin gesichert. Die Befestigungsanlage des Senftenberger Schlosses ist die einzige noch erhaltene Befestigung mit künstlich aufgeschüttetem Erdwall und daher Bau- und Bodendenkmal. Im Schloss ist das Museum des Landkreises untergebracht.

Übrigens: weitere lohnenswerte Ziele sind gut bei einer Radtour zu erreichen: die Gartenstadt Marga im Ortsteil Brieske und die Landmarke Lausitzer Seenland, ein 30 Meter hoher Aussichtsturm am Sedlitzer See.

Das Schloss

Das Rathaus

Sgraffito am Bürgerhaus Wendische Kirche

Senftenberg — investieren studieren flanieren

Beitrag von:
Stadt Senftenberg
Weitere Informationen:
Tourist-Information
Markt 1
01968 Senftenberg
Tel. (0 35 73) 1 49 90 10
Fax (0 35 73) 1 49 90 11
info@lausitzerseen.com
www.lausitzerseen.com

Rudolf Lehmann – Senftenbergs großer Sohn

Eine kleine Gedenktafel erinnert an den größten Sohn Senftenbergs. An seinem Wohnhaus an der »Kaufhauskreuzung« (Bahnhofstraße/Westpromenade/Steindamm) wird Rudolf Lehmann (1891 bis 1984) gedacht. Noch heute gilt der zwar in Stassfurt (Sachsen-Anhalt) geborene, jedoch im Alter von neun Jahren nach Senftenberg übergesiedelte Lehmann als bedeutendster Historiker der Niederlausitz. Er verfasste 20 Bücher sowie unzählige Beiträge in Fachzeitschriften. Seine Hauptwerke bilden die »Geschichte des Markgraftums Niederlausitz« von 1937 sowie das 1979 erschienene Werk »Historisches Ortslexikon für die Niederlausitz«.

1920 trat Lehmann in den Vorstand der »Niederlausitzer Gesellschaft für Geschichte und Altertumskunde« ein. Zehn Jahre später wurde er zum Vorsitzenden berufen und blieb es bis zur Auflösung 1945. Ab 1926 war der Landeshistoriker am Reformrealgymnasium in Senftenberg tätig. Von 1949 bis 1958 baute er das Niederlausitzer Ständearchiv in Lübben zum Landesarchiv aus.

Aufgrund von Publikationen in Westdeutschland musste Rudolf Lehmann seinen Beruf aufgeben. Er siedelte ins hessische Marburg über, wo er dank der Unterstützung des Historikers Walter Schlesinger noch bedeutende Werke publizieren konnte.

Rudolf Lehmann war mit Erna Kieschke, einer Cottbuser Lehrerin, verheiratet. Sie schenkte ihm vier Kinder. Zeitgenossen von Lehmann beschreiben ihn als warmherzigen Menschen, der großen Wert auf Korrektheit legte.

Die Lehmann-Gedenktafel an der Senftenberger »Kaufhauskreuzung«

Senftenberg – die Badewanne vor der Haustür

Wenn die Bergarbeiter das Steigerlied anstimmen

Briesker Chor singt seit 100 Jahren

Chorkonzert vor der Lutherkirche am Briesker Markt

Auszeichnung verdienstvoller langjähriger Mitglieder

Beim Singen des Bundesliedes

Wer schon lange kein Gänsehautgefühl der Rührung verspürt hat, sollte ein Konzert des Chores der Bergarbeiter aus Brieske besuchen. Mancher Zuhörer bemerkt dann nicht nur ein wohliges Kribbeln auf der Haut, sondern auch eine Träne am Auge.

Tatsächlich vermögen die mehreren Dutzend Stimmen eine Stimmung höchster Harmonie zu erzeugen. Dabei werden längst nicht nur traditionelle Bergmannslieder wie »Glück auf, Glück auf, der Steiger kommt« präsentiert, sondern auch Opernmelodien sowie in- und ausländische Volkslieder. Über 200 Titel hat der Chor der Bergarbeiter auf Lager. Gesungen wird vierstimmig, und zwar der erste und zweite Tenor sowie der erste und zweite Bass.

International anerkannt

Längst ist der Chor weit über die Grenzen der Lausitz hinaus bekanntgeworden. So weilten die Männer im Frühsommer 2009 auf einer Konzertreise in Österreich. Eingeladen hatte die Wiener Sängerrunde. Darüber hinaus stand ein Auftritt in Senftenberg (Niederösterreich), der Partnerstadt des gleichnamigen Ortes in der Lausitz, auf dem Konzertprogramm.

Der Briesker Chor der Bergarbeiter kann inzwischen auf ein komplettes Jahrhundert Sangesgeschichte zurückblicken. Im Jahr 2011 wurde die Wiederkehr des 100. Gründungstages gefeiert. 30 Männer hatten am 15. März 1911 im Briesker Gasthaus »Kaiserkrone« den Gesangsverein »Marga«, benannt nach der damals im Aufbau befindlichen Gartenstadt, ins Leben gerufen.

Im Kriegsjahr 1943 bricht die Chorchronik mit dem Hinweis »Singen abgesagt wegen Stalingrad« ab. Im Sommer 1946 gab es erste Bestrebungen, den Chor wieder klingen zu lassen. Drei Jahre später, als die Gartenstadt Marga in Brieske-Ost umbenannt wurde, hieß der Klangkörper »Männerchor Brieske-Ost«. Ab den 1970er Jahren waren die Männer bei Auftritten in Bergmannsuniformen zu sehen.

Glück auf, der Steiger kommt

Besonders großer Beliebtheit erfreuen sich die jährlichen Frühlingskonzerte des Chores der Bergarbeiter. Gar nicht selten platzen dabei die Veranstaltungsräume aus allen Nähten. Und wenn dann das alte Steigerlied erklingt, ist es wieder da, das Gänsehautgefühl.

Nicht anders ergeht es den Zuhörern beim traditionellen Weihnachtskonzert. Diese Veranstaltung findet in jedem Jahr am Sonnabend vor dem zweiten Advent in der Martin-Luther-Kirche Brieske statt. Oft lädt sich der Bergmannschor dazu einen zweiten Klangkörper ein. Dann klingen die altehrwürdigen Waisen noch festlicher.

Übrigens ist im Frühjahr 2012 eine DVD mit den schönsten Liedern aus dem vergangenen Chor-Jahrhundert erschienen. »Das Beste aus 100 Jahren«, so der Titel, ist im Handel der Region erhältlich.

Senftenberg – die Badewanne vor der Haustür

Architektonische Perle am Senftenberger See

Marga – Die Gartenstadt im Seenland

Blick auf die Lutherkirche

Markant: Die Kaiserkrone am Marktplatz

Blick ins Innere des Margahofes

Unterwegs in der Gartenstadt

Wer noch vor wenigen Jahren von der Autobahn 13 nach Senftenberg wollte, musste unweigerlich durch Brieske fahren. Viele Reisende staunten damals über das reizvolle Ensemble rund um den Marktplatz mit seiner symmetrischen, überaus harmonisch wirkenden Bebauung. Der Markt gilt als Zentrum der Gartenstadt Marga, die auch als Brieske-Ost bezeichnet wird.

Heute führt zwar die Senftenberger Ortsumfahrung an Brieske vorbei, doch ist damit viel mehr Ruhe in das idyllische Ensemble eingekehrt. So können sich Besucher fast ungestört vom Verkehr die schmucken Bauten und die dazugehörigen Grünanlagen anschauen.

Kein Haus gleicht dem anderen

Und zu sehen gibt es eine ganze Menge. Schließlich wird Marga als erste deutsche Gartenstadt bezeichnet. Bereits im Jahr 1907 setzte die Bautätigkeit ein. Unter der Leitung des sächsischen Architekten Georg Heinsius von Mayenburg (1870 bis 1930) entstanden bis zum Jahr 1915 ungefähr 80 Häuser in 15 verschiedenen Typen. Dennoch ist kein Gebäude mit dem nächsten identisch. Als Bauherrin fungierte die Ilse Bergbau AG. Somit galt Marga nicht nur als Gartenstadt, sondern ebenso als Werkssiedlung für die Beschäftigten der nahen Kohlebetriebe.

Zu DDR-Zeiten verfiel Marga zusehends. Nicht einmal der Name durfte offiziell mehr benutzt werden. »Brieske-Ost« hieß die Gartenstadt fortan. Zur Zeit der Wende in den Jahren 1989/1990 befanden sich die meisten Gebäude in einem erbärmlichen Zustand. Fast überall bröckelte der Putz. Nicht zuletzt rieselte der Kohlendreck auf den nahegelegenen Brikettfabriken auf Häuser und in Gärten. Vielen alteingesessenen Einwohnern blutete das Herz beim Anblick ihrer Siedlung.

In den 1990er Jahren begannen aufwändige Rekonstruktionsmaßnahmen. Es wurde gehämmert, geputzt, geschraubt und gewienert. Nach der Jahrtausendwende wurde die Gartenstadt ein Projekt der Internationalen Bauausstellung (IBA) »Fürst-Pückler-Land«. Gemeinsam mit dem Lausitzer Architekten Wolfgang Joswig ist der einstigen Werkssiedlung ein durchweg positives Erscheinungsbild verschafft worden. Die Menschen wohnten wieder gern in Marga.

Kirche, Kaufhaus, Kaiserkrone

Die markantesten Gebäude der Gartenstadt sind um den Markt gruppiert. Dazu gehört die Martin-Luther-Kirche mit ihrem weithin sichtbaren Turm. Sie wurde am 18. Dezember 1914 eingeweiht. An der Südwestseite des Marktes steht die ehemalige Gaststätte »Kaiserkrone«. Viele ältere Einwohner werden sich noch an gesellige Tanzabende, Messen und Auszeichnungsveranstaltungen in ihren Mauern erinnern.

Gegenüber der »Kaiserkrone« befindet sich die Schule. Ebenso prägt das Marga-Kaufhaus das Bild. Wer durch die radialförmig vom Markt abgehenden Straßen läuft, sieht die liebevoll hergerichteten Häuser mit ihren Gärten. Ein Baumring grenzt die Gartenstadt nach außen ab.

Von den alten Werksanlagen konnten die imposante Kraftzentrale sowie das Badehaus erhalten werden. Und in der entgegengesetzten Richtung lockt der Senftenberger See, dem Nachfolger jener Grube, die einst die Kohle für die Briesker Werke lieferte.

Die »Marga« auf dem Marktplatz

145

Senftenberg – die Badewanne vor der Haustür

Sport frei in der Mittellausitz

»Seenland 100« fordert Kondition

Egal, ob die Sommersonne erbarmungslos vom wolkenlosen Himmel scheint oder dieser seine Schleusen öffnet: Die beliebte Breitensportveranstaltung »Lausitzer Seenland 100« findet grundsätzlich bei jedem Wetter statt. Traditionell an einem Wochenende im Juli treffen sich direkt im Herzen des Seenlandes junge und jung gebliebene Volkssportler aus Nah und Fern. Sie ermitteln die Besten im Skaten, Radeln, Laufen, Walken und Schwimmen. Teilnehmen kann jeder, der für die entsprechenden Strecken die notwendige Kondition besitzt und sich gesund fühlt. Dann und wann schaut auch schon mal ein Olympiasieger beim »Seenland 100« vorbei. So trat Eisschnellläuferin Claudia Pechstein im Sommer 2010 auf ihren Skatern an und siegte trotz eines Sturzes.

Kreuz und quer durchs Seenland

Das Besondere an dieser Veranstaltung, die der Lauf- und Radsportverein »Niederlausitz« organisiert, sind die Streckenverläufe. Sie führen durch die verschiedensten Entwicklungsbereiche des Seenlandes. Die Teilnehmer skaten, laufen, walken oder fahren an ehemaligen Tagebauen, den so genannten Mondlandschaften, vorüber, überqueren nagelneue Brücken über nagelneue Kanalbauwerke und schwimmen in den fast vollständig gefluteten neuen Seen. Dabei stehen nicht unbedingt neue sportliche Rekorde im Vordergrund, sondern das gemeinsame Sporttreiben und der Genuss der sich wandelnden Landschaft getreu der Devise »Der Weg ist das Ziel«.

Die »100« ist am wichtigsten

Die Zahl »100« spielt bei zahlreichen Wettkämpfen eine endscheidende Rolle. So gibt es zum Beispiel die »Hunderter-Staffel«. Dabei skaten jeweils fünf Sportler etwa eine halbe Marathonstrecke, nämlich 21,3 Kilometer. Die Wechsel erfolgen durch Berühren des nächsten Starters, der zur eigenen Mannschaft gehört.
Darüber hinaus erfreut sich »Der Hunderter«, bei dem Männer und Frauen gemeinsam jeweils fünf Runden zu je 21,3 Kilometer auf Skateboards zurücklegen, einer außerordentlich großen Beliebtheit. Sehr beliebt sind ebenfalls die verschiedenen Stufen der Radtourenfahrt (RTF) sowie das 1000-Meter-Schwimmen im Geierswalder See. Übrigens, es lohnt sich durchaus, um Medaillen zu kämpfen. Denn jede von ihnen ist ein Unikat, von dem es wohl kaum ein zweites gibt! Man munkelt, dass sich

Eisschnelllauf-Olympiasiegerin Claudia Pechstein (r.) ging im Sommer 2010 als Skaterin beim »Seenland 100« an den Start.

Gemeinsam sind wir stark.

Siegerehrung für die Nachwuchssportler

die Medaillen auch unter Sammlern großer Beliebtheit erfreuen.
Auch außerhalb des Sports gibt es beim »Seenland 100« jede Menge zu erleben. Die musikalische Unterhaltung kann sich durchaus hören lassen. Darüber hinaus gibt es jede Menge leckere Speisen und abends Partyspaß pur. Start- und Zielpunkt für das »Seenland 100« sind in den vergangenen Jahren entweder Geierswalde oder Kleinkoschen gewesen.

Der »Goldene Löffel« für alle

Wer kennt nicht die Redensart: Jemand ist mit dem goldenen Löffel im Mund geboren. Wem dieser Teil des Bestecks nicht in die Wiege gelegt wurde, er jedoch unter keinen Umständen auf die Geschmackserlebnisse hervorragender Küche verzichten möchte, der sollte zum Goldenen Löffel greifen. Diese Lokalität bietet frische Küche, freundlichsten Service, faire Preise und stets ein Sahnehäubchen oben drauf.
Der Goldene Löffel verwöhnt Hungrige wie Könige. Jeder darf sich selbst überzeugen und sich die goldige Gerichteküche in gemütlicher Atmosphäre schmecken lassen.

Beitrag von:
Cafeteria & Partyservice
Goldener Löffel
Hörlitzer Straße 34
01968 Senftenberg
Tel. (0 35 73) 7 72 33
info@goldener-loeffel.de
www.goldener-loeffel.de

Im Goldenen Löffel lässt es sich wunderbar speisen.

Senftenberg – die Badewanne vor der Haustür

Die vitale Lausitz strotzt vor Gesundheit

Der Vital-Gesundheitsclub ist mit über 1000 Mitgliedern und 20 Mitarbeitern im Lausitzer Seenland der führende Anbieter für eine ganzheitliche Gesundheits- und Fitnessbetreuung. Seit fast 20 Jahren wird den Fitnessbegeisterten ein hochwertiges, individuelles wie breites Spektrum an Betätigungsmöglichkeiten geboten – TÜV zertifiziert. Gemeinsam mit Sportwissenschaftlern, Personaltrainern und Sporttherapeuten wurde ein einzigartiges Trainings- und Betreuungskonzept entwickelt, welches ständig erweitert wird. Durch die langjährigen Erfahrungen und regelmäßigen Schulungen im Bereich der Gesundheitsförderung geben die Mitarbeiter ihr aktuelles Wissen zu jeder Zeit weiter. Für die Mitglieder heißt das: maximale Unterstützung, die neuesten Entwicklungen für ein erfolgreiches Training, individuell zugeschnittene Trainingspläne sowie ein erstklassiger Rundum-Service.

Mehr als 100 Trainingsgeräte, über 60 Kurse pro Woche, eine Kletterwand, eine Saunalandschaft, eine im Haus befindliche Physiotherapie und vieles mehr stehen den Mitgliedern zu kundenfreundlichen Öffnungszeiten täglich zur Verfügung. Als Partner der Kranken- und Gesundheitskassen bietet der Vital-Gesundheitsclub darüber hinaus umfangreiche Rehabilitations-, Präventions- und Nachsorgeprogramme an.

Das gesamte Programm stellt das Team mit hoher Kompetenz und Leidenschaft auf die Beine, damit die Zukunft der Menschen im Lausitzer Seenland gesund und munter bleibt.

Die lockere Atmosphäre im Vital-Gesundheitsclub steckt an.

Mit Sicherheit den Vital-Gipfel erreichen.

Beitrag von:
Geschäftsführer: Jan Przybilski
Rudolf-Breitscheid-Straße 2a
01968 Senftenberg
Tel. (0 35 73) 66 32 09
info@vital-fitness.de
www.vital-fitness.de

Liegend durch das Seenland

In einer entspannten Sitzhaltung lässt sich das Lausitzer Seenland von einem ganz besonderen Blickwinkel aktiv entdecken. Fahrradfahren im Liegen sorgt für einen hohen Spaßfaktor und belastet die Gelenke weniger. Deshalb lassen sich problemlos weite Strecken zurücklegen. Der Lausitzer Liegeradverleih stellt hierfür die entsprechenden Drahtesel zur Verfügung. Nach einer kurzen Einweisung vor vom Fachmann kann die umweltbewusste Entdeckungstour beginnen. Wer nach einem faszinierenden Tagesausflug zurückkehrt, ist begeistert und wird gern wieder liegend in die Pedalen treten wollen.

Beitrag von:
Frank Budich
LLR Lausitzer Liegerad GmbH
Station Niemtsch
Dorfstraße 12
01968 Senftenberg OT Niemtsch
Tel. (01 60) 3 50 29 49

Ganz entspannt geht es durch das Seenland.

Über den Wolken des Lausitzer Seenlands

Abheben mit einem der 14 Ultra-Leicht-Flugzeuge der Flotte

Zehn Flugbegeisterte entdeckten vor über 20 Jahren ihre Leidenschaft für den Ultra-Leicht-Flugsport. Aus eigener Kraft wurde daraufhin der alte Agrarflugplatz in Kleinkoschen gekauft, das Flugfeld geebnet, ein Hanger gebaut sowie der Bekanntheitsgrad des Luftsportvereins erhöht. Heute ist der Standort in der Flugsportszene eine etablierte Adresse – zum Beispiel während des luftigen Sachsen-Marathons. Ebenso kennt eine Kolonie Zwerggänse die Start- und Landebahn, denn hier wurden die vom Aussterben bedrohten Vögel auf eine neue, sichere Flugroute vorbereitet. Interessierten werden Schnupperrundflüge angeboten.

Beitrag von:
Flugsportverein Lausitzer Seenland
Matthias Müller
Flugplatz Kleinkoschen
01968 Senftenberg OT Kleinkoschen
Tel. (01 71) 9 92 91 70

Senftenberg – die Badewanne vor der Haustür

1:0 für Brieske

Was der FC Bayern München für die bayerische Landeshauptstadt ist, sind die Brieseker Knappen für das Lausitzer Seenland. Wer sich hier für Sport interessiert, kommt am FSV Glückauf Brieske/Senftenberg nicht vorbei. Auf fast ein Jahrhundert Fußballgeschichte können die Knappen, wie die Brieseker Fußballspieler genannt werden, zurückschauen. So berichtet die Chronik vom Gewinn der Niederlausitzer Meisterschaft im Arbeitersport sowie vom Finalsieg bei der Ostdeutschen Meisterschaft. 1956 brachten es die Brieseker sogar bis zum DDR-Vizemeister. Horst Franke, Heinz Lemanczyk, Heinz Krüger und Lothar Haak empfahlen sich für die Nationalmannschaft des jungen Staates.

Für die Spieler der Region ist es noch heute eine Ehre, für die Knappen anzutreten. Nicht zuletzt besitzt die Nachwuchsarbeit des Vereins einen hervorragenden Ruf.

Für FSV-Präsident Herbert Tänzer ist Fußball (fast) alles.

Schmuck & Kunst – das Vergängliche wird im Zeitlosen sichtbar

Schmuck unterstreicht die Persönlichkeit. Schmuckdesignerin Christine Przybilski fertigt eine große Auswahl an individuell gestaltetem Schmuck und kreativen Objekten. Das kreative Ringen mit den verschiedensten Materialien um Form und Aussage, Kontrast und Harmonie steht dabei im Vordergrund. Unter fachkundiger Anleitung können Interessierte Grundtechniken des Goldschmiedens erlernen, um ihre eigenen Schmuckideen zu realisieren – aktuelle Kurstermine gibt es auf der Internetseite. Zudem sind in der Galerie Ausstellungen zu erleben.

Kreativer Schmuck aus dem Haus Przybilski

Beitrag von:
Schmuck und Galerie Senftenberg
Christine Przybilski
Bahnhofstraße 12
01968 Senftenberg
Tel. (0 35 73) 79 60 59
www.schmuck-przybilski.de

Mit Schere, Kamm und guter Laune

Seit der Geschäftseröffnung 1999 führt Friseurmeisterin Gudrun Petack erfolgreich ihr modernes Studio mit fünf Mitarbeiterinnen, welche sich bei regelmäßigen Schulungen die neusten Modefrisuren aneignen. Bislang wurden ein Azubi und zwei Meisterinnen ausgebildet. Das Friseurgeschäft Petack setzt ausschließlich auf L'ORÉAL-Produkte wie INOA, ein Haarfärbemittel ohne Ammoniak auf Ölbasis. Das dynamische Team steht den Kunden montags bis freitags von 8 bis 20 Uhr mit Schere, Kamm und guter Laune zur Verfügung – um Vorbestellung wird gebeten. Toll: Bei jedem Nasshaarschnitt erhalten die Kunden eine wohltuende Kopfmassage gratis.

Beitrag von:
Friseurgeschäft Gudrun Petack
Fischreiherstraße 5
01968 Senftenberg
Tel. (0 35 73) 65 63 20

Das sympathische Team versprüht nicht nur Haarspray, sondern vor allem gute Laune.

Das Beste des Seenlands auf einer Seite

Von Reiner Cornelsen: Die Lausitzer Seenland-Hymne auf CD

Einfach online kaufen, falls der Weg zum Buchladen zu weit ist.

Auf dem Internetportal www.Seenland-Shop.de erwartet den Besucher ein ständig wachsendes Sortiment an regionalen Produkten und lokalen Dienstleistungen aus dem Lausitzer Seenland. Neben diesem Buch werden zum Beispiel Post- und Radwanderkarten, einzelne Souvenirs wie der Senftenberger Likör »scharfes GELB« oder Präsentkörbe mit weiteren typischen Seenland-Produkten angeboten. Weiterhin bietet der Internet-Shop eine breite Palette an Gutscheinen für jeden Anlass: Quad-, Segway-, Hummer- oder Off-Road-Safari, Paintball spielen, Stepper-Bikes testen oder sich das mobile Saunafass nach Hause holen. In diesem Shop darf die Vielfalt des Lausitzer Seenlands neu entdeckt werden.

Beitrag von: www.Seenland-Shop.de

Senftenberg – die Badewanne vor der Haustür

Im Seenland meist sonnig

In Senftenberg werten Hobby-Meteorologen das Wetter aus

Das Lausitz-Wetter stets im Blick haben die Hobby-Meteorologen aus dem Oberspreewald-Lausitz-Kreis. Alljährlich zwischen Weihnachten und Neujahr treffen sie sich und ziehen die Wetterbilanz des zu Ende gegangenen Jahres. Oft lautet der Tenor: zu warm und zu trocken. Als Beispiele seien die Jahre 2003 oder 2006 angeführt. 2007 war zwar auch viel zu warm, aber gleichzeitig auch das niederschlagsreichste Jahr in der Lausitz seit 1926. Noch mehr Regen gab es 2010. Der Großräschener »Wetterfrosch« Dieter Sawall hatte mehr als 1000 Milliliter je Quadratmeter gemessen.

Oft geben die Hobby-Meteorologen, an dessen Spitze der Lindenauer Diplom-Landwirt Rudolf Kupfer steht, auch Prognosen für das kommende Jahr ab. Manchmal ist die Trefferquote erstaunlich genau. Unterstützung erhalten die »Wetterfrösche« in ihrer ehrenamtlichen Tätigkeit vom Deutschen Wetterdienst in Potsdam. Die dortigen Profis liefern das notwendige »Gewusst wie«.

Heiße Sommer, kalte Winter

Deren Angaben zufolge liegt der Grund für das im deutschlandweiten Vergleich überproportionale sonnige Wetter in der Lausitz unter anderem in der geografischen Lage begründet. So ist die Landschaft zwischen Elster und Neiße schon recht kontinental geprägt, dass heißt von trockenen heißen Sommern und relativ kalten Wintern. Hochsommertemperaturen von über 35 Grad Celsius kommen gar nicht so selten vor. Im Winter dagegen kann es empfindlich kalt werden. Die Niederschlagstätigkeit ist im Seenland eher gering ausgeprägt. Was sich für die Flutung der ehemaligen Tagebaue negativ auswirkt, ist für die Touristen von Vorteil. Ohnehin werden pro Jahr im Durchschnitt nur mit Mühe und Not 600 Milliliter Niederschlag je Quadratmeter erreicht.

Keine Versteppung

Darüber hinaus ist auch der Klimawandel in der Lausitz spürbarer als woanders. So sind die Frühjahre deutlich wärmer und trockener geworden. Von einer Versteppung ist die Lausitz aber weit entfernt. Dennoch versuchen Land- und Forstwirte, den sich ändernden klimatischen Bedingungen Rechnung zu tragen. So setzt man zum Beispiel in vielen Wäldern verstärkt auf den Anbau robusterer Laubbäume.

Das Lausitzer Seenland ist zu jeder Jahreszeit mehr als einen Besuch wert. Reine Regentage gibt es nur wenige. Doch selbst diese haben ihren Vorteil: Wenn es danach aufklart, ergibt sich oftmals eine grandiose Fernsicht.

Die Senftenberger Hobby-Meteorologen nebst Freunden und Gästen

Majestätisch sind diese Schwäne ins Morgenlicht aufgestiegen.

Lausitzer Landleben vor 100 Jahren

Wer wissen will, wie die ländliche Bevölkerung der mittleren Lausitz vor 150 Jahren gelebt hat, sollte den Museumshof Großkoschen besuchen. Das historische Ensemble am Dorfanger stammt aus dem Jahr 1864. Es gilt als Senftenberger Vierseitenhof, ist also nach allen Seiten durch verschiedene Gebäude in sich abgeschlossen. Zu sehen gibt es jede Menge Tiere, unter anderem Schweine, Enten und Hasen, einen Räucherofen, eine Backstube sowie jede Menge historischer landwirtschaftlicher Gerätschaften.

Darüber hinaus wartet ein mit viel Liebe gestalteter Bauernhof mit einer großen Schmetterlingswiese. Nostalgische Kindheitserinnerungen stellen sich bei diesen Anblicken ganz von alleine ein.

Auf dem Museumshof wird öfter gefeiert. Dann können die Gäste von haus- und garteneigenen Früchten probieren.

Senftenberg – die Badewanne vor der Haustür

FamilienCampus Lausitz bietet mannigfaltige Angebote

Lernen, Gesundheit und Freizeit für die ganze Familie

Im traditionsreichen ehemaligen Klettwitzer Bergmannskrankenhaus ist der FamilienCampus Lausitz beheimatet. Zahlreiche Partner verwirklichen hier gemeinsam mit der Klinikum Niederlausitz GmbH die Vision eines neuartigen und zukunftsweisenden Konzeptes zur persönlichen und beruflichen Entwicklung: Bildungs-, Dienstleistungs- und Therapieangebote für Besucher jeden Alters.

Bildung mit zentralem Platz

Die Aus-, Fort- und Weiterbildung für alle in der Gesundheitswirtschaft Beschäftigten und Interessierten nimmt einen zentralen Platz ein. Mit der CampusSchule Lausitz existiert eine Ausbildungseinrichtung, in welcher Schulabgänger, Praktiker und Umschüler in zahlreichen Berufen des Gesundheitswesens einen qualifizierten Berufsabschluss erlangen können. Im Bereich der krankenhausnahen, ambulanten und stationären Nutzung werden medizinische Angebote im psychosozialen und komplementär-medizinischen Bereich etabliert.

Mit Beginn des Ausbildungsjahres 2010/2011 sind die Gesundheits- und Krankenpflegeschule sowie die Altenpflegeschule unter dem neuen Namen CampusSchule Lausitz an den neuen Standort gezogen. Gleichzeitig wurde mit der Ausbildung »Operationstechnischer Assistentinnen und Assistenten« begonnen.

Hauptgebäude des FamilienCampus Lausitz

Spiegelkabinett für Persönlichkeitsberatung

Hochseilgarten für Therapien und Teamtrainings

Neben der Ausbildung gibt es bereits heute eine Vielzahl von Angeboten zur beruflichen oder privaten Fort- und Weiterbildung. Eigene Angebote wie das Medientraining und Persönlichkeitsberatung im sogenannten Spiegelkabinett werden ergänzt durch Kompetenzen und Möglichkeiten langjähriger Partner. Der therapeutische Hochseilgarten erfreut sich bereits wachsender Beliebtheit und wird, wie die therapeutische Reitanlage, vielfältig genutzt.

Weitere Institutionen vor Ort

Teilweise schon länger am FamilienCampus sind zahlreiche Institutionen und Unternehmen wie die TÜV Rheinland Group, der Gerontopsychiatrisch-Geriatrische Verbund OSL e.V. und die Horizont – Sozialwerk für Integration gGmbH. Sie bieten vor Ort zahlreiche Dienstleistungen an. In naher Zukunft werden ein Weiterbildungszentrum der Lehrrettungswache und ein Internat entstehen. Perspektivisch sind eine Einrichtung zur Kinderbetreuung, eine gastronomische Versorgung sowie eine Begegnungsstätte für Jung und Alt geplant.

Neben Angeboten zur Aus-, Weiter- und Fortbildung gibt es bereits heute zahlreiche Partner mit verschiedenen Dienstleistungen vor Ort. Der Arbeiter-Samariter-Bund betreibt eine Einrichtung mit insgesamt zwölf Kurzzeitpflegeplätzen. Praxen in den Bereichen Ergotherapie, Physiotherapie und Logopädie bieten eigenständig Leistungen an. Auch eine selbstständige Tischlerei befindet sich am Standort. Ein Angebot für Paar- und Familientherapie rundet das Portfolio ab. Unterstützung erfährt der FamilienCampus Lausitz durch den Landkreis Oberspreewald-Lausitz, die Gemeinde Schipkau und viele regionale Partner.

Beitrag von:
FamilienCampus Lausitz
Krankenhausstraße 2 · 01998 Klettwitz
Tel. (0 35 73) 75 10 20
www.familiencampus-lausitz.de

Senftenberg – die Badewanne vor der Haustür

Erfolgreich sein – für die Region

Die Sparkasse Niederlausitz ist in der Lausitz engagiert

In die Region investieren bedeutet auch: junge Leute aus der Region ausbilden.

Die Sparkasse Niederlausitz ist ein wichtiger Akteur im wirtschaftlichen und gesellschaftlichen Leben der Region. Sie arbeitet nach einem bewährten Geschäftsmodell. Dabei werden Gelder von Kunden gegen Guthabenzinsen eingenommen und an andere Kunden, z.B. private Häuslebauer oder mittelständische Unternehmen, wieder ausgeliehen. Da die Sparkasse ihre Geschäfte in der Region tätigt, geht sie zu jeder Zeit nur überschaubare Risiken ein, denn in der Lausitz kennt man sich und vertraut einander.

Das entspricht dem öffentlichen Auftrag der Sparkassen, der in Folgendem besteht: Die öffentlich-rechtlichen Sparkassen sichern die Aufrechterhaltung einer umfassenden und flächendeckenden Versorgung aller Bevölkerungskreise mit finanzwirtschaftlichen Dienstleistungen. Neben den Privatkunden konzentriert die Sparkasse ihre Arbeit auf kleinere und mittelständische Unternehmen zur Herausbildung eines starken Mittelstandes.

Finanzkonzept ist ein Garant

Garant für den wachsenden Geschäftserfolg in den 16 Geschäftsstellen der Sparkasse Niederlausitz ist das Sparkassen-Finanzkonzept. »Uns interessiert nicht das schnelle Einmal-Geschäft.« erläutert deren Vorstandsvorsitzender Lothar Piotrowski. »Wir wollen Geschäftsbeziehungen, die auf die jeweilige Lebens- bzw. Firmensituation abgestimmt sind. Das ist für alle Beteiligten gewinnbringend. Das ist gut für die Region.«

So wird in der Sparkasse das Vermögen der Kunden aufgebaut, der Weg zum Wohneigentum geebnet, werden Lebensrisiken finanziell abgesichert und mit langfristigen Auszahlungssparplänen die Basis für eine gute Ausbildung der Kinder und einen finanziell sorglosen Lebensabend geschaffen. Außerdem weiß man in der Sparkasse, dass gerade die Kunden aus dem Mittelstand und dem Handwerk gefordert sind, wenn es um die wirtschaftliche Zukunft der Lausitz geht. Als einziges Kreditinstitut nimmt sie daher regionale Verantwortung hinsichtlich des gewerblichen Kreditgeschäfts wahr.

Unterstützung von Projekten

Auf der Basis ihres wirtschaftlichen Erfolges kann die Sparkasse Niederlausitz Projekte, die den Bildungs- und Wirtschaftsstandort Oberspreewald-Lausitz fördern, unterstützen. So ist sie besonders stark engagiert bei der Ausgestaltung der science academy an der Hochschule Lausitz, an Konzepten der Tourismusverbände der Region, bei außergewöhnlichen Vorhaben des Senftenberger Theaters »Neue Bühne« und beim Wettbewerb »Unser Dorf hat Zukunft«.

Herausragende Leistungen im künstlerischen oder sportlichen Bereich werden von der Sparkasse Niederlausitz mit einem Stipendium gefördert. Außerdem können durch den PS-Zweckertrag in jedem Jahr zahlreiche kleinere Vereine und Einrichtungen bei deren Arbeit im sozialen, kulturellen oder sportlichen Bereich unterstützt werden.

Sylvia Patru gehört zu den geförderten Talenten. Hier mit dem Vorstandsvorsitzenden der Sparkasse, Lothar Piotrowski.

Der Region und ihren Traditionen verpflichtet. Hier Mitarbeiterinnen beim Spreewald- und Schützenfest in Lübbenau.

Vertreter von Vereinen und Einrichtungen des Landkreises bei der Übergabe des PS-Zweckertrages.

Beitrag von:
Sparkasse Niederlausitz
Anstalt des Öffentlichen Rechts
Markt 2 · 01968 Senftenberg
Tel. (0 35 73) 70 20
info@spk-niederlausitz.de
www.sparkasse-niederlausitz.de

Aktivurlaub – das Seenland erkunden

Rollend und radelnd quer durchs Seenland

Einfach die mittlere Lausitz erfahren

Die neue Senftenberger Ortsumfahrung

Zu den kleinsten Flächen gehört das Lausitzer Seenland nun wahrlich nicht. Von Finsterwalde mit dem Bergheider See im Nordwesten bis Boxberg und seinem Bärwalder See im Südosten befindet sich immerhin eine Vogelflugstrecke von über 65 Kilometern. Von Nord nach Süd sieht es ähnlich aus: 40 Kilometer Luftlinie trennen Vetschau und den Gräbendorfer See im Norden sowie das Städtchen Wittichenau im Süden. Diese Entfernungen lassen sich auch mit dem Fahrrad bewältigen, aber schöner ist es per eigenen Pkw. Schließlich kann man sich ganz in Ruhe das eine oder andere zusätzlich ansehen. Und zu besichtigen gibt es mehr als genug! Allein schon jeder der im Entstehen begriffenen Seen rechtfertigt einen Besuch.

Wer eine ganze Weile nicht im Seenland war, wird möglicherweise Schwierigkeiten mit der Orientierung haben; so rasant verändert sich die Landschaft. Beschaulicher geht es da schon in den kleinen und größeren Städten sowie Gemeinden zu. Auch dort wurde und wird vieles neu geschaffen, aber auch Bewährtes restauriert und bewahrt.

Die Hauptstraßen sind tipptopp in Ordnung und manchmal mit Kraftwerksblick.

Kaum Tempolimits

Übrigens, Autofahren in der Lausitz macht Spaß! Die Verkehrsdichte ist relativ gering. Manchmal trifft man auf dutzende Kilometer kein zweites Auto. Die Straßen, insbesondere die überregionalen, sind, abgesehen von mancher Ortsdurchfahrt, in einem sehr guten Zustand. Die drei Lausitzer Autobahnen (A4, A13, A15) sind modern ausgebaut. Auf vielen Abschnitten ist die Geschwindigkeit freigegeben. Die einstigen »Holperstrecken« gehören längst der Vergangenheit an. Für Fahrten nach Berlin oder Dresden benötigt man oftmals keine Stunde mehr.

Darüber hinaus ist eine ganze Anzahl von Ortsumfahrungen entstanden, die zeitraubende Stadtdurchfahrungen ersparen. Beispiele dafür sind die Umgehungen von Spremberg (seit 2011), von Drebkau (2009) und von Senftenberg (2008).

Das Tankstellennetz ist zwar besonders im östlichen Teil des Seenlandes etwas weitläufiger. Allerdings verfügt fast jede Stadt mindestens eine »Tanke«. Die Parkplatzsituation gestaltet sich von Ort zu Ort unterschiedlich. Besonders in den Innenstädten kann es manchmal zu Problemen kommen. Parkhäuser sind in der Lausitz eher selten. Allerdings haben nicht wenige Kommunen die Möglichkeit eingeräumt, selbst in der City eine gewisse Zeit kostenlos parken zu können. Auch an den Aussichtspunkten zu Tagebauen oder Seen existiert eine ausreichende Zahl an Parkplätzen. Darüber hinaus gibt es in fast jedem größeren Dorf eine Kfz-Werkstatt.

Das Straßenprofil im Seenland ist zumeist eben bis leicht hügelig; größere Steigungen gibt es nicht. Besonders angenehm sind die Fahrten durch die vielen Alleen der Region. Sie gibt es in der Lausitz noch zahlreich.

Auf zwei Rädern durch die Seenplatte

Radfahren im Lausitzer Seenland? Aber gern! Per Drahtesel lässt sich die im Werden begriffene neue Landschaft am besten erkunden und genießen. In den vergangenen Jahren wurden unzählige Kilometer an zumeist asphaltierten Radlertrassen quer durch die Seenplatte angelegt. Auf diesen früheren Wirtschaftswegen der Landschaftssanierer gibt es immer wieder fantastische Aussichtspunkte auf die wasserreiche Lausitz. Weder steile Anstiege noch monotone Geradeaus-Strecken brauchen Radtouristen im Seenland fürchten. Ganz im Gegenteil: meist führt der Kurs in einem sanften Auf und Ab zwischen den Gewässern

Hat Tradition: alljährliches Anradeln in Spremberg

Aktivurlaub – das Seenland erkunden

hindurch. Mal fällt der Blick auf noch nackte Kippen- beziehungsweise Mondlandschaften, wenig später dagegen auf neu entstandene Strände sowie lauschige stille Dörfer oder aber auf Industriewerke von Weltruf. Am Wegesrand warten touristische Höhepunkte wie interessante Städte, technische Denkmale, kuriose naturgeschaffene Gebilde oder einfach nur Romantik und Ruhe.

Das Radwegenetz im Seenland umfasst bereits mehrere hundert Kilometer. Einige überregionale Trassen wie der Spreeradweg oder die Niederlausitzer Bergbautour führen mitten hindurch. Die wichtigsten und schönsten Radlertrassen werden auf den folgenden Seiten etwas näher vorgestellt. Übrigens existiert sogar ein eigener Seenland-Radweg. Mittels seines blauen Seen-Logos führt er zu den bedeutendsten Gewässern mit ihren Sehenswürdigkeiten.

Darüber hinaus existiert neben den Radwegen ein umfangreiches Serviceangebot für Urlauber auf zwei Rädern. Außerdem besteht die Möglichkeit, sich an verschiedenen Orten Fahrräder auszuleihen. Manche touristische Anbieter haben sich eigens auf Radler spezialisiert. Dort sind unter anderem sichere Abstellplätze, entsprechendes Werkzeug, Kartenmaterial sowie Trocknungsgelegenheiten für nasse Kleidung vorhanden.

Auch Skater kommen im Lausitzer Seenland voll auf ihre Kosten. Sie können nämlich die tipptopp ausgebauten Radwege mit benutzten. Zwar geht es dort an sonnigen Sommerwochenenden etwas voller zu, doch in der Regel braucht man sich vor Gegenverkehr nicht zu fürchten.

Leichtes Kribbeln garantiert

Noch ein Tipp: Im Sommer bei Hochdruckwetterlagen sind Routen in Ost-West-Richtung empfehlenswert. Da dann meist Ostwind herrscht, braucht man sich nicht gar zu sehr anstrengen. Im

Lausitzer Straßen sind alleenreich.

Irgendwo zwischen Lohsa und Uhyst

Unterwegs am Dreiweiberner See

Das Radwegenetz ist in der Regel sehr gut ausgeschildert.

Pause auf der Brücke über den Rosendorfer Kanal im Herzen des Seenlandes

Frühjahr und Herbst hingegen ist die entgegengesetzte Richtung günstiger. Oft braust dann nämlich eine kräftige westliche Prise durch die mittlere Lausitz. Für die Einheimischen sind Radausflüge in südliche Richtung von besonderem Reiz. Denn wenn hinter Uhyst oder Wittichenau die Kiefernheide zurücktritt und der Blick frei wird auf die »blauen Berge der Oberlausitz« verspürt man schon ein leichtes Kribbeln in der Magengegend. Wer als Tourist durch das Seenland radelt, wird ohnehin viele Lausitzer auf den Radwegen treffen. Denn Radwandern, vor allem am Sonntagnachmittag, ist längst zu einem Volkssport zwischen Schwarzer Elster und Spree geworden. Wer dann mit den Lausitzern ins Gespräch kommt, kann die allerschönsten Abschnitte gar nicht mehr verfehlen, garantiert!

Aktivurlaub – das Seenland erkunden

Von der Sänger- zur Parkstadt

Das Seenland von West nach Ost erleben

Route: Finsterwalde – Schipkau (22 km) – Senftenberg (10 km) – Hoyerswerda (25 km) – Boxberg (32 km) – Bad Muskau (26 km); Gesamtlänge: 115 km

Die Tour beginnt in der Sängerstadt Finsterwalde am Markt. Am Schloss vorbei wird die Stadt gen Südosten verlassen. Nach sechs Kilometern ist Lichterfeld mit seinem imposanten Besucherbergwerk F60 erreicht. Im Ort wird in Höhe des Naturschutzbüros nach links eingebogen. Über Klingmühl geht es nach Sallgast, wo das Hochzeitsschloss den Park krönt.

Weiter führt die Tour durch Annahütte (Glaswerksiedlung und Henriettenkirche) und Klettwitz (Museum Schacht Klettwitz) nach Schipkau. Auf der Fahrt nach Senftenberg kommt man dem Renn-Mekka Lausitzring sehr nahe. Im Ortsteil Hörlitz empfiehlt sich ein Aufstieg auf den dortigen Aussichtsturm. Von dessen Plattform können die Besucher einen reizvollen Blick auf und in die Rennstrecke werfen. Darüber hinaus sind auch große Teile von Senftenberg sowie der See zu erkennen.

Auf der Tour liegt auch Annahütte mit seiner Glaswerkersiedlung.

Das Besucherbergwerk F60 im gleißenden Sonnenlicht

Klettwitz und sein Windpark im Winter

Blick über den Lohsaer Markt

Direkt am Ufer entlang

In der Kreisstadt warten Attraktionen wie das Schloss mit dem Museum, der Tierpark, die Altstadt und vor allem der See. Nach dem Durchqueren der 28 000-Einwohner-Stadt führt die B96 fast direkt am Nordufer entlang. In Großkoschen laden neben dem Badestrand der Museumshof sowie das Amphitheater ein.

Ab Großkoschen geht es weiter ins Herzstück des Seenlandes. Über Tätzschwitz ist Geierswalde schnell erreicht. Kurz vor dem Dorf öffnet sich der Blick auf den Geierswalder See mit seinen vielfältigen sportlichen Angeboten. Im Ort selbst erinnert ein Gedenkstein an Scado, das im Zuge des gleichnamigen Tagebaus, aus dem später der See entstand, abgebaggert wurde. Nur einen Steinwurf entfernt befinden sich die zwei schwimmenden Häuser auf dem Wasser.

Östlich von Geierswalde führt die Straße an der Kortitzmühle über das »Brandenburger Tor« immer parallel an der in diesem Bereich kanalisierten Schwarzen Elster entlang. Dieser Abschnitt ist hinter dem Abzweig nach Partwitz recht verkehrsreich. Viele Lastkraftwagen sind dort von und zur tschechischen Grenze unterwegs. Kurz vor der er-

Aktivurlaub – das Seenland erkunden

Glasmacherbrunnen in Weißwasser

Abzweig nach Kleinkoschen

Blick auf das Kraftwerk Boxberg

rad in Gänze umrundet werden. Darüber hinaus gibt es auch Bademöglichkeiten.

Lohsa ist eine gemütliche Gemeinde. Sehenswert sind das Zejler-Smoler-Haus am Markt sowie die daneben befindliche »Fledermaus-Kirche«. Von Lohsa sind es noch gut zehn Kilometer, bis der Abzweig zur B156 erreicht ist. Dort wird nach links in Richtung Weißwasser abgebogen. Scheinbar endlos sind die Kiefernwälder links und rechts der Bundesstraße. Besonders im Sommer und Herbst lohnt ein Pilzstopp.

Viele Lichter in der Heide

Kurz vor Bärwalde (Schloss und Park) geht es über die Spree. Bald erscheint die Silhouette des Kraftwerks Boxberg. Besonders imposant erscheinen die Industrieanlagen nachts. Dann fühlt man sich aufgrund der unzähligen Lichter in eine mittelgroße Stadt versetzt. In Höhe der Industriegemeinde empfiehlt sich ein Abstecher zum nahen Bärwalder See. Es handelt sich um das größte Gewässer im Freistaat Sachsen.

Hinter Boxberg wird die Heide wieder einsamer. In Höhe des Abzweigs Nochten (Findlingspark) lohnt es sich, zurückzublicken. Die ganze Wucht des Kraftwerkes wirkt dann auf den Betrachter. Bis Weißwasser wird die Muskauer Heide durchquert. Besonders in kalten Mondnächten hört man manchmal mit Glück einen Wolf heulen. Weißwasser selbst war früher Zentrum der Glasproduktion. Lohnenswert sind Besuche im Glasmuseum nahe des Bahnhofes, im Tierpark, im daneben befindlichen Jahnpark sowie auf dem Markt mit dem beeindruckenden Rathausbau. Eishockeyfreunde können sich die Eishalle, die Heimstätte der Lausitzer Füchse, ansehen.

Schlossaufbau ist ein Wunder

Nach weiteren acht Kilometern ist das Routenziel, die Parkstadt Bad Muskau, erreicht. Für die Besichtigung der Pücklerschen Parkanlagen links und rechts der Neiße sowie der beiden Schlösser sollte man nicht zu wenig Zeit einplanen. Insbesondere das Neue Schloss mit seiner rötlichen Farbe besticht durch seine Architektur. Nachdem das Ensemble nach dem Zweiten Weltkrieg die Jahrzehnte als Ruine überdauerte, erscheint sein erfolgreicher Wiederaufbau nicht wenigen Zeitgenossen noch immer als ein Wunder.

Blick auf das Muskauer Schloss

sten Rechtskurve ist nach links ein kurzer Ausblick auf den Neuwieser See möglich. In Bergen lohnt der Besuch der Schrotholzscheune von Birgit Pattoka. Dort kann man der Glasmalerin auch über die Schulter sehen.

Zwei Zentren laden ein

Hoyerswerda gilt als ein Zentrum des Seenlandes. Die Stadt mit ihren knapp 40 000 Einwohnern besitzt gleich zwei Zentren, nämlich in der Alt- und in der Neustadt. Sehenswert sind unter anderem das Schloss mit Museum, der Zoo, die mittelalterliche Lange Straße sowie der Lausitzer Platz mit der Lausitzhalle.

Von Hoyerswerda geht es auf der S108 in Richtung Niesky weiter. Am Scheibe-See gibt es linkerhand einen reizvollen Aussichtspunkt. Lohnend ist ebenso ein Zwischenstopp am Dreiweiberner See hinter Weißkollm. Das Gewässer kann per Fahr-

In Vetschau beginnt die Fahrt.  *Romantisch: Kirche Altdöbern bei Nacht*  *Pause am Sedlitzer See bei Lieske*

Vom Spreewald ins Moor

Von Nord nach Süd durch das Seenland

Route 2: Vetschau (Spreewald) – Laasow/Gräbendorfer See (14 km) – Altdöbern (10 km) – Großräschen/IBA-Terrassen (11 km) – Schwarzkollm (30 km) – Bernsdorf (10 km) – Dubring (8 km)

Startpunkt ist der Vetschauer Marktplatz. Am Storchenzentrum mit der Internetkamera vorbei führt die Tour schnell auf die L49 in Richtung Eichow. Dort wird nach rechts in Richtung Laasow eingebogen. In Laasow gibt es eine herrliche Kirche aus dem Spätmittelalter und ein Schloss, das im Jahr 1856 im Schweizer Villenstil erbaut wurde. Hinter dem Dorf ist die Tauchschule als schwimmendes Haus auf dem Gräbendorfer See zu erkennen. Nahe des Abzweigs nach Reddern befinden sich Kunstobjekte des Künstlers Ben Wagin. Dort befand sich bis zum Jahr 1989 der Ort Gräbendorf. Auch in Reddern lohnt sich ein Zwischenstopp. Die kleine Kirche am Parkeingang erinnert eher an eine Burg. Der nahe Schlossteich war ursprünglich viel größer.

Die Fahrt führt jetzt an der Kante des früheren Tagebaus Greifenhain, dem jetzigen in Flutung befindlichen Altdöberner See, vorbei. In Altdöbern gehörten das Schloss von 1362 und das 60 Hektar große Parkensemble zu den besonderen Sehenswürdigkeiten. Hinter der Gemeinde kann man in Höhe des Friedhofes nach links abbiegen. Nach kurzer Strecke ist ein herrlicher Aussichtspunkt mit Erklärungen am Altdöberner See erreicht. Das Dorf am gegenüberliegenden Ufer heißt Pritzen.

Ausblicke, Weitblicke & Einblicke

In Großräschen sollten unbedingt die IBA-Terrassen am zukünftigen Ilse-See besucht werden. Die Seebrücke kann bereits begangen werden. In der Nähe gewährt die im August 2007 eingeweihte Viktoriahöhe schöne Ausblicke auf See und Stadt. In Großräschen wird nun auf die B96 in Richtung Cottbus eingebogen. Links erscheinen die Dörrwalder Holländerwindmühle sowie der neu aufgebaute Kirchturm. Anschließend geht es auf der B156 ins Herzstück des Seenlandes. In Lieske ist gleich am Ortseingang ein Stopp empfehlenswert. Der Sedlitzer See lockt dort mit einem Aussichts- und Rastplatz. In Lieske selbst ist die Fachwerkkirche schön anzuschauen.

Zwischen Lieske und Bluno geht es am Abzweig Klein Partwitz in Richtung Hoyerswerda. Klein Partwitz bietet neben dem Badestrand am Partwitzer See auch einen Reiterhof. Empfehlenswert ist ein Besuch des schwimmenden Hauses ganz in der Nähe.

Beim sorbischen Zauberer

Zügig geht die Fahrt weiter durch Kiefernheide und Offenflächen am Kortitzmühlensee vorbei nach Laubusch. Schon von weitem ist der hohe Kirchturm zu sehen. An die frühere Brikettfabrik erinnert ein Gedenkstein. Nach Überquerung der B96 und der Bahntrasse ist Schwarzkollm erreicht. Der Hoyerswerdaer Stadtteil hat durch den sorbischen Zauberer Krabat und den Schwarzen Müller Berühmtheit erlangt.

Nach schneller Fahrt ist in Neukollm die B97 erreicht, der bis kurz vor Bernsdorf gefolgt wird. Dort zweigt nach links die Straße in Richtung Zeißholz (Dorfmuseum) und Dubring ab. Dort lockt ein Besuch im gleichnamigen Moor. In diesem soll sogar vor langer Zeit ein Räuberschloss versunken sein.

In der Schwarzkollmer Heimatstube  *Vor dem Dorfmuseum Zeißholz*

Die Paradestrecke durch die Mittellausitz

Das Seenland hat einen eigenen Radweg

Zukünftig wird sich das Lausitzer Seenland wohl am schönsten vom gleichnamigen »Parade-Radweg« erschließen. Diese Radlertrasse soll künftig die bekanntesten Gewässer der Bergbaufolgelandschaft miteinander verbinden. Ein großer Teil des insgesamt 136,5 Kilometer langen Radweges ist bereits ausgeschildert. Es wird dabei hauptsächlich auf bereits bestehende Wege zurückgegriffen. Lediglich 30 Kilometer müssen neu gebaut werden. Kurioserweise ist der Lausitzer Seenland-Radweg bereits in zahlreichen Radwanderkarten mit seinem Symbol, dem blauen Seenkreis auf weißem Grund, verzeichnet, obwohl der genaue Verlauf noch gar nicht ausgeschildert ist.

Auf zu neuen Ufern

Radeln im Seenland macht zu jeder Jahreszeit Spaß.

Manchmal sind auf dem Seenland-Radweg auch kuriose Gefährte anzutreffen.

Über Kanäle an drei Seen entlang

Als Einstieg eignet sich das Senftenberger Gewerbegebiet Laugkfeld. Parallel zur B96/B169 verläuft die asphaltierte Trasse zunächst nach Sedlitz mit einem reizvollen Blick auf die zukünftige Lagunenlandschaft am Sedlitzer See. Hinter Sedlitz wird der zukünftige Kanal zwischen dem Sedlitzer und dem Großräschener See überquert. Ein Abstecher zu den IBA-Terrassen bietet sich an. Kurz vor Lieske knickt die Trasse nach Südosten ab, um am Nordufer des Partwitzer Sees Kurs auf Klein Partwitz zu nehmen.

Anschließend geht es am Blunoer Südsee bis ins namensgebende Dorf weiter. Von dort muss provisorisch die B156 genutzt werden oder ein breiter Sandweg, der in einiger Entfernung parallel zur Bundesstraße verläuft. Dieser ist am besten über die Straße, die in Bluno an der Feuerwehr nach Norden abzweigt, zu erreichen. Bald biegt dieser Weg scharf nach rechts ab und führt nach Sabrodt. Über Terpe geht es nach Schwarze Pumpe und von dort weiter nach Spreetal. Der Seenland-Radweg ist zwischen Bluno und Spreetal noch nicht befahrbar. Daher muss auf die etwas umständliche »Umleitung« zurückgegriffen werden.

Hinter Burgneudorf führt der Seenland-Radweg an der Kleinen, später an der Großen Spree entlang. Zwischen der Siedlung Eichbusch und Sprey ist die Trasse mit dem Spreeradweg identisch. Anschließend geht es über Bärwalde zum gleichnamigen See und um diesen herum nach Uhyst. Die nächste Etappe von Uhyst über Lippen nach Lohsa erschließt die Schönheiten der Lausitzer Heide. In der Gemeinde Lohsa werden zahlreiche Gewässer tangiert.

Durch das Herz des Seenlandes

Durch Knappenrode geht es am Naturschutzgebiet Spannteich entlang zum Aussichtspunkt am Scheibe-See. Danach empfiehlt sich ein Besuch in der Stadt Hoyerswerda mit ihrer schmucken Altstadt. Anschließend führt der Radweg wieder ins Herzstück des Seenlandes, nämlich in die Gemeinde Elsterheide. Über Neuwiese wird auf dem Damm der Schwarzen Elster der Neuwieser See erreicht. Keine drei Kilometer von dieser Stelle ist der Geierswalder See entfernt. Die Fahrt geht weiter zum Koschenkanal zwischen dem Geierswalder und dem Senftenberger See. Von dort ist der Ausgangspunkt in Senftenberg nur noch einen Katzensprung entfernt.

Das Streckenprofil ist meist eben. Für die gesamte Tour sollte eine aktuelle Karte mitgenommen werden, da der Lausitzer Seenland-Radweg noch nicht komplett ausgeschildert ist.

Radelnd zu Seen und Tagebauen

Wer die Niederlausitzer Bergbautour in Gänze per Fahrrad zurücklegen will, hat sich viel vorgenommen. Rund 500 Kilometer gilt es zu bewältigen. Doch was rechts und links der asphaltierten Wege alles geboten wird, entschädigt für manches monoton anmutende Teilstück durch die Kiefernheide. Von 18 Bahnhöfen der Lausitz kann gestartet werden. Für Seenland-Besucher empfehlen sich die Stationen in Senftenberg, Großräschen, Lauchhammer, Finsterwalde und Spremberg. Vor allem die nördlichen und westlichen Gewässer werden tangiert. So können reizvolle Ausblicke auf den Senftenberger See, den Ilse-See, den Grünewalder Lauch, den Bergheider See, den Altdöberner See oder auch auf die Talsperre Spremberg geworfen werden.

Bei Cottbus und Spremberg führt der Kurs hart an der Tagebaukante entlang, wie man in der Lausitz sagt. An den dortigen Aussichtspunkten werden die Besonderheiten dieser großflächigen Kohleabbaugebiete erläutert. Dann und wann findet man auch Gedenksteine der Dörfer, die jenen mächtigen Tagebauen weichen mussten. Für die Niederlausitzer Bergbautour, deren Symbol der kleine rote Teufel darstellt, ist vor allem Zeit erforderlich und zwar viel Zeit. Denn die Landschaft zwischen Elbe und Neiße hat weitaus mehr zu bieten als Kohle, Wald und Wasser.

Auf zu neuen Gewässern

Auch an der F60 führt die Bergbautour vorbei.

Immer »Mütterchen Spree« entlang

Die Spree wird von den Sorben liebevoll »Mütterchen Spree« genannt. Dieses Fließgewässer gilt ohnehin als Nationalfluss der Lausitz. Seit mehreren Jahren können seine Ufer mit den zahlreichen Sehenswürdigkeiten über den Spreeradweg erkundet werden.

Die zumeist asphaltierte und sehr gut ausgeschilderte Trasse beginnt an den drei Spreequellen bei Ebersbach. In einem steten Auf und Ab, wofür etwas mehr Kondition erforderlich ist, wird nach gut 50 Kilometern das wunderschöne Bautzen erreicht. Danach geht es auf weitgehend flacher Strecke dem Lausitzer Seenland entgegen. Dieses wird bei Uhyst erreicht. Bald führt die Tour in großem Bogen am Westufer des Bärwalder Sees entlang. Empfehlenswert ist natürlich ein Abstecher zum »Ohr«, dem zweiten Amphitheater im Seenland, am Boxberger Strand gelegen.

Anschließend verläuft die Trasse immer gen Nordwesten durch die Lausitzer Heide. Spremberg und Cottbus mit ihren schönen Altstadtensembles empfehlen sich für längere Aufenthalte. Danach führt der Spreeradweg durch den Spreewald und über Beeskow sowie Fürstenwalde in die Hauptstadt Berlin. Diese wird nach rund 415 Kilometern erreicht.

Während der gesamten Tour erleben die Radwanderer die Lausitz und das Oder-Spree-Seengebiet in allen Facetten. Und fast immer bietet die Spree Erfrischung pur. An manchen Stellen wie bei Bärwalde oder Neuhausen gibt es sogar eigene Badestellen am Fluss.

Spreeüberquerung bei Uhyst

Aktivurlaub – das Seenland erkunden

Zu »Quak« und Freunden

Alljährlich im Frühjahr wird es an den Teichen der Lausitz bisweilen recht laut: Denn im April und Mai steigen Nacht für Nacht imposante Froschkonzerte. Auf die Spur der kleinen Amphibien können sich Radwanderer auf dem Froschradweg begeben. Dieser führt über 260 Kilometer kreuz und quer durch die nördliche und östliche Oberlausitz. Die an einem grünen winkenden Frosch erkennbare Trasse verbindet dabei die reizvollsten Sehenswürdigkeiten des Lausitzer Seenlandes sowie des Biosphärenreservates Oberlausitzer Heide- und Teichlandschaft.

Ein empfehlenswerter Ausgangspunkt für den Froschradweg ist die Stadt Hoyerswerda. Von dort geht es im Uhrzeigersinn nach Weißwasser, Rothenburg O.L., Niesky, Großdubrau, Radibor, Kamenz, Bernsdorf und schließlich zum Ausgangspunkt zurück. Immer wieder werden dabei überaus idyllische Teichgebiete durchfahren sowie tangiert, an denen sich stets ein Stopp lohnt. Denn gar nicht selten finden sich dort Infotafeln, auf denen man erfährt, wer genau im Teich wohnt. Und das sind natürlich längst nicht nur Frösche.

Wer nun das abendliche Konzert der grünen und braunen Gesellen erleben möchte, sollte sich gut schützen. Denn auch die Mücken wissen den Wasserreichtum der mittleren Lausitz zu schätzen. Doch dafür, dass die Zahl der kleinen Plagegeister nicht überhandnimmt, sorgen unter anderem »Quak« und Freunde.

Bisweilen trifft man die quakenden Gesellen direkt auf dem Radweg. Vorsicht ist also geboten.

Auf den Spuren des grünen Fürsten

Ganz genau 500 Kilometer lang ist er, der Fürst-Pückler-Radweg. Das Werk der Internationalen Bauausstellung »Fürst-Pückler-Land« (IBA), die zwischen den Jahren 2000 und 2010 in der Lausitz wirkte, verbindet sämtliche Projekte der IBA sowie unzählige weitere Sehenswürdigkeiten der Lausitz. Selbstverständlich wird dabei das Seenland nicht nur berührt, sondern gleich mehrfach durchquert.

Immerhin nimmt der zumeist asphaltierte Weg an den IBA-Terrassen am zukünftigen Ilse-See südlich von Großräschen seinen Weg unter anderem über Sallgast (Schloss), Finsterwalde (Altstadtensemble), Bad Liebenwerda (Kurbetrieb), Lauchhammer (Biotürme), Senftenberg (Schloss und See), Spremberg (Altstadt), Bad Muskau (Schlösser und Parke), Forst (Rosengarten), Cottbus (Altstadt, Branitz), Raddusch (Slawenburg), Fürstlich Drehna (Schloss), Altdöbern (Schloss und Park) auf. Selbstverständlich werden auch die Hauptwirkungsstätten des Namensgebers angefahren, nämlich die Pückler-Parke in Bad Muskau und in Cottbus-Branitz.

Imposant sind ebenso die zahlreichen Blickgelegenheiten auf die neu entstehenden Seen. Nur zu gern möchte man absteigen und noch intensiver genießen. Der »grüne Fürst« zeigt schließlich, wo es am schönsten ist.

Pause vor den beiden Muskauer Schlössern

Wassersport – Wo alles möglich ist

Badespaß im Seenland

Die schönsten Strände vorgestellt

Wer an das Lausitzer Seenland denkt, sieht garantiert als erstes sandige Strände, klares Wasser und Badefreuden vor seinem geistigen Auge. Recht so: Das alles und noch vieles mehr existiert natürlich auch in der Realität. Baden ist im sommerlichen Seenland ein Muss! Zwar ist es längst noch nicht an allen Gewässern möglich, aber wo es erlaubt wird, ist es umso schöner. Gerade in den vergangenen Jahren kamen eine Menge neuer Strandbereiche und Bademöglichkeiten hinzu. Die meisten Strände sind mittlerweile verkehrstechnisch sehr gut erschlossen. Überfüllte Parkplätze gibt es nur ganz selten. Und wie ein »Aal am Strand« aufgrund von Besuchermassen braucht sich keiner im Sand zu sonnen. Ganz im Gegenteil, manche Uferabschnitte hat man fast für sich allein.

Die Wasserqualität ist insbesondere an den Gewässern, die schon seit langem als Badeseen genutzt werden, hervorragend. So wurden beispielsweise Strandbereiche am Senftenberger See, einem der ersten Badeparadiese im Seenland, schon mehrfach mit der Blauen Flagge, einem weltweit gültigen Umweltsymbol, ausgezeichnet. Bereits seit Juni 1973 erholen sich jedes Jahr Tausende Menschen an der »Badewanne der Senftenberger«.

Herrliche Strände locken vor allem in Großkoschen, Niemtsch, Buchwalde und Senftenberg selbst. Sie sind auch für Familien mit Kindern vorbehaltlos zu empfehlen. Man kann relativ weit in den See hineinlaufen, ohne den Boden unter den Füßen zu verlieren. So finden auch Kleinkinder und Nichtschwimmer ideale Möglichkeiten. Für Besucher, die eher die Ein- oder Zweisamkeit suchen, ist die sogenannte Südsee unweit von Peickwitz, genau das Richtige. Dort zeigen sich manche Uferbereiche noch wild und romantisch. Des Weiteren hat man herrliche Blicke auf die nahe Insel im See, die allerdings aus Sicherheits- und Naturschutzgründen nicht betreten werden darf.

Überall gibt es darüber hinaus eine hervorragende gastronomische Versorgung rund um den Senftenberger See. Das Angebot reicht vom einfachen Imbisskiosk bis zu Gaststätten mit gehobenem Ambiente. Auch stehen oft Umkleideräume und Sanitäranlagen in Strandnähe zur Verfügung.

Der Klassiker im Westen

Für Badespaß am westlichen Rand des Seenlandes steht der Grünewalder Lauch. Seit dem Sommer 1977 kann dort gebadet werden. Es existieren zwei Strandbereiche, der eine in Grünewalde, der andere auf der gegenüber liegenden Seite unweit von Gorden. Auf der Grünewalder Seite kann man einige Meter in den See hineinlaufen, bevor dann relativ schnell der tiefere Wasserbereich beginnt. Das Wasser ist noch immer recht sauer. Jedoch besteht die Möglichkeit, sich nach einem Bad gleich am Ufer kostenlos abzuduschen. Direkt daneben befinden sich Toiletten und Umkleideräume. Am Strandbereich Grünewalde gibt es darüber hinaus einen Abenteuerspielplatz für die Kleinsten und einen Golfplatz für die Größeren.

In der ehemaligen Trafostation des früheren Tagebaus befindet sich jetzt eine Gaststätte. Für

Strandabschnitt am Senftenberger See

Wassersport – Wo alles möglich ist

Zeltfreunde steht in Ufernähe ein großer Platz zur Verfügung. Pro Jahr erholen sich dort 140 Dauer- und 1700 Kurzzeitcamper.

Viel Wasser auch im Osten

Als ein weiterer Klassiker unter den Badegewässern im Lausitzer Seenland gilt der Knappensee. Die »Hausbadestelle der Hoyerswerdaer« bietet flache Sandstrände, schöne Liegewiesen und eine gute gastronomische Versorgung. Auch dort existieren mehrere Campingplätze. Das Wasser des Knappensees erwärmt sich recht schnell. Oft kann schon Ende Mai/Anfang Juni gebadet werden. Bis voraussichtlich ins Jahr 2017 werden allerdings Sanierungsarbeiten durchgeführt. In dieser Zeit ist das Gewässer gesperrt.

Wenige Kilometer nordöstlich befindet sich ein weiterer Badeklassiker, nämlich der Silbersee bei Lohsa. Der wohl schönste Strandbereich befindet sich unweit von Friedersdorf, einem Ortsteil von Lohsa. Das Ufer bietet durch zahlreiche Birken angenehmen Schatten an heißen Sommertagen. Darüber hinaus stehen ein Fußball- und ein Volleyballplatz zur Verfügung. Allerdings darf im Silbersee wegen Sanierungsarbeiten seit der Saison 2011 nicht gebadet werden.

Erst seit dem Jahr 2005 ist das Schwimmen an zwei Stellen am Dreiweiberner See erlaubt. Der ehemalige Tagebau ist sehr verkehrsgünstig an der Staatsstraße 108 von Hoyerswerda nach Niesky gelegen. Gebadet werden kann am Lohsaer Strand im Südteil des Gewässers sowie am Strand Weißkollm im Nordwesten.

Neue Badestellen im Herzen des Seenlandes

Fast ganz neu sind auch die Bademöglichkeiten im Kernstück des Lausitzer Seenlandes, nämlich am Geierswalder sowie am Partwitzer See. In Geierswalde gibt es bereits einen schön gestalteten Strandabschnitt. Allerdings ist auch dort das Wasser noch immer sehr sauer. Deshalb müssen empfindliche Menschen manchmal mit Hautreizungen rechnen. Wer allerdings an Fußpilz leidet, wird diesen im Geierwalder See gar nicht selten schnell wieder los.

Ähnlich zeigt sich auch das Bild am benachbarten Partwitzer See. Dort gibt es seit wenigen Jahren am Ostufer ganz in der Nähe des schwimmenden Hauses eine offizielle Badestelle. Das Strandgelände befindet sich gleich hinter dem Reiterhaus am westlichen Rand der Siedlung von Klein Partwitz. Schilder weisen eindrücklich darauf hin, dass die Abkühlung im Wasser auf eigene Gefahr erfolgt. Der Bereich ist darüber hinaus mit farbigen Bojen gekennzeichnet.

In den nächsten Jahren werden an zahlreichen weiteren Seen neue Badestrände freigegeben werden. Daher wird es selbst an heißesten Sommertagen kaum zu Platzverhältnissen wie an mallorquinischen Stränden kommen. Außerdem wird viel getan, dass das Wasser zunehmend seinen sehr sauren Charakter verliert. Allerdings ist dafür viel Zeit erforderlich.

Kurzum, das Lausitzer Seenland besitzt die besten Chancen, zukünftig bei Badefreudigen mit der Mecklenburger Seenplatte oder den nordbrandenburgischen Gewässern auf einem Level zu stehen. Und, das ist ein entscheidender Vorteil, hat die Lausitz deutschlandweit die meisten Sonnenstunden zu bieten. Passendes Badewetter ist also (fast) garantiert!

Verschiedene Fahrzeuge stehen zur See-Erkundung bereit.

Auch der Geierswalder See ist zum Baden sehr beliebt.

Am Großkoschener Strand des Senftenberger Sees

161

Wassersport – Wo alles möglich ist

Wassersport für Jung und Alt, Groß und Klein

Fit mit Spaß im Seenland

Nur Baden oder Radfahren allein mag manchem bald langweilig werden. Doch Langeweile ist in der Lausitzer Seenplatte ein absolutes Fremdwort, da sie nirgendwo vorkommt. Wo so viel Wasser vorhanden ist, bieten sich zahlreiche Sportarten rund um das nasse Element an.

Derzeit gibt es mehrere Eldorados für Wassersportler, unter anderem den Knappensee bei Hoyerswerda, den Silbersee bei Lohsa, den Bärwalder See, den Senftenberger See sowie den benachbarten Geierswalder See, wo der dortige 1. Wassersportverein (WSV) Lausitzer Seenland

Das Team Paulina Struthoff und Benjamin Gröger vom 1. WSVLS hat während der Kinder- und Jugendregatta im Juni 2011 in der Bootsklasse 420er den Heimsieg eingefahren.

Am Bärwalder See

mannigfaltige Aktivitäten anbietet. Seit dem Jahr 2007 haben die Vereinsleute für die Sportler die jährlichen Regatta-Aktivitäten in der »Lausitzer Seglerwoche« zusammengeführt. Diese soll sich in der Region zum Sportereignis ersten Ranges entwickeln.

Sogar Deutsche Meisterschaften

Die Kinder- und Jugendregatten »Landesjugendspiele Sachsen« in der Sportart Segeln, die Kinder- und Jugendregatta »Goldener Geier« mit Ranglisten-Regatten der Bootsklasse »Ixylon« sowie der Lausitzpokal der Ostsächsischen Sparkassen sind als regionale Ereignisse etabliert worden. Besonders stolz sind die Geierswalder Wassersportler darauf, die Deutschen Meisterschaften der Bootsklasse »Ixylon« ins Seenland geholt zu haben.
Seit dem Jahr 2007 existiert am Geierswalder See eine Betonschwimmsteganlage zur Nutzung durch den Wassersportverein. Sie bildet einen ersten Baustein für den Wasserwanderrastplatz am See.
Geierswalde war im Sommer 2010 sogar Austragungsort der deutschen Meisterschaft im Segeln. Solche Wettbewerbe finden ansonsten nur an sehr großen Binnengewässern statt. Damit hat

Kite-Surfer auf dem Bärwalder See

der Ort im Herzen des Lausitzer Seenlandes nach Aussagen der heimischen Wassersportler die Region bundesweit in die Schlagzeilen gebracht und damit gestärkt.

Jetboot-Mekka

Darüber hinaus gilt Geierswalde als Mekka der Jetbootfahrer und Fans. Den absoluten Knaller bilden dabei alljährlich im Sommer die Jetski-Cups. Dabei kämpfen Piloten aus ganz Europa um Siege und Plätze. Schließlich befindet sich am Geierswalder See das bislang einzige Jetbootzentrum Deutschlands. Doch nicht nur Profis kommen dort auf ihre Kosten, auch für »Normalbürger« werden entsprechende Kurse angeboten. Darüber hinaus kann man auf dem Geierswalder See auch Wasserski fahren.

Viele Höhepunkte in Planung

In jeder Wassersportsaison kommen mehrere 10 000 Besucher an den Geierswalder See. Doch auch an weiteren Gewässern des Seenlandes ist Großes geplant. Ganz im Osten beispielsweise, am Bärwalder See, wird ein Sportboothafen mit Wassersportschule vorbereitet. Und am Spreetaler See, auf halber Strecke zwischen Spremberg und Hoyerswerda gelegen, ist ein Speedbootzentrum geplant. Das wäre Deutschlands erstes. Der ovalförmige See bietet aufgrund seiner relativ weiten Entfernung zu den nächsten Ortschaften und der dennoch zentralen Lage an der wichtigen Bundesstraße 97 ideale Voraussetzungen für das kühne Vorhaben. Zudem wird der Spreetaler See als östlichstes Gewässer an das neue Kanalsystem des Seenlandes angeschlossen. Er kann dann also bequem von Senftenberg oder Großräschen auf dem Wasserweg erreicht werden.

Landung auf dem Wasser

Darüber hinaus ist es jetzt schon möglich, auf dem Sedlitzer See per Flugzeug zu landen. Ein vor wenigen Jahren eingerichteter Wasserlandeplatz macht es möglich. Davon gibt es in Deutschland nur ganz wenige. Übrigens ist schon der Anflug auf die Seenkette ein absoluter optischer Hochgenuss. Wie blaue Perlen erscheinen die einzelnen Seen inmitten tiefgrüner Wälder, grauer Kippen und der weißen Dampfwolken der Lausitzer Kraftwerke. Besonders klar ist die Sicht übrigens im Frühjahr. Nur wenige Kilometer entfernt befindet sich darüber hinaus eine Betonlandebahn per Land, die zum Flugplatz Welzow/Spremberg gehört.

Für Profi- wie für Freizeitsportler gleichermaßen entwickelt sich das Lausitzer Seenland immer mehr zu einem einzigartigen Eldorado. Man muss es selbst gesehen und erlebt haben.

Mal gemütlich über den See schippern.

Mit Wind in den Segeln

Seit über 25 Jahren surft und segelt der VDWS-Wassersportlehrer Klaus Renner mit Rückenwind im Seenland. Seine Surf- und Segelschule mit Shop, Sonnenterrasse und Bootsstrandbar befindet sich am Geierswalder See und bietet Wassersport-Action. Neben Kursangeboten im Windsurfen, Stand-Up-Paddling, Jollen- und Katamaransegeln ist es möglich, hier Kanus, Tretboote und Kanadier zu mieten. In Floßbauprojekten können Schülergruppen, Familien und Firmen auch ihr eigenes Wasserfahrzeug bauen. Zudem organisiert Surf Renner Wettkämpfe, Grillabende und Strandpartys.

Beitrag von:
Surf Renner
Promenadenweg 8 · 02979 Geierswalde
Tel. (01 71) 7 77 43 40 · info@wassersport-renner.de
www.wassersport-renner.de

Verschiedenste Wassersportarten lassen sich bei Surf Renner erlernen und genießen.

Wo das Herz der Lausitzer Seenkette schlägt

Unterwegs zwischen Geierswalder, Partwitzer und Sedlitzer See

Wenn das Lausitzer Seenland einen Mittelpunkt hat, so befindet sich dieser inmitten des Städtedreiecks Senftenberg, Spremberg, Hoyerswerda. Die dort befindlichen drei ehemaligen Tagebaue Koschen, Scado und Sedlitz werden als Geierswalder, Partwitzer und Sedlitzer See zukünftig das Wassersportrevier der Lausitz schlechthin bilden. Durch die Etablierung einer Vielzahl von Angeboten in der größten künstlichen Seenlandschaft Deutschlands soll in der mittleren Lausitz eine Tourismusregion von überregionaler Bedeutung entstehen. Schon heute erfreuen sich die jährlich wiederkehrenden Breitensportveranstaltungen, beispielsweise das sommerliche »Lausitzer Seenland 100«, einer außerordentlich großen Beliebtheit weit über die Grenzen Brandenburgs und Sachsens hinaus.

Durch den Bergbau wurden insgesamt mehr als 5500 Hektar Landschaft überformt. Allein die drei Gewässer im Herzen des Seenlandes nehmen eine Gesamtwasserfläche von 3100 Hektar ein. Der besondere Clou daran ist, dass diese durch Kanäle miteinander verbunden sind. So kann man bereits in wenigen Jahren von einem See zum anderen per Schiff gelangen. Übrigens besitzen drei Kanäle bereits Namen. »Barbarakanal« symbolisiert die Heilige Barbara, die Schutzheilige der Bergleute. Die vom Tagebau Sedlitz devastierten Dörfer Sorno und Rosendorf stehen dagegen als Paten für zwei weitere Kanalbauwerke.

Am Sedlitzer See bei Lieske

Auf zwei Rädern um die Seen

Das schwimmende Haus am Partwitzer See

Das Wahrzeichen des Seenlandes, der Rostige Nagel, steht am Sornoer Kanal. Im Hintergrund liegt der Sedlitzer See.

Schwarze Kohle – Tagebau Sedlitz	
Wo gelegen	östlich von Senftenberg
Wann gefördert	1928 bis 1980
Wie viel Fläche	2639 Hektar
Wie viel Abraum	975 Millionen Kubikmeter
Wie viel Kohle	267 Millionen Tonnen
Welche devastierten Orte	Lieske (35 Einwohner) Sedlitz (685 Einwohner) Sorno-Rosendorf (340 Einwohner)

Blaue Wellen – Sedlitzer See	
Wann befüllt	2005 bis 2015
Welche Fläche	1409 Hektar
Welche Wassermenge	212 Millionen Kubikmeter
Welche Höhe über NHN	101 Meter über Normalnull
Welcher pH-Wert	3,2
Füllstand Dezember 2011	51 Prozent

Elsterheide – die Mitte des Seenlandes

Am Partwitzer See bei Partwitz

Schwarze Kohle – Tagebau Scado	
Wo gelegen	zwischen Senftenberg und Hoyerswerda
Wann gefördert	1940 bis 1977
Wie viel Fläche	2019 Hektar
Wie viel Abraum	772 Millionen Kubikmeter
Wie viel Kohle	239 Millionen Tonnen
Welcher devastierte Ort	Groß Partwitz (415 Einwohner)
Wellen nach der Kohle – Partwitzer See	
Wann befüllt	2004 bis 2012
Welche Fläche	1103 Hektar
Welche Wassermenge	133 Millionen Kubikmeter
Welche Höhe über NHN	101 Meter über Normalnull
Welcher pH-Wert	3,0
Füllstand Dezember 2011	77 Prozent

Geierswalde wird Mekka der Wassersportler

Das maritime Zentrum wird der Geierswalder See mit seiner »Wasserwelt« sowie dem namensgebenden Dorf am südlichen Ufer bilden. In Betrieb befindet sich bereits ein Segelhafen. Darüber hinaus sind der Bau einer Wasserskianlage sowie die Errichtung diverser Erholungs- und Wohneinrichtungen am und im Wasser geplant. Schwimmende Ferienhäuser existieren bereits unmittelbar unterhalb von Geierswalde.

Unter dem Namen »Aqua Terra Lausitz« werden zahlreiche touristische Projekte gebündelt, die am Partwitzer See auf ihre Verwirklichung warten. Bereits seit Juni 2006 existiert am Ostufer ein 40 Quadratmeter großes schwimmendes Haus, das als Ferienobjekt mietbar ist.

Darüber hinaus ist eine Ferienhaussiedlung unter dem Namen »Aqua Casa« avisiert, in der besondere Wohnformen angeboten werden. Dieses Gebiet auf der Landfläche zwischen dem Partwitzer und dem Sedlitzer See umfasst ein ungefähr 30 Hektar großes Freiareal, Waldbereiche sowie die angrenzenden Uferzonen. Am nordöstlichen Ufer des Partwitzer Sees ist außerdem eine Military-Reitanlage geplant. Südlich davon wird sich die zukünftige Hafenanlage mit einer Mole befinden.

Blick auf die Halbinsel im Sedlitzer See

Aufziehendes Gewitter an der Liesker Birke am Sedlitzer See

Das Gewässer bietet sich als idealer Ausgangspunkt für den Wassersportbetrieb aufgrund seiner günstigen Lage regelrecht an.

Wasserlandeplatz und Lagunendorf

Die Entwicklung einer neuen Wasserlandschaft kann am Sedlitzer See direkt beobachtet werden. Als Symbol für den Wandel der Bergbau- zu einer Seenlandschaft, aber auch als Orientierungs- und Aussichtspunkt, befindet sich an der Mündung des Sornoer Kanals eine markante Landmarke. Im Oktober 2008 wurde ein knapp 30 Meter ho-

Elsterheide – die Mitte des Seenlandes

Kanäle (Überleiter) zwischen den einzelnen Seen

Überleiter 6 – zwischen dem Partwitzer See und dem Neuwieser See	
Baubeginn	2003
Bauende	geplant 2012/2013
Länge mit Schleuse	427 Meter
Schleuse	Länge 47,5 Meter Kammerlänge 29,5 Meter Kammerbreite 6 Meter Hubhöhe 2 bis 4 Meter
Brücke	Länge 80 Meter Breite 12 Meter
Rosendorfer Kanal (Überleiter 8) – zwischen dem Partwitzer und dem Sedlitzer See	
Baubeginn	2004
Bauende	2005
Länge	440 Meter
Wehranlage	Lichte Weite 6 Meter Stauhöhe 3,75 Meter Hubhöhe 6,75 Meter
Brücke	Länge 29,7 Meter Lichte Weite 6 Meter Lichte Höhe 3,35 Meter (bei Höchststau)
Barbarakanal (Überleiter 9) – zwischen dem Partwitzer und dem Geierswalder See	
Baubeginn	2002
Bauende	2003
Länge	1150 Meter
Sohlbreite	4 Meter
Wehranlage	Lichte Weite 6 Meter Stauhöhe 3,75 Meter Hubhöhe 6,75 Meter
Brücke	Länge 30 Meter Lichte Weite 6 Meter Lichte Höhe 3,35 Meter (bei Höchststau)
Sornoer Kanal (Überleiter 10) – zwischen dem Geierswalder und dem Sedlitzer See	
Baubeginn	2004
Bauende	2005
Länge	1250 Meter
Sohlbreite	4 Meter
Wehranlage	Lichte Weite 6 Meter Stauhöhe 3,75 Meter Hubhöhe 6,75 Meter
Brücke	Länge 29,7 Meter Lichte Weite 6 Meter Lichte Höhe 3,35 Meter (bei Höchststau)
Darüber hinaus:	
Überleiter 7 – zwischen Blunoer Südsee und Partwitzer See (siehe Blunoer Südsee)	
Überleiter 11 – zwischen Sedlitzer und Großräschener See (siehe Großräschener See)	
Überleiter 12 – zwischen Geierswalder und Senftenberger See (siehe Senftenberger See)	

Das neue Schleusenbauwerk am Rosendorfer Kanal

Blick auf die Schleuse am Sornoer Kanal

Der Barbarakanal verbindet den Geierswalder mit dem Partwitzer See.

Strandfest am Sedlitzer See

Schwarze Kohle – Tagebau Koschen	
Wo gelegen	zwischen Senftenberg und Hoyerswerda
Wann gefördert	1955 – 1972
Wie viel Fläche	905 Hektar
Wie viel Abraum	260 Millionen Kubikmeter
Wie viel Kohle	83 Millionen Tonnen
Welche devastierten Orte	Scado (220 Einwohner) Wettigmühle Kleinkoschen (38 Einwohner)
Blaue Wellen – Geierswalder See	
Wann befüllt	2004 – 2012
Welche Fläche	642 ha
Welche Wassermenge	98 Millionen Kubikmeter
Welche Höhe über NHN	101 Meter über Normalnull
Welcher pH-Wert	4,6
Füllstand Dezember 2011	95 Prozent

her Turm mit rostfarbenem Anstrich eröffnet, der einen fantastischen Rundumblick über das Seenland ermöglicht. Der »Rostige Nagel«, wie das Bauwerk im Volksmund bezeichnet wird, symbolisiert den Aufbruch der Lausitz aus dem Industrie- ins Tourismuszeitalter.

Darüber hinaus ist ein Lagunendorf als neue Wohnsiedlung direkt am und auf dem Wasser angedacht. Dabei soll auch ein zukunftsweisendes energetisches Konzept realisiert werden.
Bereits schon heute ist der Sedlitzer See als Wasserlandeplatz als »Außenstelle« des nahen Flugplatzes Welzow nutzbar. Die große offene Wasserfläche erscheint dafür als regelrecht prädestiniert. Schließlich gilt der Sedlitzer See mit zukünftig 1330 Hektar Fläche als das größte künstliche Gewässer des Lausitzer Seenlandes.
Ganz in der Nähe des Wasserlandeplatzes entsteht zudem ein großer Marinapark. Dort ist der zentrale Seenland-Hafen vorgesehen. Darüber hinaus soll dort eine Werftanlage entstehen. Dieser Standort, der auch gut über die Bundesstraße 156 erreichbar ist, bietet beste Voraussetzungen für die Ansiedlung von maritimem Gewerbe.
Nicht zuletzt sind alle drei Seen auf sehr gut ausgebauten Radwegen umrundbar. Immer wieder ergeben sich dabei neue, faszinierende Ausblicke auf die sich wandelnde Landschaft.

Blick über den Geierswalder See zum namensgebenden Dorf

Wohnhafen Scado am Geierswalder See

Das lustigste Museum der Lausitz

Verzauberndes und Überraschendes verspricht ein Besuch der Wunderwelt »Alles ums Ei – sorbisch und weltweit«. Die Exponate des einmaligen Museums sind kunstvoll, preisgekrönt und reichen von edel bis kurios. Die Besucher können ganzjährig einzigartige Programme buchen – ideal für Reisegruppen, Vereine, Familienfeste und Kindergeburtstage sowie für Senioren und Menschen mit Behinderung, auch mit Sehschwäche. Beliebt sind die Sommerfeste mit Gaudi-Spielchen, Walleien mit dem Sabrodter Wackelei sowie Lach- und Kreativkurse, etwa das sorbische Eiermalen, das Herstellen von Marzipankreationen und das Puppentheater. Besondere Programme sind auf Wunsch und Anmeldung gerne möglich.

Beitrag von:
Ostereiermuseum & Schmunzelgalerie Sabrodt
Leiterin: Dorothea Tschöke · Tel. (0 35 64) 2 20 45
Dorfstr.41 · 02979 Elsterheide, bei Schwarze Pumpe
info@ostereiermuseum.de · www.ostereiermuseum.de

Die Mitglieder des Lausitzer Heimatvereins laden in ihr Ostereiermuseum ein.

Elsterheide – die Mitte des Seenlandes

»Seenland-Kap« aus der Vogelperspektive

Halbinsel im Partwitzer See bleibt der Natur vorbehalten

Wer mit dem Flugzeug oder Hubschrauber über dem Lausitzer Seenland unterwegs ist, kann stets auf eine hilfreiche Orientierung setzen. Denn die markante Halbinsel im Partwitzer See ist einfach unverwechselbar. Sie teilt nämlich die einstige Tagebaugrube in einen großen nordwestlichen und in einen kleineren südöstlichen Abschnitt. Ebenso sorgt das langgestreckte Eiland auf Landkarten für den richtigen Durchblick. Denn kein anderer See als der Partwitzer kann ein solches Phänomen sein Eigen nennen. So ist stets für eine schnelle Wiedererkennung gesorgt.

Ungefähr stolze 2,5 Kilometer lang, aber lediglich bis zu 300 Meter breit misst die Halbinsel Scado. Ihren Namen erhielt die schmale Landzunge vom gleichnamigen Dorf, das sich einst nördlich von Geierswalde befand. Es musste, wie viele andere auch, dem Tagebaubetrieb weichen. Mit der Halbinsel blieb zumindest sein geografischer Name den Landkarten erhalten.

Steilküste auf der Halbinsel

Betreten verboten

Um es vorweg zu nehmen, das Betreten dieses Eilandes ist nicht erlaubt. Zum einen können Rutschungen und Abbrüche geschehen. Zum anderen soll »Scado« dauerhaft der Natur vorbehalten

Das »Seenland-Kap« mit dem Eisenrohr als Wahrzeichen

bleiben. Denn die Halbinsel besteht aus gewachsenem Boden. Unter ihr als Teil der sogenannten Bahnsdorfer Rinne befindet sich nämlich keine Braunkohle, erklären die Geologen. Rundherum wurden im damaligen Tagebau Scado auf einer Fläche von über 2000 Hektar fast 240 Millionen Tonnen des schwarzen Goldes abgebaut.

Die Pflanzenwelt stammt teilweise noch aus der vorbergbaulichen Zeit. Neben lausitztypischen Baumarten wie Kiefern, Birken und Espen sind uralte Obstgehölze zu finden. Sie haben ihren Ursprung in jener Zeit, als das Dorf Groß Partwitz noch existierte. Fragt man frühere Einwohner nach ihrer früheren Heimat, findet sich in ihren Erzählungen neben den Obstgehölzen auch stets das idyllische Teichgebiet zwischen Groß Partwitz und Scado wieder.

Eisenrohr markiert das Kap

Längst ist anstelle der kleinen Weiher der große Partwitzer See mit seiner markanten Halbinsel getreten. An deren Ende befindet sich sogar ein richtiges Kap. Einen offiziellen Namen besitzt es bislang nicht. Zumindest ist es bereits unbewusst gekennzeichnet. Denn dort ragt schließlich ein altes rostiges Metallrohr aus vergangenen Bergbauzeiten in den Himmel. Dieses ist übrigens auch deutlich vom Radweg auf der gegenüberliegenden Uferseite auszumachen. Das »Seenland-Kap« besitzt durchaus eine gewisse Ähnlichkeit mit seinem Pendant auf der Insel Rügen. Denn hohe Böschungskanten ziehen sich vom Landende in nordwestliche Richtung.

Ohnehin würden an der Halbinsel Scado ähnliche Kräfte wirken wie am Darßer Weststrand an der vorpommerschen Ostseeküste. Das haben zumindest die örtlichen Naturschützer beobachtet. Während an der einen Stelle Land durch die Kräfte des Wassers und Windes abgetragen werde, erfolge anderswo wieder eine Anlagerung. Durch die völlig natürlichen Prozesse entstehen wiederum neue Lebensräume, beispielsweise für Uferschwalben. Allerdings wird sich die Halbinsel aufgrund ihrer Lage in der Hauptwetterrichtung in den nächsten beiden Jahrzehnten um etwa die Hälfte ihrer Fläche verkleinern. Das sagen die Bergbausanierer vorher.

Vielleicht sanfter Tourismus

Vielleicht wird es eines Tages einen ganz sanften Tourismus auf dem Eiland im Partwitzer See geben. Beispielsweise, um Wasservögel zu beobachten. Oder um die alten Obstbäume als letztes Überbleibsel von Groß Partwitz zu besichtigen. Bis dahin muss allerdings die bergbauliche Sanierung am Partwitzer See abgeschlossen sein. Bislang trennt ein breiter und tiefer Graben die Halbinsel vom übrigen Festland. Interessierte können aber die Prozesse auf und um die Halbinsel mit einem guten Feldstecher auch vom Partwitzer Ufer beobachten. Besonders reizvoll erscheint die Szenerie im Herbst, wenn zahlreiche Wildgänse auf die Wasserflächen rund um die Halbinsel einfliegen, um dort zu übernachten.

Ganz in der Nähe der Halbinsel befinden sich das schwimmende Haus sowie die über die Sommermonate geöffnete Tourist-Information. Auch der Partwitzer Campingplatz sowie der Reiterhof und entsprechende Gastronomie sind nicht fern.

Wer sich das »Seenland-Kap« anschauen möchte, kann dies aus der Ferne tun. Der beste Beobachtungspunkt befindet sich auf der gegenüberliegenden Uferseite am Radweg, der vom Rostigen Nagel nach Geierswalde führt. An der schmalsten Stelle ist das markante Eisenrohr an der Spitze der Halbinsel ungefähr 1,2 Kilometer entfernt. Normalerweise ist es mit bloßem Auge erkennbar. An dieser Stelle lohnt insbesondere an schönen Abenden ein Besuch. Dann wird nämlich die Halbinsel in ein wunderschönes gelblich-braunes Licht eingetaucht und wirkt wie eine Szene aus Grimms Märchenbuch.

Die Halbinsel aus der Vogelperspektive

Wie ein »Finger« ragt die Halbinsel (hinten) in den Partwitzer See.

Blick von der Halbinsel auf den Partwitzer See

Das »Seenland-Kap« im Winter

Futuristisch anzusehen: der im Aufbau begriffene Wohn- und Ferienpark Scado auf dem Geierswalder See

Die Tauchschule am Gräbendorfer See unweit des Dorfes Laasow

Häuser lernen schwimmen

Im Seenland wird auf Wasser gebaut

»So ein Unsinn! Häuser können doch nicht schwimmen.« Diese oder ähnliche Reaktionen erwarten Menschen, die in der Ferne von der neuartigen Architektur auf Lausitzer Seen berichten. Der Ehrlichkeit halber muss man sagen, dass diese Gebäude tatsächlich nicht »richtig schwimmen« können, doch ihre Lage inmitten von Wasser sowie der anmutige Anblick vermitteln diesen schwimmend-schwebenden Eindruck täuschend echt. Auf jeden Fall muss man diese Architektur, die im Rahmen der Internationalen Bauausstellung »Fürst Pückler-Land« (IBA) entwickelt wurde, selbst gesehen haben!

Bislang gibt es im Lausitzer Seenland nur wenige schwimmende Häuser. Eines davon befindet sich in der Nähe des Ostufers des Partwitzer Sees. Es wurde im Mai 2006 eröffnet und kostete weit über eine halbe Million Euro. Der Bauherrin, der Aqua Terra Lausitz GbR zufolge, hat sich die Investition auf jeden Fall gelohnt. In den Sommermonaten vergehe in dem Zweigeschosser mit einer Wohnfläche von 40 Quadratmetern kaum ein Tag ohne Nutzer. Das Haus kann nämlich von Touristen gebucht werden. Neben einem Bad im See direkt vor der Haustür ist auch eine Andockstelle für Sportboote vorhanden. Das Schlafzimmer bietet einen Panoramablick auf das Gewässer, das früher einmal der Tagebau Scado war. Selbstverständlich sind im schwimmenden Haus auch Bad und Toilette vorhanden. Am schönsten freilich ist die Romantik. Wenn abends die Sonne feuerrot hinter dem Wald am gegenüberliegenden Seeufer versinkt, ist die Zeit der Gefühle gekommen.

Direkt in die Fluten

Auf Tauchstation in den ehemaligen Tagebau Gräbendorf kann man von der Tauchschule Laasow gehen. Denn sie befindet sich direkt auf dem jetzigen Gräbendorfer See und fußt auf einem Schwimmponton mit betonummanteltem Schaumstoff. Die Tauchschule ist ebenfalls ein schwimmendes Haus. Seit Mai 2007 kann man vor dort aus in die Fluten steigen und die Unterwasserwelt kennen lernen.

Das zweistöckige hölzerne Haus mit einer Fläche von 140 Quadratmetern befindet sich am Ende eines rund 70 Meter in den See ragenden Stegs. Betreiber ist das Tauch- und Freizeitcenter Laasow. Rund 240 000 Euro hat die einzigartige Anlage gekostet. Auch ein Besuch der Strandbar direkt neben dem Gebäude ist nicht zu verachten. In den nächsten Jahren sollen auf dem Gräbendorfer See weitere schwimmende Häuser folgen.

Futuristische Modulhäuser

Im südlichen Geierswalder See soll mittelfristig eine komplette Siedlung auf dem Wasser entste-

Elsterheide – die Mitte des Seenlandes

Die Bootsandockstelle befindet sich gleich neben dem schwimmenden Haus im Partwitzer See.

Reizvoller Blick auf die schwimmenden Häuser im Geierswalder See

hen. Der Wohn- und Ferienhafen Scado wird den aktuellen Planungen zufolge 20 Häuser auf dem Wasser und neun weitere direkt am Ufer umfassen. Eine 24 Meter lange Brücke soll den maritimen und den terrestrischen Bereich miteinander verbinden. Im Sommer 2009 wurde das erste Glas-und-Stahl-Haus per Kran auf den im Wasser befindlichen Ponton gesetzt. Dieser ist wiederum mittels stabiler Betonpfähle am unweit entfernten Seeufer befestigt.
Wer in den futuristisch anmutenden Modulgebäuden, die durch eine Firma aus der Nähe von Finsterwalde entwickelt werden, seinen Urlaub verbringt, ist mittendrin im lebhaften Seenland. Mit Stand Ende 2011 stehen den Urlaubern im Ferienhaus sowie im Ober- und Unterdeck insgesamt fast 200 Quadratmeter Nutzfläche zur Verfügung. Und der Blick auf die sanften Wellen soll fantastisch sein und die Seele beruhigen. Nur einen Katzensprung sind sämtliche Attraktionen des Geierswalder Sees entfernt. Und um ins Dorf zu gelangen, müssen die Urlauber lediglich an Land gehen.

Kompetenz in schwimmender Architektur

Die schwimmenden Häuser bilden längst nicht nur für Abenteuerurlauber ein zukunftsträchtiges Thema. Dieses Projekt könnte sich zum internationalen Exportschlager entwickeln. Laut den Forschern von der Hochschule Lausitz (FH) in Senftenberg und Cottbus steht zukünftig immer weniger Bauland zur Verfügung. Darüber hinaus steigt der Meeresspiegel durch die Klimaerwärmung an. Daher sei es nahe liegend, statt am lieber auf dem Wasser zu bauen und zu wohnen.
In einem Forschungsprojekt im Rahmen des »Kompetenzzentrums schwimmende Architektur«, dem neben der IBA und der Hochschule Lausitz auch die Lausitzer und Mitteldeutsche Bergbau-Verwaltungsgesellschaft mbH (LMBV) angehört, wird geprüft, wie die Häuser langlebiger gestaltet werden, ob Holzhäuser einfach auf Pontons ins Wasser können und wie die Abfallentsorgung gelöst wird. Darüber hinaus wird geklärt, wie man den veränderten Strahlungsbedingungen auf dem Wasser (keine Beschattung) Rechnung trägt.

Nach den IBA-Vorstellungen sollen mittelfristig bis zu 100 Häuser auf den Lausitzer Seen »schwimmen«. Die Nachfrage jedenfalls soll schon jetzt riesengroß sein. Und wer kann schon von sich behaupten, mitten auf dem Wasser zu wohnen?

Ferienparadies am herrlichen Geierswalder See

Der Ferien- & Freizeitpark Geierswalde liegt im Herzen des Lausitzer Seenlandes direkt am Geierswalder See. Mitten in der Natur steht den Gästen eine reichhaltige Palette zur Erholung zur Verfügung. Von aktiv auf dem Wasser bis genießend am Strand, das Angebot wächst ständig. Zudem laden Radwanderwege zum Erkunden der Umgebung ein. Bei den Übernachtungen hat der Besucher die Qual der Wahl: ob im

Besser als ein Wasserbett

schwimmenden Haus, im Ferienbungalow samt Grill-Terrasse oder im eigenen Wohnmobil beziehungsweise Caravan auf vollerschlossenen Stellplätzen mit über 100 Quadratmetern, der Geierswalder See lockt.

Beitrag von:
Ferien- & Freizeitpark Geierswalde
Martin Tinko
Tel. (01 74) 9 01 26 58
urlaub@geierswaldersee.de
www.geierswaldersee.de

Neugierig wird das schwimmende Haus auf dem Partwitzer See besichtigt.

Chillen und grillen im Geierswalder Ferienpark.

Elsterheide – die Mitte des Seenlandes

Witajće k nam do gmejny Halštrowska Hola – Herzlich willkommen in der Gemeinde Elsterheide

Wo man das Seenland förmlich atmen kann

Die Gemeinde Elsterheide befindet sich inmitten des Lausitzer Seenlandes. Sie beherbergt sieben der insgesamt 23 großen Gewässer der Landschaft im Werden. Am bekanntesten sind freilich der Geierswalder und der Partwitzer See mit ihren wunderschönen Strandbereichen.

Der Name »Elsterheide« sagt es bereits: Neben den neuen Gewässern prägen insbesondere die Schwarze Elster, der »Nationalfluss« des Seenlandes, sowie große Wälder das Gemeindegebiet. So werden beste Voraussetzungen für eine aktive Erholung geboten.

Die Gemeinde Elsterheide umfasst neun Orte. Sie erstreckt sich über 129 Quadratkilometer im Übergangsbereich von der Ober- zur Niederlausitz. Darüber hinaus gehört das Areal zum sorbischen Siedlungsgebiet. Ein vielfältiges Spektrum an Traditionen und Bräuchen ist bis zum heutigen Tage überliefert und wird liebevoll gepflegt. Stolz verweisen die Elsterheider auf eine große Anzahl aktiver Vereine.

Touristen können die gepflegten Dörfer bewundern. So locken beispielsweise in Bluno eine der ältesten europäischen Fachwerkkirchen, in Neuwiese, Seidewinkel oder Bergen die herrlichen Dorfanger und der schiefe Kirchturm in Geierswalde. Im benachbarten Tätzschwitz lockt eine hoch spannende Moto-Cross-Strecke. Auch eine sehr sehenswerte Schul- und Heimatstube lädt ein.

Wassersport wird in der Elsterheide großgeschrieben.

Traditionell eine Woche vor Ostern findet in Neuwiese der Mittellausitzer Ostereiermarkt statt.

Frühling in Seidewinkel

Schwimmendes Haus und Reiterparadies

Als weitere touristische Hochburg gilt Klein Partwitz. Der Ort besticht durch seine wunderschöne Lage zwischen Partwitzer und Blunoer Südsee. Hier gibt es unter anderem einen Reiterhof mit jeweils zwei Reithallen und Reitplätzen sowie eine Pferdepension. Auch Kutsch- oder Kremserfahr-

Elsterheide – die Mitte des Seenlandes

Vorfrühling in Geierswalde

ten sowie Quadtouren sind möglich. Eine nicht alltägliche Sehenswürdigkeit stellt das schwimmende Haus am Partwitzer See dar. Es ist für Urlauber buchbar. Eines der bislang zwei schwimmenden Häuser auf dem benachbarten Geierswalder See ist sogar vom Deutschen Tourismusverband als Fünf-Sterne-Ferienhaus zertifiziert worden.
Unmittelbar vor den Toren Hoyerswerdas befindet sich Nardt. Der Verein »Aeroclub Hoyerswerda« zeigt allen Interessenten das Gemeindegebiet aus der Vogelperspektive. Seidewinkel präsentiert sich dagegen mit seinen altsorbischen Bauernhäusern, Springbrunnen und Sonnenuhr. Im benachbarten Bergen lädt die Schrotholzscheune mit Museum ein.
Direkt an der Landesgrenze zu Brandenburg durchfährt man Sabrodt, ein schmuckes Dorf mit ländlich geprägten Vierseithöfen. Ein Besuch im Ostereiermuseum zeigt in einer ganzjährigen Dauerausstellung alles rund ums Ei, Blaudruck und Kräuter.

Ausgewogener Wirtschaftsmix

Mit ungefähr 4000 Einwohnern und einer geringen Siedlungsdichte ist das Elsterheider Gemeinwesen überwiegend land- und forstwirtschaftlich sowie durch mittelständische Unternehmen geprägt. Es ist ein großes Anliegen der Gemeinde Elsterheide, einen ausgewogenen Mix an historisch gewachsener Erwerbstätigkeit mit neuen Branchen

Der Blunoer Schimmel

Die erste urkundliche Erwähnung Blunos geht auf das Jahr 1401 zurück. Nach dem Dreißigjährigen Krieg musste das Dorf jedoch an anderer Stelle neu aufgebaut werden. Die Sage erzählt folgendes:
Einst befand sich Bluno weiter südöstlich als heute, in einem Sumpfland. Nach bitteren Jahren der Pest und der Schikanen durch die Horden des Dreißigjährigen Krieges wagten die »Blunschen«, wie die Einwohner noch heute genannt werden, einen Neuanfang an einer attraktiveren Stelle.
Sie schickten einen Schimmel los. Plötzlich blieb er stehen und begann friedlich zu grasen. Genau dort bauten die Dörfler eine neue Kirche auf und ihre Gehöfte drum herum. Noch heute ist der Schimmel im Blunoer Wappen, das erst aus dem Jahr 1973 stammt, enthalten.

Zamperer posieren in Bluno zum Fototermin.

Die Kirche bildet den Mittelpunkt in Bluno.

Die Tätzschwitzer Heimatstube zieht viele Besucher an.

173

Elsterheide – die Mitte des Seenlandes

zu etablieren, damit diese Gegend und Heimat auch in Zukunft attraktiv, lebens- und liebenswert bleibt. Deshalb werden Chancen genutzt, die Landschaft nach der großflächigen Inanspruchnahme durch den Braunkohlenbergbau, der bis zu Beginn der 1990er Jahre auch die Gemeinde Elsterheide betraf, neu zu gestalten. Dies ist in den zurückliegenden zwei Jahrzehnten gut gelungen. Es entstehen große zusammenhängende Wasserflächen, schiffbare Kanäle verbinden die Seen. Seit einigen Jahren werden auf dem Geierswalder See Segelregatten ausgetragen.

In Nardt wurde dieses Entenpaar in Beton gegossen.

Romantischer Sonnenuntergang am Partwitzer See

Eine spannende Zeit

Neben der wassertouristischen Nutzung gewinnen die landseitigen Angebote wie Radfahren und Surfen, ebenso das Reiten oder das Fahren mit Quads, mehr und mehr an Bedeutung. Für die Gemeinde Elsterheide ist es eine spannende Zeit. Doch noch liegen anspruchsvolle Aufgaben vor der Kommune, um die gegenwärtige Entwicklung für Einwohner und Touristen optimal zu nutzen. Mit Stolz auf das bisher Geleistete freuen sich die Einheimischen über die Besucher, die erholsame Tage im schönen Lausitzer Seenland erleben möchten. Die Gemeinde Elsterheide ist zu jeder Jahreszeit einen Besuch wert. Und ein Wiederkommen lohnt allemal, denn die Landschaft des Gebietes verändert sich nämlich Jahr für Jahr rasant!

Beitrag von:
Gemeinde Elsterheide OT Bergen
Am Anger 36
02979 Elsterheide
Tel. (0 35 71) 4 80 10
Fax (0 35 71) 40 36 44
gemeinde@elsterheide.de
www.elsterheide.de

Bei Jaegers rollt die Kugel

Das kulinarische Herz des idyllischen Ortes Seidewinkel bildet der Eibhof Jaeger. Bestehend aus einem Restaurant und einer Bierstube bietet er für 100 Gäste Platz für Feiern jeglicher Art. Beliebt ist die gute Küche, die mit regionalen Gerichten den Gaumen erfreut. Der Biergarten ist ein weiterer Augenschmaus. Zwei automatische Kegelbahnen sorgen für Schwung. Zudem warten acht schicke Zimmer mit zwölf Betten auf müde Häupter. Das Jaeger-Team empfängt Montag bis Freitag von 11 bis 14 und 17 bis 23 Uhr – sonnabends von 11 bis 24 Uhr und sonntags von 10 bis 22 Uhr. Dienstags wird sich ausgeruht.

Blick auf die moderne Kegelbahn

Beitrag von:
Eibhof Jaeger
Zur Friedenseiche 32
02979 Elsterheide OT Seidewinkel
Tel. (0 35 71) 4 79 70
Fax (0 35 71) 47 97 30
eibhof-jaeger@seidewinkel.de

Mehr als Kartoffeln

Wer einmal den Gasthof besucht hat, ist von seiner gemütlichen Ausstrahlung beeindruckt. Aus einer alten Scheune – erbaut 1750 – entstand ein gemütliches Restaurant mit rustikalem Ambiente. In ihr warten alte Gerätschaften aus der Bauernwirtschaft auf ihre Entdeckung.
Zudem können die Gäste die Terrasse nutzen und es sich am Kamin in der Scheune gemütlich machen. In den liebevoll eingerichteten Zimmern der Pension darf übernachtet werden. Zudem sind in der »Kartoffelscheune« Familienfeiern, Betriebsjubiläen oder Empfänge für bis zu 45 Personen möglich. Bei der Planung der Festlichkeiten steht die Chefin mit Rat und Tat zur Seite.

Einfach Wohlfühlen in der Kartoffelscheune

Eine gemütliche Sitzecke

Beitrag von:
Gasthof & Pension
»Zur Kartoffelscheune«
Familie Hauska
Elstergrund 46
02979 Elsterheide OT Neuwiese
Tel. (0 35 71) 48 80 15

Elsterheide – die Mitte des Seenlandes

Wenn Glas und Porzellan zu leben beginnen

Birgit Pattoka aus Bergen malt gern in ihrer Scheune

Die Scheune wird von einem herrlichen Bauerngarten umrahmt.

Ein sanfter Pinselstrich, der nächste schon kräftiger, dann im eleganten Bogen: auf dem vor wenigen Augenblicken noch kalten, durchsichtigen Glas hat das »Leben« einer Rose begonnen. Taufrisch wie in der Morgenstimmung strahlt die Blüte auf dem Glas. Die zarte Blume wurde von der Bergener Glas- und Porzellanmalerin Birgit Pattoka zum Leben erweckt. Unzählige Glasprodukte und Porzellangegenstände hat sie schon mit Pinsel und Farbe verschönert. »Doch besonders gern male ich Motive und Sprichwörter aus der Lausitz, meiner Heimat«, erklärt die junge Frau. Kein Wunder, ist sie doch in der Hoyerswerdaer Gegend aufgewachsen.

Ganz sanft bringt Birgit Pattoka die Pinselstriche auf die Vase.

Birgit Pattoka lebt mit ihrer Familie auf einem typischen Vierseitenhof der Mittellausitz. Zu diesem gehört auch die berühmte Schrotholzscheune, die im Jahr 2013 bereits 245 Lenze zählt.

In der »Glashauptstadt« gelernt

In der zehn Meter hohen, ebenso langen und zwölf Meter breiten Scheune befindet sich neben zahlreichen Exponaten aus dem Sorbenland auch die Malwerkstatt von Birgit Pattoka. »Mein Handwerk habe ich in Weißwasser erlernt«, erinnert sie sich. Ihr »Rohmaterial« bezieht sie bis heute aus der »Lausitzer Glashauptstadt«. Das Meisterstück der Bergenerin ist die Zeichnung einer sorbischen Braut in Hoyerswerdaer Tracht auf einer großen Glasvase. Diese kann in der Schrotholzscheune besichtigt werden.
Mehrere Maltechniken beherrscht die sympathische Frau gleichermaßen: bei Porzellan kommt neben herkömmlichen Porzellanmalfarben die Aufglasurmalerei zum Einsatz. Bei Glas sind vor allem Emaillefarben sehr eindrucksvoll.

Malen nach Wunsch

Birgit Pattoka malt alles, was gewünscht wird, gern auch nach Fotovorlagen. Darüber hinaus gibt die Meisterin ihr Wissen gern weiter. Denn um Glas oder Porzellan den »Lebensatem« einzuhauchen, gehört viel Übung, Geschick und vor allem Geduld, so die Meisterin.
Natürlich lohnt sich auch ein Spaziergang um die Scheune. Ein herrlicher alter Bauerngarten mit hunderten Blüten im Sommer lässt auch das Herz von Gartenfreunden höher schlagen. Es ist einfach ein Stückchen heiler Lausitzer Landwelt.
Birgit Pattoka bietet ganzjährig Führungen durch ihre Schrotholzscheune in sorbischer Tracht an. Es gibt wohl nichts, was sie nicht über das Leben in der mittleren Lausitz weiß.

Herbstliche Idylle an der Schrotholzscheune

So gibt die Glasmalerin auch als Touristikerin eine ebenso kompetente Persönlichkeit ab.

Lausitzer Glas- und Porzellanmalerei in der Schrotholzscheune

Die Schauwerkstatt der Künstlerin Birgit Pattoka befindet sich in der 1768 erbauten Bergener Schrotholzscheune. Im historischen Ambiente entstehen in aufwändiger Handarbeit wertvolle Unikate, wie individuelle Babyfläschchen, persönliche Sektkelche für Brautpaare oder mit Vereinslogos verzierte Pokale. Besonders beliebt sind die regelmäßig stattfindenden Führungen durch Scheune und Kräutergarten sowie die Workshops bei denen Glas und Porzellan, – oder zu Ostern Eier nach sorbischer Tradition – gestaltet werden. Geöffnet ist mittwochs bis freitags von 13 bis 17 Uhr sowie nach Vereinbarung.

Eine in aufwändiger Handarbeit bemalte Vase mit sorbischem Motiv

Beitrag von:
Meisterin für
Glas- und Porzellanmalerei
Birgit Pattoka
Am Anger 43
02979 Elsterheide OT Bergen
Tel. (0 35 71) 42 68 08
Fax (0 35 71) 42 68 09
www.krabatregion.de

Elsterheide – die Mitte des Seenlandes

Der Schiefe Turm des Seenlandes

Geierswalder Kirchturm neigt sich nach Westen

Was der Schiefe Turm von Pisa für Italien ist, ist der Schiefe Turm der Kirche von Geierswalde für das Lausitzer Seenland. Wer auf der Landstraße aus Richtung Tätzschwitz in den Ort einfährt, sieht sofort, dass mit dem Kirchturm etwas nicht stimmt. Und tatsächlich: Er steht schief. Unübersehbar neigt sich das markante Bauwerk aus dem Jahr 1792 in westliche Richtung.

Die Geierswalder Glocken hängen im schiefen Turm.

Dieser Ringanker schützt den Kirchturm.

Bergbau ist die Ursache

Als Ursache gilt der Bergbau. Schließlich ist das Gotteshaus nur einen Steinwurf vom früheren Tagebau Koschen, dem heutigen Geierswalder See, entfernt. Dadurch bedingte Grundwasserabsenkungen hatten zu Sackungen in dem historischen Gemäuer geführt.

Kurz vor Weihnachten 1988 war die Westwand des Kirchturms bis zu einer Höhe von sieben Meter eingestürzt. Immerhin gelang es später, das Bauwerk mittels eines Ringankers zu stabilisieren. Immer wieder fragen Touristen nach dem Schiefen Turm. Doch eine Besteigung des 28 Meter hohen Bauwerks ist nur unter erheblichen Schwierigkeiten möglich. So muss beispielsweise eine enge, 59 Stufen zählende Holztreppe bewältigt werden.

Weiter Blick entschädigt

Der Ausblick entschädigt für die Aufstiegsmühen. Durch die Fensterlamellen ist im Norden der Geierswalder See mit seinen Segelbooten zu sehen. Südwestlich rückt das Nachbardorf Tätzschwitz mit seiner kleinen Kirche ins Blickfeld. Den Südosten füllt der hohe Kirchturm von Laubusch aus. Darüber hinaus prägen viele Felder und Wälder die Szenerie. Mittelfristig wird beabsichtigt, eine Kirchentour durch das Lausitzer Seenland anzubieten. Schließlich gibt es in nicht wenigen Orten der Region hochinteressante Gotteshäuser. So steht beispielsweise eine der ältesten Kirchen der Lausitz in Bluno. Eine weitere wunderschöne Fachwerkkirche befindet sich in Lieske. In Großkoschen ruft das einzigartige Ensemble von Gotteshaus, Turm und Kircheneiche immer wieder Begeisterung hervor. Und natürlich der Schiefe Turm des Seenlandes in Geierswalde.

Hinter seinem berühmten Vorbild in Pisa braucht sich dieses Lausitzer Bauwerk übrigens keinesfalls zu verstecken. Es ist zwar rund 27 Meter niedriger als das italienische Original, aber nicht minder attraktiv. Und lange Wartezeiten vor der Geierswalder Kirche sind gänzlich unbekannt.

Der Kirchturm von Geierswalde

Blick vom Turm auf den Geierswalder See

Leben in der Lausitz

Mit LAUSITZleben kann nach persönlichen Interessen die Region erlebt werden. Cornelia Schnippa bietet als zertifizierte Hoyerswerdaer Stadt- und Lausitzer Seenlandführerin aufregende Expeditionen an. Besonders empfehlenswert sind die einzigartigen Alpaka-Trekkingtouren durch die Seenlandschaft. Ob ein Ausflug zum Bauernhof, Projekttage als Unterstützung für Pädagogen, das Ausrichten eines Kindergeburtstags mit Tiere streicheln, füttern, basteln, altersgerechte Spiele und die Tiergestützte Therapie/Aktivitäten mit Alpakas – Die Angebote von LAUSITZleben sind so vielfältig wie das Leben auf dem Land.

Beitrag von:
LAUSITZleben
Cornelia Schnippa
Elsterstraße 16
02979 Elsterheide OT Tätzschwitz
Tel. (03 57 22) 3 74 01 oder (01 76) 41 33 83 98

Cornelia Schnippa mit ihren beiden Alpakas

Zeitungsdruck und mehr in der Lausitz

Das Unternehmen DVH Weiss-Druck ist eine deutsch-deutsche Erfolgsgeschichte. Der moderne Bau des Druck- und Verlagshauses mitten im Lausitzer Seenland beherbergt ein mit 20 Jahren immer noch junges und innovatives Unternehmen der Druckindustrie. Gegründet infolge der Initiative junger Leute aus der Lausitz in den rasanten Tagen des Aufbruches nach der Wende, ist DVH Weiss-Druck heute als eines der modernsten Druckhäuser mit der Spezialisierung auf Rollenoffset-Coldset und einer motivierten, bodenständigen Belegschaft bestens aufgestellt – das Unternehmen gehört mittlerweile zu den größeren Arbeitgebern des Landkreises. Im März 1991 wurde DVH zunächst als kleines Satzstudio in Hoyerswerda gegründet. Die folgende Entwicklung zur modernen Rollenoffsetdruckerei wäre ohne das Engagement der Unternehmerfamilie Weiss aus Monschau in der Eifel nicht denkbar. Dort, am »anderen Ende« von Deutschland, sitzt eines der imposantesten Druckereiunternehmen Europas, welches als mittelständischer Betrieb auf eine jahrhundertealte Tradition zurückblicken kann – und als eines der größten und modernsten seiner Art in Deutschland gilt. Aufbauend auf dem Know-how der Offsetprofis aus der Eifel und dem Einsatz der Lausitzer vor Ort entwickelte sich DVH Weiss-Druck zu einem Wirtschaftsfaktor, dessen langjährige Kunden aus Verlagswesen, Industrie, Handel und Politik auf Flexibilität, Qualität und modernste Technologie setzen. Heute werden in Elsterheide auf modernen Druckmaschinen wöchentlich bis über drei Millionen Zeitungen und zeitungsähnliche Produkte gesetzt, gedruckt und konfektioniert.

Hier werden wöchentlich Millionen Zeitungen konfektioniert – die Fertigung bei DVH Weiss-Druck.

DVH Weiss-Druck in Elsterheide – ein junges, engagiertes Unternehmen

DVH WEISS-DRUCK

Beitrag von:
DVH Weiss-Druck
GmbH & CO.KG
Geierswalder Straße 14
02979 Elsterheide OT Bergen
Tel. (0 35 71) 47 10
Fax (0 35 71) 47 12 03
www.dvh.weiss-druck.de
info@dvh.weiss-druck.de

Bäume und Straßen werden eins

Die reizvollste Jahreszeit für eine Fahrt durch die Alleen ist der Herbst. Fast, so könnte man meinen, stünden die Baumreihen in Flammen, so sehr leuchten die Farben der Roteichenblätter. Eine der schönsten Abschnitte bietet die Straße von Lohsa in Richtung Weißkollm. Herrliche alte Bäume verleihen dieser Verbindung einen regelrechten Glanz. Eine weitere prächtige Roteichenallee befindet sich zwischen Tätzschwitz und Großkoschen. Wo die beiden Baumreihen enden, verläuft die Grenze zwischen Sachsen und Brandenburg.
Nur ein paar Kilometer weiter südwestlich kann noch eine Roteichenallee bewundert werden. Dort stellt sich die »Länderfrage« genau andersherum. Wo an der Straße zwischen Lauta-Dorf und Hosena die Bäume beginnen, ist Brandenburg.

Uralte Eichenallee an der Straße von Mönau nach Uhyst (Spree) im Frühling

Mitten im Lausitzer Seenland

Am Rand der Seenkette liegt idyllisch an der Schwarzen Elster das Landhotel Neuwiese. Seit 1840 in Familienbesitz werden heute Spezialitätenabende, sorbisches Brauchtum mit typischer Küche, Familienfeste, Grillabende sowie Tanzveranstaltungen angeboten. Im Landhotel sind 15 Doppelzimmer, ein Einzelzimmer sowie zwei Appartements komfortabel eingerichtet. Der Radweg ins Lausitzer Seenland liegt direkt vor der Tür. Mit einem erholsamen Spaziergang am Fluss oder einem Besuch des Heimatmuseums kann der Gast den Tag ausklingen lassen.

Beitrag von:
Landhotel Neuwiese
Traditionsgasthof »An der Mühle«
Inh. Roswitha Koch
Elsterngrund 55
02979 Elsterheide OT Neuwiese
Tel. (0 35 71) 4 29 80
Fax (0 35 71) 42 82 21
landhotel@t-online.de
www.neuwiese.de

Das Landhotel Neuwiese

Lauta – Gartenstadt mit südlichem Flair

Den »Lugteich-Vogel« zieht es zur schönen »Erika«

Auf den Spuren des früheren Tagebaus Laubusch

Das südliche Lausitzer Seenland um Lauta und Laubusch nimmt eine gewisse Sonderstellung ein. Dort wurde bereits in der Mitte des 20. Jahrhunderts der aktive Bergbau eingestellt. Aus dem früheren Tagebau Laubusch entstanden drei Gewässer: der lang gestreckte Erikasee, der ovalförmige Kortitzmühler See sowie der abseits gelegene Lugteich.

Der Erikasee geht aus der gleichnamigen Kohlengrube hervor, die zu DDR-Zeiten als Tagebau Laubusch bezeichnet wurde. Das Gewässer musste nicht künstlich geflutet werden. Sein Nass resultiert aus dem Anstieg des Grundwassers. Charakteristisch ist am Nordufer die gerippte Form der Kippen. Neben der bergbaubedingten Technologie trug auch die Erosion dazu bei. Das Ost- und Südostufer des Erikasees ist dagegen für die aktive Naherholung vorgesehen. Die übrigen Bereiche sollen der Natur vorbehalten bleiben.

Ein Teich wie ein Vogel

Östlich des Erikasees befindet sich zwischen Laubusch und Nardt in Höhe der Weinbergsiedlung der Lugteich. Auch er ging aus dem Tagebau Laubusch hervor. Das Gewässer hat aus der Luft betrachtet die Form eines westwärts fliegenden Vogels. Es scheint, als wolle er zur schönen »Erika«, dem Erikasee, fliegen, diese aber nie erreicht.

Seine Bezeichnung erhielt das Gewässer vom früheren Namen dieser Gegend, nämlich Lug. Damit ist in der Lausitz ein Feuchtgebiet gemeint. Später befand sich an dessen Stelle der sogenannte Klärteich, aus dem schließlich der Lugteich hervorging.

Das Gewässer ist für Ortsunkundige relativ schwer zugänglich. Am besten erreicht man es über die Verbindung von Laubusch nach Nardt. Etwa in Höhe der Weinbergsiedlung führt nach Norden ein Fahrweg zum Lugteich hinunter. Allerdings soll das Gewässer langfristig der Natur überlassen bleiben. Deshalb sind allzu neugierige Touristenaugen in dieser Gegend nicht gern gesehen. Die Verantwortlichen vor Ort appellieren dabei an die Vernunft der Menschen.

Das Gewässer wird auch über den vor ungefähr zwei Jahrzehnten errichteten Westrandgraben gespeist. Dieser beginnt in Hoyerswerda und soll das überschüssige Grundwasser aus der Stadt ableiten. Rund um den Lugteich überwiegen dichte Wälder, die meist aus Kiefern und Roteichen sowie weiteren Pionierbaumarten bestehen. Das Gewässer gilt als beliebter Rast- und Brutort für zahlreiche Vogelarten. In einer Pappel hoch über dem Lugteich befindet sich ein Seeadlerhorst. Die majestätisch wirkenden Tiere ließen sich selbst von den Sanierungsarbeiten kaum beeindrucken. Mehrfach wurde Nachwuchs aufgezogen.

Sanierungsarbeiten im Lugteichgebiet

Reizvoller Kirchturmblick

Die dritte Wasserfläche im Bunde ist der Kortitzmühler See. Er wurde nach der nahe gelegenen, zu Geierswalde gehörenden Wohnsiedlung Kortitzmühle benannt. Es handelt sich dabei um eines der kleinsten künstlichen Gewässer des Seenlandes. Es ist bequem über den Radweg von Lau-

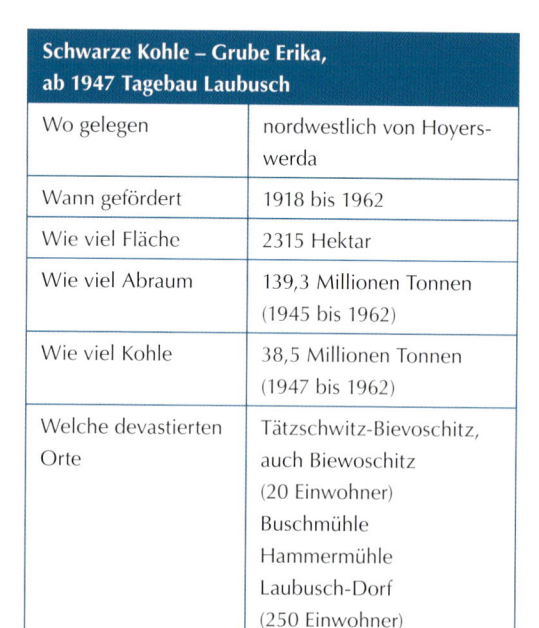

Der Erikasee aus der Vogelperspektive. Im Hintergrund sind der Geierswalder und der Partwitzer See zu sehen.

Schwarze Kohle – Grube Erika, ab 1947 Tagebau Laubusch	
Wo gelegen	nordwestlich von Hoyerswerda
Wann gefördert	1918 bis 1962
Wie viel Fläche	2315 Hektar
Wie viel Abraum	139,3 Millionen Tonnen (1945 bis 1962)
Wie viel Kohle	38,5 Millionen Tonnen (1947 bis 1962)
Welche devastierten Orte	Tätzschwitz-Bievoschitz, auch Biewoschitz (20 Einwohner) Buschmühle Hammermühle Laubusch-Dorf (250 Einwohner) Neu-Laubusch (125 Einwohner)

Lauta – Gartenstadt mit südlichem Flair

Der Seeadler vom Lugteich

Blick nach Lauta-Dorf

busch nach Geierswalde, beziehungsweise Klein Partwitz, erreichbar. Von seinem nördlichen Ufer können Besucher einen reizvollen Blick zum hohen Laubuscher Kirchturm genießen.

Für Furore sorgte der Kortitzmühler See im September 2009. Damals war ein Hubschrauber mitten in das Gewässer gestürzt. Glücklicherweise konnte sich die Besatzung befreien und ans Ufer schwimmen. Auch ihr Fluggerät wurde kurze Zeit später aus dem Wasser geborgen.

Längst ist es wieder ruhig um die frühere Tagebaugrube geworden. Bislang verirren sich nur selten Touristen dorthin.

Südliches Eingangstor ins Seenland

Die benachbarte Stadt Lauta gilt als südliches Eingangstor zum Lausitzer Seenland. Das Gartenstädtepaar Lauta-Nord und Erika mit seinen Parkanlagen und der dazwischen befindlichen Grünverbindung am Südufer des Erikasees unterstützt diese Funktion auf beste Weise. Gerade diese beiden Gartenstädte können, ergänzt um weitere kulturelle und landschaftsarchitektonische Angebote und eine interessante Wegegestaltung, ein

Herbstmorgen am Kortitzmühler See: Im Hintergrund sieht man den Laubuscher Kirchturm.

würdiges Seenland-Südtor repräsentieren. Einen weiteren Schwerpunkt dieses Gebietes wird darüber hinaus der Radwandertourismus bilden.

Blaue Wellen – Erikasee, Lugteich, Kortitzmühler See						
	Wann befüllt	Welche Fläche	Welche Wassermenge	Welche Höhe über NHN	pH-Wert	Füllstand Dezember 2011
Erikasee	bis 1970	145 Hektar	2 Millionen Kubikmeter	108 Meter über Normalnull	6,4	76 Prozent
Lugteich	2010 bis 2014	96 Hektar	3 Millionen Kubikmeter	110 Meter über Normalnull	2,7	41 Prozent
Kortitzmühler See	2013 bis 2016	28 Hektar	1,4 Millionen Kubikmeter	108,2 Meter über Normalnull	6,7	65 Prozent

Das Brandenburger Tor stand immer offen

Einst war vor der legendären Brücke Lok-Schichtwechsel

In Berlin steht das Brandenburger Tor, ohne Frage. Dass es im Lausitzer Seenland ebenfalls ein Brandenburger Tor gibt, ist selbst in der einheimischen Bevölkerung nur wenig bekannt. Kein Wunder, wurde dort keine deutsche, aber immerhin Bergbau-Geschichte geschrieben.

Wer die Seenland-Ausgabe des Brandenburger Tores durchschreiten will, muss nach Sachsen reisen. Nur einen Steinwurf von der Kortitzmühler Siedlung an der Schwarzen Elster entfernt, befindet sich das Brandenburger Tor. Allerdings handelt es sich eher um einen kleinen Tunnel. Die Landstraße von Geierswalde nach Hoyerswerda beziehungsweise Partwitz überquert dort einen Radweg.

Das heutige Bauwerk gibt es erst seit dem Jahr 2003. Vorher gab es dort eine Brücke der Straße über die Grubenbahn, die auf doppelten Pfeilern ruhte. Dieses Bauwerk soll tatsächlich an das originale Brandenburger Tor erinnert haben. Zumindest fuhren die Bergleute auf den Loks Tag für Tag durch ihr Tor. Inzwischen sind die Kohlebahnen längst verschwunden. Heute stellt der Straßentunnel nahe der Kortitzmühle das Brandenburger Tor dar. Nach Brandenburg gelangen Radfahrer nach der Durchquerung allerdings noch lange nicht. Die Landesgrenze zum Nachbar-Bundesland verläuft rund acht Kilometer weiter nördlich. Das macht aber nichts. Schließlich kommt man in Berlin durch das Tor auch nicht nach Brandenburg.

Die Sedlitzer Bergfreunde haben während ihrer Seenland-Wanderung den »Schlagbaum« vor dem Brandenburger Tor einfach geöffnet.

Irgendjemand hat im Tunnel vermerkt, dass es sich ums Brandenburger Tor handelt.

Lauta – Gartenstadt mit südlichem Flair

Lauta – Das grüne Tor zum Lausitzer Seenland

Die Kommune glänzt mit gleich zwei Gartenstädten

*Lauta ist gleich Dorf und Stadt,
das Seenland-Südtor inne hat.
Einst hier ein Werk von Weltruf stand,
durch dieses Lauta weit bekannt.
Doch heute lockt die liebe Erika
Viele Besucher aus fern und nah.
Zwei Gartenstädte gibt' noch obendrein,
im Paradies es kann nicht schöner sein.*

Die Stadt Lauta mit ihren Ortsteilen Laubusch, Leippe, Torno und Johannisthal liegt im Norden des Landkreises Bautzen, im Nordosten Sachsens. Lauta ist übrigens der einzige Ort des Freistaates, der sich in der Niederlausitz befindet. Erst im Jahr 1965 erhielt die Kommune das Stadtrecht. In ihr leben gegenwärtig ungefähr 9314 Einwohner auf einer Gesamtfläche von rund 4211 Hektar.
Umgeben von ausgedehnten Kiefern- und Mischwäldern und großzügigen Heidelandschaften versteht sich Lauta auch als das grüne Tor zum entstehenden Lausitzer Seenland. Aufgrund der günstigen Lage des Ortes sind die umliegenden touristischen Ziele und größeren Städte gut erreichbar. Die in den letzten Jahren infolge der Rekultivierung ehemaliger Tagebaue gut ausgebau-

Stadt Lauta – mittendrin statt nur dabei

ten Rad- und Wanderwege gestatten ausgedehnte Wanderungen und Radtouren in das Seenland sowie an den nahen Senftenberger See, einem beliebten Bade-, Angel- und Surfgewässer. Ebenfalls befinden sich die Urlaubszentren an Knappen- und Silbersee in unmittelbarer Nähe.
Als besondere architektonische Sehenswürdigkeit sind die beiden Gartenstadtsiedlungen hervorzuheben. Im Norden der Stadt befindet sich die in den Jahren 1999 bis 2001 sanierte Gartenstadtsiedlung »Lauta-Nord«. Im Ortsteil Laubusch gibt es die teilsanierte Kolonie »Erika«.

Einst Werk von Weltruf
Die Erschließung des Braunkohlentagebaus Laubusch, die Nähe der Bahntrasse sowie das Wasserangebot der Schwarzen Elster waren der Grund dafür, dass 1917 die Vereinigten Aluminiumwerke AG (VAW) in der Nähe des Dorfes Lauta mit dem Aufbau des Aluminium- und Kraftwerkes begannen. Von 1918 bis 1990 war dieser Großstandort

Das Rathaus

Lauta – Gartenstadt mit südlichem Flair

der Aluminiumindustrie für die Region der größte Arbeitgeber. Dadurch wurde der Name »Lauta« weltweit bekannt. Mit der Außerbetriebnahme des Industriestandortes und dem Abbruch der alten Anlagen nach der Wende entstand ein Gewerbegebiet, das vielfältige Entfaltungsmöglichkeiten bietet. Das Areal liegt direkt an der Bundesstraße 96 und ist voll erschlossen.

Die Glocke im Stadtwappen

Die Stadt Lauta hat ihren Ursprung im ehemaligen Dorf »Luthe«, welches erstmals im Jahr 1374 im Zinsregister des Klosters Sankt Marienstern urkundliche Erwähnung fand. Die kleine evangelische Dorfkirche zählt zu den ältesten Gotteshäusern der Region. Im hölzernen Glockenturm neben der Kirche hängen zwei Glocken, wovon die kleinere, die Laurentiusglocke, das Wahrzeichen der Stadt und sogleich das Stadtwappen bildet.

Ein weiteres Wahrzeichen der Stadt: der Lautaer Glockenturm

Die Häuser an der Parkstraße gehören zur Lautaer Gartenstadt.

Die Vereine des Ortes bewahren und fördern das örtliche Brauchtum durch Veranstaltungen, die die Traditionen der Vergangenheit widerspiegeln. So finden alljährlich das Zampern, das Hexenbrennen sowie Kirmesfeiern statt. Darüber hinaus sind besonders die Aktivitäten der Kameraden der freiwilligen Feuerwehren hervorzuheben, die neben ihrer Haupttätigkeit auch in alle städtischen Veranstaltungen eingebunden sind.

Sehr gute Lebensqualität

Seit 2001 wurden in Lauta-Dorf dank von Fördergeldern zahlreiche Maßnahmen zur Verbesserung der Lebensqualität des Ortsteiles verwirklicht. Der neu gestaltete Anger mit Brunnen, die restaurierten Kriegerdenkmale und die Erneuerung der Dorfstraßen sind dem dörflichen Charakter angepasst.
Seit 1990 hat sich auch das Antlitz der Stadt Lauta stark verändert. Besucher, die die Stadt von früher her kennen, werden diese Veränderungen ganz bewusst wahrnehmen und als sehr positiv empfinden. Gäste, die erstmals nach Lauta kommen, finden eine sächsische Kleinstadt vor, die alles hat, was man zum Leben braucht. Es gibt nämlich gute Einkaufsmöglichkeiten, eine hervorragende medizinische Grundversorgung, zwei Grundschulen sowie eine sanierte Mittelschule, Busverbindungen in die benachbarten größeren Städte, gute Bahnverbindungen nach Dresden und Berlin, ein intaktes Straßennetz, neue Radwege und vor allem sehr viel Grün.
Die Jüngsten werden in vier Kindertagesstätten betreut. Mit der Beteiligung der Stadt am Bundeswettbewerb Entente Florale 2005 »Eine Stadt blüht auf«, wurde die Initiative der Vereine und Bürger mit einer Bronzemedaille gewürdigt.

Laubusch im Wandel der Zeit

Die ehemals selbstständige Bergarbeitergemeinde Laubusch ist seit 2001 Ortsteil von Lauta. Der lang gestreckte Ort untergliedert sich in die Bereiche Siedlung, Bergmannsheimstätten und Kolonie. Entlang der Hauptstraße gibt es eine herrliche Roteichenallee, die durch den gesamten Ort führt. Laubusch verfügt über eine Grundschule, eine Kindertagesstätte, zwei Arzt- und eine Zahnarztpraxis, eine Apotheke und ein Freibad. Traditions- und Heimatfeste werden von den Vereinen im Ortsteil gestaltet.
Erstmals wird der Ort im Jahr 1401 urkundlich als »Lubasch« erwähnt. Das ursprüngliche Dorf mit ausgeprägtem sorbischem Brauchtum war ein Gassendorf mit einem Straßenanger und einem Vorwerk. Es lag an der Schwarzen Elster in einem Gebiet mit Kiefernwäldern und Teichen. 1745 vernichtete ein Großbrand das Dorf rechts der Schwarzen Elster. Viele Familien siedelten sich nun weiter links des Flusses an. 1830 begann der Aufbau von Neu-Laubusch an der Stelle des ehemaligen Vorwerks, im so genannten Rabenholz.

Blick in die Laubuscher Mittelstraße mit der markanten Kirche

Ansprechende Architektur: die Feuerwehr in Lauta-Dorf

Lauta – Gartenstadt mit südlichem Flair

Blick auf Laubusch und den Erikasee

Die Geschichte des Ortes wurde später durch den Braunkohlenbergbau bestimmt. 1940 musste deswegen sogar das alte Dorf abgerissen werden. Eine Gedenkstätte am ehemaligen Ortsmittelpunkt erinnert an dessen Existenz. Mit der Brikettfabrik entstand 1917 die Gartenstadt »Erika« durch den Baumeister Ewald Kleffel. Später kamen Bergmannsheimstätten und die Siedlung dazu, die sich aber in Architektur und Anordnung der Häuser von der Gartenstadt erheblich unterscheiden.

Im Jahr 1962 war der Tagebau ausgekohlt. Die Laubuscher Brikettfabrik wurde aus anderen Tagebauen versorgt. Mit der politischen Wende begann der Niedergang der Braunkohlenindustrie. Auch in Laubusch wurden die einstigen Industrieanlagen abgebrochen. Dafür entstand ein rund 37 Hektar großes voll erschlossenes Gewerbegebiet.

Am sagenumwobenen Jungfernstein

In Lautas Süden schließt sich der jüngste Stadtteil – Leippe-Torno – mit den Ortsteilen Leippe, Torno und Johannisthal an. Direkt an der Ortsgrenze befindet sich seit 1993 das »Leippe-Torno-Center«. In diesem sind neben einigen Fachärzten ortsansässige Händler und ein Aldi-Markt untergebracht. Darüber hinaus beherbergt es neben dem Kommunikationszentrum auch mehrere Seniorenwohnungen.

Die Ortschaft selbst ist geprägt von Ein- und Mehrfamilienhäusern. Im Ortsteil Leippe findet man liebevoll sanierte Drei-Seitenhöfe.

Der jüngste Ortsteil ist Johannisthal. Er besitzt eine sehr interessante Vergangenheit mit Glasindustrie, Braunkohlenabbau und Ziegelei. Eine Wanderung führt nicht nur an ehemaligen Tagebauen und sanften Hügeln mit dem 173 Meter hohen Jungfernstein und seiner sagenumwobenen Geschichte vorbei, sondern vermittelt neben Ruhe und Entspannung auch viele Informationen über Pflanzen, Tiere und Bodenschätze.

Am Tornoer Teich, einem beliebten Badegewässer der Region, finden jährlich traditionelle Feste statt. Die enge Verbundenheit der rund 1400 Einwohner des Ortsteils dokumentiert sich in einem regen Vereinsleben.

Beliebtes Naherholungsgebiet der Lautaer: der Tornoer Teich

Beitrag von:
Stadtverwaltung Lauta
Karl-Liebknecht-Straße 18 · 02991 Lauta
Tel. (03 57 22) 3 61 11 · Fax (03 57 22) 3 61 15
info@lauta.de · www.lauta.de

Der Themenpfad von Torno bis Johannisthal

Ein beschilderter Themenpfad zwischen Torno und Johannisthal ist im Herbst 2011 eingeweiht worden. Bislang hatten lediglich zwei Hinweistafeln über die geschichtliche Entwicklung des Tornoer Teichs von der Glassandgewinnung bis zur Nutzung als Erlebnisbereich Auskunft gegeben. Bis Johannisthal und zurück führt der Rundweg, für den sich Wanderer ungefähr zwei Stunden Zeit nehmen sollten. Auf dem Pfad erfahren Wanderer und Radler Wissenswertes über den ehemaligen Abbau von Bodenschätzen, etwa Quarzsand, Kohle und Ton. Schautafeln und Wanderhütten laden zum Rasten ein, bevor der ehemalige Standort der Johannisthaler Glashütte erreicht wird. Zum Ende des Themenpfades lockt der Tornoer Teich zu einem Sprung ins kühle Nass.

Unterwegs auf dem neuen Themenlehrpfad

Der Pilzexperte vom Senftenberger See

Ulrich Wermter ist ein Lebensretter

Ob der Pilz essbar ist, dessen Hut in der Morgensonne unweit des Senftenberger Seeufers bräunlich glänzend schimmert? Handelt es sich um einen verwertbaren Grauen Wulstling oder um seinen giftigen Doppelgänger, den Pantherpilz? Die Lösung: einfach bei Ulrich Wermter in Lauta vorbeischauen und um Rat fragen. Seit über 35 Jahren fungiert der gelernte Diplom-Ingenieur für Technologie als ehrenamtlicher Pilzberater. Zahlreiche Lausitzer, aber und vor allem auch Touristen, hat der Sachse beraten und manchem dadurch sogar das Leben gerettet. Allein im Jahr 2011 wurde Wermter über 100 Mal für Beratungen benötigt. Die nahe Landesgrenze zwischen Sachsen und Brandenburg ist für ihn dabei kein Hindernis. »Den Giftpilzen ist es doch egal, wo sie ihr Unheil anrichten.«

»Sachsentod«

Besonders häufig werden rund um den Senftenberger See Graue Wulstlinge mit Pantherpilzen verwechselt. »Vor allem die Urlauber aus den Bergregionen Sachsens kennen oft den stark giftigen Pantherpilz nicht, da er dort kaum vorkommt«, erzählt Ulrich Wermter. Daher werde dieses Gewächs auch als »Sachsentod« bezeichnet.

Weitere Gefahren drohen durch tödlich giftige Knollenblätterpilze, die mit den schmackhaften Champignons verwechselt werden können. Zudem sollten Sammler die Finger von eigentlich als essbar geltenden Sporengewächsen lassen, wenn diese Frost bekommen haben. Dann drohe mitunter eine Lebensmittelvergiftung.

Reiche Ernte meistens garantiert

Die Lausitz gilt schlechthin als sehr pilzreiche Region. Besonders in den Kiefernwäldern füllen sich die Körbe meist recht schnell. Bereits im Frühjahr können Spitzmorcheln gesammelt werden. Ab Juni wachsen die ersten Steinpilze und Pfifferlinge, später kommen Maronen, Butterpilze, Rotkappen und viele weitere Arten hinzu. Besonders erfolgversprechend ist übrigens die Suche in Wäldern, in denen viele Heidelbeersträucher wachsen. Auch Espen-Birken-Wälder auf den Bergbaukippen locken mit reicher Ernte. Sehr reizvoll anzusehen sind die vielen Fliegenpilze, die in einigen Jahren wie in »Hexenringen« zusammen stehen. In manchen abgelegenen Gegenden der Lausitz wurden diese heute als sehr giftig eingestuften Gewächse nach mehrfachem Abkochen sogar gegessen.

Pilzberater Ulrich Wermter empfiehlt, beim Sammeln stets den Fruchtkörper des Pilzes aus dem Boden herauszudrehen, um die Knolle genau begutachten zu können. Unbekannte Pilze sollten nicht achtlos umgestoßen werden, da sie im Ökosytem des Waldes wichtige Aufgaben zu erfüllen haben. »Und wer sich mit einer Art nicht sicher ist, kann jederzeit bei mir um Rat fragen«, lädt Wermter ein. Darüber hinaus bietet der Lautaer auch Heilkräuterbestimmungen an.

Tief im Kiefernwald steht diese Marone.

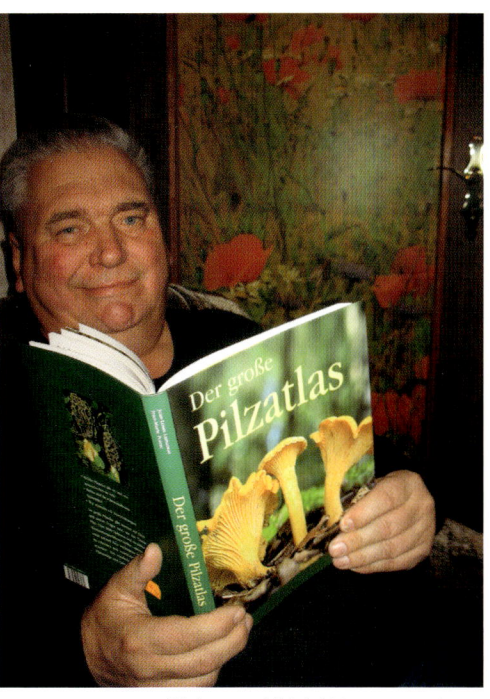

Pilzberater Ulrich Wermter aus Lauta

Unter Espen wachsen oft Rotkappen.

Lauta – Gartenstadt mit südlichem Flair

Laubusch stand einst woanders

Als ein sorbisches Dorf umzog

Wer heute durch Laubusch fährt, befindet sich eigentlich in der Kolonie Erika. Denn das ursprüngliche Dorf Laubusch existiert seit über sieben Jahrzehnten nicht mehr. Es fiel nämlich dem gleichnamigen Tagebau zum Opfer. Allerdings wurde der Ortsname im Jahr 1945 von der Werkssiedlung Erika einfach übernommen.

Wer dennoch nach Alt-Laubusch wandern möchte, hat dazu auf einem gut ausgeschilderten Wanderweg die Möglichkeit dazu. Dieser beginnt am nördlichen Ortsausgang in Richtung Geierswalde und führt zum Gedenkstein. Die Erinnerungsstätte wurde im Rahmen des Tages der abgebaggerten sorbischen Dörfer im Juni 2004 eingeweiht. Dort gibt es darüber hinaus mannigfaltige Informationen zum gewesenen Ort.

Fast rein sorbischer Ort

So ist zu erfahren, dass Laubusch in den Kriegsjahren 1940/1941 wegen des Fortschritts des Tagebaus Erika abgerissen wurde. Rund 250 Menschen mussten umgesiedelt werden. Ein großer Teil fand in der nicht weit entfernten Werkskolonie eine neue Heimat.

Alt-Laubusch war ein fast rein sorbisches Dorf. Der Ethnograf Arnost Muka hatte Ende des 19. Jahrhunderts 378 Sorben und lediglich acht Deutsche im Ort gezählt. Bei einer ähnlichen Erhebung in den 1950er Jahren fanden Wissenschaftler heraus, dass in der ehemaligen Werkskolonie, also dem neuen Ort Laubusch, immerhin noch fast zwei Prozent der Einwohner Kenntnisse der westslawischen Sprache besaßen.

Reizvoller Kirchturmblick

Wahrzeichen des neuen Laubusch ist der hohe Kirchturm aus dem Jahr 1938. Wenn der Pfarrer vor Ort ist, kann man von ihm den Schlüssel erhalten, auf den Turm steigen und von der breiten Aussichtsplattform in Richtung des gewesenen Dorfes blicken. Die Erinnerungsstätte selbst ist vom Kirchturm aus nicht zu sehen.

Wo der Ort einst stand, erstrecken sich heute in erster Linie Kippenwälder. Diese werden übrigens von einem privaten Forstbetrieb mit der Bezeichnung »Alt-Laubusch« fachgerecht bewirtschaftet. Ganz in der Nähe der Erinnerungsstätte gibt es beispielsweise eine junge Aufforstungsfläche. Dort wurden unter anderem Schwarzerlen in den Boden eingebracht.

Radtour bietet sich an

Übrigens kann man den Gedenkort auch im Rahmen einer interessanten Radtour erleben. Sie führt von der Laubuscher Kirche zum Stein für Alt-Laubusch, anschließend auf der ehemaligen Kohlebahntrasse zur Schwarzen Elster und zum Brandenburger Tor. Von dort aus geht es über die Siedlung Kortitzmühle entlang des gleichnamigen Sees wieder zurück zum Ausgangspunkt.

Der Gedenkstein für Alt-Laubusch

Die Erinnerungsstätte mitten im Wald

Wegweiser bei Laubusch

Die Strecke ist beliebig erweiterbar. Weitere lohnende Ziele sind beispielsweise der Partwitzer und der Geierswalder See mit deren namensgebenden Dörfern.

Der Berg des Grauens

Ein Ausflug zum Jungfernstein

Fast unscheinbar: der Jungfernstein

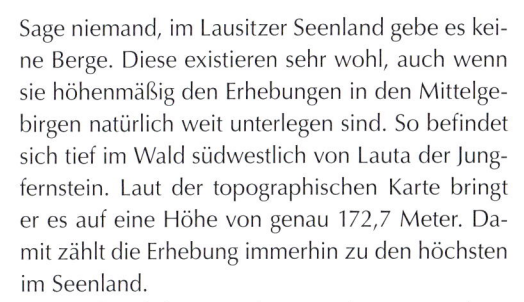

Kaum zu finden: Der Gipfel des Jungfernsteins im dichten Kiefernwald.

Die mystische Kiefer im Jungfernsteingebiet

Sage niemand, im Lausitzer Seenland gebe es keine Berge. Diese existieren sehr wohl, auch wenn sie höhenmäßig den Erhebungen in den Mittelgebirgen natürlich weit unterlegen sind. So befindet sich tief im Wald südwestlich von Lauta der Jungfernstein. Laut der topographischen Karte bringt er es auf eine Höhe von genau 172,7 Meter. Damit zählt die Erhebung immerhin zu den höchsten im Seenland.

Am und auf dem Jungfernstein könnten sich in grauer Vorzeit höchst brutale Dinge zugetragen haben. Dort, so wissen alte Schriften zu berichten, sollen der heidnischen Göttin Siwa zu Ehren junge Frauen geopfert worden sein. Die Lausitzer Künstlerin Uta Davids hat herausgefunden, dass in einem der Steine sogar das Bildnis einer Jungfrau eingemeißelt gewesen war. Da die Steine Mitte des 19. Jahrhunderts jedoch beim Aufbau einer durch die Flammen zerstörten Wirtschaft Verwendung fanden, ist es längst nicht mehr vorhanden. Immerhin, so wird in der Gegend erzählt, soll am Jungfernstein einmal ein uraltes Keltenkreuz gefunden worden sein.

Heute erinnert kaum mehr etwas an eine Opferstätte. Nicht zuletzt hatte im Jahr 1999 ein gewaltiger Großwaldbrand das Land an dieser Erhebung arg in Mitleidenschaft gezogen. Heute präsentiert sich die Gegend wieder als fast durchweg bewaldet. Der eigentliche Jungfernstein, auf dessen Gipfel sich ein trigonometrischer Punkt befindet, ist nur recht schwer zu finden. Wanderer benötigen auf jeden Fall eine detaillierte Landkarte. In der Gipfelregion wachsen jüngere Kiefern, die kaum ein Durchkommen erlauben.

Weite Sicht bis Hosena

Trotzdem müssen Gäste auf eine weite Sicht ins Land nicht verzichten. Denn in unmittelbarer Nähe des Jungfernsteins verläuft unübersehbar eine imposante Stromtrasse. Auf dem höchsten Punkt, den ein Strommast markiert, kann man an klaren Tagen sogar den Kirchturm von Hosena erblicken. Nach Osten reicht der Blick zum Dörfchen Leippe. Wer von der Stromtrasse auf dem breiten Weg ein Stückchen nach Norden läuft, erblickt auf der rechten Seite durch die Kiefern eine weitere Erhebung. Auch deren Besteigung ist lohnend. Denn dort wachsen mystische Bäume, beispielsweise eine Kiefern mit sieben Stämmen. Ohnehin beherrscht der Wald das Bild der Landschaft. Noch heute fahren die Einheimischen im Sommer gern und oft zum Jungfernstein, um dort Blaubeeren zu ernten. Meist sind die Töpfe und Eimer schnell gefüllt. Auch prächtige Steinpilze sind in dieser einsamen Gegend häufig zu finden. Leider jedoch keine Jungfrauen.

Wer das Gebiet des Jungfernsteins besuchen möchte, reist am besten über die Lautaer Hans-Sachs-Straße an der Schule vorbei zur Siedlung Johannisthal. Unweit der dortigen Forstfirma kann geparkt werden. Anschließend wird der Asphaltweg in westlicher Richtung bis zur nächsten großen Kreuzung weitergelaufen. Dort zweigt unübersehbar ein Weg nach links ab. Nach rund einem Kilometer ist die Stromtrasse erreicht. Direkt dahinter auf der linken Seite befindet sich der Jungfernstein.

Welzow – Die Stadt am Tagebau

Unterwegs zwischen Gruben, Klinkerhäusern und Clarasee

*Stadt der Kohle und der Grube,
die Welzow brachten großen Ruhme,
Stadt der Klinker und der Flieger,
gern komm' ich nach Welzow wieder.*

Wer zum ersten Mal Welzow besucht, wird eine Stadt der Vielfalt, der Gegensätze und doch stets eine Art der besonderen Idylle vorfinden. Überall im Ort sind Spuren einer industriellen Zeit zu sehen, in welcher der Name »Welzow« in einer Stufe stand mit großen Wirtschaftszentren wie Cottbus, Schwarze Pumpe, Boxberg oder Lauchhammer. Doch hat sich das Städtchen auch seine Keimzelle, das altehrwürdige Dorf, erhalten mit seinem unter hohen Bäumen behüteten Kirchlein als Mittelpunkt.

Ähnlich idyllisch ist auch der einzige Ortsteil, das südöstlich der Kernstadt gelegene Bauerndorf Proschim. Es besitzt eines der schönsten architektonischen Ensembles der gesamten Mittellausitz. Darüber gibt es dort ein wunderschönes Museum in der alten Mühle, das die Entwicklung der Landwirtschaft in der Region eindrucksvoll dokumentiert.

Östlich der Stadt erstreckt sich der Tagebau Welzow-Süd, der mit Abstand größte Arbeitgeber. Schon seit vielen Jahrzehnten lebt Welzow mit und von der Kohle. Derzeit rückt die Grube, wie der Tagebau von den Einheimischen genannt wird, wieder näher an die Stadt heran. In klaren Ostwindnächten kann man manchmal dem Quietschen der Großgeräte lauschen. Die hier geförderte Kohle wird im nahen Kraftwerk Schwarze Pumpe zu Strom und Wärmeenergie veredelt.

Anlauf für Gäste: »Excursio« und ATZ

Das Anlaufzentrum für Touristen ist das Besucherzentrum »Excursio« im alten Bahnhof im Herzen der Stadt. Dort können Gäste nicht nur ihre Tour in den nahen Tagebau und ins Lausitzer Seenland buchen, sondern erhalten jede Menge Informationen über den Ort, die Braunkohle, deren Gewinnung sowie die Nutzung der Bergbaufolgelandschaft.
Eine weitere, weit über die Grenzen Welzows hinaus bekannte Einrichtung ist das im März 2011 eröffnete Archäotechnische Zentrum, kurz ATZ genannt. In der dortigen Ausstellung können Besucher in längst vergangene Zeiten eintauchen. Fast alle dort ausgestellten Gegenstände dürfen selbst in die Hand genommen werden. Zudem gibt es ein reichhaltiges Kursangebot rund um die Archäologie.

Viel Sehenswertes lädt ein

Welzow hat darüber hinaus jede Menge Sehenswertes zu bieten. In geringer Entfernung zum Ort befinden sich Seen, die sich aus Tagebauen entwickelt haben. Die Stadt selbst besitzt eine schöne Badeanstalt. Das ehemalige »Haus der Jugend« ist jetzt ein attraktives Hotel.

Symbolische Schlüsselübergabe anlässlich der Eröffnung des ATZ im März 2011

Im Miniaturenpark Lausitzer Seenland in den Räumen der Puschkin-Schule

Die Welzower Kreuzkirche zur Adventszeit

Tag der offenen Tür an der Welzower Feuerwehr

Welzow – die Stadt am Tagebau

Flugplatz Welzow

Lustige Zampergesellschaft in Proschim

Welzow gilt dank des WCC als Karnevalshochburg.

Blühende Sommerwiese bei Proschim

Das alte Welzow ist in einem Bereich der Dorfaue mit einer schönen, heimeligen Dorfkirche dokumentiert. Durch den im Jahr 2010 wieder errichteten Schwanenteich, gewinnt der Siedlungsbereich an der Dorfaue weiter an Charme. Im neueren Welzow weisen diverse Klinkerbauten darauf hin, dass während des Kohleabbaus der Begleitrohstoff Ton zur Herstellung von Klinkern genutzt worden war. Zeugnisse dafür sind insbesondere die Gebäude der Puschkinschule, der ehemaligen Hauptverwaltung der Eintracht AG, das Rathaus und das Feuerwehrdepot am Marktplatz. Ein neu eingerichtetes Altenpflegeheim für 52 Heimbewohner wird durch eine Parkanlage am nahe gelegenen Clarasee ergänzt.

In der früheren Puschkinschule befindet sich eine überaus sehenswerte Miniaturausstellung zum Lausitzer Seenland. Zahlreiche bekannte Gebäude, Einrichtungen und ganze Straßenzüge werden dort maßstabsgerecht im Format 1:25 nachgebaut.

Auch die Heimatstube in der Spremberger Straße 81 bietet Sehens- und Erlebniswertes über die Geschichte des Ortes. Öfter laden auch Sonderausstellungen zu einem Besuch ein.

Des Weiteren befindet sich im Industrie- und Gewerbepark ein Feuerwehrmuseum mit einer einzigartigen Ausstellung im Aufbau.

Das Kultur- und Gemeindezentrum in der Alten Dorfschule bietet ein umfangreiches Angebot für Kinder und Jugendliche, gibt den Senioren reichlich Raum für ein reges Vereinsleben und hat darüber hinaus im Dachgeschoss eine Herberge.

Das sorbische »Wolfsdorf«

Die Entstehung von Welzow ist nach heutiger Kenntnis auf das 13. Jahrhundert zu datieren. Die Gründung steht im Zusammenhang mit vielen anderen Orten in der Region, die im Zuge der deutschen Ostsiedlung im 13. Jahrhundert entlang der Zuckerstraße, einer bedeutenden hochmittelalterlichen Handwerksroute, entstanden sind.

Welze, wie der Ort lange Jahre auch genannt wurde, stellte bis weit in das 19. Jahrhundert hinein ein kleines Dörfchen, von dürftiger Heide und vielen Teichen umgeben, dar. Nach einer Erhebung des sorbischen Ethnologen Arnost Muka im Jahr 1880 waren alle damaligen 242 Einwohner Sorben. Auch der Ortsname stammt aus dem Sorbischen und bedeutet so viel wie »Wolf«.

In den 1850er Jahren wurde zwischen Welzow und Drebkau erstmals Kohle gefunden. 1860 erfolgte die Eröffnung einer kleinen Kohlengrube im Handbetrieb. Sechs Jahre später wurde die Grube »Clara« angemeldet. Heute befindet sich an dieser Stelle der Clarasee als gern genutztes Naherholungsgebiet der Welzower.

Einwohnerzahl fast verdreißigfacht

1891 erwarb das Bergbauunternehmen »Eintracht AG« die ersten Kohlefelder der Grube »Clara«. Ein Jahr später entstand die erste Brikettfabrik,

Das Besucherzentrum »Excursio« am Eröffnungstag im Groß- und Kleinformat

Frische Plinze aus der Proschimer Mühle

1896 die zweite, 1906 die dritte und schließlich 1929 die vierte. Der Bau einer Abraumförderbrücke 1930 brachte einen großen technischen Fortschritt mit sich. Da immer mehr Arbeitskräfte benötigt wurden, wuchs die Einwohnerzahl auf 6884 im Jahr 1933. An dieser Entwicklung war ebenso die Glasindustrie beteiligt.

Nach der politischen Wende im Osten Deutschlands wurden die Brikettfabriken und Glaswerke in Welzow geschlossen. Auf dem Gelände einer ehemaligen Brikettfabrik befindet sich heute der sogenannte Osterfeuerplatz, der als Spazier-, Erholungsgebiet und Festplatz genutzt wird.

Als gut erschlossene Industrie- und Gewerbefläche steht das rund 20 ha große Areal des ehemaligen »VEB Braunkohlebohrungen und Stadtbau Welzow«, auf dem heute 12 Firmen mit etwa 250 Beschäftigten ausgesiedelt sind, für weitere Ansiedlungen zur Verfügung.

Ein weiterer bedeutender Betrieb war die in Welzow eingerichtete »Zentralwerkstatt«, verantwortlich für Reparatur- und Montageleistungen in den Braunkohlenrevieren. Der Bergbau ist heute auf Grund des Tagebaus Welzow-Süd weiterhin ein wichtiges wirtschaftliches Standbein der Region.

Beitrag von:
Stadtverwaltung Welzow
Poststraße 8 · 03119 Welzow · Tel. (03 57 51) 250-0
stadt-welzow@t-online.de · www.welzow.de

Welzow – die Stadt am Tagebau

Vom Clara-See zum Zollhausteich

Welzow hat viel Wasser zu bieten

Wer nur über wenige Wasserflächen verfügt, legt selbst Hand an. Gesagt, getan. Die Welzower haben zunächst nach Kohle gegraben, diese gefördert und veredelt, und mit der übrig gebliebenen Grube war ein Gewässer entstanden. Genauer

Frühling am Welzower Schwanenteich

Blick über den Clara-See

Radlerpause am Zollhausteich

Ein Anwohner lässt zumindest einen Schwan aus Plaste im Schwanenteich schwimmen.

gesagt, der Clara-See. Am östlichen Stadtrand befindet sich dieses Juwel.

Dabei galt der heutige Clara-See über viele Jahrzehnte hinweg alles andere als ein Schmuckstück. Die Grube war Ende des 19. und Anfang des 20. Jahrhunderts durch den Abbau der Braunkohle im ersten Lausitzer Flöz entstanden. Das »schwarze Gold« wurde in den nahe gelegenen Brikettfabriken Clara I, II und III veredelt. Ein Naherholungsgebiet aus der Grube Clara zu entwickeln, schien damals undenkbar. Stattdessen wurde das Loch mit Produktionsrückständen sowie Brauchwasser gefüllt. Erst im Jahr 1999 begann die LMBV mit der Sanierung des Restloches. Im Mai 2007 erhielt das Gewässer die Bezeichnung »Clara-See«.

Inzwischen flanieren die Welzower gern mit ihren Gästen an den Ufern entlang. Mehrere Radwege führen dort vorbei. Neuerdings wird der Clara-See sogar für wissenschaftliche Zwecke genutzt. So lagern die Mitarbeiter des unweit gelegenen Archäotechnischen Zentrums (ATZ) uralte Hölzer unter der Wasseroberfläche. Dort werden sie konserviert und können bei Bedarf weiter erforscht beziehungsweise bearbeitet werden.

Schwanenteich der Zweite

Ein weiteres reizvolles Gewässer befindet sich mitten auf der Welzower Dorfaue. Das zweite Leben des Schwanenteichs begann im Dezember 2009. Damals wurde der durch Kohlegelder wiederentstandene Teich festlich eingeweiht. Allerdings lebt dort noch keine Schwanenfamilie. Dafür gibt es ein Entenhaus, einen Rundweg sowie zahlreiche Sitzgelegenheiten.

Den Welzower Schwanenteich gab es ursprünglich schon einmal an der heutigen Stelle. Das war in den Jahren von 1936 und 1946. Nach dem Zweiten Weltkrieg wurde das Gewässer allerdings verfüllt. Die alteingesessenen Welzower behaupten, dass damals auch Gewehre und Kriegsmunition im Wasser und Schlamm versenkt worden sein sollen. Bei den Ausgrabungen für den neuen Teich wurde jedoch nichts dergleichen gefunden.

Wo Strittmatter Seerosen pflückte

Ein »echter« Teich befindet sich dagegen südöstlich von Proschim. Der dortige Zollhausteich hat es bis in die Literatur gebracht. So beschrieb der Lausitzer Nationalschriftsteller Erwin Strittmatter (1912 bis 1994), wie er als Kind mit seinem Großvater am Zollhausteich Seerosen pflückte und diese anschließend in Spremberg auf dem Markt verkaufte.

Die meiste Zeit des Jahres herrscht an dem Gewässer an der Straße von Proschim nach Bluno himmlische Ruhe. Zu Himmelfahrt jedoch verkaufen dort die Landfrauen leckere Plinze. Deren Duft lockt unzählige Radler an, die an den idyllischen Ufern einen kleinen Stopp einlegen.

Vom Grubenrand ins Seenland

Eine Wanderung vom Tagebau an die Lausitzküste

Wer einmal auf wenigen Kilometern anderthalb Jahrhunderte Lausitzer Bergbaugeschichte erkunden möchte, ist auf dieser Wanderung genau richtig. Die leicht zu bewältigende Tour führt vom aktiven Tagebau Welzow-Süd durch die namensgebende Stadt mit ihrem Altbergbaugebiet zum Partwitzer See, einer bereits gefluteten früheren Kohlengrube. Darüber hinaus sind zwei uralte Lausitzer Siedlungskerne, die typische Heide sowie ein kleiner Tierpark am Wegesrand zu erleben. Losgewandert wird am Aussichtspunkt West des Tagebaus Welzow-Süd. Diese Stelle ist am besten über die Ortschaft Neupetershain zu erreichen. Mit dem Auto fährt man auf dem Kauscher Weg bis zu dessen Ende und folgt anschließend der Beschilderung zum Aussichtspunkt. Dort wartet ein beeindruckender Blick in den aktiven Tagebaubetrieb. Höhepunkt bildet die gigantische Förderbrücke F60. Sie ist die älteste Stahlkonstruktion ihrer Art in der Lausitz und bereits seit dem Jahr 1972 im Einsatz.

Vom Aussichtspunkt wird durch den Nachbau eines historischen Bergwerksstollens auf dem asphaltierten Weg quer durch die Kiefernheide in Richtung Welzow gewandert. In der knapp 4000 Einwohner zählenden Stadt angekommen überqueren die Wanderer sogleich die sogenannte Zuckerstraße. Diese West-Ost-Verbindung besaß im Mittelalter eine wichtige Bedeutung für den Handel.

Viele Sehenswürdigkeiten warten

Welzow selbst bietet zahlreiche wunderschöne Klinkerbauten. Ein Beispiel dafür ist die Goetheschule in der Cottbuser Straße. Am Kreisverkehr endet die Cottbuser Straße. Die Wanderer biegen jetzt nach links in die neue Welzower West-Ost-Magistrale ein. Sehr bald ist das frühere Bahnhofsensemble erreicht. Seit Oktober 2010 befindet sich in den sanierten Räumlichkeiten das Besucherzentrum »Excursio« des Bergbautourismusvereins »Stadt Welzow«.

Am nächsten Kreisel, dessen Wahrzeichen das metallene Bergmannssymbol bildet, wendet sich der Weg nach Süden in die Spremberger Straße. Sie war früher die Hauptgeschäftsmagistrale Welzows. Den alten Kern von Welzow bildet das Gebiet um die Aue. Neben der heimeligen Kreuzkirche, dem ältesten Gebäude der Stadt, laden der Schwanenteich sowie die Begegnungsstätte »Alte Dorfschule« zu einem Besuch ein.

Unterwegs auf dem Partwitzer Weg zwischen Welzow und Proschim

Detailansicht vom Welzower Bahnhof

Im Lausitzer Seenland lässt es sich gut wandern, auch wenn die meisten Wege abseits der Radlertrassen noch nicht ausgeschildert sind.

Wie ein zweites Zuhause in der Lausitz

Im City Hotel Welzow wird jeder Gast wie ein Familienmitglied umsorgt. Ausgeruht aus einem der 23 schmucken Zimmer kommend, lässt sich von hier aus das Lausitzer Seenland erkunden. Die Eheleute Jentsch zählen zu den Hoteliers mit Insiderwissen. Zudem ist die Familie für ihre ausgefallenen Veranstaltungen wie die historische Miederwarenschau und den lebendigen Adventskalender weithin bekannt. Ob Restaurant, kleiner und großer Festsaal oder Traditionszimmer, im City Hotel Welzow gibt es ausreichend Raum mit Technik für jede Konferenz, Tagung oder private Feierlichkeit.

Beitrag von:
City Hotel Welzow
Hans-Michael Jentsch
Poststraße 10 · 03119 Welzow
city-hotel-welzow@t-online.de
www.city-hotel-welzow.de

Straßenansicht des Welzower City-Hotels

Welzow – die Stadt am Tagebau

Nach diesem kurzen Abstecher wenden sich die Wanderer zurück in Richtung des Einkaufsmarktes an der Kreuzung und biegen nach links in den Partwitzer Weg ein. Am ehemaligen Forsthaus vorbei führt das schmale Asphaltband in den Wald. Links der nun folgenden prächtigen Eichenallee sind die Reste des einstigen Espenteiches sichtbar.

Am Ende des Waldes sind die Proschimer Ausbauten erreicht. Dort zieht rechterhand ein kleines Tiergehege die Blicke auf sich. Bald überquert der Weg die Landstraße von Proschim nach Lieske. Jetzt führt der Pfad landschaftlich idyllisch entlang der Wald-Feld-Kante.

Abendstimmung am Partwitzer See

Blick auf die F60 im aktiven Tagebau Welzow-Süd

Zwei Länder, drei Kreise

Im weiteren Verlauf wechselt mehrfach die Kreisgrenze. Befinden sich die Wanderer zunächst im Spree-Neiße-Kreis, geht es für einen kurzen Abschnitt im Oberspreewald-Lausitz-Kreis weiter, um dann die Landesgrenze zu überqueren und im sächsischen Landkreis Bautzen weiterzulaufen.

Darüber hinaus wird die viel befahrene Bundesstraße 156 überquert.

Dann führt der Weg durch eine strauch- und heckenreiche Landschaft. Wo der Weg auf der Radlertrasse einmündet, wird der Blick auf den Partwitzer See frei. Das letzte Stück verläuft auf dem Radweg bis in Höhe des schwimmenden Hauses. Die Streckenlänge beträgt ungefähr elf Kilometer. Für den möglichen Rückweg kann die gleiche Trasse gegangen werden. Alternativ dazu bietet sich der Abstecher über Lieske und anschließend am Rand der Zschoppoheide entlang nach Welzow an.

Archäologie zum Anfassen und Mitmachen

Das Archäotechnische Zentrum Welzow – kurz ATZ – präsentiert als außerschulische Bildungseinrichtung ein Aktivprogramm rund um die Archäologie. Wo andere Vitrinen zeigen, vermittelt das ATZ Archäologie hautnah für Familien, Erwachsenengruppen und Schulklassen zum Anfassen und Mitmachen. Im Zentrum und auf den dazugehörigen Freiflächen können Besucher viele Arbeitsschritte von der Ausgrabung bis zum restaurierten Fundgegenstand verfolgen und selbst mit echten Funden und Repliken aktiv werden.

Seit März 2011 präsentiert das ATZ in Welzow eine Ausstellung zum Thema »Mensch – Holz – Archäologie« von der Steinzeit bis ins Mittelalter. Darüber hinaus kann der Besucher sich jederzeit aus den Mitmachangeboten individuell zugeschnittene Programme zusammenstellen.

Das ATZ hält für jeden eine Mütze voll Archäologie bereit!

Eine lehrreiche Wanderung durch die wiederaufgebaute Ortsstelle Klein Görigk unweit des ATZ

Bei Grabungsprojekten kommen mitunter Gegenstände aus der Bronzezeit ans Tageslicht.

Beitrag von:
Archäotechnisches Zentrum Welzow e.V.
Fabrikstraße 2 · 03119 Welzow
Tel. (03 57 51) 2 82 24 · Fax (03 57 51) 2 82 29
info@atz-welzow.de · www.atz-welzow.de

Welzow – die Stadt am Tagebau

10 000 Hektar Tagebau abseits der Straßen erleben

Plötzlich und völlig unerwartet öffnet sich hinter einer Anhöhe die Landschaft. Den Gästen der Bothe-Geländewagensafari klappt »die Kinnlade herunter« – diesen Anblick hätte nun wirklich niemand erwartet! Vor Ihnen liegt der Tagebau Welzow Süd – ein riesiger Canyon!

Die Strukturen erinnern an den Mond. In der Ferne sieht man Maschinen »wie von einem anderen Planeten« und Fahrzeuge, die von hier wie Spielzeug aussehen. Wie von selbst entsteht der Wunsch, das Abenteuer zu wagen, dieses unbekannte »Land« zu entdecken und einfach näher heranzukommen. Seit dem Jahr 1990 ermöglicht das Team um Oliver Bothe Einblicke, die den meisten Touristen verwehrt bleiben.

Von der Schnupper-Tagebausafari bis zur anspruchsvollen Selbstfahrer-Geländewagentour über ein ganzes Wochenende wird dem Erlebnishungrigen eine unvergessliche Erfahrung möglich. Individualtouristen, aber auch Gruppen erkunden begeistert mit gestellten Fahrzeugen die sonst nicht zugänglichen, geheimnisvollen Tagebaulandschaften abseits der herkömmlichen Touristenrouten.

Aber auch mit dem eigenen Offroader kann man die stets geführten Touren buchen. Je nach Interesse erhalten die Fahrgäste unterschiedliche Hintergrundinformationen zu diversen Themen wie Bergbautechnologie, Naturschutz, Geologie, Energie usw., so dass jeder mit einem wesentlichen »Mehr« an Wissen und Erfahrung nach Hause fährt.

Die überraschenden Dimensionen der unbefestigten Landstriche werden in sicheren Fahrzeugen, mit professionellen Guides erlebbar und beeindrucken vor allem die extra dafür angereisten Besucher des Lausitzer Seenlandes.

Fotostopp im »Lausitzer Outback«

Mit kernigen Geländewagen geht es durch die bizarre Tagebaulandschaft.

Beitrag von:
Geländewagen, Touren & Training
Brieskker Straße 30 a · 01968 Brieske
Tel. (0 35 73) 66 99 13 · Mobil (01 72) 6 60 26 07
Fax (0 35 73) 66 99 20
info@allradtouren.de · www.allradtouren.de

EXCURSIO: Erlebnis Tagebau Welzow-Süd

Erleben Sie Braunkohlen-Tagebau in Aktion. Werden Sie Zeuge von gigantischer Technik, bizarren Canyons und der Entstehung einer neuen Landschaft mit Weinbergen und Energiewäldern.

Woher kommt unsere Energie? Der Vattenfall-Tagebau Welzow-Süd fördert pro Sekunde eine Tonne Kohle zu Tage. Seien Sie live dabei. Fahren Sie wie die Bergmänner in die gewaltige Grube ein und erleben Sie mit der F60 die größte Förderbrücke der Welt in Aktion.

EXCURSIO bietet mit Touren und Veranstaltungen eine Plattform zur Wahrnehmung und Verständigung rund um die Themen Tagebau, Energiegewinnung und den Landschaftswandel. Sachkundige Gästeführer zeigen den gigantischen Tagebau und führen von der »Kohle zur Energie« ins Kraftwerk Schwarze Pumpe oder von der »Wüste zum Wasser« ins Lausitzer Seenland.

Bergbautourismus ist ein Erlebnis der besonderen Art – Überraschungs-Imbiss inmitten bizarrer Landschaft eingeschlossen. Ob mit dem geländegängigen Mannschaftswagen, dem Rad, dem Quad, dem Jeep, zu Fuß oder auf dem Floß. Wählen Sie einen Tourentermin im Internet oder lassen Sie sich Ihre individuelle Tour von EXCURSIO zusammenstellen.

Die besondere Überraschung auf den Tagebauerkundungen: eine Oase mitten in wüstenartiger Tagebaulandschaft

Im alten Welzower Bahnhof befindet sich das Besucherzentrum EXCURSIO.

Tagebau live erleben mit EXCURSIO

excursio
BESUCHERZENTRUM

Beitrag von:
Besucherzentrum EXCURSIO
April – Oktober: Di – So, 10 – 17 Uhr
November – März: Di – Fr, 10 – 15 Uhr
Heinrich-Heine-Straße 2 · 03119 Welzow
Tel. (03 57 51) 27 50 50 · Fax (03 57 51) 2 75 05 55
info@bergbautourismus.de
www.bergbautourismus.de

Sibirien gehört zu Welzow

Abenteuer zwischen Grubenteich und Kippenland

Ein eiskalter sibirischer Winterabend, direkt am südöstlichen Stadtrand von Welzow

Schon der Name verursacht eine Gänsehaut: Sibirien. Wer dabei an die schier unendliche Landschaft östlich des Uralgebirges denkt, liegt natürlich richtig. Doch wer Sibirien besuchen will, braucht dafür nicht unbedingt Tausende Kilometer nach Russland zu reisen; es reicht schon ein Besuch in Welzow.

Genauer gesagt, im Südosten der »Stadt am Tagebau«. Denn dort befindet sich der Landstrich Sibirien. So steht es auf einem Schild, dass seit vielen Jahren an eine junge Eiche genagelt ist. Und ein Besuch lohnt sich. Bereits die Anreise durch die Waldstraße ist ein Erlebnis. Links und rechts befinden sich kleine, gepflegte, heimelig wirkende Häuschen mit kleinen Gärten. Wo die Straße scharf nach links abknickt, befand sich bis vor einigen Jahren eine Brücke. Unter dieser fuhren einst die Züge in Richtung der Welzower Brikettfabriken hindurch. Die Kohlenbahn zwischen Welzow und Haidemühl ging im Jahr 1901 in Betrieb. An manchen Stellen lässt sich der ursprüngliche Verlauf der Gleise noch erkennen.

Das Schwimmen erlernt

Das »Wahrzeichen« des Welzower Sibiriens sind die etwas düster wirkenden großen Wohnhäuser ganz am Ende der Asphaltstraße. Sie wurden im ersten Drittel des 20. Jahrhunderts errichtet. Sehenswert ist das Innenhofensemble mit seiner imposanten Toreinfahrt.

Direkt gegenüber von diesen Häusern geht der Blick durch die Bäume hinunter in eine Senke, den früheren Grubenteich. In dessen Fluten haben manche Welzower das Schwimmen erlernt. Im Grubenteich befindet sich heute jedoch nur noch periodisch Wasser. Zudem warnen Schilder vor dem Betreten der Uferbereiche.

Würde man den sich an die Asphaltstraße anschließenden Weg weitergehen, wäre nach ein paar hundert Metern der Tagebaurandriegel erreicht. Dahinter erstrecken sich weiträumige Kippenbereiche. Sogar Reste eines Weltkriegsbunkers sollen dort zu finden sein. Allerdings ist auch das Betreten dieses Gebietes aus Sicherheitsgründen verboten.

Imposante Kippenblicke

Wer einen ungefährlichen Einblick in die ursprüngliche, unsanierte Bergbaufolgelandschaft werfen möchte, wendet sich in Sibirien dem Haidemühler Weg zu. Durch lockeren Mischwald führt der schmale Pfad. Immer wieder ergeben sich linkerhand imposante Anblicke auf uralte Kippen. Wind und Wasser, Frost und Hitze haben den zumeist tertiären Sanden des früheren Tagebaus Proschim ihre abenteuerliche Form beschert. Allerdings dürfen diese Bereiche wegen akuter Gefahren ebenfalls nicht betreten werden. Der Weg endet übrigens in Alt-Haidemühl, einem bereits umgesiedelten Ort, der dem Tagebau Welzow-Süd weichen muss.

Dieses Schicksal steht auch dem Welzower Sibirien bevor. Ungefähr um das Jahr 2020 ist es soweit. Bereits jetzt bereiten sich die Sibirier langsam auf den Verlust ihrer Heimat vor. An einem nicht allzu fernen Tag wird dieser Landstrich dem Bagger weichen müssen. Ob es möglicherweise in Welzow ein neues Sibirien geben wird, ist derzeit noch ungewiss.

Blick vom Grubenteich auf die etwas unheimlich wirkenden Häuser in Sibirien

Hier steht es schwarz auf weiß: Sibirien.

Kippenhang bei Sibirien

Welzow – die Stadt am Tagebau

In Welzow wohnt das Kohlenmännchen

Schwarz wie Kohle ist das Welzower Kohlenmännchen keineswegs. Eher braun und weiß und vor allem knuffig. Wie ein großer Teddybär wirkt das kleine Wesen, das die Industriestadt nach außen repräsentiert. Denn in Welzow hat das Kohlenmännchen seinen Ursprung. Und, wie kann es anders sein, natürlich in einer Kohlengrube.

Im Jahr 1892 wurde das Kohlenfeld Grube Clara am östlichen Stadtrand aufgeschlossen, ist in der Chronik zu lesen. Zur gleichen Zeit entstanden in der Nähe zwei Brikettfabriken, in denen der gewonnene Bodenschatz veredelt wurde. Durch den Lärm der Arbeiten soll das Kohlenmännchen geweckt worden sein, dass bislang in der Grube schlief, wird in der Stadt augenzwinkernd erzählt. Da sei das merkwürdige Wesen aufgestanden und habe den Ort erkundet. Zu Beginn des Jahres 2011 hat das Filmstudio Welzow die sagenhafte Figur wiederbelebt. Unter dem Kostüm steckt Paul Johannes Jentsch. Der damals fünfjährige Junge war sofort Feuer und Flamme, als er für die Rolle des Kohlenmännchens ausgewählt wurde. Das schmucke Kostüm hat übrigens eine junge Künstlerin aus Chemnitz entworfen und selbst gefertigt.

Das Kohlenmännchen soll die Region bei öffentlichen Anlässen auf sympathisch-liebevolle Art repräsentieren. Seinen Lieblingsplatz hat es natürlich am Clara-See. Und wer weiß, vielleicht ist das knuffige Wesen mal auf einer Bank am Ufer anzutreffen.

Den Politikern und Touristikern schaut das Kohlenmännchen genau auf die Finger.

Auch die Bürgermeisterin Birgit Zuchold kuschelt gern mit dem wuscheligen Wesen.

Abheben in den Seenland-Himmel

Der Verkehrslandeplatz Spremberg-Welzow ist ein Flugplatz mit Tradition. Seit 1927 erheben sich hier Flugzeuge in die Lüfte. Die Flugplatzbetriebsgesellschaft Welzow mbH setzt seit 1993 ihr Projekt »Fliegen, Gewerbe, Freizeit« erfolgreich um. Das Unternehmen hat seitdem mit geförderten Maßnahmen etwa 150 Militärobjekte zurückgebaut und Altlasten beseitigt.

Der Welzower Flugplatz besitzt den Status eines Verkehrslandeplatzes für Motorflugzeuge bis 14 Tonnen Startmasse und für einen Sichtflugbetrieb bei Tag und Nacht. Das Areal wird von Unternehmen der Region, von Privatfliegern und Vereinen, für die Ausbildung zum Erwerb der Pilotenlizenz, für Rettungsflüge und bei Veranstaltungen des Lausitzringes genutzt. Zudem ist die Flugplatzbetriebsgesellschaft Betreiberin des ersten in Deutschland dauerhaft zugelassenen Wasserlandeplatzes auf dem benachbarten Sedlitzer See. Hier kann man Wasserflugzeuge in Aktion erleben.

Ein Wasserflugzeug auf dem Sedlitzer See

Viel Betrieb herrscht auf dem Welzower Flugplatz.

Auf dem Flugplatzgelände gibt es mehrere Unternehmen, welche die gute Infrastruktur nutzen. Acht Vereine haben hier ein neues Zuhause gefunden.

Der Verkehrslandeplatz besitzt eine besondere Bedeutung für das Lausitzer Seenland. Die zunehmende touristische Entwicklung wird auch einen höheren Bedarf an Flugbetrieb generieren. So gilt der Welzower Flugplatz als kürzeste Luftverkehrsanbindung für Touristen.

Beitrag von:
Flugplatzbetriebsgesellschaft Welzow mbH
Flugplatz 1 · 03119 Welzow
Tel. (03 57 51) 1 38 33 · Fax (03 57 51) 2 06 99
info@flugplatz-welzow.de · www.flugplatz-welzow.de

Welzow – die Stadt am Tagebau

Unterwegs im Dorf der Vierseithöfe

Proschim hat ein wunderschönes Dorfensemble

Wer in den Proschimer Ortskern will, muss immer um die Kurve. Egal, ob er aus Richtung Welzow, Lieske oder Spremberg kommt, stets gilt es, den kleinen Bogen zu durchqueren. Der Ankommende fährt somit genau auf die Traufe der »Kurvenhäuser« zu. Das hat nämlich seinen guten Grund: Die Gebäude signalisieren quasi »etwas langsamer bitte, genieße die Ortsdurchfahrt«. Den ursprünglichen Hintergrund bildete jedoch der Schutzgedanke.

Eine Fahrt über den Proschimer Anger ist in der Tat ein architektonischer Genuss der Spitzenklasse. Den Mittelpunkt bildet dabei die im Jahr 1919 vollendete Kirche. Darüber hinaus befinden sich allein etwa 20 der so genannten Vierseithöfe, die typischer für die Mittellausitz gar nicht sein können, nördlich und südlich der Dorfstraße. Die Anwesen nördlich der Straße sind dabei die älteren, da im Jahr 1848 ein Großbrand zahlreiche Gehöfte vor allem im südlichen Dorf vernichtet hatte.

Ein vierseitiger Museumshof kann ganzjährig an der Alten Mühle im Mühlenweg besichtigt werden. Der Verein »Traditionelle Landtechnik und bäuerliche Lebensart Proschim« lädt dazu Interessenten ein. Der heute gemeindeeigene Hof gehörte früher einer typischen Halbhüfnerfamilie. Darüber hinaus wird zum Dorffest, welches alljährlich Mitte August stattfindet, ein weiterer Vierseithof an der Straßenkreuzung neben der Kirche, zur Besichtigung geöffnet. Weitere Informationen gibt es dazu bei den Proschimer Landfrauen.

Locker einen Viertelhektar groß

Die Bezeichnung Hüfner ist historisch aus der Abgrenzung zum Dienstbauern entstanden. Sie bezog sich auf die Bewirtschaftung der bäuerlichen Hufen (eine Hufe entspricht etwa 40 Hektar). Die früheren Halbhüfner haben mit ihren rund 15 Hektar Land heute die größten Anwesen in Proschim. Allein der Innenhof kann locker eine Fläche von 900 Quadratmetern erreichen. Werden die Gebäude dazu gezählt, ist schnell ein Viertelhektar erreicht.

Aber auch die kleineren Höfe der Kossäten und Büdner sind ganz ansehnlich. Während sich die Halbhüfner von ihrem eigenen Hof und den dazugehörigen Ländereien ernähren mussten, betrieben Kossäten und Büdner die Landwirtschaft nur als Nebenerwerb. Ansonsten verdienten sie ihr Geld als Handwerker und Tagelöhner, später auch in den nahen Kohlengruben und Glaswerken, beispielsweise im benachbarten Haidemühl.

Der Hof als Mittelpunkt

Vierseithöfe besitzen durch die sie umgebenen Gebäude (von »vier Seiten«) einen in sich abgeschlossenen Innenhof. Sie werden vom Wohnhaus, der Scheune sowie Stallanlagen und Werkstatt eingeschlossen. Darüber hinaus gehören ebenso Waschküche, Heizraum, Außentoilette (»Donnerbalken«), sowie manchmal auch Back-

Frühlingsgruß vor der Proschimer Kirche

Auf dem Proschimer Anger

Nur über Kurven geht es aus dem Dorf hinaus.

Welzow – die Stadt am Tagebau

ofen, Entenpfuhl, Taubenhaus oder ein Eiskeller zum Anwesen. Letzterer wurde in der »Vorkühlschrankzeit« zum Einlagern von gefrorenem Wasser für die warme Jahreszeit genutzt. Der Eiskeller mit seinen dicken Wänden befindet sich zu großen Teilen in der Erde, manchmal ragt nur das spitze Dach heraus. Früher soll das Proschimer Eis bis nach Dresden verkauft worden sein.

Viele dieser Höfe sind nur durch eine große Toreinfahrt zu erreichen. Meist fährt man direkt durch die Scheune ins von außen verborgene Innere. Besonders den Scheunen verdanken die Vierseithöfe ihr auf die Menschen »beruhigend wirkendes Antlitz«. Sie sind durch ihre rustikale Bauweise quasi das »Herzstück« des Hofes.

Ganz raffiniert sind übrigens die kleinen, teilweise rosettenartig gebauten Belüftungsschlitze. Laut dem Proschimer Heimatforscher Johannes Kapelle mussten sie so gebaut werden, damit »kein böser Bube darin ein Feuer legen konnte«. Zwischen den einzelnen Höfen gibt es ganz schmale Durchgänge, die oft von den Kindern zum Spielen, insbesondere zum Verstecken, genutzt werden.

Das Dorf als »feste Burg«

Das einzigartige Proschimer Dorfensemble gehört zum sogenannten Senftenberger Hofsystem. Aus ökonomischen Gründen wurden alle Teilobjekte des Vierseithofes miteinander verbunden. Charakteristisches Merkmal des Hofsystems sind die oft der Straße zugewandten Hausgiebel. Auf der Nordseite der Dorfstraße ist diesbezüglich allerdings eine gewisse Zurückhaltung festzustellen. Dort stehen die Häuser häufig quer, um die Sonneneinstrahlung besser nutzen zu können.

Es wird vermutet, dass diese Bauweise Schutz vor den häufig wehenden Winden im Lausitzer Urstromtal, in dem auch Proschim liegt, bieten sollte, frei nach dem Luthervers »Eine feste Burg ist unser Dorf«.

Typischer Proschimer Innenhof

Museumsscheune Proschim

Winterlicher Sonnenuntergang in Proschim: Links befindet sich die Kirche, rechts der neue Feuerwehrkomplex.

Gut zu Fuß oder hoch zu Ross

Die Wander- und Reitstation Proschim zwischen Tagebau Welzow-Süd und Lausitzer Seenland lädt Wanderer, Pferdefreunde, Radler und Inliner zur Erholung in ihren Vierseitenhof ein. Von hieraus starten aufregende Tagesausritte und Kutschfahrten. Neben den Angeboten der Pferdepension und des Reitferienlagers bietet Sabine Mittelbach als FN-Trainer B auch eine professionelle Ausbildung für Ross und Reiter an. Und nach dem Lagerfeuer am Abend suchen sich müde Häupter gern ein stilles Plätzchen in der »Villa Kunterbunt«, im Zelt an der Koppel oder im Heu.

Beitrag von:
Wander- und Reitstation Proschim
Sabine Mittelbach
Hauptstraße 12
03119 Welzow OT Proschim
Tel. (01 74) 3 32 59 30
info@wanderreitstation-proschim.de
www.wanderreitstation-proschim.de

Der rote Kremser-Wagen ist mit 25 Sitzplätzen der Größte der Region.

Spremberg – die Perle der Lausitz

Talsperre Spremberg – Wasserspeicher und Badespaß

Unterwegs an der einzigen Staumauer Brandenburgs

Die Talsperre Spremberg gehört nicht direkt zum Lausitzer Seenland. Dennoch besitzt sie für dieses eine enorme Bedeutung, ebenso für den Spreewald sowie für die Hauptstadt Berlin. Denn sie dient in erster Linie dem Hochwasserschutz. Darüber hinaus hat sich die einzige Talsperre Brandenburgs längst zu einem touristischen Zentrum zwischen Spremberg und Cottbus entwickelt. An den Strandbereichen in Bagenz (Ostufer) und Klein Döbbern (Westufer) existiert eine perfekte touristische Infrastruktur. Im südlichen Bereich der Talsperre in Höhe des Einlaufes der Spree kommen Angler und Naturfreunde voll auf ihre Kosten. Das Areal an der Vorsperre Bühlow gilt nämlich nicht nur als fischreich, sondern ebenso als beliebter Rast- und Brutplatz für zahlreiche Vogelarten aus nah und fern. Besonders imposant ist eine Fahrt über die Brücke der Bühlower Vorsperre im Spätherbst, wenn an den Abenden unzählige wilde Gänse laut schnatternd ihre Nachtquartiere auf dem Wasser aufsuchen.

Keine klassische Talsperrengegend

Die Talsperre Spremberg wurde in den Jahren von 1958 bis 1965 erbaut und in Betrieb genommen. Sie dient zur Wasserregulierung der Spree und ist heute ein weit in der Lausitz bekanntes Erholungs- und Landschaftsschutzgebiet. Das »künstliche Meer« hat eine 2,2 Kilometer lange Staumauer und einen 3,7 Kilometer langen Erdstaudamm. Der Stauraum umfasst 42,7 Millionen Kubikmeter Spreewasser.

Der hölzerne Aussichtsturm an der Strandpromenade

Blick über das Gewässer zum Kraftwerk Schwarze Pumpe

Das Land Brandenburg zählt auf Grund seiner geografischen und geologischen Verhältnisse nicht zu den klassischen Regionen des Talsperrenbaus. Demzufolge galt es bereits bei der Planung und beim Bau, so manche Schwierigkeit zu meistern. Schließlich verlangte die heutige Lage der Talsperre in einem weiten, flachen Tal außergewöhnliche Anforderungen an die Konstruktion des Staudammes. Die Talsperre dient seitdem zum Hochwasserschutz für den Spreewald und zur Sicherung der Brauchwasserversorgung der Braunkohlenkraftwerke.

Nach mehrjähriger Planung mit Großversuchen begannen 1958 der Baustellenaufschluss und die Untergrundabdichtung. Der Bau des Staudammes mit Hochwasserentlastungs- und Grundablassbauwerk erfolgte in den Jahren 1959 bis 1963. Nach Auswertung der Probestaus am Sickerwas-

Spremberg – die Perle der Lausitz

Winterliche Vogelbeobachtung an der Talsperre

Boote an der Talsperre Spremberg

Strandpromenade mit Aussichtsturm

In den Strandbereichen Bagenz und Klein Döbbern wurden in den vergangenen Jahren größere Geldsummen zur Verbesserung der touristischen Infrastruktur investiert. So konnte beispielsweise am 18. Juni 2005 am Weststrand Klein Döbbern unter anderem eine Strandpromenade mit hölzernem Aussichtsturm, Steganlage, Spielplatz, Tourismusbüro und Campingplatz übergeben werden. Darüber hinaus steht seitdem eine ausreichende Anzahl von Parkplätzen zur Verfügung. Zahlreiche Sportarten werden an der Talsperre angeboten. Außerdem existiert ein Netz von gut ausgebauten Wanderwegen und Radlertrassen. Für Badegäste ist die Talsperre ideal, da es durch ihre planmäßige Anlage kaum abrupte Tiefstellen im Strandwasserbereich gibt. Allerdings kommt es immer wieder zu schwankenden Wasserständen, die das Baden teilweise unmöglich machen. Darüber hinaus gibt es durch Sanierungsarbeiten an der Talsperre gewisse Einschränkungen für die Urlauber.

Übrigens, mittelfristig soll es auch einmal eine Fährverbindung zwischen den Stränden in Bagenz und Klein Döbbern geben. Entsprechende Visionen haben hiesige Kommunalpolitiker bereits geäußert.

In der kalten Jahreszeit nutzen unzählige Zugvögel die Talsperre als Rastplatz.

ser- und Dichtungssystem wurde die Talsperre am 8. Oktober 1965 voll in Betrieb genommen.
Mit den gesellschaftlichen Veränderungen nach der politischen Wende 1989/1990 haben Nutzung und Bewirtschaftung der Talsperre eine neue Bedeutung erhalten. So liegt der wasserwirtschaftliche Schwerpunkt im Einzugsgebiet der Spree neben der Einwirkung auf Ökologie, Tourismus auch in der Wiederauffüllung der großräumigen Grundwasser-Absenkungstrichter des Lausitzer Braunkohlenbergbaus sowie der Verbesserung des Wasserhaushaltes.

Talsperre Spremberg – die wichtigsten Daten	
Wo gelegen	zwischen Spremberg und Cottbus
Welches aufgestaute Gewässer	Spree
Seit wann in Betrieb	1965
Welches Einzugsgebiet	2239 km²
Welche Jahresabflussmenge	420 hm³
Welche Speicherfläche	9,9 km²
Welche mittlere jährliche Wasserabgabe	257 hm³

Spremberg – Die Perle der Lausitz

Die einzige »Bergstadt« der Niederlausitz hat viel zu bieten

*Perle der Lausitz wird sie genannt,
die einzige Bergstadt im Niederlausitzland,
Eingebettet an der Spree grüner Hänge,
gibt es Attraktionen jede Menge:
Mächt'ges Schloss und hohe Türme,
die getrotzt haben mancher Stürme.
Einst der Mittelpunkt vom Deutschen Reiche,
vital die Stadt wie eine Eiche,
geschaffen und geformt von fleiß'ger Hände Werk,
unser liebes Schmuckkästchen Sprewenberch.*

Aus welcher Richtung man sich auch Spremberg nähert, die Stadt ist aus der Ferne nicht zu sehen. Selbst der hohe Turm der Kreuzkirche kann nicht als Landmarke wahrgenommen werden. Der Grund für dieses Phänomen ist denkbar einfach und dennoch für die Region ungewöhnlich: Spremberg ist eine Stadt im Tale und zwar genau an der Stelle, wo der Lausitzer »Nationalfluss«, die Spree, den Lausitzer Grenzwall, einen bewaldeten Endmoränenzug, nach Norden hin durchbricht. Dadurch ergibt sich eine außerordentlich idyllische Lage. Vom 140 Meter hohen Georgenberg, dem »Spremberger Balkon«, hat man eine wunderschöne Aussicht auf Tal und Stadt.
Diese Gegebenheit ist in der Niederlausitz einmalig. Nirgendwo sonst gibt es dort eine »Bergstadt«. Aufgrund der überaus günstigen strategischen Lage gehört Spremberg zu den ältesten Orten der Region. Das Gründungsdatum der Stadt ist jedoch ins Dunkel der Geschichte gehüllt. Dennoch beging die »Perle der Lausitz«, wie Spremberg aufgrund seiner Lage und des harmonischen Stadtbildes oft und gern bezeichnet wird, im Jahr 2001 ihre 700-Jahrfeier. Denn die bislang älteste vorhandene Urkunde zur Ersterwähnung der Stadt stammt aus dem Jahr 1301. In diesem Kaufbrief ist von »oppidum et castrum Sprewenberch« die Rede. Ab 1406 sprach man von »Spremberg«.

Brücken als Einnahmequelle

Der Ort ist als Wohnstätte von mehreren Dutzend Familien an einem vorher festgelegten Platz erbaut worden. Aufgrund der günstigen Lage entwickelte sich die spätere Stadt äußerst gut. Zwischen Bautzen und Cottbus (eine Entfernung von ungefähr 70 Kilometern) gab es dort die einzigen Spreebrücken. Darüber hinaus verhalf die durch Spremberg verlaufende Zuckerstraße als wichtige West-Ost-Handelsverbindung der Stadt im Hochmittelalter zu wirtschaftlichem Ansehen.
Damals entstanden auch die das gesamte Altstadtgebiet umschließende Feldsteinmauer, drei Stadttore sowie Wehrtürme und Mauerpforten. Durch die Zuwanderung von Handwerkern im 16. Jahrhundert bereitete sich die städtische Siedlung weiter nach Westen aus. In den folgenden Jahren entwickelte sich die Tuchmacherei zum wichtigsten Gewerbe in der Stadt.

Ausstellung im Niederlausitzer Heidemuseum im Spremberger Schloss

Spremberg historisch

Traditionelles Lichterfest im Advent in der Langen Straße

Imposant: der Turm der Spremberger Kreuzkirche

Spremberg – die Perle der Lausitz

Weltkrieges ging das Großkraftwerk Trattendorf in Betrieb. Bis in die 1960er Jahre war Spremberg selbst vom Bergbau bedroht. Jetzt stammt die Kohle für die Industrieanlagen in Schwarze Pumpe hauptsächlich aus dem sich westlich der Stadt befindlichen Tagebau Welzow-Süd.

Wunderschöne sanierte Altstadt

Heute ist Spremberg eine der wirtschaftlich erfolgreichsten Städte Brandenburgs. Darüber hinaus eine der sehenswertesten. Seit dem Jahr 1990 wurden große Teile der Altstadt umfassend saniert. Mit der Langen Straße ist eine wunderschöne liebevolle Einkaufsmeile mit zahlreichen historischen Gebäuden entstanden. Auffällig ist auch das viele Grün in der Stadt. Besonders reizvoll ist es, über die Bahnhofstraße den Georgenberg hinauf zu spazieren, wenn die dortige Kastanienallee blüht. Im Herbst empfiehlt sich ein Spaziergang durch den Stadtpark mit seinen in den herrlichsten Farben leuchtenden Laubbäumen.

Auch ein Abstecher in die Gartenstraße lohnt sich. Dort befand sich einst der Mittelpunkt des Deutschen Reiches. Zumindest bis zum Jahr 1919 behielt er seine Gültigkeit. Dagegen liegt Spremberg heute nur ungefähr 25 Kilometer von der polnischen Grenze entfernt. Immerhin gilt die Stadt zwar nicht mehr als geografischer, dennoch aber als einer der touristischen Mittelpunkte der Niederlausitz.

Herbststimmung am Bismarckturm auf dem Georgenberg

Im Jahr 1856 wurden die ersten beiden industriell betriebenen Wollgarnspinnereien gebaut. Anschließend entstanden in relativ kurzen Zeiträumen zahlreiche Tuchfabriken. Zu DDR-Zeiten gab es immerhin noch drei an der Zahl. Nach der politischen Wende der Jahre 1989/1990 kam das traditionsreiche Gewerbe gänzlich zum Erliegen. Dagegen ist noch heute die Kohle- und Energiewirtschaft in Spremberg präsent. Vor den Toren der Stadt wurde ab 1955 das Energiekombinat Schwarze Pumpe aufgebaut. Bereits in der Zeit des Ersten

Blick vom Georgenberg auf die Altstadt bei Nacht

Turm der Kreuzkirche im Sonnenuntergang

Das Heimatfest ruft

Spätestens Anfang August eines jeden Jahres wird es unruhig in Spremberg. Es wird gemessen, geschraubt, verlegt und gebaut. Das Heimatfest naht nämlich. Und für die größte Party in der »Perle der Lausitz« lässt die Stadt so einiges springen. Gerade in jenen Augusttagen wissen die Spremberger, dass sie doch eigentlich eine große Familie sind. Aus nah und fern reisen sie in die Heimatstadt. Denn beim einzigen Heimatfest der Niederlausitz wird so einiges geboten.

Höhepunkt ist traditionell das große Höhenfeuerwerk über dem Schwanenteich am Schloss. Wenn unzählige Raketen gezündet werden und sich am Himmel zu einer Symphonie der Farben vereinen, dazu passende klassische Musik erklingt, sieht man so manche Träne der Rührung fließen.

Doch auch das übrige Programm der viertägigen Party am zweiten Augustwochenende kann sich sehen lassen. Egal, ob das große Konzert eines bekannten Stars auf der Freilichtbühne, der Vergnü-

Rummel auf dem Pfortenplatz

gungspark auf dem Pfortenplatz oder das legendäre Räuberlager an der Kreuzkirche: Es bleiben keine Wünsche offen. Und das alles bei freiem Eintritt!

Das jeweilige aktuelle Programm ist ab Frühsommer unter anderem in der Tourist-Information am Marktplatz erhältlich.

Voll, aber urgemütlich ist es zum Heimatfest in der Langen Straße.

Wie Noten sehen die Raketen über dem Spremberger Schwanenteich aus.

Spremberg – die Perle der Lausitz

Die Perlen der »Lausitzperle« per pedes entdecken

Ein Genussrundgang für alle Sinne

Bei Spremberg, der größten Stadt des Spree-Neiße-Kreises, durchbricht die Spree den Lausitzer Grenzwall, eine saaleeiszeitliche Endmoräne. So entstand eine der reizvollsten Landschaften der Niederlausitz. Der historische Altstadtkern der Stadt liegt umgeben von zwei Spreearmen auf einer Insel. Die innerstädtischen Spreepromenaden und die Spreeauen sind ein Paradies für Spaziergänger und Radwanderer.

Spremberg ist idealer Ausgangspunkt auch für Radrundtouren in die abwechslungsreiche Umgebung und ins Seenland, denn hier kreuzen sich vier große Radwanderwege: »Spree-Radweg«, »Fürst-Pückler-Radweg«, »Niederlausitzer Bergbautour« und die »Tour Brandenburg«.

Der Stadtrundgang im idyllischen Städtchen beginnt auf dem Marktplatz, dem Spremberger Herzen. Der Markt mit dem altehrwürdigen Rathaus und seinem charakteristischen Turm wird ergänzt von neuen Häusern mit Hotel, Kino, Bowlingbahn und Cafés. Zum Bummel lädt die nahe Lange Straße mit dem Bullwinkelbrunnen und historischen Häusern ein. Hier finden auch die beliebten Mai-, Heimat-, Herbst- und Lichterfeste statt.

Die Kreuzkirche in neuem Glanz

Ebenfalls ist ein Besuch der Kreuzkirche lohnenswert. Dieses historische Kleinod wurde in den zurückliegenden Jahren umfassend restauriert. So erstrahlen das Ratsherrengestühl mit dem Deckengemälde »Justitia«, die Herzogsloge, die Wendeltreppe zur Empore, die Kanzel, der Altar, das Taufbecken und Gemälde, um nur einiges aufzuzählen, wieder in altem Glanz. Zur beliebten Tradition ist der Spremberger Musiksommer geworden. Viele Konzerte werden auf der Sauer-Orgel begleitet.

Sehenswert ist auf dem Kirchplatz auch das Gemeindehaus, die ehemalige Wendische Kirche, die nach den Plänen des berühmten preußischen Baumeisters Karl-Friedrich Schinkel errichtet wurde.

Von dem unweit gelegenen Pfortenplatz (kostenfreie Parkmöglichkeiten) gelangt man über die Spreebrücke zum Erwin-Strittmatter-Gymnasium. Der in Spremberg geborene Schriftsteller Erwin Strittmatter ging hier zur »hohen Schule«.

An der nächsten Kreuzung befindet sich eine Kopie vom Mittelpunktstein des Deutschen Reiches in den Grenzen von 1871 bis 1918. Das Original kann im Niederlausitzer Heidemuseum besichtigt werden.

Entlang der von Platanen umsäumten Erwin-Strittmatter-Promenade führt der Weg zum Postgebäude mit seinem Telegrafenturm. Von der Langen Brücke davor hat man einen guten Blick auf die mit roten Klinkern gebaute Schule in der Wirthstraße, wo Erwin Strittmatter während seiner Schulzeit in Spremberg beim Hausmeisterehepaar wohnte.

Für Wasserwanderer ist das Mühlenwehr mit Schleuse gebaut worden. Hier befindet sich ebenfalls eine der wenigen Fischtreppen in der Spree.

Spremberger Heimatfest mit Räuberlager

Altstadt-Impression

Mühlenwehr mit Schleuse und Fischtreppe

Strittmatter, Lausitz und noch viel mehr im Schloss

Im Spremberger Altstadtkern sind sogar Reste der Stadtmauer erhalten. Das Schloss mit dem Niederlausitzer Heidemuseum zeigt unter anderem Ausstellungen über das Leben und das Werk von Erwin Strittmatter. Umfangreiche Sammlungen aus Ur- und Frühgeschichte, Natur- und Volkskunde, Museums-, Schloss- und Industriegeschichte bis in die heutige Zeit sind ebenfalls zu bestaunen. In der Freianlage des Schlosses befindet sich eine bäuerliche Hofanlage mit Heilkräutergarten und einem über 200 Jahre alten Bauernhaus. Dieses stammt ursprünglich aus dem Dorf Groß Buckow, das in den 80er Jahren des 20. Jahrhunderts der Kohle weichen musste.

Besonders reizvoll zeigt sich die Umgebung des benachbarten Schwanenteiches mit fremdländischen Gehölzen, die ihre Heimat in Nordamerika und Kleinasien haben. Vom Biergarten der angrenzenden Gaststätte kann man gemütlich die Schwäne beobachten. Übrigens ist der Hang in Richtung Bahnhofstraße im Winter hervorragend zum Rodeln geeignet. Wanderwege führen vom Schwanenteich zur Bahnhofstraße. In der Nähe der Freilichtbühne erinnert ein großer Stein an Fernando Tietz. Er war Mitbegründer des Spremberger Verschönerungsvereins, der zahlreiche Wanderwege in und um Spremberg anlegte.

Weite Blicke über Stadt und Land

Eine Besonderheit bietet die Stadt mit dem Georgenberg, einem Endmoränenzug, der als Teil des Niederlausitzer Grenzwalls den Verlauf der südlichen Eisgrenze im südöstlichen Brandenburg kennzeichnet. Bietet der Berg bereits selbst einen hervorragenden Blick auf die im Tal der Spree gelegene Stadt, so wird vom Bismarckturm der Reliefreichtum des Spremberger Landes noch eindrucksvoller sichtbar. An klaren Tagen treten sogar die blauen Berge des Oberlausitzer Oberlandes ins Blickfeld.

Der Europäische Wanderweg E10 führt durch den Stadtpark zur Georgenstraße. Von hier gelangt man durch die mit Efeu bestandene Georgenschlucht wieder zur im Tal der Spree gelegenen Innenstadt.

Naherholung an der Talsperre

Wer stattdessen auf dem Spreeradweg gen Norden unterwegs ist, kommt nach nur wenigen Kilometern durch Natur- und Landschaftsschutzgebiete zur Talsperre Spremberg. Sie wurde in einer Erosionsrinne zwischen dem Baruther und dem Lausitzer Urstromtal angelegt und ist ein durch Aufstauung der Spree 1958 bis 1965 errichtetes fast 1000 Hektar großes Speicherbecken. Ursprünglich für den Hochwasserschutz und zur Wasserregulierung im Spreewald erbaut, bot die veränderte Landschaft schon bald günstige Bedingungen für die verschiedenen Wasservogelarten als Überwinterungs-, Brut- und Rastgebiet.

Aber auch Wassersport- und Campingfreunde haben dieses Gebiet für sich entdeckt. Die neu gestalteten Strände bieten Urlaubern neben Bungalows auch Caravanstellplätze. Kinderspielmöglichkeiten und Anlegestege sind neu geschaffen worden. Vom Aussichtsturm am Südstrand kann

Die neue Freilichtbühne an der Bahnhofstraße

Bismarckturm im Stadtpark auf dem Georgenberg

Spremberg – die Perle der Lausitz

Bullwinkel-Brunnen in der Innenstadt

Im Sommer lockt das Erlebnisschwimmbad im Stadtteil Kochsdorf.

man den Seglern und Surfern zusehen. Angler schätzen sehr den Fischreichtum in der Spree und in der Talsperre Spremberg.

Ein vollkommen anderes Blickfeld bietet sich dem Urlauber hingegen im aktiven Tagebau Welzow-Süd westlich von Spremberg. Auf dem renaturierten Gelände des Tagebaus, der Hochkippe Pulsberg, sind Rad-, Wander- und Reitwege entstanden. So führen der Fürst-Pückler-Radweg, die Niederlausitzer Bergbautour und die Tour Brandenburg hier entlang. Des weiteren sind mehrere Nordic-Walking-Touren ausgeschildert. Besonders im Winter ist bei Groß und Klein der 153 Meter hohe Rodelberg gefragt. Von hier hat man einen weiten Blick auf Spremberg.

Naturfreunde finden hier Erholung und Entspannung. Die Bergbaufolgelandschaft bietet Ornithologen und Botanikern ein reiches Betätigungsfeld. Der Spremberger Wolfsspaziergang geht hier auf Spurensuche ins Wolfsrevier. Anhand von Fährten und anderen Hinterlassenschaften wird versucht, den Wölfen auf die Schliche zu kommen. Aber auch immer mit dem Blick auf alle Eigenarten und Schönheiten, die uns die Pflanzen- und Tierwelt der Lausitz zu bieten hat. Ihre Anmeldung für eine Führung nimmt die Spremberger Touristinformation entgegen. Verschiedene Ortsdenkmale erinnern an die durch den Braunkohletagebau Welzow-Süd verschwundenen Dörfer. Das Weinbaugebiet am Wolkenberg, die höchste geschüttete Erhebung, wird in den nächsten Jahren die ersten Kostproben liefern. Am Windmühlenberg befindet sich das Gelände des Moto-Cross-Club Spremberg mit Park- und Caravanstellplätzen.

Spremberg bietet den Urlaubern eine Vielzahl an Möglichkeiten, die Umgebung zu entdecken. Sie sind hier herzlich willkommen.

Beitrag von:
Touristinformation Spremberg
Am Markt 2 · 03130 Spremberg
Tel. (0 35 63) 45 30 · Fax (0 35 63) 59 40 41
ti@spremberg.de · www.spremberg.de

Gefördert mit Mitteln der Gemeinschaftsaufgabe »Verbesserung der regionalen Wirtschaftsstruktur« – GRW Regionalbudget II RWK Spremberg.

Von einem Dorf, das komplett umgezogen ist

Ganz im Nordosten der Stadt Spremberg gab es vor einem Jahrzehnt nichts weiter als grüne Wiese sowie Ackerland. Jetzt steht dort ein nagelneues Dorf für knapp 700 Menschen, entworfen auf den Reißbrettern der Architekten.

Diese etwa 700 Leute lebten bis vor einigen Jahren in ihrem ursprünglichen Dorf, das sich 15 Kilometer westlich von Spremberg befand. Der Ort, Haidemühl, besteht nicht mehr. Der nahe Tagebau Welzow-Süd griff nach dessen Fluren. Seine Bewohner wurden komplett an den neuen Standort umgesiedelt.

Schmucke Einfamilienhäuser, moderne Mehrfamilienhäuser, ein Dorfgemeinschaftshaus, die Feuerwehr, eine Kapelle, sogar ein Biomasse-Heizkraftwerk sowie ein Angelteich sind hier seit dem Jahr 2004 entstanden.

Blick auf Neu-Haidemühl

Traditioneller sommerlicher Schützenumzug

Alles für ein stilvolles Zuhause

Schon aus der Ferne wirkt das kleine Geschäft freundlich und einladend: Ein kleines, helles Häuschen mit spitzem Dach und großen Schaufenstern. Wer dort hineinblickt, kann sich kaum sattsehen. Zur Weihnachtszeit drehen sich handgeschnitzte Pyramiden neben pittoresken Schwibbögen, erzgebirgischen Nussknackern und echten Lauschaer Christbaumkugeln. In den übrigen elf Monaten des Jahres locken edle Geschirr-Accessoires, leistungsfähige Töpfe und Pfannen, formschöne Vasen, lebendige Deko-Artikel und vieles mehr. Seit 1999 bietet das Fachgeschäft Zippack alles, was in ein stilvolles Zuhause gehört. Hier findet jeder Kunde die Artikel, die zu seinem Heim passen. Garantiert.

Beitrag von:
Fachgeschäft Christina Zippack
Lange Straße 22
03130 Spremberg
Tel. (0 35 63) 60 27 51

Stets für ihre Kunden da: Christina Zippack und Kerstin Scheider

Im Hufeisen-Gebirge

Unterwegs im Geopark Muskauer Faltenbogen

Ein höhenmäßig spektakuläres Gebiet ist der Muskauer Faltenbogen eher nicht. Maximal bis zu 184 Metern über Normalnull schwingt sich die sanft anmutende Hügelkette im »Dreiländereck« zwischen Brandenburg, Sachsen und Polen auf. Doch überaus interessant stellt sich die Geologie dieses hufeisenförmigen Areals dar, das sich zwischen Döbern, Bad Muskau und Trzebiel hufeisenförmig erstreckt. Es handelt sich nämlich um eine Stauchendmoräne, die bei einem Gletschervorstoß vor ungefähr 340 000 Jahren entstand. Das Eis hatte aufgrund seiner gewaltigen Mächtigkeit von mehreren 100 Metern die darunter befindlichen Schichten gestaucht und gefaltet. Somit steht die im Gebiet vorkommende Braunkohle senkrecht im Boden an.

In den Jahren zwischen 1843 und 1973 wurde im Muskauer Faltenbogen das schwarze Gold gewonnen. Darüber hinaus gewannen die Bewohner ebenso Sand, Kies und Ton. So entstanden im Laufe der Zeit zahlreiche Gewässer, die der Landschaft ein besonderes Antlitz verleihen. Etwa 300 bis 400 sollen es sein.

Darüber hinaus gibt es ein ständiges Auf und Ab zwischen trockenen Hochflächen und vermoorten Senken. Charakteristisch sind die langen, aber schmalen Täler ohne Abfluss. Diese werden als Gieser bezeichnet. In ihnen wachsen gar nicht selten ertragreiche Heidel- und Preiselbeersträucher.

Seit dem Jahr 2006 gilt der Muskauer Faltenbogen als länderübergreifender Geopark. Als absoluter touristischer Höhepunkt gilt der Muskauer Park samt seinen beiden Schlössern. Als landschaftlich besonders reizvoll ist der Bergpark zu empfehlen, von dem reizvolle Ausblicke möglich sind.

Das Informationszentrum des Geoparks befindet sich im Schullandheim Jerischke östlich von Döbern. Dort erhalten Besucher Informationen zur Geologie sowie zu Flora und Fauna des Gebietes.

Auch im polnischen Teil des Faltenbogens wartet viel Interessantes. Sehenswert sind beispielsweise die natürliche Eisen-Sulfat-Quelle in der früheren Grube »Babina« sowie der sogenannte »Elefantenrücken«, eine beeindruckende Erosionskippe, unweit des Grenzortes Leknica.

Durch den Muskauer Faltenbogen führt auch eine ganze Anzahl gut ausgeschilderter Wanderwege. Besonders reizvoll ist eine Tour vom Vorwerk Pusack an der Neiße durch die Wolfsschlucht und den Märchenwald bis zum Lissberg.

Zahlreiche Wanderwege laden im Faltenbogen ein.

Gewaltig: der Finkenstein am Radweg von Reuthen nach Bohsdorf

Auf Exkursion im Muskauer Faltenbogen

Der Badesee im Faltenbogen

Wenn im Sommer die Temperaturen über die 25-Grad-Marke steigen und die Sonne scheint, packen die Spremberger, Döberner und viele weitere Lausitzer ihre Badesachen und fahren zum Felixsee südlich von Bohsdorf. Denn diese landschaftlich reizvoll gelegene frühere Kohlengrube namens »Felix« bietet nicht nur Abkühlung an heißen Tagen, sondern auch gepflegte Strandbereiche, große pilz- und beerenreiche Wälder in unmittelbarer Umgebung sowie einen 36 Meter hohen Aussichtsturm am östlichen Ufer.

Den schönsten Blick auf den Felixsee genießen Besucher vom 36 Meter hohen Aussichtsturm am östlichen Ufer.

»Wasser in Sicht« für den Cottbuser Ostsee

»Kleiner Bruder« Klinger See wartet mit Raubrittertor auf

Blühende Kirschbäume am Weißagker Heimatpark

Wer bislang glaubte, dass man von Cottbus bis zur Ostsee erst einmal rund 400 Kilometer fahren müsste, irrt gewaltig. Keine zehn Kilometer vom Stadtzentrum entfernt wird sich zukünftig nämlich ein Gewässer namens Ostsee ausbreiten. Bislang fördert der Bagger dort im Tagebau Cottbus-Nord noch Kohle. Doch zwischen den Jahren 2020 und 2030 wird das daraus resultierende Restloch, der Ostsee, geflutet. Mit einer Fläche von rund 19 Quadratkilometern wird er östlich von Cottbus das flächenmäßig größte künstliche Gewässer der Lausitz bilden.

Obwohl bis 2030 noch knapp zwei Jahrzehnte ins Land gehen werden, existiert bereits der »Masterplan Cottbuser Ostsee«. In diesem sind alle Pläne und Visionen um das Gewässer festgehalten. Höhepunkte dabei sind unter anderem das Cottbuser Hafenzentrum mit Seehafen für rund 400 Segelboote sowie Binnenhafen für Motor- und Ruderboote. Ein so genannter »Parkway« soll zukünftig als Prachtstraße die schnurgerade Verbindung zwischen Ostsee und Stadtzentrum bilden. Dabei werden Abschnitte einer früheren Bahntrasse, die teilweise dem Bergbau weichen musste, einbezogen.

Inseln in Form von Fischteichen

Ein weiterer Höhepunkt ist die geplante Lagunenstadt Lakoma. Vor dem Westufer des Sees sollen drei Inseln vorgelagert werden. Diese könnten die Form von drei Teichen der früheren Fischteichkette des verschwundenen Dorfes Lakoma erhalten. Die Inseln stellen einen »Schutzraum« für die eigentliche Lagunenstadt dar. Diese wird laut Plan sowohl aus schwimmenden Häusern als auch aus Feriendomizilen am Ufer bestehen.

Die Ostseite des Ostsees soll dagegen weitgehend der Natur vorbehalten bleiben. Dort könnten in ungestörter Lage zahlreiche Vogelarten ihre Heimstätte finden.

Blick vom Aussichtsturm in Richtung Merzdorf und Cottbus

Am zukünftigen Aussichtspunkt Klinger See

Schwarze Kohle – Tagebau Cottbus-Nord	
Welche Lage	nordöstlich von Cottbus
Wann gefördert	1981 bis 2015
Wie viel Fläche	3000 Hektar
Wie viel Abraum	18 Millionen Kubikmeter (2008)
Wie viel Kohle	83 Millionen förderfähige Tonnen
Welche devastierten Orte	Dissenchen (2 Einwohner) Groß Lieskow (255 Einwohner) Klein Lieskow (205 Einwohner) Lakoma (95 Einwohner) Merzdorf (16 Einwohner) Schlichow (65 Einwohner) Tranitz (174 Einwohner)
Blaue Wellen – Cottbuser Ostsee	
Wann befüllt	2018 bis 2030
Welche Fläche	1900 Hektar
Welche Wassermenge	60,6 Millionen Kubikmeter
Füllstand Dezember 2011	0 Prozent

Cottbus – Metropole der Niederlausitz

Die neue »Badewanne der Cottbuser« ist Teil der »Landschaftsinsel 7« der Internationalen Bauausstellung »Fürst-Pückler-Land« (IBA). Unter der Devise »Wasser in Sicht« wird die Nutzung ganz neuer Perspektiven, die der See seiner Stadt bietet, vorgeschlagen. Ein »Seezeichen« genannter Aussichtsturm ist bereits erbaut. Dieser bietet nicht nur einen faszinierenden Blick auf den zukünftigen Ostsee, sondern ebenso auf die Türme der Cottbuser Altstadt.

Zu Besuch am »kleinen Bruder«

Östlich des Cottbuser Ostsees befindet sich ein weiteres Tagebaurestloch bereits seit wenigen Jahren in der Flutung. Dabei handelt es sich um den »kleinen Bruder«, den »Klinger See«. Er erinnert besonders aus der Vogelperspektive eher an einen breiten Fluss als an einen See.

Sein Name resultiert aus dem früheren Dorf Klinge, dass die Grube Anfang der 1980er Jahre verschlang. Bereits wieder aufgebaut wurde am Südufer das einstige Wahrzeichen des Ortes, das legendäre Raubrittertor. Einer Legende zufolge soll es in Klinge im ausgehenden Mittelalter eine Sumpfburg gegeben haben, von der aus drei Raubritter zu ihren Beutezügen ausrückten. Überfallende Reisende wurden im Burgverlies gefangen gehalten. Kam das Lösegeld nicht pünktlich, schnitt man den Gefangenen einfach die Unterkiefer ab.

Darüber hinaus soll am Südufer des Klinger Sees ein geologisches Grabungsfeld mit der Bezeichnung »Eem-Vorkommen Klinge« gestaltet werden.

Das erste Wasser befindet sich schon im künftigen Ostsee.

Der Heimatpark Weißagk erinnert an das gleichnamige abgebaggerte Dorf.

Raubrittertor am Klinger See

Aussichtsturm am künftigen Cottbuser Ostsee

Schwarze Kohle – Tagebau Jänschwalde	
Lage	zwischen Cottbus und Forst (Lausitz)
Wann gefördert	1976 bis 2019
Wie viel Fläche	ungefähr 6000 Hektar
Wie viel Kohle	14,4 Millionen Tonnen pro Jahr
Welche devastierten Orte	Gosda bei Klinge, Teilortsabbruch (50 Einwohner) Grießen, Teilortsabbruch (12 Einwohner) Grötsch, Teilortsabbruch (45 Einwohner) Horno (350 Einwohnern) Klein Bohrau (20 Einwohner) Klein Briesnig (50 Einwohner) Klinge (432 Einwohner) Weißagk (321 Einwohner)

Blaue Wellen – Klinger See	
Wann befüllt	2000 bis 2021
Welche Fläche	320 Hektar
Welche Wassermenge	100 Millionen Kubikmeter
Welche Höhe über NHN	71,5 Meter
pH-Wert	3,8
Füllstand Dezember 2011	34 Prozent

Cottbus – Metropole der Niederlausitz

Die grüne Stadt an der Spree

Im Süden des Landes, im Herzen der Lausitz liegt die zweitgrößte Stadt Brandenburgs: Cottbus. Als Zentrum der Wirtschaft, Wissenschaft und Kultur entwickelte sich die 855-jährige Lausitzmetropole seit der Bundesgartenschau 1995 zu einer der attraktivsten Städte Ostdeutschlands.

Historische Altstadt

Mit viel Liebe wurde die Innenstadt saniert, die heute mit ihrem prächtigen Stadtgrün die historische Altstadt mit modernen Einkaufs- und Erlebniszentren, Kultur- und Wohnungsbauten harmonisch verbindet. Der Altmarkt, umrahmt von schönen barocken und klassizistischen Bürgerhäusern, ist wieder in den Mittelpunkt des Stadtlebens gerückt. Hinter sorgsam sanierten Fassaden laden Restaurants, Cafés und gemütliche Gasthäuser zum Verweilen ein und machen ihn in der Sommerzeit zu einem beliebten Treffpunkt für Cottbuser und Gäste. Der Schlossberg gehört zu den schönsten Plätzen der historischen Altstadt. Hier begann vor

An der Cottbuser Stadtmauer

mehr als zwei Jahrtausenden mit der Anlage eines slawischen Burgwalls die Besiedlung der späteren Stadt. Auf der Burg herrschten die Herren von Cottbus, ein fränkisches Adelsgeschlecht. Bis heute prägt das Zusammenleben von Deutschen und Sorben (Wenden) die Geschichte und Kultur von Stadt und Region. Die liebevoll restaurierte Anlage mit Schlossturm, Teilen der Stadtbefestigung und dem künstlichen Wasserfall beherbergt heute das Landgericht. Die imposante Oberkirche Sankt Nikolai in unmittelbarer Nähe, ist ein spätgotischer, dreischiffiger Backsteinbau aus dem 15. Jahrhundert. Hier, an der größten Kirche der Niederlausitz, befindet sich auch eine Gedenktafel des bedeutenden Australienforschers Ludwig Leichhardt.

Musen & Museen

Zu den kulturellen Leuchttürmen der Stadt zählt das Staatstheater Cottbus. Das Große Haus am

Blick auf den Schlossberg und die Oberkirche St. Nikolai

Partie am Amtsteich

Cottbus – Metropole der Niederlausitz

Das Cottbuser Staatstheater am Schillerplatz

Schillerplatz ist ein architektonisches Kleinod und ein europaweit einmaliges Zeugnis des Spätjugendstils. Als Staatstheater des Landes ist das Mehrspartentheater kultureller Mittelpunkt und weit über die Grenzen der Stadt hinaus bekannt und beliebt. Das Apothekenmuseum am Altmarkt ist einmalig in Brandenburg und zeigt originale historische Apothekeneinrichtungen sowie Gift- und Kräuterkammer. Auch das Wendische Museum in der Mühlenstraße oder das Fürst-Pückler-Museum Schloss Branitz halten für die Besucher interessante Ausstellungen bereit. Sehenswert ist auch das neue Kunstmuseum Dieselkraftwerk. Als einziges Kunstmuseum im Land, besticht es allein schon durch seinen gelungenen Umbau zu einem Museumsgebäude, das sich bestens in die Landschaft des Goetheparks einfügt.

Pückler, Parke, Pyramiden

Wer Cottbus besucht, muss den Branitzer Park gesehen haben. Gartenschöpfer Hermann Fürst von Pückler-Muskau war ein Genie und führte ein extravagantes und aufregendes Leben. Der Branitzer Park mit seiner faszinierenden Landschaftsgestaltung ist sein zweites großes Gartenkunstwerk. Einmalig in Europa sind die zwei Pyramiden, von denen die See-Pyramide die Grabstätte des Fürsten ist. Im Schloss mit den einzigartigen Orienträumen und dem Musiksaal, vermittelt das Arbeitszimmer des Fürsten, die Bibliothek, den Eindruck, als wäre der Kosmopolit mitten in seiner schöpferischsten Phase. Sehenswert ist auch die kleine aber feine Sammlung des Landschaftsmalers Carl Blechen.

Beitrag von:
CottbusService
Berliner Platz 6 (Stadthalle)
03046 Cottbus
Tel. (03 55) 7 54 20 · Fax (03 55) 7 54 24 55
cottbus-service@cmt-cottbus.de
www.cottbus.de

Die Kraft von hier

Wer im Lausitzer Seenland unterwegs ist, wird SpreeGas oft begegnen. Das Unternehmen bringt Energie für Haushalte, Gewerbe und Industrie in die Region. Wie im gesamten Versorgungsgebiet hat SpreeGas auch hier seit 1991 ein effektives und sicheres Erdgas-Netz aufgebaut. Die damit verbundenen Investitionen waren in vielerlei Hinsicht wichtig für die wirtschaftliche Entwicklung. Heute und zukünftig ist der Netzausbau eine der vorrangigen Aufgaben. Seit 2010 wurden zum Beispiel die Orte Schleife, Trebendorf, Drebkau, Sabrodt und Hohenbocka sowie das Heizkraftwerk in Lauchhammer an das SpreeGas-Netz angeschlossen.

Erdgas steht für saubere, umweltschonende Energiegewinnung. Es lässt sich bestens mit erneuerbaren Energien kombinieren und ist damit ideal für eine Region, in der nach der Renaturierung der Tagebaue eine Seenlandschaft mit hohem Erholungswert entsteht. Dabei agiert SpreeGas als vertrauter und verlässlicher Partner der Kommunen. Aber die Menschen treffen das Unternehmen nicht nur, wenn Erdgas und Energieeffizienz gefragt sind.

Fackelfest zum Erdgas-Anschluss 2011 in Hohenbocka

Der regionale Versorger ist auch mit Energie dabei, wenn es um die Unterstützung von Sport, Kultur und sozialen Projekten geht. Das vielfältige Engagement ist Ausdruck der starken Verbundenheit mit den Menschen dieser Region.

Mehr als Energie: Engagement in der Region

Anschluss weiterer Orte durch stetigen Netzausbau

Beitrag von:
SpreeGas
Gesellschaft für Gasversorgung und
Energiedienstleistung mbH
Nordparkstraße 30 · 03044 Cottbus
Tel. (03 55) 7 82 20 · Fax (03 55) 7 82 21 05
post@spreegas.de · www.spreegas.de

Zwei Parks von Weltruf

Die Juwele in Bad Muskau und Branitz

Zwei Parklandschaften verschafften ihrem Begründer einen Namen von Weltruf: Fürst Hermann von Pückler-Muskau (1785 bis 1871). Die von ihm angelegten Ensembles in Muskau und später in Branitz zählen zu den schönsten ihrer Art in Europa. Zu jeder Jahreszeit bieten die Parks eine eindrucksvolle Symbiose aus Sichtachsen, Gehölzgruppen, Wiesen, Wasser, Wegen, Bauwerken, Kunstobjekten und nicht zuletzt Aussichtspunkten. Die Unbeschwertheit des Frühjahrs, das frohe Leben im Sommer, die herbstliche Melancholie und die Stille des Winters sind in Branitz und Muskau intensiv erlebbar.

Nur ein Drittel in Deutschland

Der ältere und größere Park ist der Muskauer. Mit einer Fläche von 545 Hektar im englischen Stil bildet er den größten Landschaftspark Europas. Wer innerhalb eines Tages den Teil links der Lausitzer Neiße besichtigt hat, konnte die »übrigen«

Altes und Neues Schloss in Bad Muskau

Der Pücklerstein im polnischen Teil des Muskauer Parks

zwei Drittel noch nicht besuchen. Diese befinden sich auf polnischer Seite. Seit einigen Jahren führt eine kleine Fußgängerbrücke in den Teil jenseits der Neiße.
Als Fürst Hermann von Pückler-Muskau im Jahr 1815 mit den Arbeiten am Park begann, war er Standesherr auf Muskau. 30 Jahre lang ließ er gemeinsam mit Hofgärtner Jacob Heinrich Rehder und dessen Schüler Eduard Petzold das Landschaftsensemble aus der zuvor sandigen Kieferngegend inszenieren. Der Park gliedert sich dabei in mehrere Teile. Besonders beeindruckend sind der Schloss- und der Bergpark. Von letzterem kann man eine herrliche Aussicht über Teile der Kurstadt genießen. Der Bergpark entstand durch die geschickte Einbindung des Muskauer Faltenbogens, eines Höhenzuges in Form eines Hufeisens.

Kleiner Bruder ist der größte

Ein wenig im Schatten seiner großen Brüder in Branitz und Bad Muskau steht der Kromlauer Park unweit von Weißwasser. Dabei sticht das ungefähr 200 Hektar große Ensemble mit einem Superlativ hervor: Es handelt sich nämlich um den größten Azaleen- und Rhododendron-Park Deutschlands. Die Mitte des 19. Jahrhunderts begonnene Anlage zeichnet sich darüber hinaus durch bizarre Basaltgebilde aus. Auch das Wahrzeichen des Parks, die Rakotzbrücke, die mit ihrem Spiegelbild im Wasser des Rakotzsees einen Kreis bildet, besteht aus diesem Gestein.
Kultureller Höhepunkt ist das alljährlich zu Pfingsten stattfindende Park- und Blütenfest.

Wahrzeichen des Kromlauer Parks ist die Rakotzbrücke.

Cottbus – Metropole der Niederlausitz

Im Muskauer Park

Pücklers letzte Ruhestätte – die Wasserpyramide in Branitz

Entenhaus im Branitzer Park

England lässt in Branitz grüßen

Aus Geldmangel musste Fürst von Pückler-Muskau jedoch im Jahr 1845 schweren Herzens sein Anwesen an der Neiße verkaufen. Er zog nach Branitz bei Cottbus und begann dort, seinen zweiten Landschaftspark, ebenfalls im englischen Stil gehalten, zu gestalten. In wirklich jedem Teil des Ensembles kann der Besucher quasi die Genialität seines Schöpfers atmen. Man erschreckt sich fast, wenn sich auf den ersten Blick unscheinbare Baumgruppen zu einem Ganzen vereinen. Mittelpunkt ist das roséfarbene Schloss. In ihm kann die Ausstellung des Cottbuser Landschaftsmalers Carl Blechen besichtigt werden.

Der Branitzer Park gliedert sich in den inneren Teil, das eigentliche Ensemble, sowie den äußeren Bereich, der erst seit einigen Jahren nach und nach wieder hergestellt wird. Bemerkenswert ist das raffiniert angelegte Gewässersystem. Der damals notwendige Aushub wurde sogleich als sanfte Hügel in die Landschaft modelliert. Wahrzeichen des Branitzer Parks sind die beiden Pyramiden. In der in den Jahren 1856/1857 errichteten Wasserpyramide hat der Parkschöpfer neben seiner Gemahlin Lucie von Pückler-Muskau seine letzte Ruhestätte gefunden. Die benachbarte Landpyramide ist im Gegensatz zu ihrer »Zwillingsschwester« begehbar und bietet einen herrlichen Blick über Teile des Parks. Am schönsten sind die beiden »Gefährten« im Herbst, wenn sich das Laub an ihren Seiten feuerrot färbt. Dann scheint es, als wollten die Pyramiden mit dem Abendrot des langsam zu Ende gehenden Jahres konkurrieren.

Bedeutende Baudenkmale am und im Park sind das Alte und das Neue Schloss, die Orangerie, das historische Tropenhaus sowie das Kavaliersgebäude. Den besten Ausgangspunkt bietet das Alte Schloss, in dem sich die Tourist-Information befindet. Von dort aus ergeben sich auch reizvolle Blicke auf das im Jahr 1945 ausgebrannte und inzwischen wiederaufgebaute Neue Schloss.

Das Branitzer Schloss

Pücklers grüne Spuren

Er gilt als der bekannteste, da schaffensreichste Gärtner der Lausitz schlechthin: Hermann von Pückler-Muskau. Seine beiden Hauptwerke sind der Muskauer Park in der Ober- und der Branitzer Park in der Niederlausitz. Im Schloss zu Muskau im Herbst 1785 geboren, wuchs Pückler in der damals größten Standesherrschaft des Heiligen Römischen Reiches Deutscher Nation auf. Nach abgebrochenem Rechtsstudium durchlief der junge Mann eine militärische Laufbahn (1802 bis 1806 in Dresden). Im Jahr 1811 übernahm er die Führung der Standesherrschaft Muskau.

In jenen Jahren begann Pückler auch mit dem Reisen, was er sehr mochte. Er weilte in Frankreich, Italien, Griechenland, Ägypten und vor allem in England. Dort entdeckte Pückler seine gärtnerische Berufung. Die von ihm geschaffenen Parke tragen unverkennbar die Handschrift der »Insel«. 1815 begann der sieben Jahre später »gefürstete Pückler« mit der Anlage des Muskauer Landschaftsparks. Allerdings musste das Parkensemble beiderseits der Lausitzer Neiße 1845 schweren Herzens aus Geldnot verkauft werden. Der Fürst zog anschließend auf sein Erbschloss nach Branitz bei Cottbus, wo er mit dem dortigen Park sein zweites großes gärtnerisches Hauptwerk schuf. Daneben war Fürst Hermann von Pückler-Muskau auch als Schriftsteller, oft in Form als Erzähler oder Briefschreiber, tätig. Seit seinem Tode im Winter 1871 ist er in der Branitzer Seepyramide beigesetzt. Die Internationale Bauausstellung (IBA), die in den Jahren von 2000 bis 2010 in der Lausitz wirkte, trug den Namen »Fürst-Pückler-Land«. Dieses beinhaltet den größten Teil der neuen Lausitzer Seenplatte mit mehreren Landschaftsbauwerken, die den Fürsten mit Sicherheit begeistert hätten.

Im Branitzer Park

209

»Seenhüpfen« zwischen Bluno und Spreetal

Vielfältigste Tourismusangebote in Planung

Zu sehen sind vorn der Partwitzer See, links dahinter der Blunoer Südsee und der Sabrodter See, rechts davon der Neuwieser See, dahinter der Bergener See und am Ende der Spreetaler See. Am Horizont erscheinen bereits die Gewässer um Lohsa.

Besonders Freizeitkapitäne und Wasserwanderer dürften in der Gegend zwischen Bluno, Spreetal und Bergen voll auf ihre Kosten kommen. Denn sämtliche frühere Tagebaugruben dieses Landstrichs, und das sind nicht wenige, werden durch Kanäle miteinander verbunden. Einfach mal von See zu See »hüpfen« – das wird in wenigen Jahren kein Traum mehr bleiben. Wassersportliche Aktivitäten sind dann auf fast allen größeren Gewässern möglich. Durch die Schaffung einer schiffbaren Verbindung mit dem benachbarten Partwitzer See erfährt die Gegend ihre Einbindung in ein ungefähr 50 Quadratkilometer großes, bis zum Ilse-See bei Großräschen reichendes Wassersportrevier.

Eine Seefahrt, die ist lustig

Der Raum wird hervorragende Möglichkeiten für Wasserwanderungen sowie Schiffs- und Bootsrundfahrten bieten. Entsprechende Bootsanleger und Wasserwanderstationen sind vorgesehen. Die kleineren Gewässer zwischen dem Neuwieser und dem Sabrodter See können von Kanus und Ruderbooten genutzt werden.
Die Fans schneller Motorboote werden hingegen auf dem Spreetaler See auf ihre Kosten kommen. Dort könnten mittelfristig sogar internationale Sportveranstaltungen stattfinden. Ein Vorteil dieses Gewässers besteht in seiner günstigen Lage nahe der Bundesstraße 97. Nur einen Katzensprung entfernt befinden sich die Städte Spremberg und Hoyerswerda.

Golfen und Flanieren

Ein weiteres kühnes Großprojekt bildet die geplante »Erlebniswelt Lausitzer Seenland« an den Ufern des Sabrodter Sees. Das Konzept spiegelt sich bereits in seinem Namen wider. Es handelt sich nämlich um eine touristische Ferienanlage mit vielfältigen Angeboten. Wesentlicher Bestandteil sind die verschiedenen Hotelprojekte. Den Golfschläger können die Gäste künftig am Südufer des Sees schwingen.

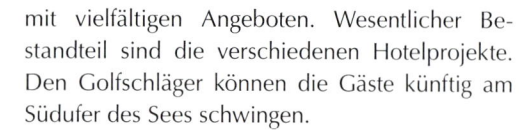

Prominente Freigabe der Brücke über den Überleiter 6 im September 2010

Schwarze Kohle – Tagebau Bluno	
Wo gelegen	nordwestlich von Hoyerswerda
Wann gefördert	1955 bis 1968
Wie viel Fläche	5100 Hektar (zusammen mit den Tagebauen Spreetal und Spreetal-Nordost)
Wie viel Abraum	1700 Millionen Kubikmeter (zusammen mit den Tagebauen Spreetal und Spreetal-Nordost)
Wie viel Kohle	42,7 Millionen Tonnen
Welcher devastierte Ort	keiner

Blaue Wellen – Neuwieser See	
Wann befüllt	2002 bis 2015
Welche Fläche	632 Hektar
Welche Wassermenge	56 Millionen Kubikmeter
Welche Höhe über NHN	104,0 Meter
pH-Wert	2,8
Füllstand Dezember 2011	66 Prozent

Schwarze Kohle – Tagebau Spreetal	
Wo gelegen	nordwestlich von Hoyerswerda
Wann gefördert	1915 bis 1983
Wie viel Fläche	5100 Hektar (zusammen mit den Tagebauen Bluno und Spreetal-Nordost)
Wie viel Abraum	1700 Millionen Kubikmeter (zusammen mit den Tagebauen Bluno und Spreetal-Nordost)
Wie viel Kohle	348,2 Millionen Tonnen
Welche devastierten Orte	Bluno-Ausbau (3 Einwohner) Sabrodt (15 Einwohner)

Blaue Wellen – Blunoer Südsee	
Wann befüllt	2005 bis 2015
Welche Fläche	350 Hektar
Welche Wassermenge	64 Millionen Kubikmeter
Welche Höhe über NHN	104,0 Meter
pH-Wert	2,7
Füllstand Dezember 2011	74 Prozent

Blaue Wellen – Sabrodter See	
Wann befüllt	2006 bis 2015
Welche Fläche	136 Hektar
Welche Wassermenge	27 Millionen Kubikmeter
Welche Höhe über NHN	104,0 Meter
pH-Wert	2,9
Füllstand Dezember 2011	78 Prozent

Blaue Wellen – Bergener See	
Wann befüllt	bis 2015
Welche Fläche	133 Hektar
Welche Wassermenge	3 Millionen Kubikmeter
Welche Höhe über NHN	104,0 Meter
pH-Wert	2,9
Füllstand Dezember 2011	100 Prozent

Geplante Kanäle (Überleiter) zwischen den einzelnen Seen

Überleiter 1 – zwischen dem Spreetaler See und dem Sabrodter See	
Baubeginn	2010
Bauende	2013
Länge mit Schleuse	2750 Meter
Schleuse	Kammerlänge 29,4 Meter Kammerbreite 6 Meter Fallhöhe 5 Meter
Brücke	Spannweite 34,2 Meter Fahrbahnbreite 3,5 Meter
Überleiter 2 – zwischen dem Sabrodter See und dem Bergener See	
Baubeginn	2009
Bauende	2011
Länge	240 m
Kanalbreite	67 Meter
Wassertiefe	1,5 bis 2,5 Meter
Durchfluss	maximal 3,0 Kubikmeter je Sekunde
Brücke	Stützweite 8,15 Meter Fahrbahnbreite 5 Meter
Überleiter 3 (»Blunodamm«) – zwischen dem Sabrodter See und dem Blunoer Südsee	
Baubeginn	2006
Bauende	2007
Länge	130 Meter
Kanalbreite	52 Meter
Wassertiefe	2,5 bis 3,5 Meter
Durchfluss	maximal 3 Kubikmeter je Sekunde
Dreifeldbrücke	Stützweite 3 x 12 Meter Fahrbahnbreite 5,5 Meter
Überleiter 3 a – zwischen dem Blunoer Südsee und dem Neuwieser See	
Baubeginn	noch offen
Bauende	noch offen
Länge	90 Meter
Kanalbreite	6 Meter
Wassertiefe	2,5 bis 3,5 Meter
Durchfluss	maximal 3 Kubikmeter je Sekunde
Brücke	Stützweite 13,2 Meter Fahrbahnbreite 3,5 Meter
Überleiter 4 – Verbindung innerhalb des Bergener Sees	
Baubeginn	2008
Bauende	2008
Länge	360 Meter
Kanalbreite	27 bis 43 Meter
Wassertiefe	1,5 bis 2,5 Meter
Durchfluss	maximal 3 Kubikmeter je Sekunde

Überleiter 5 – zwischen dem Bergener und dem Neuwieser See	
Baubeginn	2009
Bauende	2010
Länge	260 Meter
Kanalbreite	27 Meter
Wassertiefe	1,5 bis 2,5 Meter
Durchfluss	maximal 3 Kubikmeter je Sekunde
Brücke	Stützweite 12,2 Meter Fahrbahnbreite 3,5 Meter
Überleiter 7 – zwischen dem Partwitzer See und dem Blunoer Südsee	
Baubeginn	noch offen
Bauende	noch offen
Länge	700 Meter (mit Schleuse)
Wassertiefe	3,5 Meter
Schleuse	Länge 55 Meter Fallhöhe 4 Meter
Brücke	Spannweite 34,5 Meter Fahrbahnbreite 2 x 3,5 Meter
Darüber hinaus:	
Überleiter 6 – zwischen dem Partwitzer See und dem Neuwieser See (siehe Partwitzer See)	

Für die Strandbereiche des wunderschönen, typisch Mittellausitzer Dörfchens Bluno sind weitere Vorhaben in der Planung. Neben einer eleganten Strandpromenade könnte ein schwimmendes Hotel im Blunoer Südsee errichtet werden. Der »Landgang« wird den Planern zufolge über eine Seebrücke möglich sein.

Nicht zuletzt bieten große Areale der Bergbaufolgelandschaft die Kulisse für die Verwirklichung eines einmaligen Vorhabens, nämlich des Naturschutzgroßprojektes Lausitzer Seenland. Dort tritt der Mensch in eine Nebenrolle; das Zepter schwingt dort ganz Mutter Natur.

Schwarze Kohle – Tagebau Spreetal-Nordost	
Wo gelegen	nordwestlich von Hoyerswerda
Wann gefördert	1982 bis 1991
Wie viel Fläche	5100 Hektar (zusammen mit den Tagebauen Spreetal und Bluno)
Wie viel Abraum	1700 Millionen Kubikmeter (zusammen mit den Tagebauen Spreetal und Bluno)
Wie viel Kohle	34,2 Millionen Tonnen
Welcher devastierte Ort	Sabrodt-Ausbau (8 Einwohner)
Blaue Wellen – Spreetaler See	
Wann befüllt	1998 bis 2015
Welche Fläche	314 Hektar
Welche Wassermenge	97 Millionen Kubikmeter
Welche Höhe über NHN	108,0 Meter
pH-Wert	3,3
Füllstand Dezember 2011	93 Prozent

Spreetal – Wo sich zwei Schwestern küssen

Im grünen Tal der Spree

Eine Fahrt durch die Gemeinde Spreetal

*Wie die Perlen an einer Kette
am grünen Strand der beiden Spreen,
reihen sich sieben Dörfer zu der Stätte,
wo zwei Schwestern eng zusammengeh'n.
Die kleine Spree die große küsst,
im schönen Spreetal, wie ihr wisst.*

Spreetal zählt zu den schönsten Gemeinden im Seenland. Denn hier zeigt sich vielerorts die Mittellausitz von ihrer romantischsten Seite. Die Lausitzer Heide ist fast allgegenwärtig. Riesige wild- und pilzreiche Wälder, unterbrochen von kleinen Flusstälern und großen neuen Seen, behüten die sieben Dörfer, die sich im Jahr 1996 zur Gemeinde Spreetal zusammengeschlossen haben. Besonders abends, wenn die Sonne in die Kiefernheide mit letzter Kraft hineinstrahlt, beginnt diese in einem wunderschönen Licht zu leuchten. Es scheint, als würde die überaus reiche Sagenwelt der Gegend wieder lebendig werden.

Auch die Dörfer sind wahre Schmuckstücke. Uralte Vierseiten-Bauerngehöfte, wo schon seit hunderten Jahren die Hühner im von vielen Obstbäumen bestandenen Garten gackern, sich eine Katze auf dem Dach sonnt und die blühenden Dahlien im Gärtchen vor dem Haus leicht im Wind nicken. An den lauen Sommerabenden trifft man sich auf der kleinen Bank an der Dorfstraße und lässt den zu Ende gehenden Tag noch einmal Revue passieren. Kein Wunder, dass die Spreetaler so sehr an ihrer Heimat hängen.

Die Gemeinde befindet sich unmittelbar an der Grenze zur Niederlausitz und damit zu Brandenburg. Einst führte die Landesgrenze direkt durch den Ortsteil Spreetal, bis sich die Einwohner im Rahmen einer Bürgerbefragung für Spreetal entschieden haben und Spreetal liegt nun mal in Sachsen. Es gab sogar Fälle, wo die Grenzlinie direkt durch Häuser führte und in einem Falle gar durch ein Ehebett. Die Frau schlief in Sachsen, ihr daneben ruhender Mann dagegen in Brandenburg.

Kurios ist auch, dass alle Ortsteile in den Tälern der Großen oder der Kleinen Spree liegen, außer der Ortsteil Spreetal selbst. Darüber hinaus gehört die Gemeinde Spreetal mit einer Gemarkungsfläche von immerhin etwa 109 km² zu den flächengrößten in Sachsen. Gut 2000 Menschen leben in dieser Gegend zwischen Spremberg und Hoyerswerda.

Vom Kohle- zum Seenland

Fast von jedem Dorf der Kommune aus kann man den Industriepark Schwarze Pumpe/Spreetal mit dem neuen Braunkohlenkraftwerk als Wahrzeichen erblicken. Das Areal zählt noch heute zum größten Arbeitgeber der Region. Dort verläuft wiederum die sächsisch-brandenburgische Grenze mitten durch. Bis kurz nach der Wende prägte auch in Spreetal die Kohle- und Energiewirtschaft massiv das Landschaftsbild. Inzwischen ist längst der Bergbau in der Gegend eingestellt. Drei größere Gewässer des heutigen Lausitzer Seenlandes sind daraus hervorgegangen. Der Spreetaler See in der Nähe des namensgebenden Ortsteils, soll einmal zum Motorbootzentrum entwickelt werden. Bernstein- und Scheibesee sind dagegen als Wasserspeicher und Areale für den sanften Tourismus vorgesehen.

Ohnehin sind in der Gemeinde Spreetal Touristen jederzeit sehr willkommen. Die Kommune

Impression aus Burg

Ländliche Idylle auf einem Bauernhof in Burg

Die sorbischen Kantorki in Neustadt (Spree)

hat keine Kosten und Mühen gescheut, eine attraktive touristische Infrastruktur aufzubauen. So durchqueren heute der Frosch- und der Spree-Radwanderweg das Gemeindegebiet. Auf diesen beiden überregionalen Radlertrassen kann man die schönsten Seiten Spreetals bequem kennen lernen. Zahlreiche Rastplätze und drei Lehrpfade bringen den Radwanderern Geologie, Siedlungsgeschichte und Forstwirtschaft der Region anschaulich nahe.

Darüber hinaus bietet der Billardclub Neustadt Schlauchbootfahren auf der Spree an. In ungefähr 2,5 bis vier Stunden kann die Spree zwischen Sprey und der Ruhlmühle erkundet werden. Besonders Naturliebhaber kommen dabei auf ihre Kosten.

In Burghammer wird im Sommer gern Strandvolleyball gespielt.

Wohnsiedlung im OT Burgneudorf

Dorfaue im OT Zerre

Typische Lausitzer Tradition: der Maibaum, hier auf der Spreewitzer Dorfaue

Das Vereinshaus in Spreewitz

Ein Dorf schöner als das andere

Sehenswert ist jedes der sieben Dörfer der Gemeinde Spreetal. Wer von Spremberg-Trattendorf in die Gemeinde einfährt, gelangt zunächst nach Zerre. Der ungewöhnliche Name rührt wohl daher, dass sich die frühere Besiedlung vom jetzigen Standort bis hinter die Große Spree (Radwanderweg) »dahinzerrte«. Besonders sehenswert ist der Dorfanger mit der Friedenseiche und dem Gedenkstein an die Feldzüge von 1871.

Nicht weit entfernt von Zerre befindet sich Spreewitz. Schon vor dem Dorf fällt sofort die wunderschöne Fachwerkkirche von 1688 ins Auge. Im nahen Park, nah des Froschteichs, fließen die Kleine und die Große Spree ineinander. Besonders empfehlenswert ist von Spreewitz ein Abstecher durch die romantische Siedlung Eichbusch nach Neustadt an der Spree. Dort wird das reichhaltige sorbische Brauchtum der Region intensiv gepflegt. In der »Sorbenscheune« findet man ein kleines Heimatmuseum mit viel Wissenswertem über die slawische Minderheit.

Zurück im Tal der Kleinen Spree gelangt man nach Burgneudorf, dem Hauptort der Gemeinde. Gleich am Ortseingang aus Richtung Spreewitz befindet sich das schmucke Verwaltungsgebäude.

Spreetal – Wo sich zwei Schwestern küssen

Es wurde in den 30er Jahren des 20. Jahrhunderts als Jugendlandheim erbaut. Später diente es als Kindergenesungsheim.

Badestrand und Heidelerchen

Nur zwei Kilometer südlich befindet sich Burghammer. Gleich hinter dem Ort erstreckt sich der Bernsteinsee, der frühere Tagebau Burghammer. Mittelfristig wird es hier Badestrand, Bootsanlegestelle und Aussichtspunkt geben. Sehenswert ist des Weiteren die im Jahr 1912 erbaute Klinkersteinkirche. Darüber hinaus sind zwei Holzblockhäuser, umgeben von hundertjährigen Eichen, im herkömmlichen Zustand erhalten.

Am südwestlichen Ufer des Bernsteinsees liegt ganz romantisch das Dörfchen Burg/OL. Das »OL« steht für »Oberlausitz«, da die Siedlung sonst mit Burg im Spreewald oder weiteren Orten gleichen Namens verwechselt werden könnte. Besonders bekannt ist die Künstlergruppe »Burger Heidelerchen«, die immer ein lustiges Lied auf den Lippen haben. Südlich des Dorfes gibt es einen interessanten Aussichtspunkt auf den Scheibesee. Dort kann man sich die Skater anschnallen und über den asphaltierten Weg am Seeufer die schöne Umgebung rollend erkunden.

Über die nahe Bundesstraße 97 ist in nördlicher Richtung schnell der Ortsteil Spreetal erreicht. Als Standort einer Brikettfabrik und Reparaturwerkstätten für Tagebaugeräte war die Siedlung viele Jahre als Industriestandort mit mehreren hundert Arbeitsplätzen von großer Bedeutung. Heute ist es in Spreetal eher still geworden. Dennoch gibt es einen sehr engagierten Dorfclub und Wassersportverein »Spreetaler Ostküste e.V.«, der zahlreiche kulturelle Aktivitäten organisiert. Darüber hinaus existieren auch hier einige romantische Ecken. So können beispielsweise Verliebte am neuen Aussichtspunkt wunderschöne Sonnenuntergänge über dem Spreetaler See genießen.

Wohnsiedlung im OT Spreetal

Blick in die Schule in Burgneudorf

Beitrag von:
Gemeindeverwaltung Spreetal
Spremberger Straße 25
02979 Spreetal OT Burgneudorf
Tel. (03 57 27) 52 00
Fax (03 57 27) 5 20 33
info@spreetal.de
www.spreetal.de

Die Spreewitzer Kirche

Der höchste Punkt des rund 230 Einwohner zählenden Dorfes wird bekrönt von einer wunderschönen Fachwerkkirche, von denen es in der Lausitz nicht mehr allzu viele gibt. Das jetzige Gotteshaus wurde am 16. August 1688 eingeweiht. Dicht neben ihr stand zuvor eine kleine Kapelle, die wegen Baufälligkeit abgerissen werden musste. Genau 100 Jahre nach der Einweihung der neuen Kirche brannte jedoch das gesamte Dorf nieder. Auch der Turmkopf stand bereits in Flammen. Durch schnelle Hilfe gelang es aber, das Turmdach niederzureißen und somit größere Schäden zu verhindern.

In den Jahren 1885 und 1910 erfolgten Erneuerungs- sowie Renovierungsarbeiten. Im Frühjahr 1945 fiel der runde Kirchturm den Kampfhandlungen

Gleich nebenan befindet sich der Friedhof.

Die Spreewitzer Fachwerkkirche

zum Opfer. Er wurde vier Jahre später in seiner heutigen achteckigen Form wieder aufgebaut. Bis in das Jahr 1953 gab es mehr oder weniger regelmäßig Gottesdienste in sorbischer Sprache. Vor der 300-Jahr-Feier der Kirche im August 1988 wurden erneut aufwändige Sanierungsarbeiten durchgeführt. Im Kirchenschiff sind die Orgel von 1811, die zahlreichen Wandmalereien, teilweise in Sorbisch, sowie der Altar und der Beichtstuhl besonders sehenswert. Der Kirchenschlüssel kann bei der evangelischen Kirchengemeinde Spreewitz erfragt werden.

Wo sich zwei »Schwestern« wieder vereinen

An der Mündung der Kleinen in die Große Spree

Ländliche Idylle prägt Spreewitz

Genau dort, wo sich die Kleine und die Große Spree wieder vereinen, befindet sich ein wunderschönes Parkgelände in dem kleinen Dorf Spreewitz. Wer die herrliche, typisch Mittellausitzer Dorfaue bis zur Brücke über die Kleine Spree hinunter schreitet, gelangt zunächst zum so genannten Froschteich. Er bildet den Ausgangspunkt für eine erholsame Wandertour in die Auen- und Mündungslandschaft der beiden Spree-«Schwestern«. Interessante Lehrtafeln und rustikale Holzbänke laden zum Verweilen ein. Am Ende des Weges schließlich ist der Höhepunkt erreicht: Die Mündung der Kleinen in die Große Spree.

Braunes Eisenwasser

Übrigens sind beide Flüsse deutlich voneinander zu unterscheiden. Dass die Kleine Spree dabei den schmaleren Strom bildet, sagt schon ihr Name. Doch besitzt auch ihr Wasser meist eine andere Färbung als ihre große Schwester. Intensive Ocker- bis Brauntöne kenzeichnen die Kleine Spree. Die Ursache für dieses Phänomen liegt in der relativ hohen Eisenoxidkonzentration des Wassers. Dies ist wiederum durch die intensive Bergbautätigkeit des Einzugsgebietes bedingt. Durch den Grundwasseranstieg nach Beendigung der bergbaulichen Tätigkeit werden aus den Kippen schwefel- und eisenhaltige Substanzen ins Spreewasser gespült.

Im weiteren Verlauf ist auch die Große Spree von der Braunfärbung betroffen. In Spremberg fanden zu dieser Thematik schon mehrere Veranstaltungen statt, in denen dieses Phänomen erklärt und mögliche Gegenmaßnahmen aufgezeichnet wurden.

Die »große Schwester« entspringt in drei Quellen im Lausitzer Bergland und fließt zügig durch Ebersbach und Schirgiswalde der Hauptstadt der Oberlausitz, dem über tausendjährigen Bautzen, entgegen. Dort ist das Niederland, sorbisch Delany, genannt, erreicht. Knapp zehn Kilometer nördlich von Budissin, wie die Stadt bis zum Jahr 1868 hieß, zweigt in einer deltaähnlichen Landschaft die Kleine Spree nach Westen vom Hauptfluss ab. Sie bringt es immerhin auf ein Wassereinzugsgebiet von 273 Quadratkilometern (Große Spree knapp 10 000 Quadratkilometer).

Nur 35 Kilometer allein

Nach der Durchquerung der Teichlausitz erreicht der meist nur relativ schmale Fluss kurz vor Lohsa das Seenland. Teilweise bis auf wenige Meter fließt er an den neu entstehenden Gewässern, beispielsweise dem Silbersee oder dem Dreiweiberner See, vorbei. In Spreewitz mündet die Kleine Spree nach einer Strecke von ungefähr 35 Kilometern wieder in ihre »große Schwester«.

Die Mündung bei Hochwasser im August 2010

Hier fließt die Kleine Spree (rechts) in ihre »große Schwester«.

Spreetal – Wo sich zwei Schwestern küssen

Auf Lausitzreise mit Mütterchen Spree

Fluss durchquert drei Hauptstädte

Die Lausitz ohne die Spree? Einfach unvorstellbar! Es gebe nicht nur keinen Spreewald, keine Talsperre Spremberg und keine malerische Bautzener Altstadtkulisse, sondern dann läge auch Cottbus auf dem Trockenen. Dieser Fluss gehört seit jeher zur Lausitz, wie auch die Lausitz ohne Spree kaum denkbar wäre.

Der fast genau 400 Kilometer lange Strom durchquert alle wichtigen Gegenden der östlichsten Landschaft Deutschlands. Die dort lebenden Menschen mögen ihn sehr. Deshalb wird der Fluss auch liebevoll »Mütterchen Spree« genannt. Im vergangenen Jahrhundert hat der Mensch allerdings viel Schindluder mit der Spree getrieben. Abwässer wurden eingeleitet, der Flusslauf begradigt und auf längeren Abschnitten gänzlich verlegt. Dennoch konnte die Spree viel von ihrer ursprünglichen Schönheit behalten. An manchen Orten, etwa in der Aue nördlich von Cottbus, hat der Mensch dem Strom sogar eine neue Aue verschafft.

Doch so lieblich die Spree in der Regel auch vor sich hin plätschert, das »Mütterchen« kann auch böse werden. Und zwar, wenn es viel Wasser führt, zu viel Wasser. Allein im Jahr 2010 trat der ansonsten beschauliche Fluss drei Mal über die Ufer. Größere Schäden hatte es glücklicherweise nicht gegeben. In früheren Jahrzehnten war bei Sommerhochwassern öfter die ganze Ernte vernichtet. Das kommt heute dank eines ausgeklügelten Schutzsystems kaum mehr vor.

Fluss mit drei Quellen

»Geboren« wird die Spree an drei verschiedenen Stellen. Denn drei Quellen speisen den Fluss. Am bekanntesten dürfte der ummauerte Quelltopf am Westhang des Kottmars, der mit 582 Metern zweithöchsten Erhebung des Lausitzer Berglands, sein. Eine weitere Quelle befindet sich im Spreeborn im Oberlausitzer Industriestädtchen Ebersbach. Die dritte im Bunde, die die ergiebigste sein soll, liegt nur einen Steinwurf vom Neugersdorfer Bad entfernt.

Ein paar Kilometer weiter in nordwestlicher Richtung fließt die Spree für rund 700 Meter über tschechisches Gebiet. Vor Schirgiswalde wendet sie sich nach Norden und strömt durch ein landschaftlich herrliches Auf-und-Ab-Gebiet der Oberlausitzer Hauptstadt entgegen.

Was wäre Bautzen ohne die Spree? Der Fluss prägt entscheidend das Stadtbild. Hoch über dem

Sandsäcke stapeln bei Hochwasser in Spremberg.

Fluss auf granitenen Felsen erhebt sich die malerische Altstadt der über 1000-jährigen Metropole. Nördlich von Bautzen weitet sich die Spree zur Talsperre.

Bald ist das Oberlausitzer Heide- und Teichland erreicht. Nördlich von Uhyst bahnt sich der Fluss durch ein menschengeschaffenes Bett. Wegen der Tagebaue Bärwalde und Nochten wurde der Strom in diesem Bereich verlegt und kanalisiert. Lediglich bei Bärwalde hat sich der Rest der ursprünglichen Auenlandschaft erhalten. Reizvoll ist auch der Abschnitt zwischen Neustadt und der Talsperre Spremberg. In manchen Abschnitten fühlt man sich an ein sanftes Flusstal im Mittelgebirge erinnert.

Eldorado für Vögel

Hinter Spremberg befindet sich die nächste Talsperre. Diese Anlage ist ungefähr zehn Jahre älter als ihr Pendant bei Bautzen. Sie dient ebenfalls dem Hochwasserschutz. Darüber hinaus gilt der Stausee nicht nur als beliebtes Naherholungs-, sondern auch als Vogelschutzgebiet. Besonders im Herbst nutzen unzählige gefiederte Freunde die große Wasserfläche zur Rast.

Nördlich von Cottbus hat der Mensch der Spree einen Teil ihres ursprünglichen Verlaufes und Aussehens zurückgegeben. Als Ausgleich für die vom Bergbau in Anspruch genommenen Lakomaer Teiche wurde ein Teilabschnitt des Flusses renaturiert und eine Auenlandschaft neu begründet.

Westlich der Fischerstadt Peitz beginnt im Baruther Urstromtal der weltbekannte Spreewald. Dort verzweigt sich der Fluss in zahlreiche Fließe mit einer Gesamtlänge von rund 1000 Kilometern. Seit 1991 ist die Niederungslandschaft als Biosphärenreservat anerkannt.

Blick vom Kottmar, an dem die Spree entspringt.

Stromabwärts vom Spreewald ist der Abschnitt der großen Seen gekommen. Zunächst durchströmt die Spree den Neuendorfer See nahe des gleichnamigen Ortes und ungefähr 20 Kilometer östlich den Schwielochsee. Die Flussreise führt anschließend durch die historisch bedeutsamen Städte Beeskow und Fürstenwalde weiter.
Als »Müggelspree« erreicht der Fluss schließlich die deutsche Hauptstadt Berlin. Im Stadtteil Charlottenburg mündet er nach 400 Kilometern in die Havel. Davon befinden sich übrigens 46 Kilometer auf Berliner Gebiet.

Fluss fließt bisweilen »rückwärts«

Die Spree gilt als sehr langsam fließendes Gewässer. Lediglich 50 Zentimeter bewegt sich das Wasser pro Sekunde. Kurz vor der Mündung sinkt dieser Wert auf neun Zentimeter ab. Während der Hochzeit der Lausitzer Braunkohlentagebaue war die Spree wesentlich wasserreicher. Damals wurde das Grundwasser in den Fluss gepumpt, damit es den Abbau der Kohle nicht behindere. Seitdem nach der politischen Wende 1989/1990 die Fördertätigkeit des schwarzen Goldes massiv zurückgegangen ist, hat die Spree ein Wasserproblem. Es ist nämlich zu wenig vorhanden. Im heißen Sommer 2003 begann der Fluss »rückwärts« zu fließen, hatten die Hydrologen festgestellt. Wissenschaftler hoffen nun,

Hafen in Burg im Spreewald

Tosende Fluten bei Hochwasser

Majestätisch erhebt sich die Bautzener Altstadt über dem Tal der Spree.

Eine der drei Spreequellen: Diese befindet sich am Westhang des Kottmars.

dass sich mittel- bis langfristig ein neues Gleichgewicht einstellt, das der Spree dauerhaft Wasser beschert.

Für Touristen hat der Spreelauf jede Menge zu bieten. Am besten lassen sich die Sehenswürdigkeiten links und rechts des Ufers auf dem Spreeradweg erkunden. Dieser folgt dem Fluss von den Quellen bis zur Mündung.

Unbedingt ansehen sollten sich die Gäste die Altstädte von Schirgiswalde, Bautzen, Spremberg, Cottbus, Lübbenau, Lübben und Beeskow. Und im Spreewald ist eine Kahnfahrt ein Muss.

Wer es ruhiger mag, stoppt bereits in der Weite der Lausitzer Heide zwischen Uhyst und Spremberg. Dort kann es vorkommen, dass man auf Dutzende Kilometer keinen Menschen mehr trifft. Für eine Tour entlang der Spree sollte man eine ganze Woche einplanen. Dann haben die meisten auch verstanden, warum die Lausitzer so liebevoll von ihrem »Mütterchen Spree« sprechen.

Spreetal – Wo sich zwei Schwestern küssen

Lausitzer Urgestein
Wegweisend durch traditionelle Werte

Als im Jahr 1880 Matthes Krautz in Neustadt an der Spree in einer Ziegelei die Produktion von Handstrichziegeln begann, war nicht abzusehen, dass damit eine heute über 130-jährige Familientradition in der Herstellung von Baustoffen ihren Anfang nehmen sollte. Im Wandel der Zeit entwickelte sich das Produktionssortiment des Unternehmens von gebrannten Lehmziegeln über einfache Betonwaren bis hin zu attraktiven Pflaster- und Plattenbelägen für den Straßen-, Garten- und Landschaftsbau mit einem, auch emotional ansprechenden Gestaltungsspielraum für die Außenanlagen verschiedenster moderner, aber auch historischer Gebäude, Wohnanlagen, Parks, Ortsdurchfahrten und vielem mehr. Nach der Enteignung im Jahr 1972 leitete Richard Krautz das Unternehmen als Betriebsdirektor weiter. 1990 kaufte dann seine Witwe Elsbeth Krautz das Unternehmen zurück und ermöglichte den Aufbruch in ein neues, attraktives aber auch nicht immer einfaches Kapitel der Unternehmensgeschichte. Margitt Struck und Tochter Tabita Struck leiten seit diesem Zeitpunkt in vierter und fünfter Generation erfolgreich die Geschicke des Unternehmens Krautz Beton und Baustoffe in Neustadt (Spree).

Qualität aus heimischen Rohstoffen

Als mittelständischer Betrieb mit rund 30 Beschäftigten hat sich der Betrieb auf die Fertigung von mehrfarbig nuancierten, mit verschiedenen Oberflächenstrukturen versehenen, hochwertigen Pflaster- und Plattenbelägen spezialisiert, mit denen Architekten und Landschaftsplaner, ebenso private Bauherren, eine individuelle, attraktive Gestaltung von Außenanlagen anspruchsvoll und kreativ umsetzen können.

Eine starke Verankerung in der Region, entwickelt aus der Historie heraus, Kies aus Boxberg, Splitte aus Schwarzkollm, dazu Zuverlässigkeit, Termintreue, Servicequalität und Lieferung der Produkte mit firmeneigenen Fahrzeugen sind Merkmale, die dem Unternehmen kontinuierlich ein zuverlässiges zielführendes Image verleihen.

Der Region ein Gesicht geben

In der Region des Lausitzer Seenlandes gibt es wirklich fast in jedem Ort repräsentative und emotional ansprechende Objekte, deren Außenanlagen unter anderem mit dem als Natursteinersatz konzipierten Pflastersystem »Via Castello« versehen sind, welches inzwischen der Schwerpunkt im Sortiment von Krautz-Beton geworden ist. Die gedeckten, warmen und farblich nuancierten Oberflächen erinnern einerseits an Sandstein oder Muschelkalk, andererseits an Lausitzer Granit oder antiken Porphyr. Sie sind von natürlichen Steinen kaum zu unterscheiden und lassen erfreuende Gestaltungslösungen schaffen. Obendrein besitzen die Steine ganz hervorragende Eigenschaften wie Farbtreue, die angenehme Begehbarkeit, geringe Rollgeräusche sowie eine effektive Entwässerung durch die Fugenbreite sowie das Fugenfüllmaterial.

Spreetal – Wo sich zwei Schwestern küssen

Die Renaissancefestung in Senftenberg, das Besucherbergwerk in Lichterfeld, die Uferpromenade in Boxberg am Bärwalder See sowie der Verwaltungskomplex der Vattenfall Europe Mining & Generation in Cottbus sind nur einige wenige repräsentative Beispiele für die vielfältigen Möglichkeiten einer individuellen Gestaltung von Wohn- und Lebensbereichen, die mit den, im Neustädter Unternehmen entwickelten Bodenbelägen einladend, behaglich und auch angenehm entspannend wirken.

Vielfalt für verschiedene Ansprüche

Mit zwei modernen Steinfertigungsanlagen, sowie Anlagen zum Veredeln und zum künstlichen Altern von Betonsteinen kann das Unternehmen flexibel, qualitativ und quantitativ ein sehr breites Spektrum der Gestaltungsforderungen abdecken. »Vielfalt in Beton« zu bieten, gehört zur Firmenstrategie und trägt als wesentlicher Faktor seit Jahren zur Festigung der Position des Unternehmens auf dem hart umkämpften Markt bei.

Mit dem Engagement in regionalen Netzwerken und dem Bewahren der dem Betrieb und seinen Geschäftsführern eigenen Authentizität werden weitere Synergien für eine erfolgreiche Firmenentwicklung in den kommenden Jahren generiert. In einem für die Zukunft geplanten Mustergarten können sich Gäste und Besucher der Lausitzer Seenland-Region auch vor Ort von Kompetenz, Innovation und regionaler Verbundenheit überzeugen und zu Ideen für eine stilvolle Gestaltung ihrer Vorhaben ein wenig inspirieren lassen.

Krautz
VIELFALT IN BETON

Beitrag von:
Krautz Beton-Stein GmbH & Co.KG
Dorfstraße 27· 02979 Spreetal OT Neustadt (Spree)
Tel. (03 57 73) 7 40 · Fax (03 57 73) 7 42 20
info@krautz-beton.de · www.krautz-beton.de

Hoyerswerda – die Stadt der zwei Gesichter

»Herz des Seenlandes« begeistert mit Charme und Charakter

*Ein Zentrum neu, ein Zentrum alt,
drum herum viele Seen und Wald,
durch die Stadt die Elster strömt,
die Menschen mit Idyll verwöhnt,
dazu die Lausitzhalle, Schloss und Zoo,
kurzum: Hoyerswerda macht einfach froh!*

Hoyerswerda bezeichnet sich gern als das »Herz des Lausitzer Seenlandes«. Doch die knapp 40 000 Einwohner zählende Stadt ist aus geografischer Sicht ebenso der Mittelpunkt der Lausitz und gleichzeitig das Zentrum der Mittellausitz. Diese Bezeichnung beschreibt den Landstrich der riesigen Heidegebiete, etwa von Schwarzheide im Westen bis zur Lausitzer Neiße bei Bad Muskau und Rothenburg im Osten. Nicht zuletzt zählte der einstige Kreis Hoyerswerda zu den waldreichsten in Sachsen, ebenso zuvor im Bezirk Cottbus und auch noch früher in Niederschlesien. Hoyerswerda war einst ein kleines, aber feines Ackerbürgerstädtchen in dieser waldreichen Gegend. Der Name der Stadt geht wahrscheinlich auf den Grafen Hoyer von Friedeberg zurück. Eine Besitzurkunde aus dem Jahr 1272 bescheinigt dem Grafen die Rechte an der späteren Stadt. In dieser Zeit ließen sich deutsche Siedler an dieser Stelle eine Wasserburg erbauen. Es ist anzunehmen, dass damit die Keime für die spätere Siedlung gelegt worden sind. Die älteste bislang bekannte Urkunde stammt aus dem Jahr 1268, in der Hoyerswerda in einer Teilungsurkunde des Markgrafen von Brandenburg genannt wird.

Turbulente Zeiten

Schnell entwickelte sich die Ansiedlung zu einer Grenzfeste zwischen Böhmen – viele Jahrhunderte Besitzer der Herrschaft Hoyerswerda – und Brandenburg. Am 19. Dezember 1423 erteilte ein Freiherr von der Duba das Stadtrecht.
Die folgenden Jahrhunderte verliefen recht turbulent. So erfolgte 1467/1468 die Belagerung und spätere Zerstörung der Burg Hoyerswerda, die damals als Zuflucht für die Hussitenanhänger diente, durch die Truppen des Oberlausitzer Sechsstädtebundes. Von Bauernunruhen berichtet die Chronik aus den Jahren 1525 und 1527.
Durch die Wirren des Dreißigjährigen Krieges kam Hoyerswerda aufgrund des Prager Friedensschlusses, wie auch die übrige Lausitz, zum Kurfürstentum Sachsen.
Eine Blütezeit wurde der Stadt während der 32-jährigen Herrschaftszeit der Herzogin und Reichsfürstin Ursula Katharina von Teschen vergönnt, die im Jahr 1705 begann. Das kleine Städtchen erfuhr einen großen Aufschwung. Durch massive Umbauarbeiten am und im Schloss wurde das städtische Handwerk großzügig gefördert. Die sächsische Zeit ging im Zuge des Wiener Kongresses von 1815 zu Ende. Damals wurde Hoyerswerda Preußen zugeteilt. Die Stadt wurde Sitz des westlichsten Kreises Niederschlesiens. Der industrielle Aufschwung setzte im letzten Drittel des 19. Jahrhunderts ein. Eisenbahn, Glasindustrie und Braunkohlenbergbau sorgten für eine rasche Entwicklung. Die Stadt wurde erweitert, die Bevölkerung stieg von 2300 Menschen im Jahr 1850 auf 6000 im Jahr 1910. Zum Ende des Zweiten Weltkrieges wurde Hoyerswerda zur Festung erklärt. Durch Kampfhandlungen und willkürlich gelegte Brände gingen 40 Prozent des Stadtkerns verloren. Hoyerswerda hatte zu dieser Zeit etwa 7000 Einwohner.

Aufbau einer »sozialistischen Wohnstadt«

Mitte der 1950er Jahre sollte sich das Stadtbild Hoyerswerdas grundlegend wandeln. Im Zuge

Am Schloss

Während des Stadtfestes ist Hoyerswerda Lausitzer »Partyhauptstadt«.

Hoyerswerda – pulsierendes Herz im Seenland

des Aufbaus des rund 20 Kilometer entfernten Energie- und Gaskombinates Schwarze Pumpe wurde die Neustadt als »sozialistische Wohnstadt« östlich der Schwarzen Elster und des bisherigen Städtchens errichtet.

Gingen die Planer zunächst von einer Einwohnerzahl von 38 000 Menschen aus, lebten um das Jahr 1982 rund 71 000 Leute in der Stadt. So entstanden bis zum Ende der 1980er Jahre zehn Wohnkomplexe, in der Umgangssprache einfach »WKs« genannt, sowie das neue Stadtzentrum mit der Lausitzhalle und dem Kaufhaus als Mittelpunkt.

Auf dem Lausitzer Platz in der Neustadt

Mit der politischen Wende der Jahre 1989/1990 begannen in Hoyerswerda tief greifende Veränderungen. Durch die Schließung unzähliger Tagebaue und Kohle verarbeitender Betriebe gingen in der gesamten Region fast 150 000 Arbeitsplätze in sämtlichen Bereichen verloren. Diese Zahl konnte nicht annähernd ausgeglichen werden. Dadurch wanderte fast die Hälfte der ursprünglichen Einwohner, zumeist in Richtung West- oder Süddeutschland, ab. Ab 1999 begann der Rückbau von zahlreichen Wohnblöcken in der Neustadt. Immerhin konnte das Stadtgebiet durch zahlreiche Eingemeindungen erheblich vergrößert werden. Derzeit leben nur noch knapp 40 000 Menschen in der Stadt, die im Jahr 2008 ihre Kreisfreiheit verlor und jetzt zum Landkreis Bautzen gehört.

Seenland ist Riesenchance

Das Lausitzer Seenland bietet eine riesige Chance für die Stadt, sich als ein touristischer Mittelpunkt in der Region zu etablieren. Immerhin ist die zentrale Tourist-Information für die neu entstehende Landschaft in Hoyerswerda etabliert (am Marktplatz). Darüber hinaus wurden seit der Wende große Anstrengungen in die Sanierung der Altstadt gesetzt. Und es hat sich gelohnt: Wenn man durch die Lange Straße spaziert, könnte man meinen, man befinde sich in Rothenburg ob der Tauber. Alle Sehenswürdigkeiten wie das Schloss

Blick vom blühenden Stadtrand auf den Turm der Johanneskirche

mit dem Museum, der Zoo, der Markt, die Johanneskirche und selbst der Lausitzer Platz als Zentrum der Neustadt befinden sich nur wenige Gehminuten entfernt.

Hoyerswerda wird sich wohl mittelfristig wieder zu jenem ursprünglichen liebenswerten Städtchen entwickeln, dass es einmal zu seiner Blütezeit gewesen ist.

Von einem alten jungen Kirchturm

Schon von weitem ist der Kirchturm der Hoyerswerdaer Johanneskirche zu sehen. Doch erst seit gut einem Vierteljahrhundert gibt es wieder dieses Antlitz. Man schrieb die Jahre 1984/1985, als der Turm nach barockem Vorbild neu entstand. Drei Jahrzehnte mussten die Hoyerswerdaer auf

Zu Erntedank gibt es die Kirche sogar im Kleinformat zu bewundern.

ihn verzichten. Seit jenen Apriltagen 1945 war der »Finger Gottes« nur noch eine Ruine. Durch die Kampfhandlungen eingestürzt, fielen die Trümmer auf das Kirchenschiff und zerstörten dessen spätgotisches Gewölbe sowie einen Großteil der reichhaltigen Ausstattung.

Die Geschichte der größten Kirche Hoyerswerdas reicht unterdessen viele hundert Jahre zurück. Das spätgotische Gotteshaus soll 1346 das erste Mal erwähnt worden sein. Das eigentliche Kirchengewölbe baut sich auf die acht steinernen Pfeiler auf. Direkt in der Mitte befindet sich die Kanzel. Am 19. April 1945 ging dieses Ensemble im Orkus der Geschichte unter. Bis auf die Grundmauern wurde das Gotteshaus zerstört.

Der Wiederaufbau begann im Jahr 1951 mit der Kirchturmsicherung. Zwei Jahre später fand das Richtfest für das Dach statt. Der erste Gottesdienst wurde 1955 in der Kirche gefeiert. Zum Kirchweihfest 1957 erhielt das Bauwerk die Bezeichnung »Johanneskirche« in Erinnerung an den Johannestag von 1540. Damals wurde durch den ehemaligen Mönch Basilius Laurentius die erste evangelische Predigt in Hoyerswerda gehalten. Im Jahr 1985 erfolgte schließlich die Neubekrö-

Charakteristisch ist die »welsche Haube« auf dem Kirchturm.

nung des Kirchturms. Er erhielt die historische, bis Mitte des 19. Jahrhunderts bestandene Form. Seitdem blickt der 55 Meter hohe Turm stolz über das Lausitzer Seenland.

221

Hoyerswerda – pulsierendes Herz im Seenland

Von der Alt- zur Neustadt

Ein Bummel quer durch Hoyerswerda

Hoyerswerda liegt im Norden des Landkreises Bautzen, dicht an der Grenze zu Brandenburg. 1423 erhielt die Stadt das Privilegium über das Stadtrecht und das Recht der freien Ratswahl. Etwa 200 Jahre später lebten hier etwa 800 Einwohner. Die Stadt blieb lange Zeit ein Ackerbürgerstädtchen. Mit dem Beginn des Industriezeitalters veränderte sich das nachhaltig. Die großen Sandvorkommen in der Region wurden nun zum Rohstoff für die Glasindustrie. Die wichtige Eisenbahnstrecke Falkenberg (Elster) – Kohlfurt (Schlesien) verhalf Hoyerswerda zu einer größeren wirtschaftlichen Bedeutung.

Diese wurde in den 1950er Jahren mit dem Abbau, der Veredlung und der Verstromung der riesigen Braunkohlevorkommen im Lausitzer Revier wesentlich verstärkt. Hoyerswerda entwickelte sich nun zur Wohnstadt der Lausitzer Kohlekumpel und vor allem der Arbeiter des Gaskombinates Schwarze Pumpe. Die Einwohnerzahl wuchs explosionsartig von 8000 (um 1945) auf über 71 000 zu Beginn der der 1980er Jahre. Aus allen Teilen der damaligen DDR waren vor allem junge Familien in die Stadt in der Lausitz gekommen. Hier wurden Arbeitskräfte gebraucht, es gab die begehrten Neubauwohnungen und man verdiente gut.

Denkmal an die Domowina-Gründung

Neu gestalteter Park vor dem Lausitz-Center

Mit der Wende veränderte sich das dramatisch. Ende des Jahres 2011 leben rund 36 000 Menschen in der Stadt und den dazu gehörenden Ortsteilen. Der Altersdurchschnitt liegt bei etwa 50 Jahren.

Das stellt die Stadt vor die Aufgabe, ihre Entwicklung ständig an diese demografischen Veränderungen anzupassen. So musste Wohnraum in Größenordnungen zurückgebaut werden. Hoyerswerda jedoch allein auf diesen Rückbau zu reduzieren, ist falsch. Vor den Toren der Stadt entsteht mit dem Lausitzer Seenland eine neue Landschaft, deren touristische Anziehungskraft künftig auf Hoyerswerda ausstrahlen wird.

Zahlreiche Sehenswürdigkeiten

Das Lausitzer Seenland Klinikum, das Lausitz-Center, die Lausitz-Halle, das Lausitz-Bad mit seiner wunderschönen Sauna-Anlage, der Zoo, das Kino, die Kulturfabrik, die Schulen mit Profilen, die wesentlich über das »normale« sächsische Angebot hinausgehen, ein breites kulturelles und sportliches Vereinsleben, ausreichende Kinderbetreuungsplätze und eine immer attraktiver werdende Umgebung – das sind die Dinge, die in der Stadt erhalten wurden und werden.

Für einen Rundgang eignet sich der Markt als Ausgangspunkt. Er präsentiert gemeinsam mit dem Schloss den Mittelpunkt der Altstadt. Auf der Westseite befindet sich das historische Rathaus, ein dreigeschossiger Renaissancebau aus dem Jahr

Am Marktplatz

Hoyerswerda – pulsierendes Herz im Seenland

Das Hoyerswerdaer Schloss ist das älteste Gebäude der Stadt.

1449. An den weiteren Seiten des Marktes gab es einst Hotels und Bürgerhäuser sowie Wohnhäuser für Handwerker. Von den ansässigen Gewerken zeugen noch heute die Namen Fischerstraße, Schlossergasse und Braugasse.

Die Lange Straße, die vom Schloss aus über den Markt und die Kirchstraße zu erreichen ist, war zu diesem Zeitpunkt die längste ihrer Art in der Stadt. Immerhin misst sie 220 Meter. Sie wurde als Handwerkergasse angelegt und folgt in ihrem Verlauf einem ehemaligen, jetzt zugeschütteten Arm der Schwarzen Elster. Auf jedem einzelnen Meter kann man das mittelalterliche Flair regelrecht einatmen.

Blick vom Markt in die Kirchstraße

Computererfinder und Sorbenbund aus einem Haus

In der Braugasse befindet sich das Gesellschaftshaus, das ehemalige Lessinggymnasium. Zu den Schülern zählte einer der bekanntesten Söhne der Stadt, der Erfinder des ersten Computers und Ehrenbürger von Hoyerswerda, Konrad Zuse (1910 bis 1996). Darüber hinaus wurde im Saal des früheren Gymnasiums im Jahr 1912 der Bund der Lausitzer Sorben, die »Domowina« (deutsch: »Heimat«), gegründet.

Vom Markt zum Schloss

Die historische Postmeilensäule auf dem Markt gibt die Entfernungen in sächsischen Meilen an. Nur wenige Schritte östlich lädt das Schloss ein. Mit seinen viele hunderte Jahre alten Grundmauern ist es das älteste Gebäude der Stadt. Die Gründung erfolgte im späten 13. Jahrhundert. Im 18. Jahrhundert wurde es zum Wohn- und Repräsentationssitz der Fürstin Ursula Katharina von Teschen umgestaltet. Während ihrer Herrschaft hat sie sich besonders um die Entwicklung von Handwerk und Handel verdient gemacht. Heute befindet sich im Schloss ein sehenswertes Museum mit zahlreichen stadtgeschichtlichen Ausstellungsstücken.

Zu Gast im Zoo

Gleich nebenan lädt der Zoo ein. Mit seinen 1200 Tieren in etwa 200 Arten avanciert der Zoo aber auch zur Lehr- und Forschungsstätte für den Natur- und Artenschutz. Darüber hinaus ist die Einrichtung für ihre Raubkatzenzucht landesweit bekannt.

Wer vom Zoo in Richtung Neustadt möchte, muss die Schwarze Elster überqueren. Der Fluss bildet die Grenze zwischen der Altstadt und der Neustadt. Im Wohnkomplex I, in der Liselotte-Herrmann-Straße 20, lebte von 1960 bis 1968 die Schriftstellerin Brigitte Reimann. In ihrem Roman »Franziska Linkerhand« hat sie ihre Erfahrungen zum Leben in der Stadt der damaligen Zeit beschrieben.

Im Zentrum der Neustadt, rund um den Lausitzer Platz, befindet sich mit der Lausitzhalle und der Einkaufsmeile Lausitz-Center mit ihren 60 Geschäften das kulturelle Herz der Stadt. Im Sommer laden die schönen Wasserspiele auf dem Lausitzer Platz zum Verweilen ein.

Ortsteile locken

Lohnenswert ist auch stets ein Besuch in sämtlichen Ortsteilen. Der Zauber des sorbischen Zaubermeisters Krabat lebt vor allem in Schwarzkollm fort, Sorbisches Vereinsleben wird in Bröthen-Michalken und Zeißig gepflegt. Osterreitertraditionen gibt es in Dörgenhausen. In der »Energiefabrik Knappenrode« wurden Bergbau und Brikettherstellung nicht nur museumstechnisch aufbereitet. Das Museum macht auch als ganz besondere Kulturstätte und Veranstaltungsort immer wieder von sich reden und lockt so Besucher aus allen Teilen Deutschlands nach Knappenrode oder eben nach Hoyerswerda – und damit in die Lausitz.

Im Sommer locken zahlreiche Feste nach Hoyerswerda und in die Ortsteile. Hier wird in Schwarzkollm das Hoffest gefeiert.

Beitrag von:
Touristinformation Lausitzer Seenland
Schlossergasse 1 · 02977 Hoyerswerda
Tel. (0 35 71) 45 69 20 · Fax (0 35 71) 45 69 25
touristinfo@lausitzerseenland.de
www.lausitzerseenland.de · www.hoyerswerda.de

Hoyerswerda – pulsierendes Herz im Seenland

LebensRäume Hoyerswerda eG – mehr als gewohnt

Der Name ist Programm

Wohnbeispiel Stadtvilla in der Liselotte-Herrmann-Straße in Hoyerswerda

Das Wort »Leben« im Namen der Wohnungsgenossenschaft steht im weitesten Sinne für Wohnen, Wohlfühlen und soziales Engagement. Mit »Räume« sollen nicht nur die Dienstleistungen für modernes Wohnen beschrieben werden, sondern auch das Engagement für Stadtumbau und die Verbesserung des Wohnumfelds. So sind die in der Vergangenheit entstandenen »Hingucker« der LebensRäume Hoyerswerda eG aus dem Stadtbild nicht mehr wegzudenken.

Genossenschaft (er)leben

Bei der Genossenschaft sind die Bewohner keine Mieter, sondern Mitglieder und haben mit ihrem Dauernutzungsvertrag ein lebenslanges Wohnrecht. Außerdem entscheiden sie dank genossenschaftlicher Selbstverwaltung mit, was in ihrem Haus und ihrem Wohngebiet läuft. Zum guten Wohnen gehört natürlich nicht nur eine gute Wohnung. Vielmehr wird das gute Wohnen bei der LebensRäume Hoyerswerda eG durch exzellenten Service und »gelebte Nachbarschaft« noch besser. Mehr als gewohnt – damit sich jeder wohlfühlt! Zahlreiche Veranstaltungen und Mitmachangebote fördern die Geselligkeit und regen zum aktiven Mittun an, ob Winterwanderung, Busfahrt, Radeltour, Kinderveranstaltungen, Beach-Volleyballturniere oder Beratungsangebote und Vorträge – das Miteinander steht im Vordergrund der Bemühungen.

Qualitätsarbeit mit Brief und Siegel

Die LebensRäume Hoyerswerda eG ist nach der aktuellsten Qualitätsnorm DIN EN ISO 9001:2008 zertifiziert. Bei diesem Zertifizierungsverfahren wurde die »Bewirtschaftung und Verwaltung von eigenen und fremden Wohn- und Geschäftsimmobilien« genauestens geprüft. Genossenschafter und Geschäftspartner können also gewiss sein, dass die LebensRäume Hoyerswerda eG auf einem hohen Niveau agiert und Kundenzufriedenheit eine große Bedeutung hat.

Wohnen, wie man wohnen will

Um die Möglichkeiten einer Wohnungsumgestaltung geeignet zu veranschaulichen, hat die Genossenschaft in ihrem Geschäftsgebäude ein Ausstellungszentrum mit »Wohnvarianten zum Anfassen« eingerichtet. Neben Wohnraumverschönerungsmaßnahmen und »wohnlichen« Erleichterungen werden dort auch einfache Alltagserleichterungen vorgestellt. Durch die zahlreichen Ideen, von der extravaganten Wand- und Deckendekoration über raffinierte Küchendetails bis hin zu modernen, aber auch seniorengerechten Dusch- und Badevarianten können sich Interessenten ein reales Bild verschaffen. Die LebensRäume Hoyerswerda eG ist davon überzeugt, dass ein jeder die passende Wohnung in Hoyerswerda, Lauta, Laubusch, Lohsa, Knappenrode, Groß Särchen, Spreetal oder Burgneudorf findet.

Zu Gast im Lausitzer Seenland

Um auch kurze Besuche in der Mitte der Lausitz vollends genießen zu können, bietet die LebensRäume Hoyerswerda eG den Gästen zur Erkundung des Lausitzer Seenlands vollständig eingerichtete Gästewohnungen in zentraler Lage an. Hier kann sich jeder ganz wie zu Hause fühlen. Reservieren ist per Telefon oder Internet jederzeit möglich.

Wohnen im Grünen in Burgneudorf

Die LebensRäume Hoyerswerda eG bietet nicht nur modernen Wohnraum, sondern auch Sportanlagen und Spielplätze.

Beispiel einer Gästewohnung

Beitrag von:
LebensRäume Hoyerswerda eG
Käthe-Niederkirchner-Str. 30
02977 Hoyerswerda
Tel. (0 35 71) 4 67 30
www.lebensraeume-hy.de
www.facebook.com/Lebensraeume

LEBENS RÄUME Hoyerswerda eG

Mit Herz und Seele für die Region

Lausitzer Seenland Klinikum genießt sehr guten Ruf

Mehr als 21 000 Patienten jährlich in der stationären Behandlung, weitere 35 000 in der ambulanten – das Lausitzer Seenland Klinikum (LSK) ist ein nicht wegzudenkender Bestandteil der sächsischen Gesundheitsversorgung. Die geografische Lage im Herzen des Lausitzer Seenlandes unterstreicht die Selbstverpflichtung des Lausitzer Seenland Klinikums, die medizinische Versorgung der gesamten Region zu gewährleisten.

Hohe medizinische Kompetenz und mehr

Als Schwerpunktversorger mit eigenem Hubschrauberlandeplatz kommt dem Klinikum vor allem in der Akutversorgung eine wichtige Rolle zu. Seit dem Jahr 2002 ist es Akademisches Lehrkrankenhaus der Technischen Universität Dresden und leistet so einen wichtigen Beitrag bei der Ausbildung des medizinischen Nachwuchses. Mehr als 700 Mitarbeiter kümmern sich um Versorgung, Behandlung und Pflege der Patienten. Damit ist das Lausitzer Seenland Klinikum ein wichtiger Arbeitgeber für die Region. Von besonderer Bedeutung ist auch die Medizinische Berufsfachschule mit 75 Ausbildungsplätzen, denn auf diese Weise trägt das Lausitzer Seenland Klinikum auch dazu bei, junge Menschen für die Arbeit in Medizin und Pflege zu begeistern.

Das Lausitzer Seenland Klinikum zeichnet sich aber nicht nur durch Aspekte wie hochspezialisierte Ärzte, Medizintechnik der neuesten Generation, Patientenbetreuung in ausschließlich Ein- und Zwei-Bett-Zimmern und die Patientenbehandlung in interdisziplinären Zentren aus, sondern hat auch abseits der medizinischen Leistungsfähigkeit einiges zu bieten. Bei Bürgerforen, Sonntagsvorlesungen und Abendveranstaltungen kommen Sie in Kontakt mit Experten aus allen medizinischen Bereichen, können den Ärzten Fragen zu den unterschiedlichsten medizinischen Themen stellen und die Antworten aus erster Hand erhalten.

Im Park des LSK hinter dem Bettenhaus

Gemeinsame Bootstour der Mitarbeiter des LSK auf dem Geierswalder See

Musiker während des zweiten Parkkonzerts im Klinikumspark

Tortenanschnitt anlässlich der Eröffnung des dritten Tages der offenen Tür am LSK

Kulturell viel zu bieten

Auch kulturell bietet die Einrichtung der Bevölkerung interessante Höhepunkte. So erklingen im Klinikumspark regelmäßig Operettenkonzerte und träumerische klassische Melodien, die das Publikum verzaubern. Aber auch an den Tagen der offenen Tür bietet es mit einem bunten Programm viele Informationen und macht die Medizin für die Besucher erlebbar.

Somit sorgt das Lausitzer Seenland Klinikum nicht nur für die Genesung und das Wohlbefinden der Patienten sondern bietet der gesamten Bevölkerung eine Vielzahl von Möglichkeiten zur Kommunikation mit Experten, Information sowie Unterhaltung.

All diese Leistungen zeigen, dass das Lausitzer Seenland Klinikum nicht nur für die medizinische Versorgung des Lausitzer Seenlandes ein wichtiger Bestandteil, sondern auch darüber hinaus von großer Bedeutung ist.

Beitrag von:
Lausitzer Seenland Klinikum
Maria-Grollmuß-Straße 10 · 02977 Hoyerswerda
Tel. (0 35 71) 4 40 · Fax (0 35 71) 44 22 64
info@seenlandklinikum.de
www.seenlandklinikum.de

Hoyerswerda – pulsierendes Herz im Seenland

Eine Stadt im Wandel der Zeit

Wohnungsgesellschaft mbH Hoyerswerda sorgt für Wohlbefinden

Kommunen und ganze Regionen – besonders in Ostdeutschland – haben mit dem demografischen Wandel eine Aufgabe zu erfüllen, die nicht immer einfach zu stemmen ist. Einwohner in einer Stadt zu halten, setzt unter anderem voraus, dass gute Arbeitsmöglichkeiten vorhanden sind. Aber auch attraktive Lebensbedingungen und gute Standortqualitäten gehören dazu. Das kommunale Wohnungsunternehmen der Stadt Hoyerswerda, die Wohnungsgesellschaft mbH, stellt sich der demografischen Entwicklung ihrer Stadt und nimmt nicht nur Wohnungen vom Markt, sondern versucht mit interessanten Projekten Aufmerksamkeit in der Stadt und für die Stadt zu erzeugen.

Rückbauflächen werden lebendig

So ist entlang der Albert-Einstein-Straße ein Skulpturengarten entstanden, dessen Figuren 1975 im Rahmen des 1. Internationalen Bildhauersymposiums in Hoyerswerda geschaffen wurden. Im Jahr 2009 wurde die Rückbaufläche des ehemaligen Hochhauses Bautzener Allee 32 b, c und d landschaftsarchitektonisch aufgewertet und der Öffentlichkeit zur Nutzung übergeben. Hier fanden die alten Sandsteinplastiken ihr neues Zuhause. Durch das Zusammenspiel von Kunst und landschaftlicher Gestaltung wurde eine Rückbaufläche

In Hoyerswerda ist es möglich – Erholung direkt vor der Wohnungstür.

Impression aus dem Zentralpark

Die Wohnungsgesellschaft Hoyerswerda mbH sorgt für positive Wandlungen im Stadtbild.

wieder lebendig. Die Wohnungsgesellschaft mbH Hoyerswerda wurde gemeinsam mit dem Planer und dem ausführenden Gartenbauunternehmen dafür mit einem Preis im Rahmen des Landeswettbewerbs »Gärten in der Stadt« ausgezeichnet.

Eine etwa 22 000 Quadratmeter große Freifläche in der Albert-Schweitzer-Straße ist heute mit rund 130 Bäumen bepflanzt, die in ihrer Vielfalt die Natur widerspiegeln und der Fläche das Charisma eines Gartens verleihen. Ein diagonal verlaufender Geh- und Radweg verbindet die Albert-Schweitzer-Straße mit der Südstraße. Wechselnder Betonplattenbelag und farbliche Unterbrechungen geben dem Weg seinen eigenen »Takt«. Ein Kunstobjekt in der Mitte des Gartens stellt fallende Betonelemente dar, die von zwei Figuren betrachtet werden. Das Kunstobjekt drückt die Vergänglichkeit des menschlichen Tuns aus, verweist aber zugleich auf den Garten, in dem die Natur Neues entstehen lässt und der Mensch Freude und Kraft schöpfen kann.

Hoher ästhetischer Wert

Der Zentralpark im Stadtzentrum von Hoyerswerda ist ein Ort, der nach dem Rückbau von Plattenbauten durch Umgestaltungsmaßnahmen, wie Bepflanzungen, Wasserspielen und verschiedenen künstlerischen Gestaltungselementen, zu einem Park mit einem hohen ästhetischen Wert

Ein wunderschöner Skulpturengarten ist inmitten des Stadtzentrums entstanden.

geworden ist. Nach fünfjähriger Brachlage und einer Bauzeit von zwei Jahren ist eine Parkanlage entstanden, die im Juli 2011 den Bürgern von Hoyerswerda zur Nutzung übergeben wurde. Daraufhin erhielt die Wohnungsgesellschaft mbH Hoyerswerda im Oktober wiederum im Rahmen des Landeswettbewerbs »Gärten in der Stadt« einen ersten Preis für die Gestaltung des Parks.

Beitrag von:
Wohnungsgesellschaft mbH
Hoyerswerda
Liselotte-Herrmann-Straße 92
02977 Hoyerswerda
www.wh-hy.de

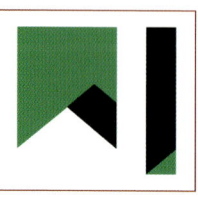

Das Seenland bittet zur Messe

Hoyerswerda ist die Messestadt im Lausitzer Seenland. Und natürlich hat die im Werden begriffene Landschaft sogar eine eigene Messe, nämlich die Seenland-Messe. Diese findet seit dem Jahr 2010 alljährlich Ende Mai oder Anfang Juni auf der Freifläche am Gondelteich statt. Dort präsentiert sich, wer Rang und Namen im Lausitzer Seenland besitzt. Neben den Touristikern und Zweckverbänden gibt es unter anderem die neuesten Informationen zu Urlaub, Freizeit und Wellness, wie die Veranstalter werben. Sogar schnelle Boote, schnittige Katamarane und Wohnmobile können von den Gästen unter die Lupe genommen werden.

Im Jahr 2012 findet die dritte Seenland-Messe am 2. und 3. Juni statt.

Ein besonderer Knüller ist die begehbare Karte des Lausitzer Seenlandes.

Zimmerbeispiel

Herzlich Willkommen im ACHAT Comfort Hotel Lausitz

Nur 800 Meter vom Zentrum entfernt und dennoch sehr ruhig gelegen, lädt das ACHAT Comfort Hotel Lausitz ein, die Umgebung zu erkunden. Das Hotel verfügt über 80 gemütliche Gästezimmer und Apartments sowie eine Lobbybar. Im angeschlossenen »Allee-Restaurant« mit regionaler Küche können sich Gäste verwöhnen lassen. 57 Parkplätze stehen am Haus kostenlos zur Verfügung. Das Hotel ist als fahrradfreundlicher Gastbetrieb des ADFC ein perfekter Ausgangspunkt für Radwanderungen in die traumhafte Umgebung des Lausitzer Seenlandes. Mietfahrräder werden gern zur Verfügung gestellt.

Beitrag von:
ACHAT Comfort Hotel Lausitz
Bautzener Allee 1a · 02977 Hoyerswerda
Tel. (0 35 71) 47 00 · Fax (0 35 71) 4 79 99
hoyerswerda@achat-hotels.com · www.lausitz.achat-hotels.com

Eine Oase für Kinder & Jugendliche

Urlaub im Freizeitheim ENGEDI

ENGEDI – ein Ort der Besinnung und Entspannung. Auf der Flucht vor seinem Widersacher Saul fand der spätere König David in der israelischen Wüste Negev in den Höhlen der Oase ENGEDI Sicherheit und Ruhe. Heute stellt der Verein der Evangelischen Jugendarbeit eine vergleichbare Oase für Teenager im Lausitzer Seenland dar. Aus dem alten Pfarrhaus in Schwarzkollm und der ausgebauten Scheune in Geierswalde wurden Begegnungsstätten geschaffen, in denen Kinder und Jugendliche Halt und Orientierung durch den Glauben finden.

Mit Hilfe von Fördergeldern wurden diese Domizile modernisiert und ständig ausgebaut. Die Zertifizierung mit dem Qualitätssiegel »ServiceQualität Sachsen« zeugt von der ausgezeichneten Arbeit. Anfang 2012 wurde zusätzlich das Schullandheim in Schwarzkollm übernommen.

In Zusammenarbeit mit den Ortsvereinen, Kooperationspartnern wie der TGG Lausitzer Seenland, der Tourismus GmbH Land und Leute sowie dem Bergbautourismus Verein »Stadt Welzow« e.V. werden neue Wege einer gemeinschaftlichen evangelischen Jugendarbeit beschritten, die sich förderlich auf die zukünftige Generation des Lausitzer Seenlands auswirken wird.

Sportliche Aktivitäten werden großgeschrieben.

Ein Nebengebäude des Haus ENGEDI in Schwarzkollm.

Beitrag von:
EVJU e.V.
Evangelische Jugendarbeit
Region Hoyerswerda-Ruhland-Senftenberg-Spremberg
Dorfstraße 82
02977 Hoyerswerda
OT Schwarzkollm
Tel. (03 57 22) 3 23 88
Fax (03 57 22) 3 23 89
info@ev-jugendarbeit-hoy.de

Hoyerswerda – pulsierendes Herz im Seenland

Wo Krabat das Zaubern lernte

Mühle des Schwarzen Müllers entsteht neu

In Schwarzkollm wurde bereits vor hunderten von Jahren Bildung großgeschrieben. Aber weniger Mathematik oder fremde Sprachen standen auf dem Stundenplan, sondern die schwarze Kunst. Krabat, ein sorbischer Betteljunge, der in dem Dörfchen Eutrich bei Königswartha das Licht der Welt erblickte, soll sich in der finsteren Lausitzer Heide verirrt haben und auf die Schwarzkollmer Mühle gestoßen sein. Dort brachte ihm der Schwarze Müller das Zaubern bei. Allerdings missfiel es dem Meister sehr, dass einer seiner Schüler, nämlich Krabat, bald mehr wusste und konnte als er selbst.

Manchen Besuchern fallen die schwarzen Raben im Krabatland auf. Diese symbolisieren die Verwandlung der einstigen Zaubergesellen des Schwarzen Müllers. Krabats große Liebe, die Kantorka, hatte ihn einst unter den rabenschwarzen Federn erkannt und so aus den Händen des Schwarzen Müllers befreit. Fortan nutzte Krabat seine Künste, um den Armen zu helfen und die Reichen zu ärgern.

Krabat ist ein Kroate

So erzählt es zumindest die in der Lausitz weithin bekannte Krabat-Sage. Historisch nachgewiesen ist, dass Kurfürst Johann Georg III. im Jahr 1691 vom Türkenfeldzug einen Reiterobristen mit dem Namen Johannes Schadowitz (1624 bis 1704) mitgebracht hatte und dem aus Kroatien stammenden Mann als Dank für seine Dienste das Gut Groß Särchen südöstlich von Hoyerswerda vermachte. Der Soldat soll schließlich den Kurfürsten vor der Gefangennahme durch die Osmanen bewahrt haben. Schadowitz, der von den Lausitzern wegen seiner kroatischen Herkunft als »Krabat« bezeichnet wurde, erfreute sich unter der Landbevölkerung einer großen Beliebtheit. Jeder kannte den großgewachsenen Mann mit dem südslawischen Akzent, der half, wenn die Not am ärgsten war. Heute erinnern im Krabatland, dem Städtedreieck Hoyerswerda, Bautzen und Kamenz, zahlreiche Stätten an das Wirken des Zauberers. So befindet sich beispielsweise in Wittichenau die Krabatsäule. In der dortigen Pfarrkirche wurde Krabat bestattet. Darüber hinaus wird seit 2002 alljährlich im Sommer in wechselnden Orten das Krabatfest gefeiert.

Neues Vorwerk und neue Mühle

Außerdem sind in den vergangenen Jahren mehrere größere Bauensembles entstanden, die an den Zauberer erinnern und seine Verdienste würdigen. Neben dem neu aufgebauten Krabat-Vorwerk in Groß Särchen befindet sich der Erlebnishof Krabat-

Das Krabat-Denkmal in Schwarzkollm

Das mächtige Mühlrad der Krabatmühle

Der Erlebnishof Krabatmühle in Schwarzkollm

Der Krabat-Erlebnispfad

Mühle Schwarzkollm im Aufbau. Der gleichnamige Verein hat sich die Sichtbarmachung der in der Krabat-Literatur so oft erwähnten Schwarzen Mühle auf die Fahnen geschrieben. Neben der eigentlichen Mühle mit echtem Wasserrad sind in den vergangenen Jahren bereits die Mühlen-Scheune, das Gesindehaus, der Laubengang, das Haus des Müllers, das Windrad und der Zauberwald dank fleißiger Hände Arbeit entstanden.

Darüber hinaus kann ein Krabat-Erlebnispfad erkundet werden, der unmittelbar hinter dem neuen Mühlenensemble seinen Anfang nimmt. Dabei geht es auf einem Knüppeldamm durch die reizvolle Natur. Zudem sind verschiedene Sageninhalte optisch dargestellt. Zu sehen sind beispielsweise eine fast versunkene Kutsche im Moor sowie der »Wüste Plan«, an dem einst die Müllerburschen begraben worden sein sollen.

Neuer Höhepunkt im Seenland

Hauptziel ist es, den Schwarzkollmer Mühlenkomplex als touristischen Höhepunkt im Lausitzer Seenland zu etablieren. Neben der Krabatsage soll auch das sorbische Brauchtum eine große Rolle spielen. Zudem ist das Mühlenensemble als Veranstaltungsort regelrecht prädestiniert.

Übrigens befindet sich die »echte« Schwarze Mühle lediglich einen Steinwurf vom Neubau entfernt. Im Schwarzkollmer Ortsteil Koselbruch hat sie einst das Getreide gemahlen. Seit dem Jahr 1972 ist die richtige Krabat-Mühle nicht mehr in Betrieb. Sie wird seitdem in erster Linie zu Wohnzwecken genutzt. Ob es dort nicht in manchen Nächten spukt, wer weiß ...

Unterwegs in der Krabat-Region

Das Städtedreieck Hoyerswerda, Bautzen und Kamenz gilt als die Krabat-Region schlechthin. In einigen Orten können aufmerksame Besucher auf die Spuren des Zauberers stoßen. So ist beispielsweise in Groß Särchen am Knappensee das Krabat-Vorwerk neu entstanden. Dort soll der Zauberer, so erzählt es die Legende, mittels seiner magischen Kräfte dem armen Boden eine reichhaltige Ernte entlockt haben. Nicht zuletzt gilt Krabat als Lausitzer »Faust«, hat er doch, ebenso wie Goethes Original, feuchte Ländereien trockengelegt und in fruchtbares Ackerland verwandelt.

Im kleinen Dörfchen Kotten bei Wittichenau wurde im Jahr 2008 die Krabat-Milchwelt eröffnet. In diesem Schaubetrieb können die Gäste die Entstehung leckerer Produkte, beispielsweise Käse, verfolgen.

Nicht zuletzt findet alljährlich das große Krabat-Fest statt. Dort erfahren die Besucher alles über den Zauberer und seine Taten. Traditionell ist jedes Jahr ein anderer Ort der Krabat-Region Gastgeber.

Und zu guter Letzt zeigt sich der Zauberer sogar modern und umweltbewusst. So trägt der Proschimer Windpark unweit des Partwitzer Sees den Namen des sorbischen Zauberers.

Geheimnisvoll sitzt der Rabe hoch oben im Geäst. Ob es Krabat ist?

Der Schwarze Müller mit künstlerischen Nachwuchskräften

Der Laubengang auf dem Erlebnishof Krabatmühle

Auf den Spuren des Zauberers

Auf 80 Kilometern können Radtouristen und Skater den Spuren des legendären Zauberers Krabat folgen. Als idealer Anfangs- oder Endpunkt der Tour über Kamenz (Lessinghaus und Museum der Westlausitz), Panschwitz-Kuckau (Kloster), Rosenthal (Wallfahrtskirche), Eutrich (Krabats Kindheitsort), Groß Särchen (Krabats Sterbeort) und Proschim (Krabat-Energiepark) empfiehlt sich das idyllische Dörfchen Schwarzkollm. Dort befindet sich nämlich die sagenumwobene Schwarze Mühle, wo Krabat sein teuflisches Handwerk erlernt haben soll.

Entlang des Radweges geben 20 Schautafeln über Krabats Leben und Wirken Auskunft. Die Trasse ist gut ausgebaut und zumeist asphaltiert.

Krabat-Wegweiser in Schwarzkollm

Infotafeln geben Auskunft.

Wittichenau – Leben mitten in der Krabatregion

Kulow – žiwjenje wosrjedź Krabatoweho regiona

Wer Wittichenau besuchen möchte, kommt am besten per Rad. Der Weg führt durch duftende Kiefernwälder, vorbei an unzähligen glitzernden Teichen. In der Luft trompeten Kraniche. Überm Wasser kreisen Seeadler und am Wegesrand raschelt bleiches Schilf. Durch das Auengebiet der Schwarzen Elster, das Dubringer Moor oder vorbei am Knappensee erreichen Radler die beschauliche Kleinstadt auf Krabat- oder Frosch-Radweg. Von Weitem lockt die frisch renovierte Pfarrkirche im Zentrum der Stadt. Die dreischiffige Halle mit mehreren Altären und zahlreichen Kunstwerken aus verschiedenen Epochen ist für jeden Geschichtsinteressierten einen Besuch wert. Den barocken Hochaltar mit seinem reichen Figurenschmuck schuf der Wittichenauer Bildhauer Mathias Wenzel Jäckel in den Jahren 1722/1723. Erst vor kurzem wurden die lange verschollenen Bleiglasfenster wieder in das Kirchenschiff eingesetzt. Sie stammen vom Dresdner Expressionisten Hubert Rüther (1886 bis 1945) und stellen seine bedeutendsten Werke dar.

In der katholischen Pfarrkirche, »unterhalb des Presbytorij am Gläckel« liegt eine besondere Person begraben – der kroatische Obrist Johannes Schadowitz. Eine Gedenktafel in der Kirche erinnert an ihn. Schadowitz diente im Heer August des Starken und vollbrachte seltsame Dinge, die so wundervoll waren, dass das Volk sie mit Begeisterung weitererzählte. Und so erhielt der Kroate Schadowitz im Volksmund den Namen »Krabat«. Krabat soll ein Zaubermeister gewesen sein. Man erzählte, dass er sich auf dem Wittichenauer Viehmarkt in einen »ungewöhnlich fetten« Ochsen verwandelt hat, um seiner Familie aus Hunger und Elend zu helfen. Ihm verdankt der Landstrich auch seinen Namen: Krabat-Region. Die sorbische Sage griff Otfried Preußler in seinem Jugendroman »Krabat« auf und machte sie weit über die Lausitz bekannt. Eine Verfilmung des Romans lockte 2008 1,6 Millionen Zuschauer in die Kinos.

Weitere Sehenswürdigkeiten finden sich auf dem Marktplatz: das Krabat-Denkmal, die Postsäule von 1732 und die nach Vorlagen von 1904 stilgetreu restaurierte Apotheke, aber auch das Stadtkreuz und das Glockenspiel am Rathaus.

Die Lausitz schmeckt

Im Jahr 1356 wurde Wittichenau das Braurecht verliehen. Noch heute werden in der familiengeführten Stadtbrauerei traditionelle mildsüffige Qualitätsbiere gebraut – unter anderem das »Wittichenauer Pils«, das »Klosterbräu« und das »Krabat-Pils«. Mit dem Trend zur gesunden Ernährung legen immer mehr Menschen wert auf frische, hochwertige Nahrungsmittel. Von der hohen Qualität der hiesigen Produkte kann sich der Besucher in der Krabat-Milchwelt in Kotten überzeugen. Dort erhält er Einblick in landwirtschaftliche Kreisläufe – von der Milch- über die Käseproduktion bis hin zur Stromerzeugung. Daher auch der Slogan »Kuh-Käse-Kilowatt – moderne Landwirtschaft mit allen Sinnen erleben.« Nach Voranmeldung können Besucher sich von der tiergerechten

Marktplatz mit Stadtkreuz

»Wutrobnje witajće w dwurěčnej Hornjej Łužicy!«, begrüßen die in Wittichenau lebenden Sorben ihre Gäste.

Mädchen als »Druschka«

Wittichenau – Stadt der Deutschen und Sorben

Kreuzreiterprozession in Saalau

Religiöse Enklave

Wer zu Ostern die Region besucht, der sollte die Kreuzreiterprozession am Ostersonntag nicht verpassen. Die Reiterprozession zählt zu den ältesten sorbisch-katholischen Traditionen und reicht zurück bis ins Jahr 1541. Mehr als 800 Männer in schwarzem Gehrock und Zylinder verkünden jährlich zwischen den Pfarrgemeinden Ralbitz und Wittichenau die Auferstehung Christi. Die Wittichenauer Reiter umrunden mit festlich geschmückten Pferden die Pfarrkirche, bevor sie mit deutschem und sorbischem Gebet und Gesang die Osterbotschaft in die zwölf Kilometer entfernte Nachbargemeinde bringen. Die Wittichenauer Prozession ist die größte in der Lausitz und zeigt, wie eng sich die Wittichenauer dem katholischen Glauben verbunden fühlen.

Haltung von circa 500 Kühen, Kälbern und Fersen überzeugen. Sie können dem Käsemeister über die Schulter sehen, wie täglich aus bis zu 1000 Liter Milch vielfältige Produkte, zum Beispiel handgepflegter Käse mit Namen wie »Schwarzer Müller« und »Krabatello«, Natur-Joghurt, traditionell hergestellter Quark und Sauerrahmbutter entstehen. Im Hofladen werden neben den selbst hergestellten Produkten weitere »Lausitz schmeckt«-Spezialitäten regionaler Erzeuger zum Kauf angeboten.

Tradition und Moderne

Heute leben rund 6000 Einwohner, darunter 35 Prozent Sorben, in Wittichenau. In einigen der elf Ortsteile wird Sorbisch als Muttersprache gesprochen. Besonders die Jugend lebt Traditionen, wie die Vogelhochzeit, das Maibaumstellen und -werfen, das Kuchensingen oder den Barbaratag. Zu besonderen Anlässen und an kirchlichen Feiertagen, wie zu Fronleichnam, tragen Frauen aus traditionsbewussten Familien die Festtagstracht der katholischen Sorben. Mit farbenfroher Schürze, weißer Bluse mit individuellen, bunten Stickereien und dem aufwändigen Kopfschmuck ist jede Tracht ein Unikat. Im Ortsteil Spohla, der als Geburtsort der Lausitzer Sagengestalt Martin Pumphut gilt, tragen die Mädchen und Frauen zu besonderen Anlässen dagegen die Hoyerswerdaer evangelische Tracht. Da die Einwohner vielfältiges Brauchtum leben, jahrhundertealte Traditionen pflegen und die sorbische Sprache und Kultur bewahren, gestalten sie Stadt und Region so außergewöhnlich. Dazu trägt seit 1706 auch der groß gefeierte Karneval bei. Er zieht zum Rosenmontagsumzug jährlich tausende Besucher an und lässt die Stadt Kopf stehen. Im Mittelpunkt des Umzuges präsentiert sich der Prinzentross mit Prinz Karneval und seiner lieblichen Prinzessin, begleitet von Hofmarschall, Pagen und Garden. Zahlreiche Fußgruppen in fantasievollen Kostümen versprühen Frohsinn. Von aufwändig gestalteten Motivwagen schallt donnerndes »Helau« in die Zuschauermenge. Schon am Samstag vor Rosenmontag ziehen mehr als 800 kostümierte Frauen zum Weiberfasching durch die Stadt. Nicht zuletzt ihr Charme wird den Besucher für Wittichenau gewinnen.

Seit den 1990er Jahren entwickelt sich Wittichenau rasant. Während andernorts viele Bürger des Arbeitsplatzes wegen fortziehen, wächst Wittichenau. Seit der Wende leben ungefähr 18 Prozent mehr Menschen hier. Das kleinstädtische Flair, der Zusammenhalt unter den Generationen und die Heimatverbundenheit machen Wittichenau zu einer liebenswerten Kleinstadt. Eine ausgewogene Infrastruktur mit neuen Wohngebieten, einem nahezu ausgelasteten Gewerbepark, einem sanierten Schulkomplex mit modernen Sportanlagen, aber auch die Bibliothek, das idyllisch gelegene Wald- und Strandbad mit Großwasserrutsche, Gaststätten und Pensionen, ein reges Vereinsleben und nicht zuletzt gute Einkaufsmöglichkeiten garantieren eine hohe Wohn- und Lebensqualität.

Karnevalsumzug mit Prinzenwagen

Beitrag von:
Stadt Wittichenau
www.wittichenau.de

Blick ins Naturschutzgebiet »Dubringer Moor«

Wittichenau – Stadt der Deutschen und Sorben

Als ein Schloss im Moor versank

Bei Dubring befindet sich das größte Moor der Oberlausitz

Gar unheimlich soll es in längst vergangenen Tagen zwischen Hoyerswerda und Wittichenau zugegangen sein. Ein Raubritter trieb einst in der Gegend mit einer Bande sein Unwesen. Nach den Raubzügen zogen sich die finsteren Gestalten in ihr Schloss im Dubringer Moor zurück. Irgendwann hatte man das allzu zügellose Treiben endlich satt. Wie der Räuber zu Tode kam, ist allerdings nicht überliefert. Alte Schriften wissen jedoch von einer »Nachtodstrafe« zu berichten, nach der dem Raubritter keine Ruhe unter den Verstorbenen gegönnt wurde. Sein Schloss soll schließlich um das Jahr 1300 im Moor versunken sein.

Gefunden wurde es bis heute nicht. Allerdings spürten Forscher Scherbenreste auf, die von einer vorrömischen Burgwallanlage stammen. Wahrscheinlich handelte es sich um eine Fluchtburg, in welche sich die damaligen Bewohner der umliegenden Ortschaften bei Gefahr zurückzogen.

Hier soll vor rund 700 Jahren das Raubritterschloss versunken sein.

Vom Holzturm lässt sich das Leben im Moor am besten beobachten.

Das Geheul des Raubritters soll übrigens noch heute in stürmischen Nächten zu hören sein. Doch gesehen hat ihn niemand mehr.

Überaus sehenswert ist dagegen das Areal, in dem das Schloss einst versank, nämlich das Dubringer Moor. Mit einer Flächengröße von immerhin 1849 Hektar gehört das Moor zu den größten Naturschutzgebieten in der Oberlausitz. Und natürlich zu den wertvollsten seiner Art! Das Sächsische Landesamt für Umwelt und Geologie spricht von einer ausgedehnten Senke mit offenem regenerierten Heidemoor mit Heideteichen im Westen sowie fast unzugänglichen vernässten Ried-, Moor- und Bruchwaldkomplexen im zentralen Teil.

Heimat wertvoller Arten

Das Dubringer Moor gilt als Heimstätte für zahlreiche besonders wertvolle, da gefährdete Pflanzen und Tiere. Im Gebiet sollen weit mehr als 3400 Arten vorkommen. Fast zehn Prozent von ihnen sind deutschlandweit vom Aussterben bedroht. Beispielsweise leben im Moorkomplex Eisvögel, Bekassinen, Seeadler und Fischotter. Bei den Pflanzen sind der insektenfressende Sonnentau, mehrere Orchideenarten sowie die Wollgraswiesen besonders erwähnenswert.

Das Moor geht auf die Elster-Kaltzeit zurück, welche die Landschaft etwa vor 320 000 bis 400 000 Jahren prägte. Damals entstanden drei Endmoränen, die den Moorkomplex im Osten, Süden und Westen umschließen. So konnte sich immer mehr Wasser ansammeln. Aus abgestorbenen Pflanzenteilen und toten Tieren begann eine mächtige Torfschicht heranzuwachsen, deren Dicke heute ungefähr sechs Meter beträgt.

Moor wurde gerettet

Früher wurde der Torf an mehreren Stellen gewonnen. Weit mehr Begehrlichkeiten weckte einst die unter dem Moor befindliche Braunkohle. So sollte das Gebiet abgebaggert werden. Dank der deutschen Einheit bleiben diese Pläne in der Schublade.

Heute ist das Dubringer Moor durch mehrere markierte Wege touristisch erschlossen. Mittendurch verlaufen der Froschradweg und der Krabat-Rundweg. Zudem existiert seit Sommer 2009 ein Beobachtungsturm. Auch der Standort des versunkenen Schlosses kann von Dubring bequem über den Pasternackteich erwandert werden.

Im Dubringer Moor

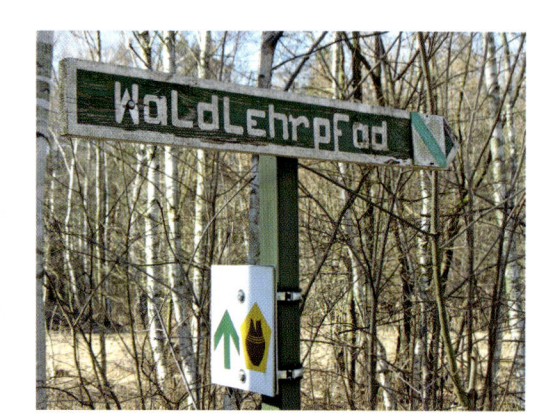

Durchs Moor führen mehrere markierte Wege.

Eine Charakterart des Moores: das Wollgras

Wittichenau – Stadt der Deutschen und Sorben

Dorfmuseum Zeißholz birgt schwarze Schätze

Wer schon immer wissen wollte, wie die Menschen der Lausitzer Heide in früherer Zeit gelebt haben, sollte das Dorfmuseum Zeißholz besichtigen. Abseits großer Straßen gelegen, ist die Einrichtung ein touristischer Geheimtipp, von dem noch nicht allzu viele Besucher gehört haben. Die Ausstellungsräume befinden sich in einem der ältesten erhalten gebliebenen Dreiseitenhöfe der Oberlausitz. Nachweislich seit dem Jahr 1401 existiert dieses Ensemble bereits. In den 1970er Jahren begannen fleißige Hände, alles verfügbare Material zur Braunkohlenförderung sowie zum voran gegangenen bäuerlichen Leben im Gebiet zusammenzutragen.

So war eine Art »Bauern- und Kohlen- beziehungsweise Bergbaumuseum« geboren. Im Bergbaukabinett können Fotoaufnahmen der Brikettfabriken der nächsten Umgebung sowie zahlreiche Zierbriketts bewundert werden. Darüber hinaus lädt im Dorfmuseum ein sorbisches Zimmer ein.

Der Außenbereich gehört der 150-jährigen Bergbaugeschichte. Ausgestellt sind Maschinenteile der ehemaligen Brikettfabrik Zeißholz. Schon durch diese imposanten Exemplare können Besucher die Einrichtung nicht verfehlen.

Eingangsbereich des Dorfmuseums

Historische Bergbautechnik im Außenbereich des Museums

Das Zeißholzer Dorfmuseum ist von Mai bis Oktober von Montag bis Donnerstag sowie an Sonntagen, jeweils nachmittags, geöffnet. Erreichbar ist das historische Ensemble am besten über die B 97 Hoyerswerda – Bernsdorf, Abzweig Zeißholz. Von Wittichenau führt der Weg über Dubring und Scheckthal zum Museum.

Ruhe und frische Landluft

Im schmucken Örtchen Neudorf-Klösterlich sind Bauernhof, Pension und Gaststätte ein ideales Plätzchen für Familien, um frische Landluft zu schnuppern und die regionale Küche zu entdecken. Die ansprechenden Ferienwohnungen lassen Gäste auf bis zu 110 Quadratmetern Ruhe und Gemütlichkeit finden. Die unweit entfernten Gewässer im Lausitzer Seenland laden zum Baden, Sonnen und Entspannen ein. Ob auf Rädern, Rollen oder per pedes, die Lausitz lässt sich vom Ferienhof »Zur Grafschaft« bestens erkunden.

Beitrag von:
Ferienhof »Zur Grafschaft«
Georg & Claudia Graf
Neudorf Klösterlich 7
02997 Wittichenau
Tel. (0 35 71) 42 84 52
Mobil (01 72) 3 64 42 22
Fax (0 35 71) 42 84 53
info@bauernhof-graf.de
www.bauernhof-graf.de

In gemütlich-ländlicher Atmosphäre lässt es sich hier speisen.

Unweit des Knappensees: Die Landhotels Kühnel und Kober-Mühle

Mitten im Lausitzer Seenland laden zwei Gasthöfe zum Verweilen ein. Wer gut bürgerliche Küche mit hausgemachten Spezialitäten schätzt, wird im Landhotel Kühnel bestens versorgt. Für Familienfeiern, Jubiläen und Vereinsvergnügen ist der große Festsaal mit Kaminzimmer hervorragend geeignet. Die Kober-Mühle zählt zu den ältesten Mühlen der Region. Im historischen Ambiente werden die Gäste mit kulinarischen Genüssen und einheimischen Bieren verwöhnt. Der Biergarten liegt direkt an der Elster. Legendär sind die jährlichen Mühlen-Events. In ruhiger Lage kann in beiden Lokalitäten genächtigt werden.

Blick auf die Pension Kühnel

Impression aus der Gaststätte Kobermühle

Beitrag von:
Landhotel Kober Mühle
Särchener Straße 12
02997 Wittichenau
Tel. (03 57 25) 7 02 44
info@kobermuehle.de
www.kobermuehle.de

Landhotel Kühnel
Maukendorf Schule 1
02997 Wittichenau
Tel. (03 57 26) 5 18 00
info@landhotel-lausitz.de

Naturschutz im Seenland – eine spannende Angelegenheit

Projekt begleitet Entwicklung der Bergbaufolgelandschaft

Naturschutz wird im Lausitzer Seenland großgeschrieben

Trotz tief greifender Eingriffe in die Landschaft sind die Tagebaugebiete der Lausitz aus der Sicht des Naturschutzes etwas Einmaliges. Das liegt darin begründet, weil es sich hier großflächig um nährstoffarme Flächen mit hoher Reliefenergie und großer Dynamik handelt. Die entstandenen Rohböden sind der Ausgangspunkt für die Bildung wertvoller Biotope. Diese von Menschenhand geschaffenen »Zweitbiotope« zeichnen sich durch Naturnähe aus, die in der heutigen Kulturlandschaft ansonsten nicht vorkommt. Durch den teilweise besiedlungsfeindlichen Bergbauboden existieren naturschutzfachlich besonders wertvolle Habitate des Offen- und Halboffenlandes. Hervorzuheben ist insbesondere die Unzerschnittenheit der Bergbaufolgelandschaft. Sie wird nicht von einem engen Straßennetz durchzogen und ist arm an Siedlungsgebieten. Dadurch werden diese Flächen für viele störungsempfindliche Pflanzen- und Tierarten interessant. Die im Kerngebiet befindlichen Flächen eignen sich für den Prozessschutz, insbesondere durch ihre Großflächigkeit, ihre Unzerschnittenheit, ihre ausgeprägte Dynamik durch Erosion und Wasserspiegelschwankungen.
Die Strategie des Naturschutzes hat sich im Hinblick auf die Einrichtung von Schutzgebieten dahingehend entwickelt, dass großflächige Areale zu sichern sind. Mit dem Naturschutzgroßprojekt »Lausitzer Seenland« sollen beispielhaft große Gebietsteile als Naturschutzgebiete rechtlich gesichert und mit der Flächenübernahme durch private Naturschützer optimal betreut, gepflegt und entwickelt werden. Das Projekt wird zeitweise mit Mitteln des Bundesumweltministeriums und des Sächsischen Staatsministeriums für Umwelt und Landwirtschaft unterstützt.

Schafe dienen im Seenland dem Naturschutz.

Schafherde in der Bergbaufolgelandschaft

Das Kerngebiet

Das Naturschutzgroßprojekt »Lausitzer Seenland« ist im Bergbaurevier hart an der Grenze zu Brandenburg im Städtedreieck Senftenberg, Hoyerswerda, Spremberg angesiedelt. Es erstreckt sich auf die Alttagebaue Laubusch-Kortitzmühle mit dem Erikasee sowie um Bluno, Spreetal und Spreetal-Nordost. Die bergbaubedingten Restlöcher im Gebiet sind der Neuwieser und Bergener See, der Kortitzmühler See sowie der Lugteich, die bis zum Jahr 2015 ihren Endwasserstand erreicht haben werden. Das Areal hat eine Größe von 5780 Hektar.

Die Projektträger

Die Naturschutzinstitut AG Region Dresden (NSI) bemühte sich seit dem Jahr 1998 zusammen mit der Deutschen Umwelthilfe (DUH) um das Projekt. Nach dem Ausstieg der DUH übernahmen der Zweckverband Elstertal und der Landesverein Sächsischer Heimatschutz die Anteile der eigens zur Durchführung des Projektes gegründeten Gesellschaft: der Lausitzer Seenland gGmbH. Die Gesellschafter sind an der fachlichen Planung beteiligt und beaufsichtigen die finanzielle Durchführung der Maßnahmen und Investitionen.
In einer Vorbereitungsphase wurden zuerst Untersuchungen und Kartierungen durchgeführt. Die Ergebnisse sowie Vorschläge für Maßnahmen konnten dann mit betroffenen Betrieben, Eigentümern sowie Behörden erörtert werden. Anschließend wurde der Pflege- und Entwicklungsplan

Naturschutz im Seenland – eine spannende Angelegenheit

festgesetzt. Ende 2005 fiel der Startschuss für das ehrgeizige Vorhaben.

Die Hauptziele sind der Erhalt und die Entwicklung einer naturschutzfachlich orientierten Bergbaufolgelandschaft sowie die Förderung von gefährdeten Pflanzen- und Tierarten. Außerdem sollen seltene Biotope des Offen- und Halboffenlandes sowie lausitztypische Wälder bewahrt und weiterentwickelt werden. Nicht zuletzt wird die Entwicklung von nachhaltigen umweltverträglichen Wirtschaftsweisen angestrebt.

Wälder sollen wieder wachsen

Zunächst wurden von der Bergbausaniererin LMBV 910 Hektar Grundstücke gekauft. Im Jahr 2006 begannen die Maßnahmen zur Erhaltung und Verbesserung der Lebensraumbedingungen für Ziegenmelker, einer Vogelart und Braunroter Sitter, einer Orchidee. Diese Arten bevorzugen lichte Wald- und Heidestrukturen. Daher müssen die bisherigen monotonen Nadelforstbestände zu strukturreichen und naturnahen Mischwäldern umgebaut werden.

Bisher wurden auf knapp 354 Hektar Waldumbaumaßnahmen in bisherigen reinen Kiefernforsten eingeleitet und davon rund 95 Hektar mit Laubbäumen bepflanzt oder gesät. Die meisten Flächen werden sich hingegen durch Naturverjüngung von selbst zu Mischwäldern entwickeln. Hierbei setzt die gGmbH besonders auf naturnahe Saaten des Eichelhähers. Darüber hinaus wurden fast zehn Kilometer der Innen- und Außenränder der Kiefernforsten mit Laubbäumen sowie Wildsträuchern bepflanzt.

Schafe halten Landschaft offen

Die Ersteinrichtung und dauerhafte Pflege von Sandtrockenrasen und Heiden wird durch Beweidung mit Schafen und Ziegen sichergestellt. Dazu beauftragte die gGmbH eigens einen Schäfer. Auch gering bewachsene Waldflächen (Waldhutungen) werden gehütet und zu Ginsterheiden für Heidelerche und Raubwürger entwickelt. Bevor die Huteflächen in eine dauerhafte Pflege und Nutzung übergehen, müssen die Areale entbuscht werden. Dabei hat sich auch der Einsatz von Heckrindern bewährt. Etwa 150 Hektar wurden so zu Sand- und Zwergstrauchheiden entwickelt. Zudem sind 15 Hektar Sandheide in der Kippe durch Verbringen und Ausstreuen von Heideboden neu etabliert worden. Außerdem sind durch Wiedervernässung und Entbuschung zehn Hektar Feuchtheiden wieder hergestellt worden. Diese werden dauerhaft durch Schafe offen gehalten. Durch Aufstellen von zusätzlichen Nisthilfen entwickelte sich in nur drei bis vier Jahren die individuenreichste Population von Wiedehopf in ganz Deutschland. Im gesamten Gebiet haben sich vor allem die Bestände von Ziegenmelker, Brachpieper, Neuntöter und Rotschenkel stabilisiert und nahmen größtenteils zu. Zudem sind Hilfsmaßnahmen zur Förderung weiterer Arten umgesetzt worden. Darüber hinaus entstanden vier Wassertümpel für Kreuz- und Wechselkröten. Zudem erfolgte die Einrichtung eines Besucherpavillons am Bergener See. Ferner dienen sechs Informationspunkte der Lenkung von Besuchern.

In der Blunoer Heide lebt der Ziegenmelker.

Drei Jahre nach dem verheerenden Orkan Kyrill vom Januar 2007 hat die Naturverjüngung bereits eine ansehnliche Höhe erreicht.

Das Gesamtvorhaben muss jedoch aufgrund von großflächigen Sperrungen aus Bergsicherheitsgründen vorzeitig beendet werden. Geplant war die Förderung des Bundes bis Ende 2014.

Dr. Alexander Harter, Projektleiter

Naturschutz im Seenland – eine spannende Angelegenheit

Lausitzer Heide voller Geheimnisse

Der Wald prägt im Seenland die Landschaft

Über die Heide

Über die Heide hallet mein Schritt;
Dumpf aus der Erde wandert es mit.

Herbst ist gekommen, Frühling ist weit -
Gab es denn einmal selige Zeit?

Brauende Nebel geistern umher;
Schwarz ist das Kraut und der Himmel ist leer.

Wär ich nur hier nicht gegangen im Mai!
Leben und Liebe – wie flog es vorbei!
(Hoyerswerdaer Heimatbuch 1925, Autor unbekannt)

Melancholisch muten diese Verse aus dem Hoyerswerdaer Heimatbuch aus dem Jahr 1925 an. Und tatsächlich: Die Lausitzer Heide besitzt durchaus ein romantisch-elegisches Antlitz. Wenn der Herbstwind über die riesigen Waldgebiete stürmt, sich die Kiefern knarrend biegen, die letzten Zugvögel das Land verlassen, dann ist die Zeit der großen Ruhe gekommen. Kaum ein Laut ist mehr zu vernehmen. Später hört man den Frost in den Baumstämmen regelrecht knacken. Sägen kreischen, für die Holzfäller ist im Winter Erntezeit.
Lieblich wirkt die Heide dagegen im Frühjahr. Längst nicht nur monotone Kiefernforsten zeichnen die Wälder der mittleren Lausitz aus. Frisches Birkengrün, sprießende Eichenblätter, riesige Teppiche aus Buschwindröschen und vor allem das vielstimmige Vogelkonzert gehören ebenso zum abwechslungsreichen Bild der Landschaft. Wenn im Sommer brütende Hitze über dem Wald liegt, scheint die Melancholie zurückzukehren. Erst in der Abendsonne erwacht das Leben wieder zwischen Baum und Borke.
Doch am schönsten ist die Heide, wenn sich der Sommer zum Herbst neigt. Denn dann ist die Zeit des Heidekrauts gekommen. Rosa bis violett leuchtet »Calluna vulgaris«, wie die Art wissenschaftlich bezeichnet wird, auf großen Flächen weit ins Land. Wer einmal diesen Anblick genießen konnte, wird verstehen können, warum die alteingesessenen Lausitzer so sehr an ihrem Wald, an ihrer Heimat, hängen. Denn was wäre die Lausitz ohne ihre Heide.

Lausitzer Heide steht für Wald

Wenn in der Lausitz von der Heide die Rede ist, wird damit keineswegs eine Landschaft wie um Lüneburg gemeint. Die Heide, das bedeutet hierzulande in erster Linie Kiefernwald. Natürlich sind in den Begriff auch eigentliche Heidekrautflächen eingeschlossen, die zumeist von Forsten eingerahmt werden. Aber mit der konkreten Abgrenzung nehmen es die Lausitzer nicht so genau. Wenn die Einheimischen sagen »Wir gehen in Heede«, dann heißt das so viel wie »Wir gehen in den Wald.«

Riesig erscheinen die Lausitzer Wälder. Am Horizont ist die Stadt Hoyerswerda zu sehen, dahinter das Lausitzer Bergland.

Typischer Lausitzer Kiefernwald

Und mit Wald ist insbesondere die mittlere Lausitz reich gesegnet. Zwar handelt es sich dabei in den meisten Fällen um künstliche, von fleißigen Forstleuten begründete Kiefernbestände, doch wird bereits seit Jahrzehnten den Laubbaumarten sehr viel mehr Aufmerksamkeit gewidmet. Auf unzähligen Hektar wurden inzwischen Eichen, Buchen und weitere Arten in die Böden gebracht. Damit präsentiert sich der Wald vitaler sowie widerstandsfähiger gegen Insekten und Witterungsunbilden.

Kein einheitlicher Forst

Ein einheitliches Waldbild existiert in der Lausitz nicht. Allerdings dominieren vor allem in ihrem mittleren Teil zwischen Schwarzheide im Westen

Kippenwald im Lausitzer Seenland

Mächtige Eiche im Wald nördlich von Schwarzheide

Uralter Heidewald bei Klein Partwitz

Herbstliches Vogelnest im Geäst

und Bad Muskau im Osten die armen und ziemlich armen sowie zumeist trockenen Standorte, auf denen sich lediglich die Kiefern richtig wohlfühlen. An manchen Stellen findet aber selbst der »Brotbaum der Lausitz« nicht mehr ausreichend Nährstoffe, sodass vor allem Binnendünen teilweise frei von Bäumen sind.

Neben den ärmsten Ausprägungen des Kiefernwaldes, wo neben den Gehölzen lediglich noch wenige Gras- und Moosarten vorkommen, gibt es an besser nährstoffversorgten Standorten Waldungen mit einem ausgeprägten Unterwuchs. Besonders Heidekraut sowie Heidel- und Preiselbeersträucher sind dort zu finden. Wenn Ende Juni/Anfang Juli die Früchte reif sind, wirkt der Wald mancherorts wie ein Dorf. Schon im Morgengrauen ziehen die Einheimischen »in die Blaubeeren«, wie sie zu sagen pflegen. Oft dauert es nicht lange, und der Krug ist voll. Aus den Blau- und Preiselbeeren entstehen dann leckere Marmeladen und Kuchen. An anderen Stellen bildet dagegen das Pfeifengras die dominierende

Naturschutz im Seenland – eine spannende Angelegenheit

Wanderer im Roteichenwald bei Kleinkoschen

Einhalt zu gebieten, was aber nur teilweise gelang. Neben dem Holz war der Wald unter anderem als Viehweide sowie zur Streugewinnung begehrt. Die Leute harkten die Kiefernnadeln zusammen und verwendeten diese zur Einstreu in den heimatlichen Ställen. Den Bäumen wurden dadurch lebenswichtige Nährstoffe entzogen, sodass die Gehölze vor sich hin kümmerten.

Besonders charakteristisch für die mittlere Lausitz sind die Bauernwälder. Noch heute erinnern manche Namen wie die Lindthaler Bauernheide bei Finsterwalde an jene Zeit. Dort wurden die besten Stämme geschlagen, das Vieh eingetrieben und Streu geharkt. Übrig blieben schlechtwachsende Kiefern auf magerem Boden. Heute erinnert dieses Phänomen mancherorts an einen urigen Märchenwald voller geheimnisvoller Gehölze. Ein typisches Beispiel können Interessenten entlang des nördlichen Heidewaldpfades zwischen den Dörfern Zeisholz und Kroppen am Rand der Königsbrücker Heide erleben.

Zu Beginn des 19. Jahrhunderts entwickelte sich allmählich eine geregelte Forstwirtschaft. Viele Flächen wurden wieder aufgeforstet, allerdings zumeist nur mit einer Baumart, nämlich der Kiefer. Das war die Geburtsstunde der monotonen Kiefernforsten, die zwar hohe Holzerträge versprachen, ökologisch allerdings instabil waren. Immer wieder wurden diese Bestände ein Opfer von Stürmen, Schneebruch und Insekten.

Bodenart. Und dort, wo sich der Wald allmählich zum Moor wandelt, fühlt sich der immergrüne Sumpfporst, der übrigens zu den Heidekrautgewächsen gezählt wird, sichtlich wohl. Früher wurde die Pflanze gegen Motten, Läuse und anderes Ungeziefer eingesetzt.

Neben den Kiefernforsten wartet die Mittellausitz punktuell mit herrlichen Laubwäldern auf. Diese sind insbesondere in den Flussauen zu finden. So gibt es beispielsweise unweit von Halbendorf an der Spree, nördlich von Bautzen gelegen, einen reizvollen Eichen-Hainbuchenwald zu bewundern. Weiter flussabwärts, in der sogenannten Krümme Bärwalde, wachsen mächtige Pappeln, Ahorne, Eichen und Buchen. Gar nicht weit entfernt, nämlich nordöstlich von Lohsa, existiert einer der größten Lindenwälder Deutschlands. Allerdings befindet sich dieses Areal im Spreegebiet und ist für die Bevölkerung nicht zugänglich.

In vielen Gebieten der Mittellausitz ist der Wald das dominierende Landschaftselement. So sind etwa 60 Prozent des ehemaligen Kreises Weißwasser bewaldet. Im alten Landkreis Hoyerswerda wuchs auf 47 200 Hektar Wald. Das entsprach ungefähr gut 54 Prozent seiner Gesamtfläche.

Desolate Wälder zwingen zum Umdenken

Ursprünglich war die mittlere Lausitz von ausgedehnten Mischwäldern, in denen insbesondere Eichen, Kiefern und Birken wuchsen, geprägt. Auf den besseren Standorten stockten Buchen, Ahorne, Ulmen und weitere Baumarten. Durch die jahrhundertelange Nutzung der Wälder, die zumeist ungeregelt erfolgte, wurden diese auf großer Fläche degradiert. Die Waldgebiete nahmen massiv ab, eine zunehmende Holznot machte sich immer deutlicher bemerkbar. Die Waldbesitzer versuchten durch allerhand Forst- und Holzordnungen dem wilden Treiben in den Wäldern

Von den Feuerwachttürmen werden die Lausitzer Wälder bei Trockenheit überwacht.

Zu DDR-Zeiten besaß die Harzung der Kiefern eine wesentliche wirtschaftliche Bedeutung.

Naturschutz im Seenland – eine spannende Angelegenheit

reiche Großwaldbrände hielten Forst- und Feuerwehrleute im Jahr 1964 auch im damaligen Kreis Hoyerswerda in Atem.

Und Ende Mai 1992 war die Glasmacherstadt Weißwasser unmittelbar von den Flammen eines riesigen Brandes südlich des Ortes bedroht. Es wurde bereits über die Evakuierung der Einwohner nachgedacht, da das Feuer bereits 500 Meter vor den ersten Häusern wütete. Insgesamt waren 1000 Feuerwehrleute aus ganz Sachsen, Brandenburg und sogar aus Baden-Württemberg im Einsatz. Ein Kamerad bezahlte die Katastrophe mit seinem Leben. Insgesamt wurden damals ungefähr 1000 Hektar Wald vernichtet.

Da es für Waldbrände nur eine natürliche Ursache gibt, nämlich Blitzschlag, sind weit über 90 Prozent der Feuer von Menschen verursacht. Das geschieht meist fahrlässig, so durch das achtlose Wegwerfen von Zigarettenkippen oder durch wilde Feuerstellen in der Landschaft. Zu DDR-Zeiten kamen als weitere Ursache die Dampflokomotiven als weitere Brandursache hinzu.

Thema Dauerwald

Ende des 19. Jahrhunderts waren die Gefahren für die monotone Kiefernwirtschaft längst erkannt. Die aufkommende Dauerwaldbewegung forderte den steten Erhalt des Waldes als eine Art »umlaufendes System«. Zunehmend wurde den Laubbaumarten eine größere Beachtung geschenkt. So erfolgte in der Lausitz die Wiederaufforstung vieler Bergbaukippen durch Roteichen, Pappeln und Erlen. Birken fanden sich selbstständig ein.

Im und nach dem Zweiten Weltkrieg gab es in den Wäldern der Lausitz extreme Schäden. Durch Kriegshandlungen und spätere Reparationshiebe existierten zahlreiche Bestände nicht mehr. Dadurch erklärt sich die heutige relativ geringe Prozentzahl von alten Wäldern.

Zu Beginn der DDR-Zeit wurde zunächst auf vitale Mischwälder gesetzt. Später traten jedoch durch wirtschaftliche Zwänge erneut die Kiefernforsten in den Vordergrund. Die Forstwirtschaft wurde regelrecht industriemäßig betrieben. Weitere von selbst aufgekommene Baumarten wie Birken und Pappeln sind rigoros aus den Beständen entfernt worden. Nicht zuletzt litten die Wälder unter dem massiven Schadstoffausstoß der Braunkohlenindustrie. Zudem mussten viele Forsten dem Voranschreiten der Tagebaue weichen.

Zu viel Wild

Erst nach der politischen Wende der Jahre 1989/1990 erfolgte eine Rückkehr zu den Prinzipien der naturnahen Waldwirtschaft. Unzählige Hektar eintöniger Kiefernforsten sind seitdem in naturnähere Mischwälder verwandelt worden. Zudem setzen die Forstleute auf Naturverjüngung. Diese ist am besten den örtlichen Bedingungen angepasst und kostet zudem nichts.

Sorgen bereitet den Grünrocken nach wie vor der viel zu hohe Wildbestand in den Wäldern. Ohne einen Schutzzaun könnte heute nur ein geringer Teil der jungen Laubbäume überleben. Somit sind die Jäger gefragt. »Hilfe« leisten dabei die wieder eingewanderten Wölfe. Manche Waidmänner betrachten »Isegrim« jedoch eher als Konkurrenten als wie als Helfer.

Trotz der durch den Bergbau geschundenen Landschaft im Lausitzer Seenland sind bis heute an einigen Stellen die Überbleibsel uralter Wälder erhalten geblieben. Und in 100 Jahren wird man von den jetzigen Jungwüchsen und Jungbeständen ebenfalls sagen können: »Ein uralter Wald. Einfach wunderschön.«

Hier wurden Schwarzerlen in den Kippenboden eingebracht.

»Waldbrand ist Krieg«

Eine ganz besondere Gefahr bilden bis heute Waldbrände. »Waldbrand ist Krieg«, wird den Studenten an der Tharandter Forsthochschule bei Dresden bis heute gelehrt. So vernichteten die Flammen beispielsweise in den Jahren 1947, 1964, 1976 und 1983 zwischen Großräschen und Altdöbern mehrere Tausend Hektar Wald. Zahl-

Herbstwälder am Westufer des Geierswalder Sees

Naturschutz im Seenland – eine spannende Angelegenheit

Isegrim ist heimgekehrt

Wölfe sind in der Lausitz wieder zu Hause

Manchem mag es schaurig den Rücken herunterlaufen, wenn in der Lausitzer Heide wieder und wieder ein melancholisches »Uhuhuu« ertönt. Besonders in mondhellen Nächten ist es gar nicht so selten zu vernehmen. Manchmal ist es bis in die Dörfer zu hören. Wölfe!

Spätestens seit dem Jahr 1996 ist die Lausitz wieder Wolfsregion. Damals wurde der erste Wolf seit langer Zeit auf dem Truppenübungsplatz Oberlausitz zwischen Weißwasser und Rietschen gesichtet. Zur Jahrtausendwende konnte das erste Rudel, zwei Elterntiere und vier Welpen, nachgewiesen werden. Das war damals eine regelrechte Sensation: Wolfsnachwuchs in Deutschland und dann auch noch in der Lausitz! Mit großer Wahrscheinlichkeit waren diese Tiere aus Polen sowie aus dem Baltikum beziehungsweise aus Russland eingewandert. Wölfe können pro Tag problemlos dutzende Kilometer zurücklegen. Wissenschaftlern ist es gelungen, einige Tiere mit Sendern auszustatten. So sind die genauen Wanderwege nachvollziehbar.

Der »Tiger von Sabrodt«

Lange Zeit gab es diese Raubtiere in Deutschland nicht mehr. Eine rücksichtslose Jagd hatte die Wölfe regelrecht ausgerottet. Motive waren insbesondere gerissene Haustiere und eine große Angst vor Isegrim. Der vorläufig letzte Wolf des Landes ist am 27. Februar 1904 in der Lausitz geschossen worden. Dabei handelte es sich um den sogenannten »Tiger von Sabroth«, ein stattliches Exemplar mit einem Gewicht von gut 40 Kilogramm und einem Widerrist von 80 Zentimetern. Es wurde zunächst vermutet, dass es sich um ein ausgebrochenes Zirkustier handeln könnte, daher stammt die Bezeichnung »Tiger«. Zuerst soll er in der Nähe des damals schlesischen Dorfes Sabrodt südwestlich von Spremberg gesehen worden sein. Immer wieder wurden Risse von Rehen gefunden, die auf die Existenz des Wolfes hindeuteten. Mehrere Jagden blieben zunächst erfolglos. Im Spätwinter 1904 wurde das Tier schließlich im Revier Tzschelln bei Boxberg von einem Forstmann erlegt. Heute kann der präparierte Wolf im Museum Hoyerswerda bewundert werden. Die freiwillige Feuerwehr von Sabrodt hat ihren »Tiger« sogar in ihr Wappen integriert.

Der letzte Wolf der Lausitz wurde im Februar 1904 bei Hoyerswerda erlegt.

50 Wölfe in der Lausitz

Längst ist das Schießen von Wölfen in Deutschland unter empfindlichen Strafen verboten. Die Art steht unter strengem Schutz. Durch diese Rahmenbedingungen konnte sich Isegrim insbesondere in der Lausitz in den vergangenen anderthalb Jahrzehnten prächtig entwickeln. Etwa 50 Tiere sind heute in der Region beheimatet. Sie leben in sechs Rudeln, davon fünf in Sachsen, und in zwei Paaren. Das Lausitzer Wolfsgebiet erstreckt sich ungefähr zwischen den Autobahnen A15 Lübbenau – Forst im Norden und A4 Dresden – Görlitz im Süden sowie zwischen der Neiße im Osten und dem Senftenberger Gebiet im Westen. Insgesamt umfasst das Areal rund 2500 Quadratkilometer.

Zunehmend wandern Jungwölfe auf der Suche nach Geschlechtspartnern aus der Lausitz ab. Sie tauchen mittlerweile auch in anderen Teilen Brandenburgs, etwa in der Lieberoser Heide, in der Zauche bei Potsdam sowie in der Prignitz auf. Auch in Sachsen-Anhalt, etwa in der Annaburger Heide, wurden bereits Wölfe gesichtet. Sogar in Westdeutschland, nämlich in Niedersachsen und Hessen, ist Isegrim inzwischen aufgetaucht.

In der Lausitz stößt der Wolf hauptsächlich auf Wohlwollen in der Bevölkerung. Viele sind nicht zu Unrecht stolz, dass Isegrim wieder in der Region lebt. Natürlich gibt es hin und wieder auch Risse von Haustieren, insbesondere von Schafen. Doch durch den Aufbau von Spezialzäunen, die teilweise sogar finanziell gefördert werden, konnten diese Übergriffe minimiert werden.

Der Wolf ist öfter auch Teil von Ausstellungen, hier im Niederlausitzer Heidemuseum in Spremberg.

Naturschutz im Seenland – eine spannende Angelegenheit

Konflikt Wolf – Jäger

Anders wird das Vorkommen des Wolfes dagegen von manchen Jägern gesehen. Laut ihren Beobachtungen verändert das übrige Wild sein Verhalten durch das Auftauchen der neuen Art. Es werde heimeliger und zeige sich seltener, heißt es. Tatsächlich frisst Isegrim mit Vorliebe das auch für die Waidmänner interessante Schalenwild. Insbesondere Rehe, Wildschweine und Rotwild stehen auf dem Speiseplan. Nach wissenschaftlichen Untersuchungen tötet ein Wolf jeden Tag gut fünf Kilogramm Lebendgewicht Beutetier. Pro Jahr kommen da schon mal über 60 Rehe, zehn Stück Rotwild sowie 15 Sauen zusammen.

Nach Angaben des Wildbiologischen Büros Lupus erlegen die Oberlausitzer Jäger auf gleicher Fläche etwa zehn Mal so viele Rot- und Schwarzwild. Das Vorhandensein der Wölfe schlägt sich demnach kaum in den Streckenzahlen nieder. Dennoch wird Isegrim von manchem Waidmann sehr argwöhnisch betrachtet, etwa als »Konkurrent« zu wertvollen Trophäentieren. Bis zum Jahr 2009 hat es sogar neun illegale Abschüsse gegeben.

Sogar »echte« Wölfe werden in Rietschen gezeigt.

Zu Besuch bei Familie Wolf

Wölfe leben im Rudel, einer Art Sozialverband. Dieses setzt sich in der Regel aus den beiden Elterntieren und dem Nachwuchs der zurückliegenden beiden Jahre zusammen. Im Alter von zehn bis 22 Monaten verlassen die Jungwölfe das Rudel für immer.

Die Wolfsfähe, das weibliche Elterntier, paart sich zum Ausgang des Winters. Die sich daran anschließende Trächtigkeit beträgt 63 Tage. Etwa Ende April/Anfang Mai kommen vier bis acht Welpen zur Welt. Ungefähr ab Juni beginnen sie aktiv ihre Umgebung zu entdecken und herumzutollen. Allerdings ist die Sterblichkeit beim Wolfsnachwuchs durch verschiedene Umwelteinflüsse relativ hoch.

Die Raubtiere benötigen möglichst große, von Menschen dünn besiedelte Lebensräume. Ein Wolfsrevier kann schon mal eine Fläche von 150 bis 350 Quadratkilometern einnehmen. Gern besiedelt Isegrim die großräumigen Bergbaufolgelandschaften der mittleren Lausitz. So existiert seit wenigen Jahren ein »Seenland-Rudel« in der Gemeinde Elsterheide nördlich von Hoyerswerda. Auch in den Kippenbereichen nördlich von Lohsa fühlen sich Wölfe offensichtlich sehr wohl. Eine weitere Ausdehnung

Auf dem Rietschener Erlichthof gibt es sogar eine »Wolfsscheune«.

Zu »Isegrim« wird in der Lausitz viel Aufklärungsarbeit betrieben.

241

Naturschutz im Seenland – eine spannende Angelegenheit

Experte Marcus Bathen berät im Spremberger Wolfsbüro in der Badergasse.

des Lebensraums in Richtung Norden und Westen in den kommenden Jahren scheint wahrscheinlich. So warten beispielsweise die riesigen Waldgebiete der Ruhland-Königsbrücker Heiden auf ihre Entdeckung durch diese Art.

Wolfslosung in der Slamener Heide südöstlich von Spremberg

Isegrim als Besuchermagnet

Längst haben die Lausitzer die enormen Chancen, die die Wölfe bieten, erkannt. So spielt die Raubtierart in der touristischen Vermarktung der Region eine nicht unerhebliche Rolle. Gefragt sind entsprechende Exkursionen ins Wolfsgebiet, Vorträge, Filme, Prospektmaterial und vieles mehr. Erster Anlaufpunkt für Touristen ist der Erlichthof in Rietschen. Dort hat nämlich das »Kontaktbüro Wolfsregion Lausitz« seinen Sitz. Angeboten werden unter anderem Exkursionen und Vorträge. Für Schulklassen sind Wolfsprojekttage möglich. In ungeraden Jahren findet ein Wolfstag statt.

Nicht zuletzt kann im Erlichthof die sehr sehenswerte Ausstellung »Lausitzer Wölfe« besichtigt werden. Schon im Eingangsbereich werden die Besucher mit originalem Wolfsgeheul begrüßt. Liebevoll gestaltete Informationstafeln und Präparate ermöglichen einen weitreichenden Einblick in das geheimnisvolle Leben von Isegrim. Darüber hinaus finden in diesen Räumlichkeiten regelmäßig Vorträge statt. Außerdem können sich die Besucher per Knopfdruck Wolfsfilme anschauen. Geöffnet ist ganzjährig, jeweils dienstags bis sonntags von 10 bis 17 Uhr.

Besonders interessant sind freilich die vom Kontaktbüro angebotenen Exkursionen in die Wolfslebensräume. Isegrim selbst werden die Besucher dabei allerdings nur mit ganz viel Glück zu sehen bekommen. Häufiger präsentieren die kompetenten Führer Wolfsspuren sowie Wolfslosung. Darüber hinaus wird viel Wissen zu den Tieren selbst vermittelt. So erfahren die Teilnehmer beispielsweise, welche Merkmale einen Wolf vom Hund unterscheiden. So sind die Ohren beim Wolf kleiner und dreieckig sowie stets aufrecht stehend, während sie beim Hund größer erscheinen und meist herabhängen. Nicht zuletzt besitzen Wölfe eine längere Schnauze als Hunde. Zudem laufen sie hochbeinig.

Naturschutz im Seenland – eine spannende Angelegenheit

Der böse Wolf?

Wer kennt nicht das berühmte Grimmsche Märchen von Rotkäppchen und dem bösen Wolf? Noch heute haben gar nicht wenige Menschen Angst vor Isegrim, da er angeblich kleine Kinder holt und Menschen anfällt. Dabei gehören diese Vorstellungen ins Märchenreich. Wölfe weichen den Menschen in den allermeisten Fällen weithin aus. Isegrim lauert also mit Sicherheit nicht am Wegesrand hinter dem nächsten Baum und wartet geduldig auf wohlschmeckende Zweibeiner.

Auch der vermeintlich böse »Rotkäppchen-Wolf« lebt auf dem Erlichthof.

In mondhellen Nächten kann man manchmal die Wölfe heulen hören.

War der Wolf in diesem Schlamm unterwegs?

Vielmehr dürfen Wanderer von großem Glück sprechen, wenn sie in freier Wildbahn tatsächlich einmal einen Wolf zu Gesicht bekommen. In der Dämmerung hat man dafür die größten Chancen. Günstig ist es, sich mit einem heimischen Jäger oder Forstmann im Wolfsrevier zu verabreden und mit ihm gemeinsam auf dem Hochstand auf Isegrim zu warten. Selbst wenn sich keine Wölfe zeigen sollten, gibt es immer etwas zu sehen: Rehe kommen vorbei, Schweine ziehen vorüber, manchmal kreuzt ein Fuchs den Weg, und unzählige Vögel erfreuen mit ihrem Gesang.
Inzwischen ist der Wolf ein echter Lausitzer geworden. Er wird vom Großteil der Bevölkerung akzeptiert und genießt, wie alle anderen Arten auch, ein dauerhaftes Existenzrecht. Mit Isegrim können die Lausitzer wuchern. Denn in keiner anderen Region Deutschlands leben so viele Wölfe wie zwischen Neiße, Spree und Seenland. Der Wolf ist wieder zu Hause angekommen. Herzlich willkommen!

In der Heimat von Seeadler und Moorveilchen

Zu Besuch im Biosphärenreservat Oberlausitzer Heide- und Teichlandschaft

Teichidylle in der Oberlausitz

Die mittlere Lausitz hat nicht nur ein faszinierendes Seenland zu bieten, sondern ebenso eine nicht minder interessante Teichgegend. Und dabei handelt es sich nicht nur um fünf oder zehn Gewässer, sondern um eine der größten zusammenhängenden Teichlandschaften Deutschlands. Wo sich die Teiche erstrecken, ist auch der Wald nicht weit. Beide Lebensräume bilden eine einzigartige Heimat für die verschiedensten Pflanzen- und Tierarten. Darunter befinden sich gar nicht wenige, sehr seltene Arten, beispielsweise der Seeadler und das Moorveilchen.

Diese besondere Natur- und Kulturgegend zu erhalten, hat sich das Biosphärenreservat Oberlausitzer Heide- und Teichlandschaft auf die Fahnen geschrieben. Es wurde bereits im Jahr 1994 einstweilig sichergestellt. Das Reservat erstreckt sich auf einer Fläche von etwas mehr als 30 100 Hektar zwischen Königswartha im Westen und Mücka im Osten sowie zwischen Bärwalde im Norden und der Bautzener Gegend im Süden. Fast die Hälfte des Areals besteht aus Naturschutzgebieten. Knapp sieben Prozent nehmen Bergbaufolgelandschaften ein.

Einzigartige Rarität

Die Botaniker haben im Biosphärenreservat über 1000 Pflanzenarten gezählt. Darunter befindet sich mit dem Moorveilchen eine besondere Rarität. Die Oberlausitz gilt nämlich als letztes Rückzugsgebiet dieser Art mit ihren charakteristischen violettfarbenen Blüten in Deutschland. Nicht minder reizvoll ist eine zweite Charakterart der Gegend, nämlich die Sandstrohblume. Sie kommt vor allem auf trockenen Heidestandorten vor. Unübersehbar sind ihre markanten gelben Blüten.

Wo es viele Teiche gibt, existieren auch dichte Schilfgürtel. Da diese Pflanze so charakteristisch für dieses Biosphärenreservat ist, findet sie sogar Eingang in das Logo des Schutzgebietes. Das Schilf schützt nicht nur die Teichufer vor Wellenschlag, sondern bietet vielen Tieren eine sichere Heimat.

Per Fahrrad zu den Seeadlern

Auch in der Fauna kann das Biosphärenreservat Oberlausitzer Heide- und Teichlandschaft mit mehreren Raritäten aufwarten. Eine beeindruckende Art ist der Seeadler. Forscher haben mindestens 17 Revierpaare auf einer Fläche von rund 300 Quadratkilometern gezählt. Kaum in einer anderen deutschen Gegend dürfte es mehr geben. Dabei ist der majestätische Vogel mit einer Flügelspannweite von rund zweieinhalb Metern erst vor gut 40 Jahren ins Gebiet zurückgekehrt.

Übrigens können Touristen dem Ruf der Seeadler folgen. So existiert ein 80 Kilometer langer Seeadler-Rundweg. Darüber hinaus gibt es für Touristen zahlreiche weitere Angebote, beispielsweise die Naturerlebnispfade zwischen Kreba-Neudorf und Mücka sowie zwischen Guttau und dem Olba-See.

Die Verwaltung des Biosphärenreservates befindet sich in Wartha, etwa auf halber Strecke zwischen Bautzen und Niesky. Dorthin wird zweimal jährlich zu einem großen Naturmarkt eingeladen. Darüber hinaus befindet sich in Wartha die Hauptanlaufstelle für Touristen.

Ziehende Wildgänse im Herbst

Typisch für die Teichlausitz: Weißstörche

Blick zu einem Seeadler-Horst

Naturschutz im Seenland – eine spannende Angelegenheit

Monitoring im Biosphärenreservat

Der Seenland-Wald unter der Lupe

Was wird in sieben oder zehn Jahren im Lausitzer Wald wachsen? Welche Pflanzen werden bleiben, welche hinzukommen, welche verschwinden? Wie beeinflussen waldbauliche Maßnahmen die forstliche Vegetation? Wohin wird sich der Wald im östlichen Teil des Seenlandes in den kommenden Jahrzehnten entwickeln? Fragen über Fragen, die im Rahmen eines Forschungsprojektes der Naturschutzorganisation »Europarc« und dem Biosphärenreservat Oberlausitzer Heide- und Teichlandschaft beantwortet werden sollen.
Zunächst wurde durch ein Umweltbüro eine Vorauswahl von Waldflächen im gesamten Biosphärenreservat getroffen. Daraus konnten im Frühsommer 2002 genau 50 Kleingebiete in allen Waldarten und über Alters- und Eigentumsgrenzen hinweg ausgewählt werden. Dann galt es, die lediglich 50 mal zehn Meter großen Areale in den Wäldern zu orten und einzumessen. Das war manchmal gar nicht so einfach. Oft verwehrten mannshohes dorniges Gestrüpp oder schwankender Sumpfboden ein zügiges Vorankommen. Und von den unzähligen Mückenschwärmen mag man gar nicht berichten.

Anschließend ging es darum, festzustellen, was eigentlich auf jeder der 50 Wald-Dauerbeobachtungsflächen, so die korrekte Bezeichnung, genau wächst. Diese Angaben wurden, je nach Häufigkeit der Arten, genau protokolliert und später tabellarisch ausgewertet.

Kiefern, Erlen, Fichten

In der Bergbaufolgelandschaft galt es insbesondere, angepflanzte Kippenkulturen, beispielsweise bestehend aus Roteiche und/oder Erle, aufzunehmen. Zügiger ging die Arbeit in den alten Wäldern voran. Schließlich ist die Sicht in einem über 80-jährigen Kiefernbestand allemal günstiger als in den kaum zugänglichen Dickungen.
Während auf den trockenen Standorten, zum Beispiel bei Bärwalde, der beerstrauchreiche Kiefernwald dominiert, beherrschen keine zwölf Kilometer entfernt an den Mönauer Teichen die Feuchte liebenden Roterlen das Landschaftsbild. Ohnehin ist der Oberlausitzer Wald Abwechslung pur. Auf einer Strecke von Nord nach Süd sind zahlreiche Waldgesellschaften zu finden. Das Repertoire erstreckt sich dabei vom Eichen-Kiefernwald bis zum montanen Fichten-Buchenforst der Lausitzer Berge.

Blick in eine alte Eichenkrone

Eine Beobachtungsfläche im Beerstrauch-Kiefernwald bei Bärwalde

Wachsen, was wächst

Besonders spannend freilich ist die Frage, wie sich der Wald vor allem auf den renaturierten Kippen zukünftig entwickeln wird. Ein größeres Gebiet östlich des Lohsaer Sees ist vom Biosphärenreservat als Kernzone ausgewiesen. »Hier soll wachsen, was wächst«, lautet das Motto. Kein Mensch kann mit Sicherheit vorhersagen, wie diese Flächen einmal in 50 oder 100 Jahren botanisch aussehen werden. Doch genau das macht die bislang noch »öde Kippe« nicht nur für Forstwissenschaftler so interessant. Bereits in wenigen Jahren werden im Rahmen einer erneuten vegetationskundlichen Aufnahme aller 50 Beobachtungsflächen die ersten Ergebnisse vorliegen. Und diese werden mit Spannung erwartet!
Übrigens, die Probeflächen sind an den kleinen, schräg zum Boden zeigenden roten Pfeilen an den Begrenzungsbäumen zu erkennen.

Manche Monitoringflächen befinden sich direkt am Wasser.

Lohsa – Seen, Flüsse, weite Wälder

Gewässer um Lohsa wollen entdeckt werden

Gigantischer Wasserspeicher mit sanftem Tourismus

Egal, aus welcher Richtung man nach Lohsa kommt, überall fallen die Blicke auf Wasser. Von Westen grüßt der Dreiweiberner See, von Osten die Ratzener Fischteiche, im Süden der Silbersee und im Norden das gigantische Speicherbecken Lohsa II, der zukünftige Lohsaer See. Dabei sind das längst noch nicht alle Gewässer, die das Lausitzer Seenland östlich von Hoyerswerda zu bieten hat.

Noch vor einem halben Jahrhundert sah dort die Landschaft völlig anders aus. Bevor der Braunkohlenbergbau begann, war das Gebiet eine flache, fast vollständig bewaldete und nur gering besiedelte Landfläche. Das Areal wurde durch eine von Süden nach Norden verlaufende, inmitten einer Binnendünenlandschaft befindlichen Teichkette geprägt. Der westliche Teil des Geländes wies eine relativ stark gegliederte Kulturlandschaft auf, in der die Flusslandschaft der Kleinen Spree mit ihren Fischteichen südlich des Dorfes Lohsa dominierte.

Schwarze Kohle – Tagebau Burghammer	
Wo gelegen	nordöstlich von Hoyerswerda
Wann gefördert	1959 bis 1973
Wie viel Fläche	860 Hektar
Wie viel Abraum	255 Millionen Kubikmeter
Wie viel Kohle	71 Millionen Tonnen
Welche devastierten Orte	keine

Blaue Wellen – Bernsteinsee	
Wann befüllt	1997 bis 2009
Welche Fläche	482 Hektar
Welche Wassermenge	35 Millionen Kubikmeter
Welche Höhe über NHN	109,0 Meter
Welcher pH-Wert	7,0
Füllstand Dezember 2011	92 Prozent

Blick auf den Dreiweiberner See vorn und den Lohsaer See (Speicher Lohsa II) dahinter

Der Bergbau gestaltete die Landschaft rund um Lohsa im 20. Jahrhundert grundlegend um. Heute sind die Kohlebagger längst abgezogen. Kleinere und größere Seen traten und treten an die Stelle der einstigen Kohlengruben. Und was für Gewässer!

Speicher für Spreewald und Hauptstadt

Nördlich von Lohsa entsteht ein gigantisches Wasserspeichersystem. Dieses sorgt für eine möglichst schnelle Wiederherstellung eines ausgeglichenen, sich weitgehend selbst regulierenden Wasserhaushaltes. Mit dem Speichersystem wird seit dem Jahr 2002 vor allem der Wasserabfluss der Spree unterstützt beziehungsweise gesteuert.

In den vergangenen Jahrzehnten war der Abfluss von »Mütterchen Spree« im Wesentlichen von eingeleitetem Grundwasser bestimmt, das zur Trockenlegung der Tagebaue gepumpt wurde. Da mit dem Rückgang des Bergbaus immer weniger Grundwasser gefördert wird, übernimmt das Speichersystem mit dem Namen »Lohsa II« künftig die entsprechende Regulierung.

Dieses System besteht aus den untereinander verbundenen Restlöchern Burghammer (Bernsteinsee), Dreiweibern (Dreiweiberner See) und Lohsa II (Lohsaer See). Nach Fertigstellung wird das Speichervolumen zusammen ungefähr 167 Millionen Kubikmeter betragen.

Das Speichersystem ist das wichtigste Wasserbauvorhaben in den östlichen Bundesländern. Es dient hauptsächlich der Niedrigwasseraufhöhung der Spree und dem Schutz des weiter stromabwärts befindlichen Biosphärenreservates Spreewald. Nicht zu vergessen dabei ist die enorme Bedeutung für die Stützung des Wasserhaushaltes der Bundeshauptstadt Berlin.

Die drei Seen werden vornehmlich der aktiven Naherholung und dem sanften, naturverträglichen Tourismus dienen. Asphaltierte Rundwege,

Lohsa – Seen, Flüsse, weite Wälder

Steilufer wie an der Ostsee gibt's auch am Lohsaer See.

beispielsweise um den Dreiweiberner See, laden zum Skaten, Radfahren, Joggen und Wandern ein. Dieses Gewässer, benannt nach dem kleinen Dörfchen Dreiweibern an seinem Westufer, steht bereits seit dem Jahr 2005 ganzjährig den Besuchern, Touristen und Einwohnern zum Baden, Segeln, Surfen und Angeln in den gekennzeichneten Bereichen offen.

Schwarze Kohle – Tagebau Dreiweibern	
Wo gelegen	östlich von Hoyerswerda
Wann gefördert	1981 bis 1989
Wie viel Fläche	300 Hektar
Wie viel Abraum	90 Millionen Kubikmeter
Wie viel Kohle	14 Millionen Tonnen
Welcher devastierte Ort	Teilortsabbruch Dreiweibern (10 Einwohner)

Blaue Wellen – Dreiweiberner See	
Wann befüllt	1996 bis 2002
Welche Fläche	286 Hektar
Welche Wassermenge	35 Millionen Kubikmeter
Welche Höhe über NHN	118,0 Meter
Welcher pH-Wert	7,1
Füllstand Dezember 2011	96 Prozent

Schwarze Kohle – Tagebau Lohsa	
Wo gelegen	südöstlich von Hoyerswerda
Wann gefördert	1950 bis 1984
Wie viel Fläche	3949 Hektar
Wie viel Abraum	1180 Millionen Kubikmeter
Wie viel Kohle	300 Millionen Tonnen
Welche devastierten Orte	Geißlitz/Kolpen (150 Einwohner) Ratzen (150 Einwohner) Teilortsabbruch Lippen (95 Einwohner)

Blaue Wellen – Lohsaer See (Speicherbecken Lohsa II)	
Wann befüllt	1997 bis 2014
Welche Fläche	1081 Hektar
Welche Wassermenge	97 Millionen Kubikmeter
Welche Höhe über NHN	116,4 Meter
Welcher pH-Wert	3,1
Füllstand Dezember 2011	64 Prozent

Wie an den Rügener Kreidefelsen

Der Bernsteinsee, dessen Name auf Bernsteinsplitter zurückgeht, die vor einigen Jahren dort gefunden wurden, ist zum Baden bislang noch nicht geeignet. Messungen haben nämlich einen sehr niedrigen pH-Wert ergeben. Dennoch sind auch an seinen Ufern Strandbereiche geplant. Darüber hinaus ist die Lage des Ortes Burghammer auf einer Halbinsel im See einzigartig.

Spreewasserüberleitung in den Lohsaer See unweit von Bärwalde

Neues Leben am Grubenrand

Gewaltig, ja geradezu gigantisch, erscheint dem Besucher das Speicherbecken Lohsa II (Lohsaer See). Zugegeben, die frühere Grube des gleichnamigen Tagebaus ist etwas umständlich zu erreichen. Aber wer den Weg in den Uferbereich durch einsame Heidewege gefunden hat, wird mit grandiosen Naturerlebnissen belohnt. Der See ist zwar noch nicht einmal zu zwei Dritteln gefüllt, dennoch sind die Dimensionen klar erkennbar. An seiner Nordostflanke hat das Biosphärenre-

Schwarze Kohle – Tagebau Scheibe	
Wo gelegen	östlich von Hoyerswerda
Wann gefördert	1984 bis 1996
Wie viel Fläche	758 Hektar
Wie viel Abraum	225 Millionen Kubikmeter
Wie viel Kohle	53 Millionen Tonnen
Welcher devastierte Ort	Scheibe (23 Einwohner)

Blaue Wellen – Scheibe-See	
Wann befüllt	2002 bis 2011
Welche Fläche	684 Hektar
Welche Wassermenge	110 Millionen Kubikmeter
Welche Höhe über NHN	111,5 Meter
Welcher pH-Wert	3,4
Füllstand Dezember 2011	100 Prozent

Lohsa – Seen, Flüsse, weite Wälder

servat Oberlausitzer Heide- und Teichlandschaft Kernzonen eingerichtet, in denen sich die regenerierende Natur völlig selbst überlassen ist.
An manchen Abschnitten des Südbereiches könnte man denken, man befinde sich nicht im Lausitzer Seenland, sondern an den Kreidefelsen der Ostseeinsel Rügen. Zwar ist es dort keine Kreide, sondern meist Sand oder Kies, dennoch hat die Natur im Laufe der Jahre Kliffs, Steilküsten und Abbruchkanten geschaffen. Unbedingt müssen jedoch die entsprechenden Warnschilder beachtet werden!

An Silber- und Knappensee

Lieblicher und harmonischer erscheinen dagegen die künstlichen Gewässer im Lohsaer Süd- und Südwestraum. Was wäre die Gemeinde ohne ihren Silbersee? Die einstige Tagebaugrube gilt schon seit Jahrzehnten als Treffpunkt Nummer eins nicht nur an heißen Sommertagen. Am Friedersdorfer Strandbereich gibt es alles, was sich Urlauber nur wünschen können: sauberes Wasser, herrliche Strandbereiche auch im Schat-

Schwarze Kohle – Tagebau Werminghoff II	
Wo gelegen	südöstlich von Hoyerswerda
Wann gefördert	1933 bis 1960
Wie viel Fläche	728 Hektar
Wie viel Abraum	154 Millionen Kubikmeter
Wie viel Kohle	53 Millionen Tonnen
Welche devastierten Orte	Neida (90 Einwohner) Neu-Lohsa (60 Einwohner)
Blaue Wellen – Silbersee	
Wann befüllt	zunächst unkontrolliert, ab 1960 Flutung
Welche Fläche	340 Hektar
Welche Wassermenge	35 Millionen Kubikmeter
Welche Höhe über NHN	121,65 bis 125,6 Meter
Welcher pH-Wert	neutral
Füllstand Dezember 2011	100 Prozent

Bernsteinsee mit Überleiter zum Lohsaer See

ten, ein Campingareal mit 160 Dauer- und 60 Tagesplätzen, Imbiss, Unterhaltung und vieles mehr. Allerdings kann der See seit 2011 wegen Sanierungsarbeiten vorerst nicht mehr genutzt werden.
Ebenfalls als Urlaubsidylle gilt der weiter westlich gelegene Knappensee. Er wird auch als die »Badewanne der Hoyerswerdaer« bezeichnet. Wun-

Klimakiller gegen saures Wasser

Der Bernsteinsee bei Hoyerswerda hatte einst sehr saures Wasser. Kaum ein Lebewesen siedelte sich dort bislang an. Daher erprobt das Dresdener Grundwasserforschungszentrum mit der TU Dresden, ob die Einspeisung des Klimakillers Kohlendioxids das Wasser neutralisieren könnte. In den Bernsteinsee wurde früher Asche aus Kohlebetrieben verfüllt. Dieser gab man mit einer schwimmenden Gasleitung CO_2 bei. Der pH-Wert stieg innerhalb kurzer Zeit auf acht.
Dieses Ergebnis konnte durch eine zweite Untersuchung der Uni Cottbus und der Ingenieurgesellschaft URS Deutschland durch deren neue »Mammutpumpe« bestätigt werden. Es wurde sogar der CO_2-Einsatz als wirtschaftlich sinnvoll eingestuft. Zudem soll geklärt werden, ob der See als Speicher für den Klimakiller in Betracht kommt.

Einst war der Bernsteinsee sehr sauer, jetzt ist er neutral.

Idyllische Partie am Bernsteinsee-Ufer

Erholung am Knappensee

Schwarze Kohle – Tagebau Werminghoff I	
Wo gelegen	südöstlich von Hoyerswerda
Wann gefördert	1917 – 1945
Wie viel Fläche	778 Hektar
Wie viel Abraum	119 Millionen Kubikmeter
Wie viel Kohle	59 Millionen Tonnen
Welcher devastierte Ort	Buchwalde (350 Einwohner)
Blaue Wellen – Knappensee	
Wann befüllt	1945 (unkontrolliert)
Welche Fläche	284 Hektar
Welche Wassermenge	19 Millionen Kubikmeter
Welche Höhe über NHN	125,5 Meter
Welcher pH-Wert	neutral
Füllstand Dezember 2011	100 Prozent
Blaue Wellen – Graureihersee	
Wann befüllt	2013
Welche Fläche	137 Hektar
Welche Wassermenge	5 Millionen Kubikmeter
Welche Höhe über NHN	122,0 Meter
Welcher pH-Wert	7,6
Füllstand Dezember 2011	21 Prozent

Am Scheibesee mit der Gedenkstätte

Der Graureihersee mit der Energiefabrik Knappenrode

beiten. Deshalb sind dann die touristischen Möglichkeiten erheblich eingeschränkt.

Etwa auf halber Strecke zwischen Silber- und Knappensee befindet sich der Mortkasee. Seine Lage ist zwar ebenfalls idyllisch, allerdings können aus Gründen der Standsicherheit und möglicher Rutschungsgefahren die meisten Uferbereiche derzeit noch nicht betreten werden. Aber immerhin hat man von der Straße von Mortka nach Koblenz einen schönen Blick auf das lang gestreckte Gewässer.

Wo die Graureiher leben

Östlich der Verbindung von Koblenz nach Knappenrode hingegen befindet sich der so genannte Graureihersee. Dieser ist erst zu einem knappen Viertel mit Wasser gefüllt. Seinen Namen erhielt das Gewässer von einer der größten Graureiherkolonien Deutschlands in seinem Umfeld. Rund 400 Brutpaare sind dort beheimatet.

Von der Straße nach Knappenrode geht ein Weg nach Osten zum Aussichtspunkt ab. Ebenfalls einen reizvollen Blick auf den See hat man vom Kesselhaus des direkt am Gewässer befindlichen Museums »Energiefabrik Knappenrode«, einer ehemaligen Brikettfabrik.

Zwischen Lohsa und Hoyerswerda befindet sich der Scheibesee. Er soll mittelfristig den neuen Haussee der knapp 40 000-Einwohnerstadt bilden. Die erschlossenen Gewerbeflächen am Gewässer sind ein günstiger Standort, an dem »Grünes Gewerbe« und Nachhaltigkeitstechnologien konzentriert aufgebaut werden können. Im westlich an den Scheibesee angrenzenden Gewerbegebiet Kühnicht steht dabei die Produktion von Bioalgen, Pilzen und Salzfischen ganz oben. Weitere Projektideen sind eine Fertigungsstrecke für Solartechnik, eine Service- und Windreparaturwerft sowie ein Holzstoffverwertungszentrum. Irgendwann könnten die Seen zwischen Hoyerswerda, Lohsa und Klitten, ebenso wie ihre weiter nordwestlich befindlichen Pendants, durch Kanäle verbunden werden. Dann wäre fast im gesamten Lausitzer Seenland ein durchgängiger Schiffsverkehr möglich. Doch ist diese Vision freilich nicht ganz billig, und das Geld ist knapp. Doch die Hoffnung stirbt bekanntlich zuletzt.

derschöne Strände laden ein. In Koblenz befindet sich direkt am Ufer auch eine kleine Gedenkstätte für das zwischen den Jahren 1929 und 1932 abgebaggerte Dorf Buchwalde, dessen einstige Fluren sich heute auf dem Seegrund befinden.

Der Knappensee ist durch die Bundesstraße 96 Hoyerswerda – Bautzen ideal an das überregionale Straßennetz angeschlossen. Darüber hinaus findet man selbst an heißesten Sommertagen immer einen Parkplatz. Ab dem Jahr 2012 beginnen am Knappensee umfangreiche Sanierungsar-

Dreiweiberner See von Süden in Richtung Nordwesten

249

Boxberg (Oberlausitz) – Wo Gigantomanie einen Namen hat

Unterwegs am größten Gewässer des Freistaates

Das nasse Juwel Sachsens – der Bärwalder See

Beliebte Sportart am Bärwalder See: Kite-Surfen

Schwarze Kohle – Tagebau Bärwalde	
Wo gelegen	südwestlich von Weißwasser
Wann gefördert	1976 bis 1992
Wie viel Fläche	1952 Hektar
Wie viel Abraum	683 Millionen Kubikmeter
Wie viel Kohle	185 Millionen Tonnen
Welche devastierten Orte	Klitten-Jasua (28 Einwohner) Merzdorf (182 Einwohner) Schöpsdorf (55 Einwohner)

Blaue Wellen – Bärwalder See	
Wann befüllt	1997 bis 2009
Welche Fläche	1299 Hektar
Welche Wassermenge	173 Millionen Kubikmeter
Welche Höhe über NHN	125,0 Meter
Welcher pH-Wert	6,9
Füllstand Dezember 2011	86 Prozent

Mit knapp 13 Quadratkilometern ist der Bärwalder See nicht nur das größte Gewässer im sächsischen Teil des Lausitzer Seenlandes, sondern des gesamten Freistaates. Das im Werden begriffene Erholungsgebiet liegt eingebettet in der reizvollen Heide- und Teichlandschaft der Lausitz. Der Bärwalder See wird darüber hinaus mit seinen Stränden, Sport- und Freizeitanlagen, Campingplätzen und Wohnsiedlungen attraktive Möglichkeiten für eine vielseitige aktive Freizeitgestaltung bieten.

Eldorado nicht nur für Wassersportler

Bereits jetzt kann der See auf einem ungefähr 23 Kilometer langen Rundweg per pedes, per Fahrrad oder per Inline-Skater erkundet werden. Auch ein Anschluss zum nahen Spree-Radweg ist vorhanden. Am Boxberger Ufer befindet sich eine Fahrrad-Ausleihstation mit modernen Rädern. Rund um den See laden drei Imbissstände zur Rast.
Unweit der drei Anliegerorte Boxberg im Norden, Uhyst im Süden und Klitten im Südosten sind mehrere Großprojekte geplant beziehungsweise bereits umgesetzt worden. Zu letzteren gehören zum Beispiel das »Ohr«, ein Landschaftsbauwerk mit eingebettetem Amphitheater, sowie der Hafen Klitten. 88 Liegeplätze für Segel- und Motorboote sowie eine Marina mit Segelshop und Segelschule sind schon vorhanden. Seit September 2011 weist sogar ein Leuchtturm den richtigen Weg. Der Bärwalder See gilt als Eldorado für Freizeitkapitäne, Segler, Wind- und Kitesurfer sowie natürlich Badegäste.

Einkaufsmeile und »Sternencamp«

Am Uhyster Ufer werden Besucher künftig über eine elegante Einkaufsmeile mit Geschäften, Cafes und Restaurants bummeln können. In Klitten sollen am Hafen eine Rettungswache, ein Campingplatz sowie ein Badestrand entstehen. Und am gegenüberliegenden Boxberger Ufer lädt in Zukunft ein touristisches Infozentrum mit Campingplatz (»Sternencamp Bärwalder See«) und weiteren Dienstleistern ein.
Doch nicht nur Wassersportbegeisterte und Romantiker kommen am Bärwalder See auf ihre Kosten. Wer Besitzer eines Geländewagens ist, kann sich mit seinem Fahrzeug in der Nähe des Gewässers richtig austoben. Geführte Touren durch die noch bestehenden Tagebaulandschaften bieten Einblicke aus einer anderen Perspektive.
Darüber hinaus wartet das Safariwildrevier unweit von Uhyst auf neugierige Besucher. Natür-

Im Sommer herrscht an den Stränden des Bärwalder Sees Hochbetrieb.

Boxberg (Oberlausitz) – Wo Gigantomanie einen Namen hat

Maritimes Flair mit Kraftwerksblick

Blick vom Klittener Ufer über den See zum Kraftwerk Boxberg

Einweihung des ersten Seenland-Leuchtturms im September 2011

lich können die dort lebenden Rehe, Hirsche und Lamas gestreichelt und gefüttert werden.

Längst ins Herz geschlossen

Die Menschen am Bärwalder See können sicher sein, dass die Sachsen ihr größtes Gewässer bereits ins Herz geschlossen haben. Bei den Besuchertagen des Lausitzer Seenlandes im Juli 2007 strömten Tausende zum See und waren begeistert. Nicht zuletzt sind große Teile Sachsens nicht gerade mit Wasserflächen gesegnet. Besonders für die Dresdener dürfte unter diesen Umständen der Bärwalder See eine Alternative zu den Gewässern Mittel- und Nordbrandenburgs oder sogar zur Ostsee darstellen.

Am größten »Ohr« der Welt

Der Bärwalder See ist wohl das einzige Gewässer, das über ein eigenes »Ohr« verfügt. Und was für eines! 18 Meter hoch und 320 Meter lang ist es. Zwar kann es selbst nicht hören, dafür schätzen die Menschen im »Ohr« seine hervorragende Klangatmosphäre. Denn nicht das Gehörzentrum befindet sich in der Ohrmuschel, sondern ein nagelneues Amphitheater lädt in dieses Landschaftskunstprojekt am Nordufer des Bärwalder Sees ein. Die Idee dafür stammt vom polnischen Künstler Jaroslaw Kozakiewicz. Während eines Workshops am See im Jahr 2003 ist diese außergewöhnliche Idee von dem jungen Mann aus dem Nachbarland entwickelt worden. Insgesamt galt es, über 60 000 Kubikmeter Erde zu bewegen. Sogar Gelder von der Europäischen Union flossen in dieses Projekt. Am 7. Oktober 2007 wurde das Amphitheater feierlich eingeweiht.

Doch das Ohr will auch »erlaufen« werden. Von der höchsten Stelle hat man nämlich einen wunderschönen Blick über den ganzen See bis hin zu den »blauen Bergen« der Oberlausitz am Horizont. Wer dann in der Ferne von dem großen Ohr am Bärwalder See erzählt, lässt sein Gegenüber aufhorchen, garantiert!

Direkt dem »Ohr« auf der anderen Seeseite gegenüber, wartet bereits das nächste Landschaftskunst-Projekt auf seine Verwirklichung. Geplant ist nämlich, den großen Landschaftspark rund um das Schloss Uhyst zu sanieren. Vom dortigen Herrenhaus gibt es übrigens bereits eine schmale Sichtachse quer über den See – bis nach Boxberg.

Das Amphitheater im Boxberger »Ohr« zur Eröffnung im Herbst 2007. Im Hintergrund der Bärwalder See.

Ortserinnerungsstätte am Westufer des Bärwalder Sees

Blick über das »Ohr« zum Kraftwerk Boxberg

251

Boxberg (Oberlausitz) – Wo Gigantomanie einen Namen hat

Boxberg/O.L. – wo Rekorde zu Hause sind

Unterwegs an den Ufern des größten Sees Sachsens

*Weltbekannt und doch verschwiegen,
im Heideland achtzehn Dörfer liegen,
voller Charme und mit viel Kraft,
stolz auf das, was man geschafft:
Parks, Kraftwerk und ein großer See,
zu gern ich doch nach Boxberg geh'!*

Über Boxberg/O.L. ließe sich viel schreiben, doch Boxberg/O.L. muss man leibhaftig erleben. Es ist wahrscheinlich die Gemeinde mit den atemberaubendsten Rekorden Deutschlands. Schließlich können die Boxberger mit dem größten Steingarten Europas, dem Findlingspark Nochten, dem mächtigsten Ohr der Welt mit einem Amphitheater und einem Leuchtturm am größten See Sachsens, dem Bärwalder See, aufwarten.

Doch zunächst der Reihe nach. Die Gemeinde Boxberg/Oberlausitz mit ihren achtzehn Ortsteilen befindet sich inmitten der Oberlausitzer Heide- und Teichlandschaft. Trotz jahrzehntelangen Braunkohlenabbaus liegt die Gemeinde noch immer in einer der waldreichsten Gegenden Deutschlands. Die einzigartige Heidelandschaft sowie die Flussauen von Spree und Schöps, viele Teichgebiete, aber auch Industriestandorte wie das Braunkohlekraftwerk und zwei Tagebaue, strahlen einen besonderen Reiz aus. Die Rückkehr der Wölfe in die Lausitz offenbart den Gleichklang zwischen Natur und Industrie. Dazu kommt ein neuer und einzigartiger Findlingspark im Ortsteil Nochten.

Blühendes Ortszentrum in Boxberg/O.L.

Idyllisches Parkschlösschen in Klitten

Darüber hinaus ist Boxberg/O.L. auch die Heimat der Sorben. Besonders in Nochten und Sprey wird das sorbische Erbe liebevoll bewahrt und weitergeführt. Die Nochtener können sogar eine eigene Tracht vorweisen. Wer möchte, wird am Eingang des Findlingsparks auf traditionelle sorbische Weise mit Brot und Salz begrüßt.

Vom Eisenhammer zum Großkraftwerk

Boxberg wurde erstmals am 9. September 1366 im Zusammenhang mit dem Boxberger Hammerwerk im Landbuch des schlesischen Fürstentums Schweidnitz-Jauer urkundlich erwähnt. Der Ort entstand aus zwei Rundweilern am Schwarzen Schöps. Der deutsche Name charakterisiert soviel wie »Siedlung am Rehbocksberge«. Hamor, die sorbische Bezeichnung, beschreibt dagegen einen Eisenhammer, der mindestens seit 1366 in Betrieb war. Im Jahr 1720 wurde ein Eisenhüttenwerk in Boxberg errichtet. Bis 1945 gehörte der Ort zur Standesherrschaft Bad Muskau.

Einen gewaltigen Schnitt im bis dahin beschaulichen Leben in der Heide markierte das Jahr 1968. Damals erfolgte die Grundsteinlegung für das Werk 1 des Kraftwerkes Boxberg. Es entstand das größte Wärmekraftwerk Europas auf Braunkohlenbasis mit einer Gesamtleistung von 3520 Megawatt. Aufgrund der vielen neu zugezogenen Arbeitskräfte begann auch im eigentlichen Ort selbst eine rege Bautätigkeit. Neben zahlreichen Wohnblöcken wurden eine Kaufhalle, ein Postgebäude, eine Oberschule, ein Warmwasser-Schwimmbad und vieles mehr errichtet.

Heute ist Boxberg/O.L. eine moderne Gemeinde, die sich zahlreiche historische Kostbarkeiten bewahrt hat. Aufgrund des nahen Bärwalder Sees, der sich komplett auf dem Gemeindegebiet befindet, geht die Kommune dank immer zahlreicher werdender Touristen einer »goldenen Zukunft« entgegen.

Dörflichen Charme genießen

Die weiteren siebzehn Ortsteile der Gemeinde sind ebenfalls allesamt eine eigene Reise wert. Während Bärwalde mit seinem herrlichen Schlosspark in der Spreeaue lockt, bestimmen bei Drehna, Dürrbach, Tauer und Zimpel zahlreiche Teiche das Bild. Auch Rauden und Mönau mit ihrer Teich- und Fischwirtschaft zählen zu den schönsten Dörfern in der Teichlausitz. Kringelsdorf überrascht mit seinem frisch sanierten Gutshaus. Heute befindet sich das Standesamt in dem Gebäude. Wer Nochten besucht, muss unbedingt den Findlingspark gesehen haben. Aber auch das schattige Ensemble rund um die Kirche reizt zu einem Aufenthalt. Reichwalde besitzt ein wunderschönes Herrenhaus, das heute als Schullandheim genutzt wird.

Sprey hat zwar nur um die 50 Einwohner, dafür ein Kirchlein von Weltruf. Ohne einen einzigen Nagel steht die Kapelle schon seit 1780 wie »eine feste Burg«. In Uhyst sollte man keinesfalls einen Besuch in der Unterdörfer-Ausstellung der Heimatstube versäumen. Dort kann man das Leben und Wirken des Försters und Schriftstellers Gottfried Unterdörfer nachempfinden. Darüber hinaus gibt es im Dorf einen herrlichen Park inmitten zweier Spreearme sowie ein altes Schloss. In dem Ensemble kann man die Historie regelrecht einatmen. Die Herrnhuter Brüdergemeinde sah Uhyst im 18. Jahrhundert als Standort eines Internates, an dem auch der junge Hermann von Pückler-Muskau Schüler war. Heute lebt der Ort mit zahlreichen denkmalgeschützten Bauten in einer harmonischen Einheit von parkähnlicher Landschaft mit niveauvoller Gastlichkeit und sanftem Tourismus.

Die Klittener trotzten erfolgreich der Abbaggerung ihres Ortes durch den Kohlenbergbau. Nur der Ortsteil Jasua musste dem Vorrücken des Tagebaus Bärwalde weichen. Zu Jahmen gehört ein im englischen Stil angelegter Park mit mehreren kleinen Teichen. Heute befindet sich hier das im Jahr 2005 errichtete Vereinshaus. An das Schloss und die Pracht vergangener Zeiten der ehemaligen Herrschaft Jahmen erinnern heute nur noch die beiden Türme am Eingang zum alten Gut. In Form eines Zeilendorfes mit einem Rundweilerkern erstreckt sich Kaschel ebenso wie der aus vielen Ausbauten bestehende Ort Klein Oelsa an einem ausgedehnten Waldgebiet des Biosphärenreservats Oberlausitzer Heide- und Teichlandschaft. Als kleines Dorf inmitten von sandigen Feldern und moorigen Wiesen begrüßt Klein-Radisch seine Gäste.

Diesen dörflichen Charakter der kleinen Ortschaften erlebt man am besten als Radtourist. Das sehr gut ausgebaute Radwegenetz lädt dazu ein. Erwähnung finden sollten auch die Kirchanlagen in den Ortschaften Reichwalde, Nochten, Klitten sowie Uhyst. Jede einzelne Ortschaft der Gemeinde Boxberg/O.L. besitzt ihr eigenes Flair mit vielen großen und kleinen Besonderheiten, Kulturgütern und Sehenswürdigkeiten.

Beitrag von:
Gemeindeverwaltung Boxberg/O.L.
Südstraße 4 · 02943 Boxberg/O.L.
Tel. (03 57 74) 35 40 · Fax (03 57 74) 3 54 44
gemeindeverwaltung@boxberg-ol.de
www.boxberg-ol.de · www.baerwalder-see.eu

Der Fünffigurenschrein in der Schrotholzkirche Sprey

Romantischer Eichendamm bei Reichwalde

Das imposante Schloss in Uhyst

Boxberg (Oberlausitz) – Wo Gigantomanie einen Namen hat

Im Lausitzer Findlingspark Nochten

Steingarten mit Nordland-Flair und Kraftwerksblick

Am schönsten ist es im Findlingspark, wenn im Spätsommer die Heide blüht.

Im Frühsommer sind die blühenden Rhododendron-Sträucher eine Augenweide.

Unmittelbar am nördlichen Ortsausgang von Nochten entstand auf einer Innenkippe des gleichnamigen Tagebaus ein touristischer Anziehungspunkt mit überregionaler Bedeutung. Am 1. Mai 2003 wurde dort der Lausitzer Findlingspark Nochten eröffnet.

Die 60 bis 1000 Millionen Jahre alten Findlinge gelangten durch die Eiszeiten aus Skandinavien in die Region. Da alle rund 6000 Findlinge aus den Tagebauen der Lausitz, vorwiegend aus Nochten, stammen, gilt der Park als ein bleibendes Denkmal für den hiesigen Braunkohlenabbau. Die Vielfalt der Findlinge spiegelt die geologische Karte Skandinaviens wieder. Man findet Granite und Gneise sowie vulkanische Gesteine, Sandsteine, Quarzite und Kalksteine aus dem Erdaltertum vor. Oft sind fossile Abdrücke und Einschlüsse enthalten.

Schöner als in Schweden

Auf einer Fläche von über 20 Hektar wurden naturnahe Gartenbereiche gestaltet, deren Kern ein Steingarten bildet. Dieser ist von Hängen, Bergspitzen und Hohlwegen geprägt. Die Bepflanzung erfolgte so, dass der Findling immer im Vordergrund bleibt. Einen besonderen Höhepunkt bildet der Gipfelbereich, von dem man einen fantastischen Überblick über den gesamten Park genießen kann. Immer im Blick ist dabei die erhabene Silhouette des nahen Kraftwerks Boxberg.

Neben dem Steingarten kann man den Heidegarten mit über 160 verschiedenen Heidearten und einem Heidemoor sowie einen asiatisch anmutenden Teichgarten mit Wasserfällen und einem See mit Fischen besichtigen. In den Gärten blühen Kakteen, Wildrosen und viele seltene Pflanzen.

Ein ausgewiesener Rundweg führt durch zahlreiche Gartenbereiche mit über 500 verschiedenen, vor allem durch die flächenhafte Bepflanzung wirkenden Stauden. An sehr schönen Stellen sind Bänke aufgestellt, die zum Verweilen einladen. Sitzgruppen mit Tischen ermöglichen auch ein Picknick im Park. Ein weithin sichtbares Feldzeichen auf dem höchsten Punkt des Parks nähert sich der Eiszeit von der künstlerischen Seite. Von dort aus führt der Weg nach »Klein-Skandinavien«, einem Findlingslehrpfad der besonderen Art.

Angebote für Groß und Klein

Auch die kleinen Gäste kommen nicht zu kurz – auf dem Areal des Findlingsparks entstand ein wunderschöner Wüstenspielplatz. Für die Besucher gibt es im Park inzwischen weitere neue An-

Frühling im Findlingspark

Blick nach Klein-Skandinavien

Panoramablick über den Findlingspark zum Kraftwerk Boxberg

nehmlichkeiten wie das große Besucherzentrum mit Cafeteria und einer kurzen Filmvorführung. Der Pflanzenverkauf und die Tourist-Information geben die Möglichkeit, sich ein bisschen Findlingspark ins eigene Zuhause mitzunehmen. Nahe dem Eingang entstanden außerdem sieben Themensteingärten und eine große Besucherterrasse. Am Waldsee wurden Bäume für einen kleinen Wald gepflanzt. Von dort aus können die Gäste den Blick zum Steingarten und zur Naturheide genießen.

Der Lausitzer Findlingspark Nochten ist in seiner Art einzigartig in Europa. Der Park ist vom 15. März bis zum 15. November täglich von 10 bis 18 Uhr geöffnet.

Lausitzer Findlingspark Nochten

Beitrag von:
Förderverein Lausitzer Findlingspark Nochten e.V.
Parkstraße 7 · 02943 Boxberg/O.L. OT Nochten
Tel./Fax: (03 57 74) 7 47 11
info@findlingspark-nochten.de
www.findlingspark-nochten.de

Die Konzerte vor dem historischen Altar erfreuen sich großer Beliebtheit.

Das Holzkirchlein ohne Nagel

Das Kirchlein in der Wintersonne

Im Boxberger Ortsteil Sprey befindet sich auf dem Friedhof ein wunderschönes Schrotholzkirchlein aus dem Jahr 1780. Nicht ein Nagel musste beim Bau der Kapelle eingesetzt werden. Der Altar ist genau 300 Jahre älter als die Kirche. Der dazugehörige Turm wurde allerdings erst im Jahr 1969 aufgebaut.

Als bei Kriegsende 1945 eine Detonation das Dorf an Schöps und Spree erschütterte, fiel die komplette Kirche einfach auf die Seite. Sie wurde dann »einfach« wieder aufgestellt.

Öfter laden Konzerte in das historische Gebäude ein. Weitere Informationen erteilt die Gemeindeverwaltung Boxberg. Das 40-Einwohner-Dorf Sprey ist am günstigsten über den Spree-Radweg zu erreichen.

Zwischen Schöps und Wacholderheide

Sprey zählt zu den kleinsten Orten des Lausitzer Seenlandes. Nur gut 60 Menschen leben dort. Neben der Schrotholzkirche lädt die Spreyer Wacholderheide ein. Vom Gasthaus geht es zunächst schräg nach links. Nach wenigen hundert Metern weist ein Schild den richtigen Weg, nämlich nach rechts. Schon bald erblicken Wanderer die ersten Wacholdersträucher. Diese Baumart kommt vorzugsweise auf trockenen Standorten vor. Die meisten Wacholderheiden sind vor Jahrhunderten durch Weidewirtschaft entstanden. Bei den Einheimischen sind die Früchte begehrt. Denn aus ihnen lässt sich ein wunderbarer Wacholderschnaps herstellen. Diesem wird in der Lausitz eine gesundheitsfördernde Wirkung nachgesagt. So soll diese Spirituose gegen Rheuma helfen.

Begehrte Wacholderbeeren – je dunkler, desto reifer

Wasserfliegen im Lausitzer und Mitteldeutschen Seenland

Die Lausitzer und Mitteldeutsche Seenlandschaft aus ehemaligen Tagebauen ist ein ideales Projektfeld für die vielfältigsten Nutzungsmöglichkeiten – so auch das Starten und Landen mit Flugzeugen auf dem Wasser. Weltweit gewinnt das Interesse der Fortbewegung mit Wasserflugzeugen an Bedeutung.

Seit dem Jahr 2010 testet die Firma Frank-Air mit Flugbooten und Schwimmerflugzeugen die Möglichkeiten am Bärwalder See. Das von Frank Degen gebaute Flugboot Typ SeaRey des Deutschen Wasserfliegenverbandes e.V. ist bereits Stammgast auf diesem Gewässer. Die Gemeinde Boxberg möchte mit dem Unternehmer Frank Degen eine dauerhafte Nutzung für das Starten und Landen mit Wasserflugzeugen schaffen.

Für die wasserfluginteressierten Piloten in Europa und insbesondere in Deutschland entsteht ein einzigartiges Trainings- und Erlebnisgebiet. Das unmittelbare Zusammenspiel der Elemente Luft-Wasser-Land wird bald für den Touristen erlebbar. Durch die Entwicklung und den Bau von technologisch neuen Flugzeugen entwickelt sich ein neuer gewerblicher Zweig der Freizeitnutzung in der Region.

Zwei Flugzeuge direkt am Badestrand

Impressionen von Frank-Air

Beitrag von:
Frank-Air · Frank Degen
Friedrich-Ebert-Straße 3
03119 Welzow
www.frank-air.de

Boxberg (Oberlausitz) – Wo Gigantomanie einen Namen hat

Wo eine Märchenburg auf Kraftwerksasche thront

Spreyer Höhe bietet Fernsicht, Kletterspaß und Umweltbildung

Weiter Blick von der Spreyer Höhe

»Märchenburg« auf dem Gipfelplateau

Kein Märchen: Westlich des Kraftwerks Boxberg steht ein Schloss. Und zwar standesgemäß auf einem Berg, der sich 28 Meter über Gelände erhebt. Das Schloss kann sogar besichtigt und beklettert werden. Zwar handelt es sich um kein altehrwürdiges Gemäuer und wohnt dort auch kein König mit seinem Hofstaat, doch wo in der Lausitz lädt schon ein »Rohrschloss« ein? Denn tatsächlich besteht das originelle Gebilde aus rund 70 Entwässerungsrohren, die mit Splitt gefüllt fest im Boden verankert worden sind. Später haben sie Kinder aus der Umgebung bunt bemalt. Die Idee zu dieser Märchenburg geht auf den Forstmann Olaf Hanspach zurück. Es wäre schließlich sonst schade um die schönen Rohre gewesen.

360-Grad-Blick

Durch eines können Besucher sogar hindurch rutschen. Die übrigen wollen erklettert werden. Doch auch diejenigen, denen das zu gewagt erscheint, genießen vom Gipfelplateau der Spreyer Höhe einen grandiosen 360-Grad-Blick in die umliegende Landschaft. An klaren Tagen sind am Horizont sogar die Berge des rund 80 Kilometer entfernten Isergebirges erkennbar. Im Westen erscheint das Kraftwerk Schwarze Pumpe, im Norden Jänschwalde. Und natürlich direkt zu Füßen der aktive Tagebau Nochten. Beeindruckend ist der Blick auf die dortige Großtechnik. Die Szenerie beherrscht freilich das Ursprungsobjekt der Spreyer Höhe, nämlich das Kraftwerk Boxberg. Monumental schieben sich die mächtigen Kühltürme mit ihren imposanten Wasserdampfwolken ins Bild.

Monumental schiebt sich das Kraftwerk Boxberg ins Bild.

Aufgeforstete Flächen auf der Spreyer Höhe

Auf Asche gebaut

An und auf der Spreyer Höhe befinden sich mehrere Schautafeln. Diese geben Auskunft zur spannenden Entstehungsgeschichte dieses Areals sowie zur Naturausstattung. So erfährt man, dass das »röhrende« Märchenschloss auf Asche steht. Und nicht etwa auf normaler Hausasche, sondern auf Kraftwerksasche. Das Abfallprodukt wird nämlich per Bahn aus dem nur drei Kilometer entfernten Kraftwerk Boxberg heran transportiert. Auf die Asche kam noch eine starke Ton- und auf diese eine Sandschicht.
So stand einer Wiedernutzbarmachung der Fläche nichts mehr im Wege. Inzwischen haben die Forstleute des Bergbauunternehmens Vattenfall Europe rund 60 Hektar Wald auf der Spreyer Höhe geschaffen. Neben Eichen und Kiefern wurden dort sogar Birken angepflanzt. Nicht zuletzt haben fleißige Hände wertvolle Pflanzen aus dem Tagebauvorfeld von dort evakuiert und an der künstlichen Erhebung wieder in den Boden gebracht. Inzwischen entwickelt sich die Natur prächtig. Auch der Wolf soll sich dort öfter sehen lassen.
Allerdings steht die Spreyer Höhe noch unter Bergaufsicht. Sie darf bislang nur in Begleitung von Vattenfall-Experten betreten werden. Doch ein Anruf beim Unternehmen genügt, schon kann zu einer Gipfel-, Kletter-, Aussichts- und Bildungstour gestartet werden.

Boxberg (Oberlausitz) – Wo Gigantomanie einen Namen hat

An der Riviera Niederschlesiens

Uhyst und Klitten gelten als touristische Geheimperlen

Der Bärwalder See ist weit mehr als ein touristischer Geheimtipp. Längst haben sich die dortigen wassersportlichen Möglichkeiten bis nach Dresden und Berlin herumgesprochen. Touristisch dagegen noch recht wenig berührt sind die südlich des Sees befindlichen Orte Uhyst und Klitten. Sie befinden sich quasi an der »Riviera«. Wer in dieser Gegend unterwegs ist, sollte dort unbedingt einen Besuch einplanen.

Die Perle von Uhyst ist der ungefähr 7000 Quadratmeter große Park. Dieser wird von zwei Spreearmen eingeschlossen und bildet mit seinem uralten Baumbestand eine reizvolle Kulisse. Ein kleiner Teich in der Parkmitte, versehen mit einer winzigen Insel, die über ein kleines Holzbrückchen zu erreichen ist, setzt romantische Gefühle in Wallung.

Alljährlich am letzten Maiwochenende wird im Park das Uhyster Heimatfest gefeiert. Auf der Bühne vor dem imposanten »Spreeschlösschen« treten dabei namhafte Künstler auf.

Den westlichen Parkeingang bildet eine große Holzbrücke über die Spree. Dort befindet sich auch ein rekonstruiertes Wehr. Die Anlage wurde mit einer »Fischtreppe« versehen, damit die Wasserbewohner problemlos das Hindernis passieren können. Eine Schautafel informiert über die Einrichtung.

Mühle, Schloss und Heimatstube

Direkt gegenüber befindet sich die uralte Uhyster Schleifmühle. Das traditionsreiche, ortsbildprägende Ensemble aus dem 19. Jahrhundert ist derzeit allerdings aufgrund massiver Schäden gesperrt. Nur einen Steinwurf entfernt befindet sich das ockerfarbene Uhyster Schloss. Es entstand in seiner heutigen Form in den Jahren 1738 bis 1742. Das Gebäude wurde vor wenigen Jahren für ein Kunstprojekt im Rahmen des Festivals »transNATURALE« genutzt. Dabei entstand eine bis heute vorhandene Sichtachse vom Schloss über den Bärwalder See hinüber zum Kraftwerk Boxberg.

In der Uhyster Dorfmitte sollten Gäste unbedingt die Heimatstube besuchen. Der Uhyster Heimatverein hat dort zahlreiche Alltagsgegenstände aus vergangenen Zeiten zusammengetragen. Darüber hinaus gibt es eine Sonderausstellung zum Förster und Dichter Gottfried Unterdörfer, der über vier Jahrzehnte in Uhyst wirkte. Auch die Kirche aus dem Jahr 1716 kann besichtigt werden.

»Klitten bleibt!«

Von Uhyst ist es nicht weit bis Klitten. Radfahrer können die rund sieben Kilometer lange Strecke direkt am Bärwalder See entlang radeln. Wäre in den Jahren 1989/1990 die politische Wende nicht gekommen, würde der Ort heute wohl nicht mehr existieren. Denn Klitten sollte der Kohle weichen. Unter dem Motto »Klitten bleibt!« protestierten damals die Einwohner für ihren Ort.

Inzwischen hat sich Klitten zu einer der schönsten Dörfer der schlesischen Oberlausitz gemausert. Sehenswert sind in erster Linie die beiden evangelischen Kirchen sowie die Reste der alten Schlossanlage im Ortsteil Jahmen.

Klitten eignet sich übrigens auch hervorragend für einen Ausflug in das Oberlausitzer Teichland. Allein zwischen dem Ort und Kreba-Neudorf befinden sich fast 50 größere und kleinere Teiche.

Abstreichende Kraniche vor der Silhouette von Klitten

Die Uhyster Ortsmitte

Frühling im Uhyster Park

Siegmar Schmidt präsentiert die Schätze der Uhyster Heimatstube.

Wer Weißwasser kennt ...

Panoramablick über die Stadt Weißwasser

Weißwasser – Leben im Einklang mit Wirtschaft und Natur

Eine Stadt in einer Region voller Schätze

Wandbild: Die Tänzerin

Sanft schmiegt sich die Stadt an die südlichen Ausläufer des Muskauer Faltenbogens. Weißwasser (Běła Woda) ist eine besondere Stadt am Rand einer phänomenalen Landschaft. Umrahmt wird sie von unzähligen Seen, Kiefernwäldern sowie blühender Heidelandschaft. Sie ist zwischen Dresden, Cottbus und dem polnischen Wrocław gelegen. Die Region ist durch Schätze der Natur geprägt, welche dem Boden seit Menschengedenken abgerungen werden: Sande, Tone und vor allem Braunkohle.

Einst Glashauptstadt Europas

Die heute fast 20 000 Einwohner zählende Große Kreisstadt Weißwasser/O.L. liegt im Landkreis Görlitz, im Nordosten des Freistaates Sachsen, in jeweils acht Kilometer Entfernung zum Land Brandenburg und zur Republik Polen. Der einstige Reichtum dieser Gegend an Quellen, Bächen und flachen Heideteichen spiegelt sich im Ortsnamen wider.

Reiche Vorkommen an Braunkohle, Quarzsand und Ton sowie die Inbetriebnahme der Eisenbahnlinie Berlin-Görlitz im Jahr 1867 bildeten die Grundlage für den raschen Aufschwung des Ortes. In nur wenigen Jahrzehnten entwickelte sich die von Ackerbau und Fischzucht geprägte Siedlung zum größten und wichtigsten Standort der Glaserzeugung in Europa. Bis 1904 entstanden hier elf Glashütten, vier Glasraffinerien, eine Spiegelfabrik und eine Porzellanfabrik. Um die Jahrhundertwende war der Ort zeitweise als weltweit größter Glasproduzent bekannt. Alle Glassorten, vom einfachsten Fenster- über technisches Glas bis hin zum feinstgeschliffenen Kristallglas, wurden in Weißwasser hergestellt.

Einen Einblick in die damaligen Produktionsmethoden sowie in die breite Palette der gefertigten Glaserzeugnisse gewähren die thematischen Ausstellungen des hiesigen Glasmuseums. Seit 2008 bietet das einzige in Weißwasser produzierende Glaswerk für Trinkgläser sein gesamtes Sortiment in einem Werksverkauf an.

Kohle- und Energiezentrum

Durch die Industrialisierung wuchs die Zahl der Einwohner rapide an – von ungefähr 700 im Jahr 1865 auf rund 12 000 im Jahr 1910. Mit dem Auf-

Nostalgiezug auf den Gleisen der Muskauer Waldeisenbahn

Nicht weit vom Glasmacherbrunnen entfernt, befindet sich das sehr sehenswerte Glasmuseum.

Weißwasser genießt auch als Sportstadt einen hervorragenden Ruf – hier eine Aufnahme vom traditionellen Braunsteichlauf.

Wer Weißwasser kennt ...

schluss der Tagebaue und dem Bau des damals größten Wärmekraftwerks Europas auf Braunkohlenbasis in Boxberg begann Mitte der 1960er Jahre der Ausbau der Region zum Kohle- und Energiezentrum. Das führte wiederum zu einer sprunghaften Entwicklung der Einwohnerzahl auf rund 40 000 in der damaligen Kreisstadt Weißwasser.

Längst hat sich Weißwasser als Energiestandort deutschlandweit einen Namen gemacht. Im Zuge der Erweiterung des Braunkohlenabbaus über Tage und des vor den Toren der Stadt gelegenen Kraftwerks Boxberg siedelten sich in der Vergangenheit viele kleine und mittelständische Unternehmen in der Stadt und der näheren Umgebung an. Heute stellt Weißwasser am Rand des Lausitzer Seenlandes das neue Tor zu Osteuropa dar.

Füchse spielen in der Bundesliga

Die Freizeitgestaltung spielt in Weißwasser eine große Rolle. Eine der wichtigsten und beliebtesten Sportarten der Region ist Eishockey. Der im Jahr 1932 gegründete Eissportverein Weißwasser war vor 1939 Schlesischer Meister und errang 25 Meistertitel der ehemaligen DDR. Heute spielen die Lausitzer Füchse in der 2. Bundesliga. Den Eishockeymannschaften aller Altersklassen und Freizeitsportlern steht eine moderne Eishalle zur Verfügung. Neben Eishockey sind über 2000 Weißwasseraner in verschiedenen Vereinen mit über 30 Sportarten, beispielsweise Ringen, Fußball und Tanzen angemeldet.

Im großzügig angelegten Tierpark der Stadt erwarten den Besucher über 350 Tiere in mehr als 75 Arten und Rassen, unter anderem aus Europa, Asien, Afrika und Südamerika. Begehbare Anlagen ermöglichen den direkten Kontakt zu einigen dieser Tiere.

Eine weitere Attraktion ist die Waldeisenbahn Muskau. Diese einzige 600-Millimeter-Schmalspurbahn auf historischem Grund in Deutschland verbindet Weißwasser durch den Geopark Muskauer Faltenbogen mit dem größten Rhododendrenpark in der Parkgemeinde Kromlau sowie dem berühmten UNESCO-Weltkulturerbe Fürst-Pückler-Park in Bad Muskau. Diese beiden bekannten Parkanlagen im Verbund mit der einzigartigen, mit einem ausgebauten Radwegenetz durchzogenen Landschaft und dem modernen Aussichtspunkt, dem »Turm am Schweren Berg« am aktiven Tagebau im Süden der Stadt, runden das Bild von Weißwasser ab.

Hier hat jeder seinen Teich

Mit Wald, Wasser und vor allem Sonne so reichlich gesegnet, wie kaum ein zweiter Ort in Deutschland, leben die Weißwasseraner sehr gern in ihrer Stadt. »Hier hat jeder seinen Teich«, pflegen die Einheimischen zu sagen, wenn sie von den unzähligen Seen in der näheren Umgebung schwärmen. Die über die größte Museumsschmalspurbahn Deutschlands zu erreichende Kur- und Parkstadt Bad Muskau, Schwimmhalle, Jahnbad, sportliche Vielfalt vom Tanzverein bis zum Eishockey-Traditionsclub, Schulen, Krankenhaus, Einkaufszentren, innerstädtisches Wohnen in liebevoll und aufwändig sanierten Häusern, stadtnahes Wohnen in attraktiven Eigenheimsiedlungen. Weißwasser ist eine kleine, überschaubare, lebens- und liebenswerte Stadt – mit guten sozialen Strukturen und einer bizarren Schönheit, wie sie im Umfeld eines wirtschaftlich geprägten Ortes nur selten zu finden ist.

Braunsteichbrücke: Der Braunsteich gilt als beliebtes Naherholungsgebiet.

Altstadt von Weißwasser

Turmcafé, Glasmacherbrunnen, Alte Post

Beitrag von:
Große Kreisstadt
Weißwasser/O.L.
Marktplatz
02943 Weißwasser
Tel. (0 35 76) 26 50
Fax (0 35 76) 26 51 02
stadt@weisswasser.de
www.weisswasser.de

Wer Weißwasser kennt ...

Zur Lausitz gehört ein gutes Glas

Stölzle Lausitz GmbH setzt Tradition fort

Seit über 500 Jahren wird in der Lausitz aufgrund der reichen und qualitativ hochwertigen Rohstoffe wie Sand und Kalkstein die Kunst der Glasherstellung und -veredelung gepflegt und entwickelt. Im Jahr 1889 wurde am heutigen Standort der Stölzle Lausitz GmbH bereits das erste Glas geschmolzen. Ende der 1920er Jahre entwickelte sich der Betrieb zum größten Kelchglas-Produzenten Deutschlands. Im Jahr 1969 erfolgte die Gründung des Kombinates Lausitzer Glas. Die Lausitzer Glaswerke Weißwasser fungierten als Stammbetrieb. Bis Ende der 1980er Jahre arbeiteten rund 4000 Mitarbeiter in den Weißwasseraner Glaswerken. Nach der Privatisierung 1992 übernahm vier Jahre später die österreichische Firma »Stölzle – Oberglas AG« den Betrieb und baute eine neue Fabrik mit drei Produktionslinien.

Modernste Fabrikation

Die Stölzle Lausitz GmbH verfügt heute mit ihren vier Produktionsstraßen für die automatische Fertigung von hochwertigen, bleifreien Kristallgläsern über eine der modernsten Fabrikationen weltweit. Die Trinkgläser aus dieser Produktion weisen eine geradlinige, charakteristische Formensprache und höchste Getränkegerechtigkeit auf. Durch höchste Bruch- und Spülmaschinenresistenz, Brillanz und bestes Preis-Leistungs-Verhältnis, erfüllen diese Gläser nicht nur alle Anforderungen an ein gutes Weinglas für den normalen Weintrinker, sondern bestehen auch den Alltag beim professionellen Einsatz in der Gastronomie und der Hotellerie.

Als einer von wenigen Glasherstellern beherrscht man in Weißwasser das Verfahren, Glasstiel und -kelch auf der Maschine in einem Stück zu produzieren. Diese Kelchgläser stehen in ihrer Anmutung mundgeblasenen Gläsern kaum nach. Der für Maschinengläser sonst übliche, fühlbare Übergang zwischen Stiel und Kelch ist bei den nach diesem Verfahren hergestellten Gläsern von Stölzle Lausitz nicht mehr zu finden. Auch Nähte gehören bei diesen Gläsern der Vergangenheit an.

Ganz individuell gestaltetes Glas

Neben einer großen Produktpalette, verfügt die Stölzle Lausitz GmbH auch über eine leistungsstarke Dekorationsabteilung. Je nach Kundenwunsch können die Gläser mit Siebdruck, Schliff, Abziehbild, Gold- oder Platinrand versehen werden.

Über 40 Millionen Gläser werden jährlich bei Stölzle Lausitz hergestellt und in die ganze Welt verkauft. Die Exportquote des Unternehmens liegt bei etwa 70 Prozent. Neben den Handelskanälen in Richtung Endverbraucher sowie der Hotellerie, Gastronomie und der Getränkeindustrie werden auch Fluglinien mit Trinkgläsern beliefert. Seit Oktober 2008 sind die Stölzle-Kelche für jedermann erhältlich. Damals öffnete der Werksverkauf von Stölzle Lausitz. Zur Auswahl stehen alle aktuellen Serien sowie Accessoires für den gedeckten Tisch und ein perfektes Wohnambiente. Jedes Glas kann nach eigenen Wünschen bemalt oder graviert werden.

Firmengelände Stölzle

Manuelle Glasfertigung

Maschinelle Produktion

Serie Exquisit

Serie QUATROPHIL.

Beitrag von:
Stölzle Lausitz GmbH
Berliner Straße 22-32 · 02943 Weißwasser
Tel. (0 35 76) 26 80 · Fax (0 35 76) 26 82 49
office@stoelzle-lausitz.de
www.stoelzle-lausitz.com

Neue Heimat für bedrohte Wesen

Hermannsdorfer See südlich von Weißwasser wird Naturparadies

Zugegeben: Von Wasser ist im Hermannsdorfer See bislang kaum etwas zu sehen. Dem Auge bietet sich eher bislang eine recht trostlose Mondlandschaft. Soweit der Blick reicht erstrecken sich lediglich weitestgehend kahle Kippenböden. Doch in wenigen Jahren soll auf diesem Areal am Ostrand des Tagebaus Nochten ein wahres Naturparadies entstanden sein. So haben es die tüchtigen Bergleute geplant. Den Mittelpunkt der Idylle bildet dann der Hermannsdorfer See. Dem zukünftigen Gewässer, das seine Bezeichnung von einem gleichnamigen Dorf erhielt, welches im Jahr 1903 in die damalige Glasmachergemeinde Weißwasser eingemeindet wurde, soll einmal eine enorme Bedeutung zuteilwerden. Denn mit seiner Flutung entsteht die europäische Hauptwasserscheide zwischen Nord- und Ostsee in neuer Form. Ihre Vorgängerin musste im letzten Drittel des 20. Jahrhunderts dem Braunkohlebergbau weichen. Das erste Wasser soll im Jahr 2013 fließen.

Südlich des Hermannsdorfer Sees ist bereits ein einzigartiges Moorgebiet geschaffen worden. Zu Beginn des Jahres 2008 wurden zu diesem Zweck rund 5000 Kubikmeter Torf herantransportiert. Dieses Material stammt aus den sogenannten Großen Jeseritzen, einem Moorgebiet, das dem fortschreitenden Tagebau Nochten weichen muss. Etwas später begann dann die Umsiedlung der entsprechenden Pflanzen aus dem Tagebauvorfeld an den Hermannsdorfer See.

Schutz für Stadt und Vögel

Westlich des zukünftigen Gewässers entsteht ein fast 100 Hektar großer Grünstreifen. Dieser besteht aus lausitztypischen Baum- und Straucharten und bildet ein Refugium insbesondere für die heimische Vogelwelt. Diese Pflanzung kommt sogar der ein paar Kilometer nördlich gelegenen Stadt Weißwasser zugute. Denn die Gehölze halten den Staub aus dem aktiven Tagebaubetrieb fern und mindern die Geräusche der Großgeräte. Doch das ist noch immer nicht alles. So wird westlich des Hermannsdorfer Sees ein neuer Lebensraum für das bedrohte Birkhuhn geschaffen. Die markanten dunklen Hähne mit ihren unverwechselbaren roten Rosen über den Augen und ihre braunfarbenen Hennen werden sich in dem reich strukturierten Offenland sehr wohl fühlen.

Radweg existiert

Das Geschehen am Hermannsdorfer See kann bereits jetzt gut beobachtet werden. Denn der Hermannsdorfer Radweg führt direkt an dem im Werden begriffenen Naturschutzgebiet vorüber. Ausgangspunkt ist das Naturschutzzentrum am

Auch Bergleute können auf Beamtendeutsch nicht verzichten.

Abendstimmung am zukünftigen Ufer

Sonnenuntergang am Aussichtsturm auf dem Schweren Berg

Schweren Berg südlich von Weißwasser. Vom dortigen Aussichtsturm ist ein imposanter Blick über dieses Areal möglich. Den Endpunkt der Tour bildet der Findlingspark in Nochten. An der betonierten Trasse können sich die Radler über den Tagebau, die Rekultivierung sowie heimische Tier- und Pflanzenarten informieren.

Hier entsteht der Hermannsdorfer See.

Wer Weißwasser kennt ...

Wo sich Weißwasser erholt
Auf Stippvisite am Braunsteich

Wenn es im Sommer in Weißwasser richtig heiß wird, gibt es für viele Einwohner kein Halten mehr. Sie setzen sich ins Auto oder schwingen sich auf die Fahrräder und fahren hinaus zum Braunsteich.

An diesem Gewässer östlich der Stadt existieren nämlich wunderschöne Strandbereiche. Das Wasser ist angenehm erfrischend, aber kaum eiskalt. Dort lässt es sich also aushalten. Wahrzeichen des Braunsteiches ist sein hölzerner Steg. Der ist nicht nur für Verliebte ein bevorzugter Treffpunkt, sondern ebenso für Naturbeobachter. Besonders der südliche Gewässerteil weckt ihr Interesse. Dort leben zahlreiche Vogelarten, darunter auch seltene Tiere, beispielsweise die Rohrweihe und die Wasserralle.
Östlich des Braunsteiches befindet sich das Kinder- und Jugenderholungszentrum, kurz Kiez genannt. Dort gibt es auch einen Reptilienzoo. Außerdem existiert in Ufernähe eine Naturschutzstation. Rund um das Gewässer führen gut markierte Wege. Immer wieder wechseln die Bilder. Für Abwechslung ist auf Schritt und Tritt gesorgt. Der Braunsteich ist einst künstlich angelegt worden. Dazu wurde der Rotwassergraben angestaut. So war es möglich, das Hüttenwerk in Keula (heute zu Krauschwitz) auch in regenarmen Zeiten betreiben zu können. Seit dem Jahr 1921 dient das

Winterliche Idylle am Braunsteichsteg

Romantische Sitzmöglichkeit am Uferbereich

Gewässer der Naherholung der Weißwasseraner und ihrer Gäste.
Der Braunsteich ist vom Marktplatz am schnellsten über die Straße der Einheit sowie den Brückenweg erreicht. Für die Anfahrt mit dem Auto empfiehlt sich die Waldhausstraße.

»Transnaturale«: Gänsehaut ist garantiert
Großartiges Licht-Klang-Festival am Bärwalder See

»Transnaturale« – schon dieses Wort erweckt Vorstellungen von Gigantomanie, Landschaft und Mystik. Genau darum geht es nämlich bei diesem, immer im Spätsommer, meist am ersten Septemberwochenende stattfindenden Festival. Rund um den Bärwalder See werden dabei außergewöhnliche Kunstprojekte geboten. So gibt es in der 600 Meter langen Turbinenhalle des Kraftwerks Boxberg Konzerte, im Uhyster Schloss beginnen »Lichtgeister« zu spuken, in Klitten werden die Geheimnisse der Kirche gelüftet und der See selbst verwandelt sich durch phantastische Lichtilluminationen in eine Symphonie der Sinne. Dazu darf natürlich nicht die passende Musik fehlen – eben Gänsehautgefühle pur. Darüber hinaus gibt es kleine und große, klassische und originelle Kunstangebote für jedermann.
Die Landschaft um den See und die dort lebenden Menschen werden in die Kunstprojekte einbezogen, gerade daraus ergibt sich die Exklusivität der Transnaturale. Sie wird als nichts Fremdes

wahrgenommen, sie gehört quasi zum Bärwalder See wie dessen Wasser. Jedes Jahr gibt es ein neues Programm, durchaus mit intellektuellem

Anspruch. Die Transnaturale ist längst zu einem kulturellen Wahrzeichen des Lausitzer Seenlandes geworden!

Lichtillumination vor der Kraftwerkssilhouette

Das verschwundene Jagdschloss

Tagebau frisst sich durch den Urwald

Eigentlich weist nur ein Stein auf das frühere Schloss hin, das einst inmitten der tiefen Wälder südlich von Weißwasser stand. Und dieser Stein stammt nicht etwa aus dem historischen Ensemble, sondern wurde erst viel später aufgestellt. Da war das Schloss schon längst Geschichte. »Jagdschloss 1648 bis 1972« ist auf dem großen Findling zu lesen. Genau 324 Jahre waren der dreiflügeligen Anlage vergönnt. Dann wurde sie einfach abgerissen, aus Baufälligkeit, wie es offiziell hieß. Das war 1972. Rund vier Jahrzehnte später wird auch die nächste Umgebung des Jagdschlosses nicht mehr existieren: aufgefressen von den riesigen Baggern des nahen Tagebaus Nochten. Bereits zu Beginn des zweiten Jahrzehnts des 21. Jahrhunderts war die heranrückende Braunkohlengrube allgegenwärtig. Breite, in den Wald geschlagene Schneisen, Entwässerungsriegel sowie hektarweise Kahlschläge schoben das vormals idyllische Bild vom Jagdschloss und seinem Urwald für immer in die Geschichtsbücher.

Pückler hinterließ seine Spuren

Das Ensemble befand sich bis zum Ende des Zweiten Weltkrieges im Eigentum der Standesherrschaft Muskau. Es wurde wahrscheinlich am Ende des Dreißigjährigen Krieges vom Standesherren Kurt Reinicke von Callenberg (1607 bis 1672) erbaut. Im 19. Jahrhundert ließ der berühmte Gartenfürst Hermann von Pückler-Muskau (1785 bis 1871) das Jagdschloss renovieren und mehrere Nebenbauten errichten. Seine eigentliche und repräsentativste Form erhielt das Ensemble im Jahr 1854 durch den Prinzen der Niederlande, Wilhelm Friedrich Karl von Oranien-Nassau.
Nach dem Ende des Zweiten Weltkrieges zogen Forstleute und Geologen ins Jagdschloss. In den 1960er Jahren wurde es immer baufälliger, sodass 1972 schließlich der Abriss erfolgte. Stehen blieben einige Nebengebäude, die anfangs noch bewohnt waren. Die letzten Gebäude verschwanden im Jahr 1998.

Urwald in Gefahr

Unmittelbar an den Standort des Jagdschlosses schließt sich das Naturschutzgebiet »Urwald Weißwasser« an. Dieses fast 100 Hektar große Areal ist von weitgehend natürlichen Waldgesellschaften gekennzeichnet. So wachsen dort mächtige Fichten, nicht weniger imposante Kiefern und stattliche Eichen. Wissenschaftler haben allein über 370 Schmetterlingsarten im Gebiet gezählt. Diese Idylle wird jedoch dem Tagebau Nochten zum Opfer fallen. Allerdings siedeln Fachleute die wertvollsten Pflanzenarten in andere Areale um.
Der Erinnerungsstein für das Jagdschloss Weißwasser ist trotz der bergbaubedingten Einschränkungen noch immer über einen markierten Wanderweg erreichbar. Am günstigsten gelangen Besucher vom Waldparkplatz an der Straße von Trebendorf nach Weißwasser in das Gebiet. Dort folgt man der Ausschilderung zum Motorsportgelände. Ab der Schutzhütte im Wald weisen kleine grüne Tafeln den richtigen Weg.

Diese imposante Platane befindet sich neben dem Stein.

Mächtige Baumriesen im Weißwasseraner Urwald

Der Stein erinnert an das Jagdschloss.

Der prächtige Wald muss dem Tagebau weichen.

Nahe des Jagdschlosses befindet sich die »Protestantin«, ein uralter Kiefernstamm.

Schleife, Groß Düben, Trebendorf – zwei Sprachen, eine Verwaltungsgemeinschaft

Heimat von Deutschen und Sorben

Typische Tracht der Schleifer Sorben

Dudelsackspieler in sorbischer Tracht am Tagebaurand

Schleife liegt westlich von Weißwasser unmittelbar an der Grenze zum Land Brandenburg. Der Ort wird vom Flüsschen Struga durchquert. Im Jahr 1272 ist Schleife erstmals urkundlich erwähnt worden. Die Kirche gilt als ältestes Bauwerk im Ort. Zum Kirchspiel gehören neben Schleife auch Halbendorf, Rohne, Mulkwitz, Mühlrose, Trebendorf, Groß Düben und Lieskau.

Die Schule in Schleife gründete 1730 der Muskauer Standesherr und Kirchenpatron Alexander von Callenberg. Im Ort wurde im Jahr 1844 an der Dorfstraße ein neues Küster- und Schulgebäude gebaut. Darin unterrichtete man die Kinder der gesamten Parochie. Durch den Bau der Eisenbahn Berlin-Görlitz im Jahr 1867 erhielt der Ort eine vorteilhafte Verkehrsanbindung.

In den Jahren 1934 bis 1936 entstand in Schleife die Luft-Hauptmunitionsanstalt Weißwasser (Muna), in der während des Zweiten Weltkrieges Granaten für die deutsche Luftwaffe produziert wurden. Später richtete die Sowjetarmee auf dem Gelände ein Tanklager ein. Im ehemaligen Muna-Wohngebiet, das mit der Anstalt errichtet worden war, wurde nach Kriegsende eine Polizei und später eine Verwaltungsschule eingerichtet. Nach der Wiedervereinigung nahm die erste Zivildienstschule in den neuen Bundesländern den Betrieb auf.

Nach der politischen Wende 1989/1990 kam es zu zahlreichen Neugründungen von Betrieben und Geschäften. In Schleife entstanden ein Gewerbegebiet und ein Bebauungsgebiet. Das gesellschaftliche Leben gestalten heute neben dem Sorbischen Kulturzentrum vor allem die örtlichen Vereine und die freiwillige Feuerwehr. Seit 1995/1996 gehören zur Gemeinde Schleife auch die Gemeindeteile Mulkwitz und Rohne. Die Verwaltungsgemeinschaft Schleife mit Groß Düben und Trebendorf besteht seit Januar 1999.

Zahlreiche Traditionen und Bräuche

Schleife befindet sich im Siedlungsgebiet der Sorben und wird noch heute durch die Zweisprachigkeit geprägt. Zeugnisse der sorbischen Kultur der Region werden den Besuchern im Sorbischen Kulturzentrum in Schleife und in der Sorbischen Bauernstube in Rohne geboten. Das Sorbische Kulturzentrum präsentiert seinen Besuchern einen Einblick in die Besonderheiten und Einzigartigkeit der sorbischen Kultur im Kirchspiel Schleife. Auf Wunsch werden Reisegruppen mit Brot und Salz begrüßt und erfahren in einem Vortrag Wissenswertes über die sorbische Geschichte, ihre Sprache, ihr Brauchtum und ihre Trachten. Eine Trachtenpuppen-Sammlung zeigt die Vielfalt der Schleifer Trachten.

Viele Bräuche und Feste haben ihren Ursprung im sorbischen Brauchtum. Dazu gehört die Vogelhochzeit. Darüber hinaus erfreut sich das in der

Das Sorbische Kulturzentrum in Schleife

Schleife, Groß Düben, Trebendorf – zwei Sprachen, eine Verwaltungsgemeinschaft

Faschingszeit bei Jung und Alt beliebte Zampern großer Resonanz. Zwei Wochen vor dem Auferstehungsfest wird zum Ostereiermarkt im Sorbischen Kulturzentrum eingeladen. In der Nacht von Ostersonnabend zu Ostersonntag pflegen die Kantorki den Brauch des Ostersingens. Das Hexenbrennen findet alljährlich am 30. April statt. Maibaumstellen ist am Morgen des 1. Mai. Auch das Maibaumwerfen (Ende Mai/Anfang Juni) und das Erntefest mit dem großen Ringreiten (September) sind hier zu erleben. Im Njepila-Hof in Rohne findet jährlich das Hoffest statt. In diesem Rahmen werden verschiedene Bräuche, Sitten und Riten auf lebendige Art und Weise dargestellt. Darüber hinaus existieren eine ganze Reihe weiterer kultureller Höhepunkte. So wird im Sommer am Halbendorfer See das Neptunfest vom Heimatverein Halbendorf veranstaltet. Die Reinert-Ranch Trebendorf bietet zahlreiche Veranstaltungen. In Groß Düben findet jährlich ein Country-Fest statt.

Rohne – Dorf des Hanzo Njepila

Das sorbische Dorf liegt südwestlich von Schleife an der Struga. Die slawische Schreibart des Ortsnamens ist Rowne, abgeleitet von ravinu = flach oder eben. Die Vorfahren der heutigen Einwohner waren Fischer. Alte Flurnamen belegen, daß hier große Teichgebiete, durch dichte Kiefernwälder unterbrochen, den Menschen Schutz boten. Im Laufe der Jahrhunderte wurden aus den Fischern

Das Naherholungsgebiet der Region: der Halbendorfer See

Blick in den Njepila-Hof in Rohne

Im Sommer 2011 wurde der originalgetreu wiederhergestellte Brunnen auf dem Njepila-Hof in Betrieb genommen.

Partie am Schleifer Dorfanger

Heidebauern. Der Alltag der sorbischen Menschen spielte sich in der Großfamilie ab, in der bis zu vier Generationen lebten, arbeiteten und Freud und Leid untereinander teilten. Das alles trug sehr zur Bewahrung des sorbischen Brauchtums bei. Rohne ist heute ein zweisprachiges Dorf.
Kultureller Mittelpunkt des Ortes ist der Njepila-Hof. Das Ensemble aus Schrotholzhaus, Scheune, Bienenhaus und Backhaus präsentiert die Lebensweise, das Brauchtum und die Traditionen der Sorben. Besonderen Raum nimmt in der Ausstellung das Leben und Werk des sorbischen Volksschriftstellers Hanzo Njepila-Rowinski (1766 bis 1856) ein. In seinen im Schleifer Dialekt verfassten Schriften berichtet Njepila über die alltäglichen Dinge des Lebens.

Schleife, Groß Düben, Trebendorf – zwei Sprachen, eine Verwaltungsgemeinschaft

Der Glockenturm ist das Wahrzeichen von Mühlrose.

Mulkwitz – das »Mäulchen-Dorf«

Mulkwitz ist ebenfalls ein Ortsteil der Gemeinde Schleife. Der Ortsname bedeutet in der niedersorbischen Sprache »mulk«, zu deutsch »das Mäulchen«. Bis Ende der 1980er Jahre lag Mulkwitz an der Tagebaukante.

Mulkwitz ist heute ein kleiner, verträumter Ort mit einem erneuerten Dorfkern und romantischen, landschaftlichen Ansichten. Durch den Ort führt der Froschradwanderweg. Touristische Magneten sind die Mulkwitzer Hochkippe sowie die Ruhlmühle an der Spree.

Halbendorf – Vorreiter des Lausitzer Seenlandes

Halbendorf wurde im Jahr 1597 erstmals urkundlich erwähnt. Der sorbische Name lautet Brezowka und wird von Breza (Birke) abgeleitet. Mit seinen 550 Einwohnern gehört der Ort seit 1999 zur Gemeinde Groß Düben.

Halbendorf ist seit vielen Jahrhunderten Bestandteil des Schleifer Kirchspiels. Die damit verbundenen sorbischen Traditionen haben bis heute eine große Bedeutung für die Einwohner.

Wie viele Dörfer in der Lausitz ist auch Halbendorf vom Braunkohleabbau geprägt. Ein Abbaufeld hinterließ in den 1960er Jahren zwei große Restlöcher in unmittelbarer Nähe des Dorfes. Diese wurden geflutet und zum Erholungsgebiet entwickelt. Mit seinen gepflegten Anlagen und Campingplätzen gilt das Erholungsgebiet »Halbendorfer See« heute als bedeutendste Attraktion. Camper aus dem gesamten Bundesgebiet finden hier Erholung. Der Halbendorfer See ist ein hervorragendes Beispiel für eine gelungene Rekultivierung und sozusagen ein Vorreiter des Lausitzer Seenlandes. Durch seine direkte Lage am Fürst-Pückler- und Froschradweg ist Halbendorf bestens an das Lausitzer Radwegenetz angebunden.

Der Ort nimmt eine besondere Stellung im Schleifer Kirchspiel bei der Pflege sorbischer Bräuche ein. Folgende Veranstaltungen besitzen zum Teil überregionale Bedeutung: Zampern, Ostereiermarkt (eine Woche vor dem Fest), Maibaumstellen und -werfen, Ringreiten, Reigen, Trachtenschau sowie das Džecetko (sorbisches Christkind).

Groß Düben – Wo die Raubritter hausten

Groß Düben, obersorbisch Dzewin, gehört zur Verwaltungsgemeinschaft Schleife und besteht seit dem Jahr 1999 aus den beiden Orten Groß Düben und Halbendorf. In diesem Raum knickt der Muskauer Faltenbogen aus seiner Ost-West-Richtung nach Norden ab. In den südlichen Ausläufern liegt idyllisch das Dorf.

Die Hälfte der Gemarkungsfläche besteht aus Ackerland. Über diese baum- und strauchlose Ebene zieht sich die Wasserscheide zwischen Spree und Neiße.

Die Gemeinde Groß Düben besitzt ihre ganz besondere Geschichte. Der sorbische Name Dzewin, aus dem »Düben« abgeleitet ist, bedeutet Wohnort des Dzew, wenn er von einem Personennamen entlehnt wurde, oder Mägdedorf, wenn er von deva = Jungfrau stammt. Letztere Version gründet sich auf der Tatsache, dass früher Mägde für den Dienst auf den herrschaftlichen Vorwerken verpflichtet wurden. Um diesem Zwangsdienst zu entgehen, versteckten sich einige Mädchen im Wald, dort wo heute Groß Düben zu finden ist.

Eine Legende berichtet darüber, dass einst zur Raubritterzeit ein Hans Horn im Jahr 1513 hier sein »Raubritternest« angesiedelt hatte. Während des Dreißigjährigen Krieges wurde das Schloss zerstört, das einst zwischen Groß Düben und Horlitza stand. Auch bei Halbendorf, auf dem Wege von Kromlau nach Groß Düben, auf dem »Katzenberge«, soll ein ähnliches Schloss gestanden haben. Es fehlen aber die baugeschichtlichen historischen Belege.

Das äußere Bild des Ortes hat sich in den zurückliegenden Jahrzehnten deutlich verändert. Heute ist Groß Düben eine moderne Gemeinde mit vielen neuen Eigenheimen. Der Waldsee und das Freizeit- und Erholungszentrum laden zum Ver-

Die Mulkwitzer Kippe bietet Wanderern ein hervorragendes Wandergebiet.

Blick auf den Trebendorfer Schusterhof

Schleife, Groß Düben, Trebendorf – zwei Sprachen, eine Verwaltungsgemeinschaft

weilen ein. Direkt am Waldsee befindet sich eine Bungalowsiedlung. Dort stehen fünf Bungalows und eine Villa zur Vermietung zur Verfügung. Aktive Vereine wie der Schützen-, der Karnevals- und der Sportverein sowie die Kameraden der freiwilligen Feuerwehr sorgen das ganze Jahr für zahlreiche Veranstaltungen.

Trebendorf und Mühlrose im Wandel – Start & Ziel für eine botanische Reise

Eingebettet in ein wald- und wasserreiches sorbisches Siedlungsgebiet nordwestlich der Muskauer Heide bilden Trebendorf (Trjebin) und der Ortsteil Mühlrose (Miloraz) eine großflächige Gemeinde im Nationalen Geopark Muskauer Faltenbogen, der Einwohnerzahl nach jedoch eine der kleinsten Gemeinden im Freistaat Sachsen. Durch die große Nähe zum Braunkohlen-Tagebau Nochten ist die Gemeinde seit vielen Jahrzehnten direkt vom Braunkohlenbergbau betroffen. Nach der politischen Wende wurde 1994 der Braunkohlenplan zur Weiterführung des Tagebaus genehmigt. Die Gemeinde schloss mit dem Bergbautreibenden Vattenfall einen Vertrag im Rahmen eines sozialverträglichen Konzeptes mit umfangreichen Regelungen für die Umsiedler und des gesamten Dorfes. Während die Trebendorfer enger zusammenrücken, soll der weit über 600 Jahre existierende Ortsteil Mühlrose einen neuen Standort finden. Mühlrose verfügt über ein Vereinshaus mit neuer, elektronischer Kegelanlage. In der Sommersaison locken ein Schwimmbad und ein Tiergehege mit heimatlichem Damwild Touristen an.

In Trebendorf vollzieht sich bereits eine Teilortsumsiedlung. Die vom Bergbau direkt betroffenen Bewohner der Randregion Hinterberg siedeln sich innerhalb des Dorfes in fünf Bebauungsgebieten an. In der neuen Dorfmitte befinden sich eine eben fertig gestellte Kindertagesstätte und ein im Bau befindliches Vereinshaus. Weit über 200 Mitglieder des Sportvereins Trebendorf sind seit vielen Jahren in zwölf Sektionen aktiv. Deshalb wurden die Sportanlagen ausgebaut, ein Kunstrasenplatz angelegt und das neue, aber für alle Vereine offene Vereinshaus mit Mehrzweckhalle und Bowlingbahnen geplant. Die über ein neues Gerätehaus verfügende Freiwillige Feuerwehr des Ortes und die KITA nutzen ebenfalls die schon jetzt bestehenden Anlagen.

Darüber hinaus entstand in der Grünen Mitte ein sorbisches Erlebniszentrum. Das hierher umgesetzte einstige Wohnhaus des legendären sorbischen Dudelsackspielers Hans Schuster bildet zusammen mit Backhaus und Museumsscheune ein historisches Gebäude-Ensemble, weithin erkennbar durch eine Skulptur, die der Schleifer Holzkünstler Thomas Schwarz schuf. In Schusters Schrotholzhaus informiert ein kleines Museum über das Leben des Musikers. DOMOWINA und Frauenverein laden zu Veranstaltungen ein, die nicht selten mit traditionellem Brot- und Kuchenbacken verbunden werden. Bei Musik und Tanz darf natürlich der Dudelsack nicht fehlen. Zur Pflege des sorbischen Brauchtums gehören aber auch die alljährlich wiederkehrende Vogelhochzeit, das Zampern, Ostereiermalen, Hexenfeuer und Maibaumaufstellen, der Kirmestanz und Weihnachtsfeiern mit dem Bescherkind (Džecetko).

Um als erstes »Dendrologisches Dorf« der Bundesrepublik Deutschland anerkannt zu werden, schufen sich die Trebendorfer außerdem ein botanisch-dendrologisch erlebbares Gemeindegebiet. Der neu gestaltete Dorfteich und eine »Rhododendron-Senke« gehören dazu. Als ungewöhnlich attraktives Highlight fügt sich die am Rand von Trebendorf gelegene »Reinert Ranch« an. Sie bietet unverwechselbare Urlaubserlebnisse in kanadischen Blockhäusern, mit Saloon-Gastronomie, eigenem Badeteich und Wigwam-Zelten für Kinder, fast 20 Pferden zum Ausreiten und Westernreiten, für Reitschulen und therapeutische Ziele, beschauliche Kremserfahrten, abenteuerliche Quad-Touren und Tagebaufahrten.

In der Adventszeit ist in den Dörfern des Schleifer Kirchspiels das sorbische Bescherkind anzutreffen.

Ein sorbischer Brauch ist auch das Hahnrupfen, hier in Halbendorf.

Einfach idyllisch: die Rhododendronsenke in Trebendorf

Schmucke sorbische Trachten in Halbendorf

Beitrag von:
Gemeinden Schleife / Groß Düben / Trebendorf
Friedensstraße 83 · 02959 Schleife
Tel. (03 57 73) 72 90 · Fax (03 57 73) 7 29 24
post@schleife-slepo.de · www.schleife-slepo.de

Wer macht was und wo?

Protagonisten und Projekte – geordnet nach Sachgebieten

Ämter, Städte, Gemeinden

Amt Kleine Elster (Niederlausitz)
Brandenburg im Kleinformat 78

Amt Altdöbern
Kultur am See 118

Gemeinde Boxberg
Wo Gigantomanie einen Namen hat 252

Gemeinde Drebkau
Historie mit neuen Ufern 132

Gemeinde Elsterheide
Die Mitte des Seenlandes 172

Gemeinde Schleife
Sorben, Sagen, Seen 264

Gemeinde Spreetal
Wo sich zwei Schwestern küssen 212

Stadt Calau
Stadt der Calauer 122

Stadt Cottbus
Metropole der Niederlausitz 206

Stadt Finsterwalde
Die Sängerstadt 74

268

Stadt Großräschen
Eine Ehe mit der Ilse 102

Stadt Hoyerswerda
Pulsierendes Herz im Seenland 222

Stadt Lauchhammer
Industriegeschichte und Radtourismus 84

Stadt Lauta
Gartenstadt mit südlichem Flair 180

Stadt Senftenberg
Die Badewanne vor der Haustür 142

Stadt Spremberg
Die Perle der Lausitz 200

Stadt Vetschau
Vom Seenland in den Spreewald 124

Stadt Weißwasser
Wer Weißwasser kennt, weiß, was er kennt 258

Stadt Welzow
Die Stadt am Tagebau 186

Stadt Wittichenau
Sorbische Seele zwischen Moor und Teichen .. 230

Abenteuer und Erleben

aktiv-tours/iba-Tours, Großräschen
Mit der Seeschlange ins Seenland 105

Archäotechnisches Zentrum (ATZ), Welzow
Auf den Spuren unserer Ahnen 190

Besucherbergwerk F60, Lichterfeld
Ein gigantischer Zeuge aus dem Tagebau 76

Besucherzentrum Excursio, Welzow
Wir bringen Sie zur Kohle 191

Bibelfreizeitheim Engedi, Schwarzkollm
Erholung mit Gottes Segen 227

Ferien- und Freizeitpark Geierswalde
Urlaub mitten im Seenland 171

Findlingspark Nochten
Steine, Blüten, weite Blicke 254

Flugplatzbetriebsgesellschaft Welzow mbH
Von Welzow in die weite Welt 193

Flugsport Lausitzer Seenland, Senftenberg/Kleinkoschen
Wir bringen Sie hoch hinaus 147

Frank Air, Welzow/Boxberg
Flugzeugbau und Wasserfliegen 255

Kulturpark Steinitz
Einfach näher dran 135

Lausitzleben
Leben in der Lausitz 176

Offroad-Touren Bothe, Welzow
Mit Karacho und Genuss durch den Tagebau ... 191

Voodoo Club, Bautzen
Mal richtig abtanzen 255

Zweckverband Lausitzer Seenland Brandenburg (LSB), Senftenberg OT Großkoschen
Freizeit aktiv erleben 138

Bildung

Förderverein See-Campus Schwarzheide
Leuchtturm der Region 92

Bergbau und Rekultivierung

Lausitzer und Mitteldeutsche Bergbau-Verwaltungsgesellschaft mbH (LMBV), Senftenberg
Sieh mal an ... Neues vom Lausitzer Seenland ... 32

Vattenfall Europe Mining & Generation, Cottbus
Energie erleben 48

Gesundheit

Klinikum Niederlausitz GmbH, Senftenberg
Hilfe in allen Lebenslagen 150

Lausitzer Seenland Klinikum GmbH, Hoyerswerda
Entspannt gesund werden 225

Hotels / Pensionen / Gaststätten

Achat Hotel Lausitz, Hoyerswerda
Die Unterkunft in der Lausitz 227

Cafeteria Goldener Löffel, Senftenberg
Partyservice und Essen auf Rädern 146

City-Hotel Welzow
Gastlichkeit in der Lausitz 189

Gasthof Jaeger, Elsterheide OT Seidewinkel
Bei Jaegers rollt die Kugel 174

Gasthof & Pension »Zur Kartoffelscheune«, Elsterheide OT Neuwiese
Im romantischen Flair eines Bauernhofes 174

Gaststätte »Niemtscher Mühle«, Senftenberg/Niemtsch
Willkommen in der »Mühle« am See 139

Hotel Betriebsgesellschaft mbH Drochow
Lassen Sie sich überraschen 99

Landhotel Familie Kühnel, Wittichenau/Maukendorf
Nur einen Katzensprung vom Knappensee 233

Landhotel Neuwiese, Elsterheide
Mitten im Lausitzer Seenland 177

Pension und Ferienhof Graf, Wittichenau/Neudorf Klösterlich
Zur Grafschaft 233

PizStop, Senftenberg
Pizza und Pasta lecker und sofort 148

Kunst, Kunsthandwerk

Meisterin für Glas- und Porzellanmalerei Birgit Pattoka, Elsterheide/Bergen
Lausitzer Handwerk in der Scheune 175

Museen

Energiefabrik Knappenrode
Sachsens Industriemuseum 49

Kunstgussmuseum Lauchhammer
Guss und mehr 87

Lausitzer Heimatverein, Ostereiermuseum Sabrodt
Sorbische Traditionen hautnah erleben 167

Naturschutz

Lausitzer Seenland gGmbH, Elsterheide OT Bergen
Naturschutz wird im Seenland großgeschrieben 234

Pferd und Reiter

Susis Schimmelexpress
Fahren Sie dem Alltag davon 77

Wanderreitstation Proschim
Ausritte ins Seenland 195

Produktion, Handel und Handwerk

Fachgeschäft Zippack, Spremberg
Alles für ein stilvolles Zuhause 202

Friseur Gudrun Petack, Senftenberg
Alles für Ihr Haar 148

Krautz Beton-Stein GmbH & Co. KG, Neustadt (Spree)
Vielfalt in Beton 218

Seenland-Shop GbR, Senftenberg
Alles aus dem Seenland 148

Sparkasse Niederlausitz, Senftenberg
Ihr Geld in guten Händen 151

SpreeGas, Cottbus
Die Kraft von hier 207

Stölzle Lausitz GmbH, Weißwasser
Geboren im Feuer 260

Vestas Blades Deutschland GmbH, Lauchhammer
Wind bedeutet für uns die Welt 90

Medien

DVH Weiss-Druck
Macht den Unterschied 177

Edition Limosa
Bücher für die Heimat 279

Wochenkurier
Immer ganz nah dran 280

Schmuck

Schmuckdesignerin Christine Przybilski, Senftenberg
Schmuck und Performance 148

Sport

Lausitzer Liegeradverleih, Senftenberg
Spaß haben steht im Vordergrund 147

Surf Renner, Elsterheide/Geierswalde
Das Wassersportparadies am Geierswalder See 163

Vital – Der Gesundheitsclub, Senftenberg
Gesundheit trainieren 147

Wohnen

Lebensräume Hoyerswerda
Schöner wohnen im Seenland 224

Wohnungsgesellschaft mbH Hoyerswerda
Gut und sicher wohnen 226

Bildquellennachweis

Umschlag vorne: TR (6), LMBV (1); Umschlag hinten: TR; Seite 3: TR, 4: TR (1), Staatskanzlei Brandenburg (1); 5: TR (1), Staatskanzlei Sachsen (1); 6: Mario Schröder (1), TR (1); 7: TR; 10: TR; 10/11: Edition Limosa; 12: TR; 13: TR; 14: TR; 15: TR; 16: TR; 17: TR; 18: TR; 19: TR; 20: TR; 21: TR; 22: TR; 23: TR; 24: LMBV; 25: LMBV (3), TR (1); 26: LMBV (1), TR (1); 27: LMBV (1), TR (2); 28: LMBV; 29: TR; 30: TR; 31: TR; 32: LMBV; 33: LMBV; 34: TR; 35: TR; 36: TR; 37: TR; 38: TR; 39: TR; 40: LMBV (2), TR (2); 41: TR; 42: TR; 43: TR; 44: TR; 45: TR; 46: TR; 47: TR; 48: Vattenfall (4), TR (1); 49: Vattenfall; 50: Sammlung Christoph Hänsel (1), TR (1); 51: Katharina Grimm (2), Sammlung Christoph Hänsel (1); 52: Sammlung Brigitte Kröger (2), TR (1); 53: TR; 54: TR; 55: TR; 56: TR; 57: TR; 58: Sammlung Dorothea Tschöke (1), TR (2); 59: TR; 60: TR; 61: TR; 62: TR; 63: TR; 64: TR; 65: TR; 66: LMBV (1), TR (1); 67: TR; 68: TR; 69: TR; 70: TR; 71: TR; 72: TR; 73: TR; 74: Stadt Finsterwalde; 75: Stadt Finsterwalde; 76: Dietmar Seidel; 77: G. Kassner (1); 78: Amt Kleine Elster (1), TR (1); 79: Amt Kleine Elster; 80: TR; 81: Ringo Jünigk (1), TR (8); 82: TR; 83: TR; 84: Stadt Lauchhammer; 85: Stadt Lauchhammer; 86: TR; 87: Kunstgussmuseum; 88: Traditionsverein Braunkohle Lauchhammer (2), TR (1); 89: Traditionsverein Braunkohle Lauchhammer (1), TR (3); 90: Vestas; 91: TR; 92: SeeCampus; 93: SeeCampus; 94: TR; 95: TR; 96: TR; 97: TR; 98: TR; 99: Hotelbetriebsgesellschaft Drochow; 100: LMBV (1), TR (1); 101: TR; 102: Stadt Großräschen; 103: Stadt Großräschen; 104: Stadt Großräschen; 105: TR (2); 106: TR; 107: TR; 108: Sammlung Otto-Rindt-Oberschule Senftenberg; 109: TR; 110: TR; 111: TR; 112: TR; 113: TR; 114: TR; 115: TR; 116: LMBV (1), TR (1); 117: TR; 118: Amt Altdöbern; 119: TR; 120: TR; 121: TR; 122: Stadt Calau; 123: Stadt Calau (2), TR (2); 124: Stadt Vetschau; 125: Stadt Vetschau; 126: Stadt Vetschau; 127: Stadt Vetschau; 128: TR; 129: TR; 130: TR; 131: TR; 132: Stadt Drebkau; 133: Stadt Drebkau; 134: Stadt Drebkau (1), TR (2); 135: TR (2); 136: LMBV (1), TR (2); 137: TR; 138: Andreas Schultz (1), Volker Mielchen (1), Zweckverband LSB (2); 139: TR (2); 140: TR; 141: TR; 142: Stadt Senftenberg; 143: Stadt Senftenberg (2), TR (1); 144: TR; 145: TR; 146: TR (3); 148: TR (1); 149: Rudolf Kupfer (1), TR (2); 152: TR; 153: TR; 154: TR; 155: TR; 156: TR; 157: TR; 158: TR; 159: TR; 160: TR; 161: TR; 162: Christine Primpke (1), TR (1); 163: TR (2); 164: LMBV (1), TR (3); 165: TR; 166: TR; 167: TR (3); 168: LMBV (1), TR (2); 169: TR; 170: TR; 171: TR (2); 172: Gemeinde Elsterheide (2), TR (2); 173: TR; 174: TR (2); 175: Ringo Jünigk (2), TR (2); 176: TR (4); 177: TR (1); 178: LMBV (1), TR (2); 179: TR; 180: Stadt Lauta; 181: Stadt Lauta; 182: Stadt Lauta; 183: TR; 184: TR; 185: TR; 186: TR; 187: TR; 188: TR; 189: TR (3); 190: TR (2); 192: TR; 193: TR (2); 194: TR; 195: TR (3); 196: TR; 197: TR; 198: TR; 199: TR; 200: Stadt Spremberg/A. Brahimi; 201: Stadt Spremberg/A. Brahimi; 202: Stadt Spremberg/A. Brahimi (2), TR (3); 203: TR; 204: TR; 205: TR; 206: Rainer Weisflog (1), Stadt Cottbus (2); 207: M. Kross (1); 208: TR; 209: TR; 210: LMBV (1), TR (1); 212: Gemeinde Spreetal; 213: Gemeinde Spreetal; 214: Gemeinde Spreetal (2), TR (2); 215: TR; 216: TR; 217: TR; 220: TR; 221: TR; 222: TR; 223: Rico Hofmann (1), Stadt Hoyerswerda (2); 227: TR (1); 228: TR; 229: TR; 230: Stadt Wittichenau (2), TR (1); 231: TR; 232: TR; 233: TR (2); 234: Naturschutzgroßprojekt; 235: Naturschutzgroßprojekt; 236: TR; 237: TR; 238: TR; 239: TR; 240: TR (1), Sammlung TR (1); 241: TR; 242: TR; 243: TR; 244: TR; 245: TR; 246: LMBV; 247: TR; 248: TR; 249: TR; 250: Gemeinde Boxberg; 251: TR; 252: Gemeinde Boxberg; 253: Gemeinde Boxberg; 254: Gemeinde Boxberg; 255: Frank Degen (2), TR (3); 256: TR; 257: TR; 258: Torsten Pötzsch (1), Stadt Weißwasser (4); 259: Stadt Weißwasser; 261: TR; 262: TR; 263: TR; 264: Gemeinde Schleife; 265: Gemeinde Schleife (3), TR (1); 266: Gemeinde Schleife; 267: Gemeinde Schleife; 276: TR; 277: TR; 278: TR

Erklärung: TR = Torsten Richter
Bildmaterial, das in den mit roten Überschriften gekennzeichneten Beiträgen zu finden und in obiger Auflistung nicht aufgeführt ist, wurde dem Verlag von den Protagonisten des Buches ohne Bildautoren-Nennung zur Verfügung gestellt.

Orts-, Firmen-, Personen- und Sachregister

A

ACHAT Comfort Hotel Lausitz 227
aktiv-tours 105
Allmosen 103
Altdöbern 118
Altdöberner See 117
Amphitheater 140
Amt Kleine Elster 78
Annahütte 154
Aqua Casa 165
Aqua Terra Lausitz 165
Archäotechnisches Zentrum Welzow e.V. 190
Aussichtsplattform »Steinitzer Treppe« 135
Aussichtspunkt Randriegel 117
Aussichtspunkt Reppist 111
Aussichtsturm an der Südsee 42

B

Balke, Dr. Lotar 135
Barbarakanal (Überleiter 9) 166
Bärwalder See 250
Bautzen 12
Beesdauer See 131
Bergen 172, 173
Bergener See 210
Bergheider See 67
Bernsdorf 156
Bernsteinsee 246
Berzdorfer See 30
Besucherbergwerk F60 76
Besucherzentrum EXCURSIO 191
Biehlener Auwald 98
Biosphärenreservat Oberlausitz 244
Biotürme 86
Bischdorfer See 131
Bismarckturm 201
Blunoer Südsee 210
Bohsdorf 65
Bönisch, Rudolf 106
Boxberg/O.L. 252
Brandenburger Tor 179
Branitzer Park 209
Braunsteich 259
Bröthen-Michalken 223
Buchholzer Höhe 121
Buchwalde 50, 136
Buchweizenplinze 123
Bückgen 50
Burg 212
Burghammer 213
Burgneudorf 213

C

Cafeteria & Partyservive Goldener Löffel 146
Calau 122
Calauer Schweiz 118
Casel 61
Chor der Bergarbeiter Brieske 144
City Hotel Welzow 189
Clara-See 188
Copien, Joachim Hans 19
Cottbus 12, 206
Cottbuser Ostsee 204
CottbusService 206
Crinitz 79

D

Themenpfad von Torno bis Johannisthal 182
Dorfmuseum Zeißholz 233
Dörgenhausen 55
Dörrwalde 107
Drebkau 132
Drebkauer Kreisel 132
Dreiweiberner See 247
Dubringer Moor 232
DVH Weiss-Druck GmbH & CO.KG 177

E

Eibhof Jaeger 174
Energiefabrik Knappenrode 49
Erikasee 179
Erlebnishof Krabat-Mühle 228
EVJU e.V. 227

F

Fachgeschäft Christina Zippack 202
FamilienCampus Lausitz 150
Familie von Götz 99
Fastnacht (Zapust) 59
Feldherrenhügel 70
Felixsee 203
Ferdinandsteich 95
Ferien- & Freizeitpark Geierswalde 171
Ferienhof »Zur Grafschaft« 233
Findlingslabyrinth 135
Finnisches Saunadorf, Leuthen 133
Finsterwalde 72
Firmengruppe Drochow 99
Flugplatzbetriebsgesellschaft Welzow mbH 193
Flugsportverein Lausitzer Seenland 147
Förderverein Lausitzer Findlingspark Nochten e.V. 254
Förderverein SeeCampus 92
Frank-Air 255
Freienhufen 103
Freifrau von Löwendal 85
Friseurgeschäft Gudrun Petack 148
Froschradweg 159
FSV Glückauf Brieske/Senftenberg ... 148
Fürst Hermann von Pückler-Muskau ... 208
Fürst-Pückler-Radweg 159

G

Gartenstadtsiedlung »Lauta-Nord« 180
Gasthof & Pension »Zur Kartoffelscheune« 174
Gaststätte »Niemtscher Mühle« 139
Geierswalde 172
Geierswalder See 167
Geländewagen, Touren & Training ... 191
Gemeinde Elsterheide 172
Gemeinden Schleife/ Groß Düben/Trebendorf 264
Gemeinde Schipkau 37
Gemeindeverwaltung Boxberg/O.L. ... 252
Gemeindeverwaltung Spreetal 212
Glasmuseum 258
Glaswerksiedlung 154
Gliechow 130
Görigker See 135
Görlitz 12
Gosda 52, 123
Gräbendorfer See 134
Graureihersee 249
Greifenhain 133
Groß Düben 264
Große Kreisstadt Weißwasser/O.L. ... 258
Großer und Kleiner Wobergsee 71
Groß Jauer 50, 119
Großkmehlen 96
Großkoschen 115, 136
Groß Partwitz 50
Großräschen 102
Großräschener Orgelzyklus 106
Großräschener See 101
Groß Särchen 229
Grüner See 71
Grünewalde 71
Grünewalder Lauch 83
Guteborn 98
Gut Geisendorf 118

H

Hahnrupfen 60
Hahnschlagen 61
Haidemühl 51, 202
Halbendorf 264
Halbendorfer See 265
Halbinsel Scado 168
Hallen-Freizeitbad »Am Weinberg« ... 85
Heidesee 71
Heimatfest 199
Henriettenkirche 154
Hermannsdorfer See 261
Herzogin und Reichsfürstin Ursula Katharina von Teschen 220
Heuson, Rudolf 19
Hexenbrennen 60
Hirsch, Klaus 115
Hobby-Meteorologen 149
Hochstein 16
Hochwald 15
Hohenbocka 98
Hörlitz 38
Horno 51
Hosena 177
Hoyerswerda 12, 50, 220

I

IBA-Terrassen 104
iba-tours 105
Ilse AG 102
Ilse-Seesportverein 114
Insel im Senftenberger See 42
Internationales Folklorefestival »Lausitz« 62
Internationale Bauausstellung (IBA) »Fürst-Pückler-Land« 46
Internet-Störche 125

J

Jagdschloss 263
Jetbootzentrum 163
Johanneskirche 221
Johannisreiten 61
Johannisthal 180
Jungfernstein 185

K

Kaiserkrone 145
Kamenz 12
Karge, Walter 110
Kartbahn Löschen 133
Kausche 51
Kinder- und Jugendregatta »Goldener Geier« 162
Klein Döbbern 196
Kleine Spree 215
Kleinleipischer See 71
Klein Partwitz 172
Klinger See 205
Klingmühl 80
Kluge, Ernst 19
Knappensee 249
Kohlenmännchen 193
Kokot 60
Kortitzmühler See 179
Koschenberg 140
Koßwig 125
Koyne 71
Krabat 228
Kraftwerk Boxberg 44
Kraftwerk Schwarze Pumpe 19
Krautz Beton-Stein GmbH & Co.KG 218
Kromlauer Park 208
Kroppen 97
Kulturfabrik 222
KultUrwald 135
Kunstgussmuseum Lauchhammer 87
Kunstmuseum Dieselkraftwerk 207

L

Laasow 125, 156
Lagunendorf 167
Landhotel Kober Mühle 233
Landhotel Kühnel 233
Landhotel Neuwiese 177
Landschaftspark Fürstlich Drehna 131
Lange Straße 223
Laubusch 180
Laugkteich 95
Lausche 15
Lausitz-Bad 222
Lausitz-Center 222
Lausitzer Findlingspark Nochten 254
Lausitzer Füchse 259
Lausitzer Heide 236
Lausitzer Platz 221
Lausitzer Seenland Klinikum 225
Lausitzer Seenland-Radweg 157
Lausitzer Seglerwoche 162
Lausitzer Wege e.V. 85
Lausitzer Wolfsgebiet 240
Lausitzer Zeitreisen 85
Lausitz-Halle 222
LAUSITZleben 176
Lausitzpokal der Ostsächsischen Sparkassen 162
Lausitzring 154
Lauta 180
LebensRäume Hoyerswerda eG 224
Lehmann, Rudolf 143
Leippe 180
Lenné, Peter Joseph 131
Lichtenauer See 131
Lichterfeld 77
Lieskau 78, 264
Lieske 39
Lindenau 96
Lipsa 97
LLR Lausitzer Liegerad GmbH 147
LMBV – Lausitzer und Mitteldeutsche Bergbau-Verwaltungsgesellschaft mbH 32
Löbau 15
Lohsaer See (Speicherbecken Lohsa II) 247
Lübbenau 130
Lugteich 179

M
Maibaum 60
Marga, die Gartenstadt 145
Marinapark 167
Massen 79
Merzdorf 50
Meuro 30
Meyer-Jungclaussen 19
Michaelis, Heiko 114
Militärflugplatz Schacksdorf 78
Mittellausitzer Ostereiermarkt 172
Mühlrose 264
Mulkwitz 264
Mumiengruft Ilmersdorf 133
Museum »Der Laden« 65
Museum Schacht Klettwitz 154
Museumshof Großkoschen 149
Muskauer Faltenbogen 203
Muskauer Heide 12
Muskauer Park 209

N
Nachtjäger 63
Nardt 173
Naturpark Niederlausitzer Heidelandschaft 71
Naturschutzgebiet Borcheltsbusch 131
Naturschutzgebiet Grünhaus 66
Naturschutzgebiet »Sorno-Rosendorfer Buchten« 22
Naturschutzgebiet »Urwald Weißwasser« 263
Naturschutzgroßprojekt »Lausitzer Seenland« 234
Naundorf 94, 125
Neujährchen (Nowoletka) 58
Neupetershain 118
Neu-Seeland 118
Neustadt (Spree) 212
Neuwiese 16, 172
Neuwieser See 210
Niederlausitzer Bergbautour 158
Niederlausitzer Heidemuseum 198
Nieder- und Oberlausitz 12
Niemtsch 136
Niemtscher Herrenhaus 96
Njepila-Hof 265
Njepila-Rowinski, Hanzo 265
Noack, Carlo 113
Nossedil 105

O
Ogrosen 125
»Ohr«, Landschaftsbauwerk mit eingebettetem Amphitheater 250
Ostereiermuseum & Schmunzelgalerie Sabrodt 167
Osterfeuer 59
Osterreiten 59
Ostersemmeln 60
Osterwasserholen 59

P
Papproth 133
Parkstadt Bad Muskau 155
Partwitzer See 165
Pattoka, Birgit 175
Peickwitz 136
Peter- und Paul-Markt 142
Plessaer Restlöcher 71
Plinzdörfer 123
Presenchen 130
Pritzen 120
Proschim 194
Pumphut 63

R
Raddusch 125
Radensdorf 133
Ratzen 50
Rauno 50
Reddern 156
Reiterhof Drebkau-Raakow 133
Repten 125
Restlochkette bei Lauchhammer 70
Rietschener Erlichthof 241
Rindt, Otto 108
Rohne 264
Rosendorfer Kanal (Überleiter 8) 166
Rostiger Nagel 46
Ruhlander Eichwald 94

S
Saalhausen 103
Sabrodt 173
Sabrodter See 210
Sächsisches Industriemuseum, Energiefabrik Knappenrode 49
Sallgast 78
Sängerstadt 72
Scado 50
Scheibe 50
Scheibe-See 247
Schlabendorf 130
Schlabendorfer See 130
Schloss Greifenhain 133
Schloss Uhyst 253
Schmuck und Galerie Senftenberg 148
Schnabelparadies Schorbus 133
Schöpsdorf 50
Schradeneiche 91
Schradenwald 91
Schrotholzkirche Sprey 253
Schrotholzscheune 175
Schwarze Elster 16
Schwarzer Müller 228
Schwarzheide 16, 94
Schwarzkollm 223
Schwerer Berg 45
Schwimmende Häuser 171
Schwimmende Tauchschule 128
Schwimmhalle »fiwave« 75
Sedlitzer See 164
Seebrücke 111
Seenland 100 146
Seenland-Leuchtturm 251
Seenland-Messe 227
Seeteichsenke 70
Seewaldsee 71
Seidewinkel 172
Sell, Gunther 139
Senftenberg 12, 140, 142
Senftenberger Schloss 143
Senftenberger See 136
Senftenberger Stadthafen 137
Senftenberger Tierpark 141
Sibirien 192
Siedlung Wandelhof 94
Sielmann, Prof. Heinz 130
Silbersee 248
Skihalle 140
Slawenburg Raddusch 127
Sorbisches Kulturzentrum 264
Sorbische Dachorganisation »Domowina« 62
Sorbische Webstube Drebkau 135
Sorno 50
Sornoer Kanal (Überleiter 10) 166
Sorno-Rosendorf 50
Sozial-kulturelles Integrationsprojekt Steinitzhof 135
Sparkasse Niederlausitz 151
Spinte (pseza) 59
Spohla 63
Spree 216
SpreeGas 207
Spreeradweg 158
Spreetaler See 211
Spreewald 57
Spreewälder Seenland 130
Spreewitzer Kirche 214
Spremberg 12, 198
Spremberger Wolfsbüro 242
Spreyer Höhe 256
Spreyer Wacholderheide 255
Staatstheater Cottbus 206
Stadtbrauerei
Stadt Calau 122
Stadt Großräschen 102
Stadt Lauchhammer 84
Stadt Senftenberg 142
Stadtverwaltung Drebkau 132
Stadtverwaltung Lauta 180
Stadtverwaltung Welzow 186
Stadt Vetschau/Spreewald 124
Stadt Wittichenau 230
Steinitz 133, 135
Steinitzer Alpen 135
Steinitzer Feldsteinkirche 135
Steinitzhof 135
Stiebsdorf 130, 131
Stollenreiten 61
Stölzle Lausitz GmbH 260
Stoßdorf 131
Stradow 125
Stradower Teiche 129
Strittmatter, Erwin 65
Südteich 95
Surf Renner 163
Suschow 125
Susis Schimmelexpress 77

T
Tagebau Bärwalde 250
Tagebau Bluno 210
Tagebau Burghammer 246
Tagebau Cottbus-Nord 204
Tagebau Dreiweibern 247
Tagebaue Seese-Ost 131
Tagebaue Seese-West 131
Tagebau Gräbendorf 134
Tagebau Greifenhain 117
Tagebau Jänschwalde 205
Tagebau Klettwitz-Nord 67
Tagebau Koschen 167
Tagebau Laubusch 178
Tagebau Lohsa 247
Tagebau Meuro 36, 101
Tagebau Niemtsch 137
Tagebau Nochten 45
Tagebau Plessa-Lauch 83
Tagebau Scado 165
Tagebau Scheibe 247
Tagebau Schlabendorf-Süd 130
Tagebau Sedlitz 164
Tagebau Seese-Ost 127
Tagebau Spreetal 210
Tagebau Spreetal-Nordost 211
Tagebau Welzow-Süd 23
Tagebau Werminghoff I 249
Tagebau Werminghoff II 248
Talsperre Spremberg 197
Tätzschwitz 172
Tierpark 75, 259
Tiger von Sabrodt 240
Torno 180
Tornow 131
Tornower See 131
Touristinformation Lausitzer Seenland 222
Touristinformation Spremberg 200
Touristinformation Stadt Finsterwalde 74
Transnaturale 262
Trebendorf 264
Trebendorfer Schusterhof 266
Tzschellln 50

U
Überleiter 1 211
Überleiter 2 211
Überleiter 3 a 211
Überleiter 3 (»Blunodamm«) 211
Überleiter 4 211
Überleiter 5 211
Überleiter 6 166
Überleiter 7 211
Überleiter 11 (Kanal) 101
Überleiter 12 (Kanal) 137
Uhyst an der Spree 112
Unterdörfer, Gottfried 112

V
Vattenfall Europe AG, Lignite Mining & Generation 48
Vereinigte Aluminiumwerke AG (VAW) 180
Vestas Blades Deutschland GmbH 90
Vetschau 124
Vetschauer Schloss 125
Victoriahöhe in Großräschen 42
Vital-Gesundheitsclub 147

W
Wagin, Ben 134
Waldeisenbahn Muskau 259
Waleien (Eierschieben) 60
Walpurgisnacht 60
Wander- und Reitstation Proschim 195
Wanninchen 130
Wappenzimmer 125
Wasserlandeplatz 163
Wasserski 163
Weißag 123
Weißkollm 155
Weißwasser 258
Welzow 186
Wendisch-Deutsche Doppelkirche 125
Wendisches Haus in Cottbus 57
Wendisches Museum 207
Werchow 122
Werkhof Kunstguss Lauchhammer 87
Wermter, Ulrich 183
Westrandgraben 178
Wohn- und Ferienhafen Scado 171
Wohnungsgesellschaft mbH 226
Wormlage 103
Woschkow 103
www.Seenland-Shop.de 148

Z
Zeißig 223
Zejler-Smoler-Haus 155
Zinnitz 122
Zittau 12
Zollhausteich 188
Zoo 223
Zschornegosda 94
Zuse, Konrad 223
Zweckverband Lausitzer Seenland Brandenburg 138
Zwietow 123

Gelesenes & Lesenswertes

Verwendete und weiterführende Literatur

Die Lausitz – Heimat des Seenlandes
- Bahlcke, J.: Geschichte der Oberlausitz, Leipziger Universitätsverlag, Leipzig 2001
- Lehmann, R.: Geschichte der Niederlausitz, J. Guttentag Verlagsbuchhandlung, Berlin 1963

Eine Landschaft entsteht
- Eichler, E.: Die Ortsnamen der Niederlausitz, Domowina-Verlag, Bautzen 1975
- Meschgang, J.: Die Ortsnamen der Oberlausitz, Domowina-Verlag, Bautzen 1973
- Oberlausitzer Hausbuch 2011, Lusatia-Verlag, Bautzen 2010, Richter, T.: Die schönsten Ausblicke im und aufs Lausitzer Seenland
- www.lmbv.de
- www.vattenfall.de

Lausitzer Schicksale
- Förster, F.: Bergbau-Umsiedler – Erfahrungsberichte aus dem Lausitzer Braunkohlenrevier, Domowina-Verlag, Bautzen 1998
- Förster, F.: Verschwundene Dörfer – Die Ortsabbrüche des Lausitzer Braunkohlenreviers bis 1993
- Richter, T.: Gosda- das gewesene Dorf, Selbstverlag, Welzow 2008

Menschen
- Andree, R.: Wendische Wanderstudien – Zur Kunde der Lausitz und der Sorbenwenden, Verlag Maier, Stuttgart 1874
- ebenda: Das Sprachgebiet der Lausitzer Wenden vom 16. Jahrhundert bis zur Gegenwart, Verlag Maier, Stuttgart 1872
- Haupt, K.: Sagenbuch der Lausitz, Leipzig 1862/1863
- Matschie, J./ Fascyna, H.: Sorbische Bräuche, Domowina-Verlag, Bautzen 1992
- Frenzel, A.: Osterreiten, Domowina-Verlag, Bautzen 2005
- Richter, T.: Verwechslungen nicht ausgeschlossen, Oberlausitzer Hausbuch 2010, Lusatia-Verlag, Bautzen 2009
- Richter, T.: Heimatkalender Stadt Spremberg und Umgebung 2008: Frohe Feste in stiller Heide
- Siegert, H.: Lausitzer Sagen, Löbau 1912

Finsterwalde
- Beeskow, A.: St. Trinitatis in Finsterwalde, Deutscher Kunstverlag, München 1993
- Gericke, W./ Mai, G.: Geschichte der Stadt Finsterwalde und ihrer Sänger, Ernst Kieser GmbH, Augsburg 1979
- Kulturamt Stadt Finsterwalde: Ausgewählte Sehenswürdigkeiten der Stadt Finsterwalde, Finsterwalde 1997
- Zimmermann, A./Richter, T.: Im Elbe-Elster-Land, Euroverlag, Cottbus 2011
- www.finsterwalde.de
- www.naturerbe.nabu.de

Kleine Elster
- Amt Kleine Elster (Niederlausitz): Dörfer und Siedlungen im Amt Kleine Elster (Niederlausitz), Bücherkammer, Herzberg 2009
- Schadock, K.: Klingmühl, Geschichtliches & Geschichten, Gemeinde Sallgast 1992
- www.amt-kleineelster.de

Lauchhammer
- 20 Jahre Grünewalder Lauch, Naturpark Niederlausitzer Heidelandschaft e.V., Schwarzheide 1997
- Autorenkollektiv: Der Schraden, Eine landeskundliche Bestandsaufnahme im Raum Elsterwerda, Lauchhammer, Hirschfeld und Ortrand, Böhlau-Verlag, Köln 2001
- Traditionsverein Braunkohle Lauchhammer: Bergbaugeschichte im Revier Lauchhammer, Typo Team, Kroppen 2003
- Ebenda: Brikettfabriken und Kraftwerke Revier Lauchhammer, Typo Team, Kroppen 2004
- Ebenda: Lauchhammer – Eine Stadt wächst mit der Kohle, Typo Team, Kroppen 2003
- www.biotuerme.de
- www.kunstgussmuseum.de
- www.lauchhammer.de

Schwarzheide
- Autorenkollektiv: Der Schraden, Eine landeskundliche Bestandsaufnahme im Raum Elsterwerda, Lauchhammer, Hirschfeld und Ortrand, Böhlau-Verlag, Köln 2001
- Kultur- und Heimatverein Schwarzheide: Schwarzheide gestern & heute, Druck + Satz Offsetdruck, Großräschen 2007
- Kultur- und Heimatverein Schwarzheide: Streifzüge durch Schwarzheide, Druck + Satz Offsetdruck, Großräschen 2002
- www.schwarzheide.de

Großräschen
- Chronikbeirat: Chronik der Stadt Großräschen, Druck + Satz, Großräschen 1999
- Stadtverwaltung Großräschen: Großräschen – eine erste Chronik, Druck + Satz, Großräschen 1996
- Fünfzig Jahre Ilse-Bergbau-Actiengesellschaft 1888 – 1938, Holten-Verlag, Berlin 1938
- www.grossraeschen.de
- www.iba-see.de

Verdienstvolle Seenländer
- Uhyster Heimatverein: Gottfried Unterdörfer, Förster und Dichter, Uhyst, zirca 1995
- Unterdörfer, G.: Wege und Wälder, Union-Verlag, Berlin 1986
- Wendisches Museum: C. Noack, Cottbus 1998
- www.wikipedia.org

Altdöbern
- Gemeinde Buchholz, Betrachtungen über ein kleines Dorf, Cottbus 1964
- Schmidt, Otto-Eduard: Schloss Alt-Döbern und seine Umgebung, Verlag Wolfgang Jess, Dresden 1930
- Ulbrich, R.:Aus der Geschichte von Pritzen, Nebendorf und Neudorf, Cottbus 1989
- www.amt-altdoebern.de

Calau
- Autorenkollektiv: Festschrift zur 700-Jahr-Feier der Stadt Calau, Buchdr. Georg Krause, Calau 1936
- Bernstein, H.: Der Landkreis Calau mit dem Spreewald, Euroverlag, Cottbus 1992
- Moderhack, R.: Die ältere Geschichte der Stadt Calau in der Niederlausitz, Verlag des Magistrats, Calau 1933
- www.calau.de

Vetschau
- Ev. Kirchengemeinde Vetschau: 300 Jahre Deutsche Kirche zu Vetschau, Eigenverlag, Vetschau 1994
- Stadt Vetschau: 450 Jahre Stadtwappen 1548 – 1998, Stadt Vetschau 1998
- www.vetschau.de
- www.waldi-tauchen.de

Drebkau
- Rat der Stadt Drebkau, 700 Jahre Drebkau, Drebkau 1980
- Gardiewski, J.: Aus der Vergangenheit der Stadt Drebkau, Drebkau 1938
- www.drebkau.de

Senftenberg
- Fahnen-Weihe des Garde-Vereins Senftenberg i. L. und Umgegend, Senftenberg 1925
- Festschrift 1. Oktober 1933 Verein für Heimatpflege im Senftenberger Industriebezirk, Senftenberg 1933
- Historische Streifzüge durch Senftenberg, Senftenberg um 1995
- Landratsamt Senftenberg: Senftenberg – Stadtführer, Senftenberg 1991
- Paulitz: Chronik der Stadt Senftenberg, Senftenberg 1922
- Senftenberg – Eine Stadt mit Charme am Eurospeedway Lausitz, Stadt Senftenberg, Großräschen 2003
- www.senftenberg.de
- www.zweckverband-lsb.de

Aktivurlaub
- Autorenkollektiv: Reisehandbuch Lausitz, Tourist-Verlag, Berlin 1985
- Marketing-Gesellschaft Oberlausitz-Niederschlesien mbH: Radwandern in der Lausitz, Lausitzer Druck- und Verlagshaus, Bautzen 2006

- Prospekt Bergbautour in der Niederlausitz, Tourismusverband Niederlausitz, Spremberg ca. 2010
- Prospekt Fürst-Pückler-Weg – Die Lausitz neu erfahren, IBA, Großräschen 2006
- Prospekt Radwanderweg Auf den Spuren des Krabat, Krabat-Büro, Neschwitz um 2005
- www.lausitzerseenland.de
- www.spreeradweg.de

Wassersportliches Seenland
- www.geierswaldersee.de
- www.lausitzerseenland.de
- www.lausitzer-sportevents.de
- www.wsvls.de

Elsterheide
- Aqua Terra Lausitz GbR: Schwimmendes Haus, Wittichenau, zirka 2006
- Kulturbund Hoyerswerda: Gemeinde Elsterheide, Hoyerswerda 2000
- www.elsterheide.de
- www.geierswaldersee.de
- www.partwitzer-hof.de

Lauta
- Autorenkollektiv: Stadt Lautawerk – Vom Heidedorf zur Industriestadt, Lusatia-Verlag, Bautzen 1997
- Gemeinde Lauta: Festschrift zur 500-Jahrfeier von Lauta, Buchdruckerei Grubann, Senftenberg 1948
- www.lauta.de

Welzow
- Kapelle, J.: Mein Haus ist meine Burg – die Vierseithöfe in Proschim, Heimatkalender Stadt Spremberg und Umgebung 2004, Kulturbund, Spremberg 2003
- Stadt Welzow: 700 Jahre Welzow, Welzow 1983
- Stadt Welzow: Welzow – Stadt am Tagebau, Großräschen 2004
- www.welzow.de

Spremberg
- Firma M. Melcarek: Spremberg und Umgebung, Senftenberg 1993
- Graf von Lehndorff, H.: Ostpreußisches Tagebuch, Aufzeichnungen eines Arztes aus den Jahren 1945 bis 1947, Biederstein-Verlag, München 1961
- Kaczmarek, G.: Stadtpark Spremberg in der Reihe Spremberg gestern und heute 1, Heimatmuseum Spremberg 1984
- Schmidt, G.: Spremberg – Perle der Lausitz, KDI Euroverlag, Cottbus 2001
- www.muskauer-faltenbogen.de
- www.reuthen.de
- www.spremberg.de

Cottbus
- Brandenburgisches Vorschriftensystem: Verordnung über den Braunkohlenplan Tagebau Jänschwalde, Potsdam 2002
- Debriv Bundesverband Braunkohle: Braunkohle in Deutschland 2007, Köln 2007
- Kleßmann, E.: Fürst Pückler und Machbuba, Rowohlt, Berlin 1998
- Merkle, E.: Chronik von Stadt und Park Bad Muskau, Inter-Media Werbeagentur GmbH, Weißwasser 1997
- Stadtverwaltung Cottbus: Masterplan Cottbuser Ostsee, Cottbus 2006
- www.cottbus.de

Spreetal
- Autorenkollektiv: Der Schraden, Eine landeskundliche Bestandsaufnahme im Raum Elsterwerda, Lauchhammer, Hirschfeld und Ortrand, Böhlau-Verlag, Köln 2001
- Bandow, I.: Chronik der Gemeinde Spreewitz, Gemeinde Spreewitz 1996
- Gemeinde Spreetal, Information für Bürger und Gäste, Barfuß-Verlag Thüringen, zirka 2003
- Hoyerswerdaer Heimatkalender 1936, Schreiber: Die neue Schwarze Elster zwischen Hoyerswerda und Neuwiese
- Liebscher, B.: Das Oberlausitzer Tiefland, Dissertation, Leipzig 1904
- www.spreetal.de

Hoyerswerda
- Autorenkollektiv: Hoyerswerda – Geschichte und Geschichten aus Dörfern und Städten, Geiger-Verlag, Horb am Neckar 1992
- Gemeindekirchenrat der Johanneskirchengemeinde Hoyerswerda: Festschrift zum 40-jährigen Kirchweihjubiläum der Johanneskirche Hoyerswerda, Hoyerswerda 1997
- Scholz, C.: Heimatbuch des Kreises Hoyerswerda, Liebenwerda 1925
- www.hoyerswerda.de
- www.krabatregion.de

Wittichenau
- Autorenkollektiv: Die katholische Pfarrkirche in Wittichenau, Selbstverlag, Wittichenau 1937
- Autorenkollektiv: Wittichenau: ein Streifzug durch die Vergangenheit, Geiger-Verlag, Horb a. N. 1992
- www.wittichenau.de

Naturschutz im Seenland
- Richter, T.: Abschlussbericht »Europarc-Projekt« Einrichtung von Wald-Dauerbeobachtungs-flächen, Mücka und Cottbus 2002
- Vietinghoff-Riesch, A.: Ein Waldgebiet im Wandel der Zeiten – Die Oberlausitz, Hannover 1949
- Vietinghoff-Riesch, A: Der Oberlausitzer Wald, Hannover 1961
- www.biosphaerenreservat-oberlausitz.de
- www.wolfsregion-lausitz.de

Lohsa
- Menzel, H.: Lohsa – Beiträge zur Chronik (drei Bände), Digital & Druck, Welzow 2001, 2002, 2003
- www.lohsa.de
- www.zejler-smoler-haus-lohsa.de

Boxberg
- Autorenkollektiv: Klitten gestern und heute, Gmeinde Klitten, Klitten 1999
- Micklitza, K. und A.: Reiseführer Lausitz, Domowina-Verlag, Bautzen 1996
- Pohl, R.: Heimatbuch des Kreises Rothenburg/O.L., Verlag E. Hampel, Weißwasser 1924
- www.boxberg-ol.de

Weißwasser
- Merkle, E.: Chronik von Weißwasser – 444 Jahre Geschichte und Geschichtchen, Inter-Media Werbeagentur GmbH, Weißwasser 1996
- Vette, M., J., A.: Wer Weißwasser kennt, Eugenia-Verlag, Rastenberg 2005
- www.weißwasser.de

Schleife
- Autorenkollektiv: Kirchspiel Schleife in Vergangenheit und Gegenwart, Geiger-Verlag, Horb/N. 1993
- Autorenkollektiv: Schleife, Dorfchronik, Selbstverlag, Schleife 1997
- www.schleife-slepo.de

Druckschriften & Internet
- Verschiedene Druckschriften und Internetauftritte von Vereinen, Verbänden, Städten, Ämtern und Gemeinden der Landkreise Elbe-Elster, Oberspreewald-Lausitz, Spree-Neiße, Kamenz, Bautzen, Niederschlesische Oberlausitz sowie der kreisfreien Städte Cottbus und Hoyerswerda (bis 2008)
- Darüber hinaus Beiträge aus den Zeitungen Lausitzer Rundschau, Sächsische Zeitung, Wochenkurier, Serbske Nowiny, Nowy Casnik
- Außerdem diverse Broschüren der LMBV, LBV und von Vattenfall Europe

Mündliche Aussagen
- Hirsch, Klaus (Senftenberg, OT Großkoschen), Februar 2011
- Jahn, Horst (Großräschen OT Wormlage), September 2007
- Jenkel, Bärbel (Elsterheide, OT Geierswalde), Juli 2010
- Kapelle, Johannes (Welzow OT Proschim), Oktober 2007
- Karge, Walter (Senftenberg), Dezember 2010
- Lang, Reinhard (Welzow), Juli 2010
- Lehmann, Erhard (Welzow OT Proschim), Oktober 2007
- Lüdke, Peter (Lauchhammer, OT Kostebrau), Dezember 2009
- Michaelis, Heiko (Senftenberg OT Sedlitz), Oktober 2010
- Ruhland, Helmut (Senftenberg, OT Kleinkoschen), September 2010
- Schreier, Elsbeth (Welzow), Oktober 2010
- Sell, Gunther (Senftenberg OT Niemtsch), Oktober 2007
- Uhl, Klaus (Lauchhammer, OT Grünewalde), Juli 2009
- Wagner, Sigrid (Neu-Seeland OT Lieske), Oktober 2007

Die Angaben in den See- und Tagebautabellen stammen von der LMBV, vom MUGV Brandenburg sowie vom Autor Frank Förster (»Verschwundene Dörfer«).

Alle Jahre wieder ...

Festkalender für das Lausitzer Seenland (Auswahl)

Heimatfest Spremberg

Feuerwerk

Seefest Geierswalde

Siegerehrung beim Seenland 100

- Sorbische Vogelhochzeit (25. Januar) in zahlreichen Orten der Lausitz
- Karnevalsumzüge in: (11. 11.) Spremberg
  · Schwarzheide (am Sonntag zwei Wochen vor Rosenmontag)
  · Cottbus (Sonntag vor Rosenmontag)
  · Wittichenau (Rosenmontag)
  · Drebkau (Rosenmontag) und weiteren Orten
- Sorbische/wendische Fastnacht in zahlreichen Dörfern der Nieder- und Mittellausitz (Ende Januar bis Anfang März)
- Volkslauf um den Bergheider See ab Lichterfeld/Sportplatz (Anfang April)
- Töpfermarkt in Crinitz/Festplatz (erstes Aprilwochenende)
- Ostereiermärkte in:
  · Hoyerswerda/Lausitzhalle (drei Wochen vor Ostern)
  · Neuwiese/Landhotel (Palmsonntag) und in weiteren Orten
- Osterfeuer in der Osternacht in fast allen Orten der Niederlausitz
- Osterreiten (jeweils Ostersonntag) in:
  · Wittichenau
  · Ralbitz
  · Crostwitz
  · Panschwitz-Kuckau
  · Nebelschütz
  · Ostro
  · Storcha
  · Radibor
  · Bautzen
- Bergbauaktionstag des Bergbautourismusvereins »Stadt Welzow« in Welzow/Steinweg (Mitte April)
- Musikfesttage in Hoyerswerda/Stadtgebiet (von Mitte April bis Anfang Mai)
- Frühlingsmarkt in Cottbus/Altmarkt (Ende April bis Anfang Mai)
- Hexenbrennen (30. April) in fast allen Dörfern der Oberlausitz
- Maibaumstellen (30. April) in zahlreichen Orten der Lausitz
- Maifest in Spremberg/Innenstadt (erstes Wochenende im Mai)
- Wanderwegefest in Schwarze Pumpe/Kraftwerk (Himmelfahrt)
- Heimatfest in Uhyst an der Spree/Volkspark (Ende Mai)
- Stadtfest Weißwasser (Juni)
- Stadtfest in Cottbus/Innenstadt (drittes Wochenende im Juni)
- Parkfest in Altdöbern/Parkgelände (drittes Wochenende im Juni)
- Seefest in Großräschen/IBA-Terrassen (Mitte Juni)
- Fabrikfestspiele in der Energiefabrik Knappenrode (Mitte Juni)
- Johannisreiten in Casel/Reitplatz (Sonntag um den 24. Juni)
- Besuchertage im Lausitzer Seenland an wechselnden Orten (Juni/Juli)
- Krabatfest an jährlich wechselnden Orten um Hoyerswerda und Kamenz (Juni/Juli)

Brunnenfest Drebkau

Heiße Klänge in Hoyerswerda

Heidetreffen Commerau

Ostereiermärkte

- Peter-und-Paul-Markt in Senftenberg/Marktplatz (letztes Wochenende im Juni)
- Elsterheidefest an wechselnden Orten der Gemeinde Elsterheide (Ende Juni/Anfang Juli)
- Bergmannstag, diverse Veranstaltungen an mehreren Orten (erster Sonntag im Juli)
- Seefest in Geierswalde/Strandbereich (Mitte Juli)
- Internationales Folklorefestival »Lausitz« in Crostwitz (Juli in ungeraden Jahren)
- Seenland 100 in Geierswalde/Strandbereich Geierswalder See oder in Kleinkoschen (Juli)
- Breeza-Festival am Gräbendorfer See (letztes Wochenende im Juli)
- Stadtfest Calau (Mitte/Ende August)
- Heimatfest Spremberg/Innenstadt (zweites Wochenende im August)
- Stadtfest Vetschau/Altstadt (Mitte August)
- Sängerfest in Finsterwalde/Innenstadt (letztes Wochenende im August in geraden Jahren)
- Sommertheater in der Slawenburg Raddusch (Ende August)
- Brunnenfest Drebkau/Marktbereich (erstes Wochenende im September)
- Wasserturmfest in Schwarzheide (erstes oder zweites Wochenende im September)
- Heidetreffen in Commerau bei Klix/Festplatz (meist zweites Wochenende im September)
- Tag des offenen Denkmals in vielen Orten der Nieder- und Oberlausitz (meist zweites Wochenende im September)
- Stadtfest in Hoyerswerda/Altstadt (drittes Wochenende im September)
- Herbstmarkt in Lohsa/Park (meist viertes Wochenende im September)
- Sorbische Herbstkonzerte in vielen Orten der Oberlausitz (Ende September bis Mitte November)
- Lausitzer Bauernmarkt in Cottbus/Altmarkt (Ende September/Anfang Oktober)
- Töpfermarkt in Spremberg (Ende September/Anfang Oktober)
- Kartoffelball in Bergen/Elsterheide (Ende Oktober/Anfang November)
- Pfefferkuchenmarkt in Pulsnitz/Innenstadt (erstes Wochenende im November)
- Weihnachtsmärkte vor dem Vetschauer Schloss, auf dem Cottbuser Altmarkt, auf den Marktplätzen in Finsterwalde, Großräschen, Hoyerswerda, Lauchhammer, Schwarzheide, Senftenberg, Weißwasser, Calau, Wittichenau und in zahlreichen weiteren Orten
- Lichterfeste in Spremberg/Innenstadt (an allen vier Wochenenden im Advent)

Herbstmarkt Lohsa

Krabatfest Nebelschütz

Festivitäten in Kamenz

Lichterfest Spremberg

Festumzug Lohsa

Bergbauaktionstag Welzow

Wir sagen danke

Ein herzliches Dankeschön gilt allen, die zum Gelingen dieses Buches beigetragen haben. An die zahlreichen Protagonisten, die durch die Vorstellung ihrer vielfältigen Angebote und interessanten Projekte dieses Werk »so besonders« machen: An die Autoren, deren Beiträge und Fotos mehr als nur eine »große Bereicherung« darstellen. An die vielen Ortskundigen und Fachleute, die der Redaktion vor allem auch mit ihren wertvollen Informationen zur Geschichte, Gegenwart und zu zukunftsweisenden Projekten der Region sehr geholfen haben. Besonderer Dank gilt hierbei Dr. Uwe Steinhuber und Peter Radke (beide LMBV), Dr. Alexander Harter (Naturschutzgroßprojekt Lausitzer Seenland) sowie Werner Srocka (Domowina). Alle Namen derer aufzuführen, denen wir zu Dank verpflichtet sind, würde den Rahmen sprengen. Erwähnt seien aber noch die Traditionsvereine Lausitzer Braunkohle in Senftenberg und Lauchhammer, die mit ihren Materialien tiefgreifende Einblicke in die Vorgeschichte des Lausitzer Seenlandes ermöglichten. Darüber hinaus haben schließlich zahlreiche Lausitzer dieses Buchprojekt von Anfang bis Ende wohlwollend unterstützt.

Zwischen Sanssouci und Schneekoppe

Das Seenland besitzt eine reizvolle Umgebung

Blick vom Zittauer Gebirge zum Olbersdorfer See, einer ehemaligen Braunkohlengrube

Die Altstadtbrücke verbindet Görlitz und Zgorzelec. Im Hintergrund befindet sich die mächtige Pfarrkirche Sankt Peter und Paul.

Das Lausitzer Seenland hat so viel Sehenswertes zu bieten, dass ein »normaler« Urlaub von 14 Tagen überhaupt nicht ausreichen würde, um sämtliche Attraktionen zu besichtigen. Und noch wesentlich mehr Zeit sollten Gäste einplanen, die darüber hinaus die nicht minder interessante weitere Umgebung der »Landschaft im Werden« erkunden möchten.

Diese Region erstreckt sich von Potsdam und Berlin im Nordwesten bis zum Riesengebirge im Südosten sowie von der Oder im Nordosten bis zum Osterzgebirge im Südwesten. Man könnte ein ganzes Jahr unterwegs sein und hat noch längst nicht alles Sehenswerte besucht. Doch bestimmte Orte gelten einfach als ein »Muss«.

Beispielsweise Berlin und Potsdam. Die beiden Hauptstädte liegen vom Senftenberger See ungefähr 130 bis 150 Kilometer entfernt. Sämtliche Sehenswürdigkeiten aufzuzählen, würde weit den Rahmen dieses Buches sprengen. Doch gesehen haben sollte man in Potsdam auf jeden Fall Schloss und Park Sanssouci (UNESCO-Weltkulturerbe), die Nikolaikirche, das im Wiederaufbau befindliche Stadtschloss sowie Schloss Cecilienhof (Ort der Potsdamer Konferenz von 1945).

Von Potsdam nach Berlin bedarf es lediglich einer Fahrt über die Glienicker Brücke. In der deutschen Hauptstadt seien nur die bedeutendsten Sehenswürdigkeiten genannt: Brandenburger Tor, Straße Unter den Linden, Dom, Fernsehturm, Museumsinsel, Reichstag, Siegessäule, Kaiser-Wilhelm-Gedächtniskirche sowie der Funkturm.

Wunderschön präsentiert sich die Umgebung der beiden Hauptstädte. Besonders reizvoll ist der Seenreichtum der Mark Brandenburg (Werbellinsee, Scharmützelsee, Schwielochsee, Storkower Seen, Schwielowsee und viele andere mehr).

Frankfurt (Oder) beeindruckt durch seine wuchtige Marienkirche, das Kleist-Museum sowie das Viadrina-Museum. Über die Oderbrücke ist die polnische Schwesterstadt Slubice schnell erreicht. Im Süden besticht Dresden mit seiner barocken Pracht. Langsam aber stetig findet das Stadtzentrum nach dem verbrecherischen Bombenterror vom Februar 1945 zu ursprünglicher Schönheit zurück. Markanteste Bauwerke sind Zwinger, Semperoper, Katholische Hofkirche, Residenzschloss

Über den Dächern von Bautzen, der tausendjährigen Hauptstadt der Oberlausitz

Auffahrt auf die Kleine Koppe im Riesengebirge

Blick über die Augustusbrücke zur historischen Dresdner Altstadt

und Frauenkirche. Unvergleichlich schön ist die Lage der Stadt im Elbtal. Dieses verengt sich nach Südosten aufgrund zahlreicher Sandsteinfelsen.

Die Sächsische Schweiz gilt als das Wander- und Klettergebiet der Dresdner schlechthin. Bekannteste Erhebungen sind Königstein, Lilienstein, Bastei und Großer Winterberg. Ebenfalls aus Sandstein besteht das Zittauer Gebirge südlich der namensgebenden Stadt. Pittoresk und heimelig mutet die Landschaft wie aus dem Bilderbuch an. Nicht weit entfernt schwingen sich das Iser- und das Riesengebirge auf. Die Schneekoppe bringt es auf immerhin 1602 Meter. Über sie verläuft die Grenze zwischen Polen und Tschechien. Für die Einreise in beide Staaten genügt für Deutsche der Personalausweis.

Darüber hinaus laden die Orte des Oberlausitzer Sechsstädtebundes zu Besuchen ein. Dazu zählen neben Bautzen, Görlitz und Zittau auch Kamenz, Löbau und Lauban (Luban).

Wunderbares Brandenburg

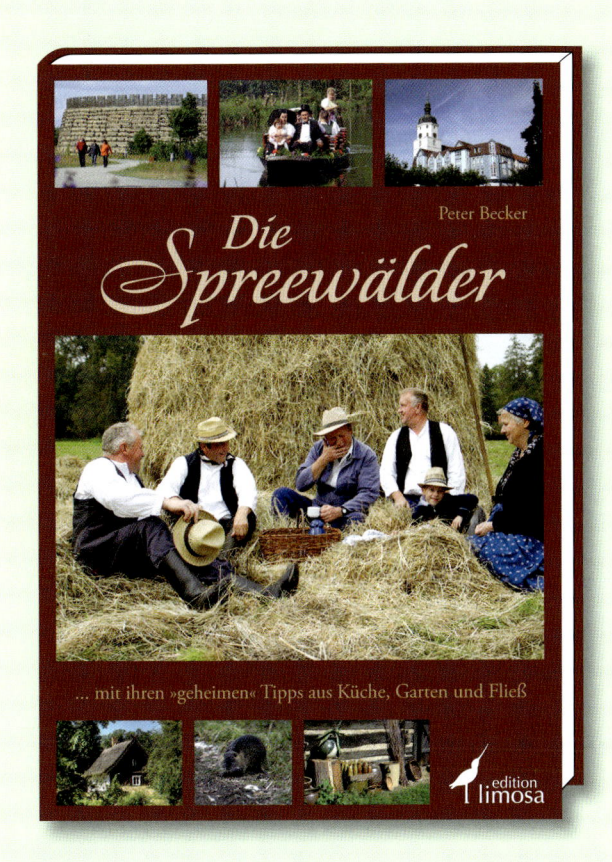

Dieses Land durchzieht ein Fluss, der Natur und Menschen seit Urzeiten prägt und die Besucher in seinen Bann zieht. Im Verlauf ihrer Reise schafft die Spree ganz unterschiedliche Landschaften – jede auf ihre Weise mit einem besonderen Reiz versehen. Land und Leute, Impressionen und Küche werden in den Büchern der Edition Limosa beschrieben und dem geneigten Leser vorgestellt. Dabei begibt man sich auf eine Reise entlang der schönsten und romantischsten Ufer der Republik.

Peter Becker
192 Seiten, gebunden
Format 17,5 x 24,5 cm
ISBN 978-3-86037-456-6
Preis 19,90 €

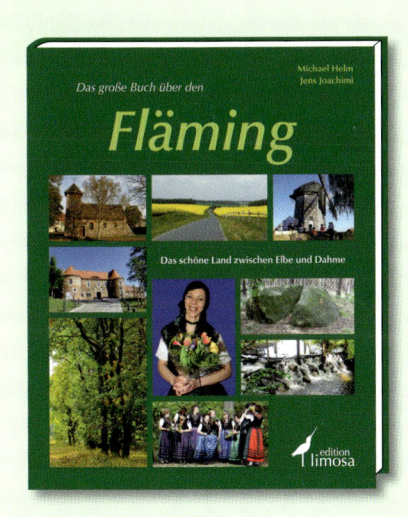

Michael Helm, Jens Joachimi
160 Seiten, gebunden
Format 24,5 x 30,5 cm
ISBN 978-3-86037-359-0
Preis 19,90 €

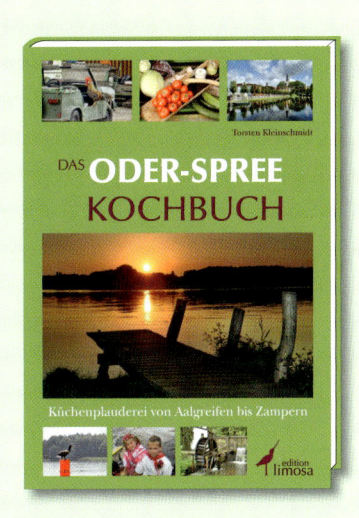

Torsten Kleinschmidt
200 Seiten, gebunden
Format 17,5 x 24,5 cm
ISBN 978-3-86037-377-4
Preis 19,90 €

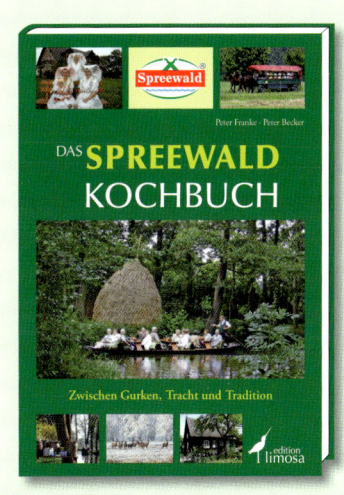

Peter Franke, Peter Becker
192 Seiten, gebunden
Format 17,5 x 24,5 cm
ISBN 978-3-86037-391-0
Preis 19,90 €

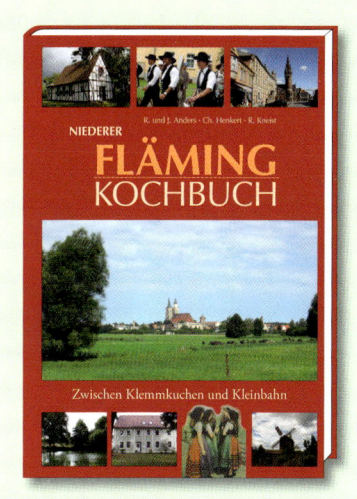

*R. und J. Anders,
Ch. Henkert, R. Kneist*
224 Seiten, gebunden
Format 17,5 x 24,5 cm
ISBN 978-3-86037-331-6
Preis 19,90 €

Die schönsten Seiten Deutschlands finden Sie unter www.limosa.de

edition limosa

WochenKurier

Im Lausitzer Seenland zu Hause.

KG WochenKurier Verlagsgesellschaft mbH & Co. Brandenburg
Geierswalder Straße 14, 02979 Elsterheide/OT Bergen

Fon: 03571 467-0 - Fax: 03571 467-125
wochenkurier@cwk-verlag.de

www.wochenkurier.info